法学研究文丛
——法理学——

法治哲学探源

刘 杨 著

知识产权出版社
全国百佳图书出版单位
——北京——

图书在版编目（CIP）数据

法治哲学探源／刘杨著．—北京：知识产权出版社，2022.1
ISBN 978-7-5130-7546-6

Ⅰ.①法… Ⅱ.①刘… Ⅲ.①法哲学—研究 Ⅳ.①D903

中国版本图书馆 CIP 数据核字（2021）第 107818 号

责任编辑：齐梓伊　　　　　　　责任校对：王　岩
执行编辑：凌艳怡　　　　　　　责任印制：刘译文
封面设计：智兴设计室、乾达文化

法治哲学探源

刘杨　著

出版发行：知识产权出版社有限责任公司	网　　址：http://www.ipph.cn
社　　址：北京市海淀区气象路 50 号院	邮　　编：100081
责编电话：010-82000860 转 8176	责编邮箱：qiziyi2004@qq.com
发行电话：010-82000860 转 8101/8102	发行传真：010-82000893/82005070/82000270
印　　刷：天津嘉恒印务有限公司	经　　销：各大网上书店、新华书店及相关专业书店
开　　本：880mm×1230mm　1/32	印　　张：12.875
版　　次：2022 年 1 月第 1 版	印　　次：2022 年 1 月第 1 次印刷
字　　数：320 千字	定　　价：78.00 元
ISBN 978-7-5130-7546-6	

出版权专有　　侵权必究
如有印装质量问题，本社负责调换。

目录 CONTENTS

导　论　题解和方法 /1

　　一、题解 /1

　　二、研究方法论 /5

第一章　法治的概念策略 /8

　　一、法治概念的复杂性 /9

　　二、广义与狭义的法治概念 /19

　　三、客观性之治与主观性之治 /32

第二章　法治概念的结构与类型 /44

　　一、法治概念的结构 /45

　　二、"法"治与法"治" /51

　　三、儒法之争与治式类型 /55

　　四、西方的法治与人治 /61

第三章　法哲学的基本问题与结构 /73
　　一、哲学基本问题与理论品性 /73
　　二、"天人合一""主客二分"与法哲学的基本问题 /85
　　三、法哲学的理论结构 /97
　　四、中西法治类型差别的哲学根源 /106

第四章　从静态到动态的法哲学 /120
　　一、静态法哲学的基本命题——"恶法非法"与"恶法亦法" /122
　　二、法哲学从静态向动态的跃迁——守法义务肯定论与守法义务否定论 /132
　　三、法哲学的理论结构及两大法学派的关系 /139

第五章　法律规范的逻辑结构 /148
　　一、"法律规范"的准确界定 /149
　　二、现行法律规范逻辑结构理论的分析 /153
　　三、法律规范的逻辑结构新论 /162

第六章　基本法律概念理论 /167
　　一、基本法律概念的形式化推导 /168
　　二、基本法律概念的实质性构建 /182
　　三、基本法律概念间关系的反思与诠释 /195

第七章　权利与权力 /203
　　一、作为基本法律概念的权利与权力的关系 /203
　　二、权利类型理论 /212

三、权利概念和本质理论 /215

四、权利、权力概念的实践基础 /216

第八章 法治与公正 /221

一、作为道德概念的公平正义 /222

二、个人行为的公正原理：道德金规则 /227

三、基本社会结构的公正原理：两个正义原则 /233

四、以法治的方式实现公正 /238

第九章 法治的制度基础 /243

一、制度安排和人性论预设 /243

二、以权利限制权力——作为法治经济基础的市场经济 /254

三、以社会制约国家——作为法治社会基础的公民社会与民间自治 /263

四、以权利决定权力——作为法治社会基础的民主政治 /276

五、以权力制约权力——作为法治政治基础的分权制衡制度 /286

第十章 法治下的能动司法 /296

一、能动司法的多义性与选择性 /297

二、能动司法的理论基础 /302

三、能动司法的语境与限度 /306

第十一章 中国传统法治思想 /312

一、中国传统法治思想概观 /312

二、法家法治思想 /328

三、儒家法治思想 /339

第十二章　近代中国的国家治理现代化探索 /352

一、"中西体用"论的概念解析与逻辑构建 /354

二、"中西体用"论：作为历史的深层逻辑 /360

三、"中西体用"论的效能 /369

四、"中西体用"论的局限性 /378

五、现代诠释学视域下"中西体用"论的超越 /387

后　记 /400

导论
题解和方法

一、题解

作为一个宏大的课题,法治有它的历史维度与现实维度、社会维度与政治维度、实践维度与理论维度等。尽管它们彼此密切联系,但区别也十分明显。本书的研究指向法治的哲学之维。哲学是文化的精华和灵魂,法治哲学是对法治文化最高层次的理论概括和反思,也是对法治文化最高原理的探寻。即便如此,对"法治哲学探源"这一大题目也仍然可以作多种不同的解读。不同的解读意味着不同的研究旨趣和方向,所以有必要对此加以说明。

(一)"法律"与"法治"

法治,即法律之治。其中"法"指法律制度

或法律规范,代表法律的规范的、文本的、静态的方面;"治"意为治理、统治,代表法律的事实的、实行的、动态的方面。从字面上说,法治就是动起来的法律。我们无法想象不付诸实施而徒具一纸空文的"法律"有何意义,因此,完整意义上的"法律"当然意味着"法治","法治"即完整意义的法律。这是笔者对法律与法治关系的一般理解,可称之为"法治的法律观"。显然,这里采用了一种广义的、价值中立的、形式化的法治概念,旨在避免过早地陷入价值争论而使法治概念丧失涵盖力。尽管中西不同的"法治"理念存在着重大的差异甚至矛盾,但我们仍希望不同意义上的"法治"能够获得被平等讨论的机会。因为作为有着足够多历史实践的治国理政方式,中西法治都曾历经辉煌,对此不能用简单贴标签的方式处理。对于法治问题,应当在客观分析、深入比较、科学界定的基础上,再进行价值判断、立场选择。简单直接地把两个环节混淆起来,不仅在学术上不够严谨,而且先入为主的价值预定可能反而成为推行该价值立场的障碍因素。概言之,本书的"法治"概念,首先是基于一种简单考虑,即法治是完整意义上的法律,"法"和"治"分别从静态和动态两个方面直观地提示了法哲学完整的理论结构,然后才考虑加入价值因素带来的"法治"概念更为丰富的含义。

(二)"法治哲学"探源与法治"哲学探源"

"法治哲学探源"一题,可作两种解读:"法治哲学"探源和法治"哲学探源"。二者的差别虽说是毫厘之间,但也可能谬以千里。前者把"法治哲学"联系在一起,容易将研究的方向和重点导向对"法治哲学"的起源作发生学、历史学的考察;后者把"哲学探源"联系在一起,意味着本项研究是从哲学角度对法治加以研讨,着意追寻的是法治的思想之源、理论之源、逻辑之源。前者属历史学的研究范畴,后者是哲学的研究范畴。我们的旨趣不在于对"法治哲学"作历史学的考察,也无意建构一种学科意义上的"法治哲学",这两种追求都容易远离甚至丧失现实的问题意识;我们更为关注法治的哲学根基,也就是法治的思想之源、理论之源、逻辑之源。因此,将本书论题解读为法治的"哲学探源"为宜。当然,根据逻辑与历史相统一的原理,只要不把所谓的"源"理解为单纯的时间概念,上述两种解读会具有某种相通性、一致性。

(三)法治的"哲学之维"与其他维度

法治的"哲学之维"与其他维度——"社会之维""历史之维""现实之维""政治之维"——的研究,并非彼此隔绝而是紧密联系的。在缺乏或摆脱了形而上学世界观的文化中,所谓的"哲学之维"更容易坐落于某种社会或现实的基座上。例如,在缺乏形上维度的中国文化传统中,"天"常常是与"民"联系在一起的:"天视自我民视,天听自我民听""民之所欲,天必从之"[1]"民,神之主也"[2]"民为邦本""天聪明,自民聪明。天明畏,自我民明畏。"[3]这些论述尽管与现代的民主思想存在重要的差别,但也体现了儒家的民本思想。在摆脱了形而上学世界观统治的现代西方社会,自然法演变为现代的道德价值,道德价值在失去了形上根基之后,往往走向或回归了现实的一极:与社会事实结合。中西哲学大体上都存在着一种"天"和"人"之间的循环结构。按照这样的理路,法治的"哲学之维"必定要坐落于它的"社会之维"。已经有学者深刻洞察到法哲学与社会理论之间的蕴含关系:"如果法理学要探究的是有关法的概念或法的性质之理论,那法理学就必须尝试透过其哲学的分析,来将此一任务与社会理论衔接起来。亦即,法理学理论必定拥

---

[1]《尚书·泰誓中》。
[2]《左传·僖公十九年》。
[3]《尚书·虞夏书·皋陶谟》。

有其社会理论的蕴含。"[1]法哲学与法社会学存在某种连接点,已为学科发展所证实,因此,不宜把法治的哲学探源简单地理解为仅仅是对法治的形上基础的探讨。在论述法教义学与社会学的关系时,赫尔曼·康特洛维茨仿照康德的语式说:"没有社会学的法学教义学是空洞的,没有法学教义学的社会学是盲目的。"[2]我们也可以仿照这个语式说,离开社会学的法哲学是空的,离开法哲学的法社会学是盲的。

关于法治的"哲学探源",法学界、哲学界的研究成果多有涉猎,但也存在诸多局限。哲学界的研究一般集中于哲学的传统领地(诸如形而上学、本体论、认识论、逻辑学),社会哲学、政治哲学、法哲学等较少有机会成为哲学研究的重心,"法治"这一牵涉中西"治式"差异的重要问题自然没有被哲学认真对待;法学界的研究多半止步于从文化样式、宗教传统、社会历史条件等方面说明中西"治式"之别,没有上升到哲学的"最高原理"层面对此作出解释。如果说哲学是文化的精华,那么法治哲学就是对法治文化的最高层次的理论概括和反思。法律不能脱离文明的母体,法治不能没有哲学的根基。离开法治的哲学基础,很难对中西"治式"的差别作出透彻的解释和说明。对于身处现代化进程中的中国法治来说,面对全球化的大潮,深入了解和研究现代法哲学的诸多具体问题,也是法治哲学探源的题中之意。

---

[1] 颜厥安:《语行行动与法规范的效力化》,见张文显、徐显明主编:《全球化背景下东亚的法治与和谐——第七届东亚法哲学大会学术文集》(下卷),山东人民出版社2009年版,第837页。

[2] 转引自[德]托马斯·莱赛尔:《法社会学导论》,高旭军等译,上海人民出版社2008年版,第10~11页。

二、研究方法论

逻辑学方法是具有统领意义的方法论原则。

在我国法学界有一句备受推崇的名言："法律的生命不在于逻辑，而在于经验。"（霍姆斯语）与此相一致，形式各异的经验、实证方法在法学研究中也备受青睐。但法理学正像它的别名——法哲学——所提示的那样，严格地说它是哲学的一个分支而非法学的一个学科。就此来说，仅强调经验实证方法未必符合法哲学的本性。我认为，源于黑格尔的逻辑学方法对法理学研究具有方法论原则的地位和意义。这一方法经马克思主义哲学的改造，以"辩证法"的形式为人们所熟知。我国法理学一直把唯物辩证法作为方法论原则加以提倡，但在实际研究中这一原则却陷于被"高高举起，轻轻放下"的窘境。在法学语境下，这种方法常常被简单地斥为"抽象的""思辨的"哲学方法，一方面受到规范方法的排斥，另一方面受到社会学方法的冲击。这种状况，我以为恰恰是没有真正理解"逻辑学"作为"人类思想运动的逻辑"的真实内涵和深刻意义造成的。这里我采用"逻辑学"方法而未使用"辩证法"，一个原因是要回避"辩证法"一词被严重曲解而陷入的误区（如把"辩证法"解释成一种游离于思想内容的"方法"，进而当成可以到处套用的简单公式，实际上使"辩证法"沦为"变戏法"）；另一个原因是，我认为只有回到黑格尔的"逻辑学"，才能真正理解马克思的"辩证法"。当然，"逻辑"一词从词源上说与"逻各斯"的亲缘关系，从内涵上说与规律、本质、理性、目的、道理的一致性，从外延上说与形式逻辑、辩证逻辑的扬弃、包容关系，也使我们认为称之为"逻辑学"方法更为恰当。

黑格尔的"逻辑学"是一个本体论、认识论、辩证法"三统一"的哲学方法论体系，它以"绝对理念"自我运动的形式展开，蕴含了一系列重要的世界观、方法论原则：①统一性原理。"绝对理念"逻辑先在地蕴含于思维与存在、主体与客体中，人类的思维与客观世界服从于同一规律。②发展原理。"绝对理念"以"具体化"为发展原则，以逻辑与历史相统一的方式展现为"概念辩证法"。③内在否定性原理（矛盾原理）。事物发展的动力是内部的否定性，即事物本身的矛盾、有限性，在它的推动下，一切发展都是事物本身从自在到自为的自我运动、自我发展。④反思性的认识原理。作为认识对象的存在的本质是理念、概念、思想，因此，认识即反思。⑤自由—必然性原理。真理是全体、过程——通过"各个环节的必然性"实现的"全体的自由性"，因而是自由与必然的统一。⑥融贯性原理。逻辑学作为同一性哲学持有融贯论真理观，它要求我们适应在"解释学循环"或"一与一切"结构中思考哲学性问题。⑦体系性思维与体系化方法。理论所涉及的多方面因素只有通过体系性思维和体系化方法才能得到妥当的安排、准确的解释和完整的表述（这一点在刑法学的犯罪论体系的构造和发展中有典型的体现）。透过"绝对理念"的神秘面纱，逻辑学方法对学术研究的最基本启示就是：要按照问题（事情或思想）本身的逻辑去推进对它的思考，使研究过程和结论呈现出一种必然性的联系。

逻辑学方法之所以具有"方法论原则"的地位和意义，原因在于：①逻辑学方法是思想方法，实证方法是研究手段。因为逻辑学方法不是普通的"研究方法"，作为人类思想运动的逻辑，它是真正的思想方法、思维方法，事物（思想）的内在矛盾构成其自我发展的动力和根据；实证方法作为研究手段，本身不具有推进思想发展的动力，是无方向、无灵魂的，只有在人的思维"逻辑地"提出要求时，它们才是必要的。所以，②逻辑学方法不仅是人类思想运动的逻辑，而且以人类思想运动的逻辑展现思维和存在服从于同一规律，它是本体论、认识论、方法论的统一。换言之，黑格尔的逻辑学是"方法与内容不分"的"内涵逻辑"，堪称"方法的方法"。逻辑学方法在其真实意义上与各种实证方法不但并行不悖，而且相得益彰。因为，逻辑学方法要避免空疏必然要求实证材料予以充实，经验方法要避免陷入"表象思维"——一种偶然意识或无目的、无方向感的材料堆砌——必然要求逻辑学方法做向导。归根到底，不论何种方法都有一个共同的目的，就是要求做真正的理论、真实的理论，并相信真正的理论与真正的现实原本是两极相通的。

第一章
法治的概念策略

　　法治及其相关概念（人治、德治等）大概是法学中最繁复、最混乱的概念群之一。目前，关于法治的学术话语、政治话语、宣传话语多半只是在名词层面取得一致，而远未达到概念层面的共识，因此，这些往往是误解甚多、益处甚少的假共识；许多关于法治的争论实际上是概念的理解和定义不同造成的，因此是无谓的假争论。随着改革的深入推进，我们有理由认为：围绕法治的分歧和争论，越来越不再能以名词共识的方式掩饰；真正的争论必将以更明确、尖锐而不容回避的方式呈现出来。在这一过程中，只有通过"去伪存真"，不断戳破"假问题"，提出"真问题"，才能深化讨论、凝聚共识。为此，有必要对法治概念展开一番"清理地基"的工作，打造一套统一、合理的概念系统，以期更适于客观、公正、有效地讨论问题，并对推进中国法治进程有所助益。

一、法治概念的复杂性

法治概念的复杂性体现在：①法治是个"群居"的概念，一个科学、合理的法治概念必须在与人治、德治、礼治等相关的概念群中，融贯地考虑并"一揽子"地处理。②形式逻辑的属加种差的定义法不足以满足处理"法治"及相关概念的要求，需要方法上的改进。③存在着多种都具有一定合理性的法治概念的界定，如何界定法治是一个策略问题。

（一）法治的概念群

所谓"概念群"，意在表明概念不能孤立地界定，围绕一个概念总有一组概念是相互关联、相互支撑地予以界定的。法治的概念群，主要围绕法治、人治、德治三个概念展开。这种现象也可以说成是概念的系统性、自洽性。它意味着，概念群中的一个概念的理解和定义发生变化，其他概念的定义也必然相应地发生变化，否则就会造成概念系统的逻辑性差错。因此，在界定法治概念时必须连带地说明与之相关的人治、德治等概念。

治式是治理方式或治理模式的简称。现代人们往往以法治、人治、德治、礼治、刑治等概括不同地域或时代的"治式"。但这并不意味着这些代表治式的概念自古就有。据法律史学家的研究，"法治""人治""德治""礼治"这些词在中国古代典籍中都不是有特定含义的词，即使偶有出现，也不具有"治式"的意义，它们作为治理类型的概念都是近世以来的概括和总结。梁启超在《中国法理学发达史论》中最早使用"法治"与"人治"概括中国先秦"儒法之争",并以"礼治"对古代中国人推崇"礼"的思想和行为加以归纳总结。王国维以"德治""礼治"概括西周时的政治,在学界有较大影响。[1]

关于法治之辨,主要围绕法治、人治、德治三者进行,其他"治式",如"礼治"乃中国古代特有的德治,"刑治"虽是古今中外通行的法律治理样式,但似乎不是对"治式"的整体性概括。这些表征"治式"的概念都是近现代学术的产物。但不妨碍这些概念所描述、概括的治式类型的实践是古老、持久而普遍存在的。困难的是,在当今现代化和全球化进程中,如何在一个统一的概念框架下解释古今中西的治式类型和演变轨迹。

1. 通说中的矛盾和混乱

法理学界主流观点是这样定义法治的:法治即法的统治,在形式上法治包含良法和普遍服从两个要点,在实质上法治是以民主为前提,以严格依法办事为核心,以确保权力正当运行为重点的社会管理机制、社会活动方式和社会秩序。[2]这一法治定义显然是指现代法治,而未涵盖古代法治。但主流观点同时又认为,中国古代儒家与法家关于德治与法治之争,是人治与法治之争在中国古代的特殊表现。[3]这似乎是说,中国古代儒家主张的德治是从属于人治的概念,法家主张的法治是从属于法治的概念。可是,这一从属关系若要成立,"法治"的概念便绝不能被定义为现代法治。这里的表述反映了主流观点在法治概念上的矛盾和混乱。主流观点在接下来的分析中指出,中国传统社会的德治是通过礼治而得以实现的。礼是中国传统社会中以儒家伦理作为基础和核心的礼仪规则的总称,包括礼仪习

---

[1] 马小红:《礼与法:法的历史连接》,北京大学出版社2004年版,第87页。
[2] 张文显主编:《法理学》(第5版),高等教育出版社2018年版,第330页。
[3] 张文显主编:《法理学》(第5版),高等教育出版社2018年版,第332页。

俗和礼仪制度两个部分。[1]归纳起来，法理学界主流观点认为，德治、礼治与人治是一个系列的概念，它们共同对立于法治，这里的法治只能是广义的法治，既包含中国古代法家的法治，也包括现代西方法治。

这里概念上的矛盾是，一方面，在定义法治的时候采用了狭义的法治概念，实质是以现代西方法治来定义"法治"；另一方面，在分析中国古代的德治与法治之争时又采取了广义的法治概念。这种概念界定和使用的矛盾，集中体现在中国法家法治的尴尬定位上。如果将其划归"法治"，并视法家法治与儒家德治是一种对立关系，显然采用的是广义的法治概念，而这与以西方法治为标准的法治定义的通说相矛盾；如果按照通说（采用了狭义的法治概念）的定义，将法家法治划归为人治，[2]那么将导致德治与法治作为中国传统治式的对立无法成立。无论如何，法家法治不能既按照西方标准是属于人治的，同时又按照中国传统标准是属于法治的。不仅法家法治存在定位于人治还是法治的问题，而且德治（以及礼治）究竟划归人治还是法治也是颇可研讨的问题。对此，可能形成两种不同的理解：①将德治、礼治、人治作为一个系列的概念，它们共同对立于法治；②强调德礼法的一体性，将德治、礼治、法治作为一个系列的概念，它们共同对立于人治。两种不同的概念策略各有利弊得失，正是法治概念的复杂性所在。对此，我们的观点倾向于：①采用广义的法治概念；②德法一体化理解（包括作为德治特殊形态的中国古代礼治），中西有别；③区分传统与现代法治（古今之分），且古今之别优先于中西之别；④法治—人治构成对立的基本治式，

---

[1] 张文显主编：《法理学》（第5版），高等教育出版社2018年版，第332页。

[2] 一般认为法家法治实质是人治，说中国缺少法治传统，并不是指德治、礼治占主流，法家法治影响相对小，而是把法家法治也看作实质人治了。

贯穿古今。

2. 多样的命名方式

法治概念群中概念的不同命名方式，也是引起概念混乱的原因之一。

法治、德治、礼治、人治，这些反映治式的概念，从语词结构上是由"治"及其限定词"法""德""礼""人"构成。"治"意为治理，盖无争议，争议之处在于其限定词。对限定语的不同理解和解释，可能导致相关概念解释的复杂性、多义性。具体来说，限定词可能作如下解释：

（1）规范依据或治理依据。"治"前的限定词都可理解为治理的规范依据、治理依据，"法""德""礼"作为规范依据当无疑义，"人"作为治理依据可解释为领导者的意志。

（2）治理方式。"治"前的限定词都可理解为治理的方式，"德"（"礼"或"人"）治可解释为以怀柔的、变通的、温和的方式治理，"法"治则相应地解释为以拘执、僵化、严厉的方式治理。瞿同祖说："所谓德治是指德化的程度而言，所谓人治则偏重于德化者本身而言，实是二而一，一而二的。"[1]

（3）治理主体。"治"前的限定词可解释为治理主体，治理主体意义上的"人治"于此并无太大意义，因为所有治理——包括法治、德治、礼治——都不能不是"人治"。这种意义的"人治"与"法治"不构成并列或对立关系。因为，任何"法治"的治理主体都不能不是人，而"人治"也不排除"以法"的方式实行。古语说"徒法不足以自行"，"法治"和"人治"里都可以含有"人"的因素和"法"的因素。如果以治理要素论，人类迄今为止所有类型的

---

[1] 瞿同祖：《中国法律与中国社会》，商务印书馆2010年版，第335页。

治理都不能不是"人"对"人"的治理,而绝大部分治理类型也都存在"法"的形式。贺麟正是在这种最一般的意义上,把人治理解为法治的先决条件:"法治的本质,不惟与人治(立法者、执法者)不冲突,而且必以人治为先决条件。法治的定义即包含人治在内……世人误认为人治与法治为根本对立,以为法家重法治,儒家重人治,实为不知法治的真性质的说法。"[1]这显然不是"人治"的通常含义。故此,治理主体这一解释角度可以忽略。无论人治社会还是法治社会,法皆出自人,或为人所制定,或为人所发现,或为人所认可。《荀子·君道》写道:"法者,治之端也;君子者,法之源也。"正说明了"法"与"人"是一切治理方式的必备要素。

应当看到,上述(1)(2)两种解释,还存在依赖关系,即一种规范是"德""礼"还是"法",往往取决于以什么方式去保障落实该规范。道德和法律作为规范本身未必有先定的区别,实际上二者也大量重合,只有当社会以强制力去保障规范实施时才将法律规范从道德规范中区分出来,德治遂变为法治,在此意义上法治又顺理成章地演变为刑治。当然,以刑治标识法治是特定法治观的结果,只有采纳广义的法治概念,才能得出这一结果。法治、德治、礼治、人治,概念命名方式的多样性提示我们,对这些概念不能作形式化的理解,即仅从字面或意义上去解读。

(二) 概念界定方法的改进

法治概念的复杂性决定了以通常的形式逻辑的定义法去处理这一概念是力不从心的。这与定义法的局限有关。

1. 定义法的局限

定义法是一种最基本的确定概念的方法,但以定义法来界定

---

[1] 贺麟:《法治的类型》,见贺麟:《文化与人生》,商务印书馆1988年版,第46页。

"法治",难免陷入关于法治的各种"说法"之争、语词之争,说起来振振有词,实质则丝毫无助于认识的深入和思想的提升。这也是造成法治共识停留在"名词"层面而非"概念"层面的重要因素。定义法的局限,前辈学者们作出过深刻的阐释。[1]康德说:"对概念进行完备的分析之前不要用一个冒失的定义抢先作出自己的判断,那种完备的分析常常只是在很晚才达到的。"罗尔斯说:"定义只能是建立理论的一般结构的一个手段,一旦整个结构设计出来,定义就失去其突出地位,它们随理论本身的兴衰而兴衰。"马克斯·韦伯也表达了类似的意思:"没有什么比建立和使用分明的概念显得更成问题了,它们看来是过分草率地致力于提前完成遥远未来的目的。"摩尔说:"一个定义确实常常意味着用其他的一些字眼儿来表达一个词的意义。然而这并不是我正在探求的那种定义。除在词典编纂法上外,这种定义在任何学科中都永远不能具有根本性的重要意义。"凯尔森说:"我们对自己智力工作中想当作工具用的那些术语,可以随意界定。唯一的问题是它们是否符合我们打算达到的理论目的。"比克斯认为:"由于不同的概念主张往往是服务于不同的目标,所以概括性地进行概念辨析是危险的。"张文显教授也指出"定义偏好"导致了法学思维的封闭性、武断性和保守性,定义不过是用简明的语言揭示概念内涵的初级方法,对专业研究来说是远远不够的。由

---

[1] 引文分别见[德]康德:《实践理性批判》,邓晓芒译,杨祖陶校,人民出版社2003年版,第9页;[美]罗尔斯:《正义论》(修订版),何怀宏等译,中国社会科学出版社2009年版,第40页;[德]马克斯·韦伯:《社会科学方法论》,韩水法译,中央编译出版社1998年版,第55页;[英]乔治·摩尔:《伦理学原理》,长河译,上海人民出版社2005年版,第10页;[奥]凯尔森:《法与国家的一般理论》,沈宗灵译,中国大百科全书出版社1996年版,第5页;[英]布莱斯·比克斯:《法理学:理论与语境》,邱昭继译,法律出版社2008年版,第21页;张文显:《二十世纪西方法哲学思潮研究》,法律出版社2006年版,第87页。

于定义法的这些局限,我们不可能通过对定义的分析达到对法治概念的深刻理解和认识。哈特曾著专文讨论法学中的定义问题,与上述学者的观点相一致,都批评了定义法作为现代学术普遍使用的逻辑方法的局限性,并试图用语义分析、逻辑方法等弥补甚至替代定义法。

2. 语义分析法

按照分析哲学的理解,语义分析方法是对语词实际用法的经验性考察,它有助于确切理解各种语境下"法治"概念的真实含义,在一定程度上弥补了定义法的缺陷,从另一角度看语义分析也是定义法的基础。考察"法治"概念的用法,可有如下几大类型:①规范意义的"法治",即强调规则至上的法条主义,严格依照国家制定的法律条文执行和适用法律就是法治。这当然是法治的最基本含义,但却不足以应对复杂多变的实际社会生活。②价值化的"法治",即法治是体现特定价值立场、标准的概念,它直接规定某种法治类型为法治的"标准型",而对其他类型的治理方式取批评的态度,这显然并非一种"价值中立"的法治定义,它面临的问题是如何进一步说明价值判断和立场选择本身的根据。③描述性的"法治",即主要通过描述历史上形形色色的法治实践和法治理论告诉我们何为法治。但它只能告诉我们法治过去是什么而不能告诉我们未来的法治如何建设,只能告诉我们法治是什么而无法告诉我们法治应该是什么。这三种法治概念分别体现了分析法学、自然法学和社会学法学的立场。这就使得问题复杂起来,当我们对法治概念的使用进行观察、归纳、梳理的时候发现,它不是一个纯经验描述的问题,而是受制于不同学派的立场、观点、方法。依语义分析法得出的"法治"概念难以满足融贯性的要求,这对理论探讨和学术规范来说,是难以回避的缺陷。

3. 逻辑方法

"逻辑"是"经验"的对称，这里的逻辑方法是广义的，旨在超越定义法、语义分析法等仅从经验层面研究问题的局限。因此，这种广义的逻辑方法包含形式逻辑、道义逻辑、辩证逻辑，甚至诠释学方法。这些方法有一个共同特点，即立足于某种整体论或系统论的思维，从概念之间的关系或功能目的的角度来定位、解释概念。按照逻辑方法界定概念，一方面可满足概念系统的融贯性要求，另一方面使其得出的概念定义或结论具有必然性，这正是对通常采用的语言学方法缺陷的弥补。从概念的关系中理解概念，实际上是在深层次上发掘概念的理论意义或实践功能，其合理性可借用黑格尔的话加以说明："一个定义的意义和它的必然证明只在于它的发展里，这就是说，定义只是从发展过程里产生出来的结果。"[1]

以逻辑方法处理法治概念，要充分自觉到法治概念主要不是一个语词性定义问题，而是一个概念策略问题，即在多种可能的法治定义方案中，究竟采用何种方案会有十分不同的理论效果、实际效应。把法治概念理解为策略问题之所以可能，是因为法治作为一个具有重要实践意义的法学概念，像所有人文社会科学概念一样，主要不是一个反映性的概念，而是一个反思性、规范性的概念。从人文社科理论到法哲学理论，作为一种能动的力量，是社会成员的理论武装和对社会的参与策略。"人类自我认识本身就是左右行为选择的一种暗示性行为……人文社会知识主要并不是关于生活的真知识，而是一种参与策略。"[2] 既然法治概念是一个策略问题，对主要法治

---

[1] [德]黑格尔：《小逻辑》（第2版），贺麟译，商务印书馆1980年版，第7~8页。

[2] 赵汀阳：《关于命运的知识》，见赵汀阳主编：《论证》，辽海出版社1999年版，第29页、42页。

定义方案各自利弊得失的分析，便成为制订合理的法治概念策略的前提。

（三） 可能的定义方案概说

广义和狭义的"法治"概念各有利弊，综合起来考虑，我们既需要一个具有足够容纳力的广义法治概念，以涵盖古今中西多种样式的法治类型，使它们不因定义的限制而失去被讨论和研究的资格；又需要一个具有鲜明价值取向的狭义法治概念，以引导今日中国的法治进程的合理推进，使之不因法治定义的多义性、法治类型的多样性带来的"名同实异"而引发对现代法治的偏离。这样，我们倾向于将法治的定义理解为一种叙述策略，就是说，法治定义难以也没有必要定于一尊，不同的目的、不同的语境可以使用不同的法治概念。在某种意义上，"叙述策略"或"概念策略"的考量，是纷繁复杂、相互矛盾冲突的法治理论和法治实践纠结的结果。纵观古今中西，至少有西方法治、中国儒家法治和法家法治之分，这些法治类型不仅影响巨大而且都有着不容忽略的历史实践，而其精神实质却可能南辕北辙、背道而驰。这些在本无交集的背景下发展起来的"法治"，在现代化、全球化的现时代出现了交汇，这使我们无法回避其间的冲突。

1. 法治与人治的界定

法治与人治概念总是相关联地加以界定的，从逻辑上说有以下三种可能。

（1）广义的法治概念。凡以法为治者——无论依法而治（rule of law）、以法而治（rule by law）或经法而治（rule through law）——皆为法治，因此西方法治、中国儒家法治、法家法治都是法治的具体类型。

（2）狭义的法治概念。以现代西方法治（rule of law）为法治的标准定义,将此外的治理类型都归为人治(含德治、礼治、术治、势治等多种表现形式)。

(3)狭义的法治概念。以中国传统法治为法治的标准,但这一界定无法涵盖近代以来的西方法治,本书不予讨论。

这里需要指出三点:①广义的法治概念包含了狭义的法治,严格来说二者不构成并列关系,之所以将二者并置,是基于这两种法治概念的实用性,同时也基于法治概念策略的考虑,即将互相冲突、矛盾的法治集于广义法治概念之下,有助于提醒和揭明不加辨析地使用的"法治"概念蕴含的危险性。②狭义法治、广义法治这对概念,与实质法治、形式法治有相通、重叠之处,但不能完全等同。实质法治与形式法治是互为对称的概念,不像狭义法治和广义法治那样存在包含关系。实质法治可以有多种所指,现代西方法治作为我们界定的狭义法治,只是其中之一,因此狭义法治的外延小于实质法治;广义法治属于形式法治,但在具体语境中"形式法治"往往作为相应的实质法治的对称来使用,因此广义法治实际上是最广义的形式法治。③人治是作为法治的对称存在的,如果说法治强调的是依法而治,人治则是一个强调发挥治理者的积极性、能动性的概念,在古代传统中尤指贤能之治。

2. 法治与德治概说

德治概念通常与法治对举。就内涵来说,德治可在两种意义上理解:①以"德"为"治"之规范基础、价值基础或实现方式的治理类型谓德治;②在道德和法律冲突时,道德优先于法律的治理类型谓德治。就外延来说,德治有两个为我们所熟知的特定所指:①中国古代作为礼治和法治之内核的"德治";②当代中国与法治相并列的"德治"。我们知道,一个概念的外延和内涵存在对应关系,当我们把德治的外延定位在上述两个所指时,德治的内涵显然仅能在第二种意义上理解,即德治是将道德作为优越于法律或其他规范的一种治理方式或治理类型。

法治与德治之关系,显然脱离不开法律与道德的关系。法律与道德的关系,可以在概念的、理性的、规范的层面解读,这构成了自然法学和法律实证主义各自的核心命题,即道德命题和分离命题;也可以在经验描述的意义上解释,即法律和道德既有相互交叉、重叠的部分,也有彼此独立、区别的部分。前者可概括为德法一体,后者可概括为德法分离。相应地,德治与法治也可以有同一和相异两种理解。对德法一体化的理解伴随着广义的法治概念,对德法分离的理解则是狭义法治概念的必然产物。

二、广义与狭义的法治概念

(一)广义法治概念之利弊分析

广义法治概念多见于百年前的清末民初。其时,救亡与启蒙、反帝与反封建、革命与改良发生了空前激烈的交锋,传统文化的影响力依然强大,在"三千年未有之大变局"来临之际,它再次施展出中国传统文化的危机应对之道,即通过妥协、吸收、容纳、同化新的外来因素,实现某种意义的"创造性转化"。一个笼统、模糊、形式化的广义法治概念,正可以用来统合中西名同实异的法治。就概念策略而言,它保证了法治概念系统的统一性和延续性,从技术上有明显的可取之处。此外,广义法治概念在理论功效上的合理性、启发性,也应得到充分重视和认真对待。

其一,广义法治概念作为一个去价值化的概念,可以深化我们对"形式法治"的理解。"形式法治"通常是在西方语境下被理解为"实质法治"的对称。这一西方意义上的"形式法治"显然无法兼容中国传统意义上的法治。不仅其对应的"实质法治"与平等、自由、民主、人权等现代西方主流价值绑定为一,而且"形式法治"也并非法律实证主义所宣称的那样是价值无涉的,而是包含着一般性、公开性、可预期性、明确性、无矛盾性、可行性、稳定性等"程序价值"。[1]我们认为,"形式法治"概念应当在更一般、抽象、纯粹的意义上理解,抛开一切特定价值,只要是在国家强制力的保障、威慑下依法而治,即为法治。这一定义强调国家通过立法并以强制力保障实施的性质。这一性质是法律区别于道德、宗教的特征,也是古今中外法律制度的共性。[2]唯有如此,中西法治才能找到共同的基础。

需注意的是,"去价值化"不意味着法治一定要排除一切价值,准确地说(仿照分离命题的语式),"去价值化"的形式法治概念是指法治与价值没有必然联系,亦即它在概念上不固定于任何特定价值,但在事实上它可以与任何一种道德价值体系相融,作为实行实质道德价值体系的"形式"而存在。中国传统的"治式"以儒家的"德""礼"为实质,以"法"为其形式表象("以礼入法""隆礼至法"之后),是其显例。其实质是把法律实证主义的"分离命题"贯彻到对法治概念的理解。它意味着在法治与价值之间"没有必然联系":①法治不以特定的价值为前提预设,它可以为任何一种道德价值体系所用,如此才可以成就广义的法治概念;②特定的法治类

---

[1] 当代法学家,包括自然法学派的朗·富勒、约翰·菲尼斯和实证主义法学的约瑟夫·拉兹,分别阐述了大同小异的八项法治的形式特征。参见朗·富勒《法律的道德性》,约瑟夫·拉兹《法律的权威》,约翰·菲尼斯《自然法与自然权利》中译本。

[2] 或许有人提出法治的形式特征不同于法律的形式特征,这恰恰是先入为主地采用了现代西方的"法治"标准,再来说其形式特征。笔者认为二者没有实质区别,因为法治不过是法律的动态化。

型与其价值评价上的优劣没有必然联系，每一种类型的法治都可能有好坏、优劣之分[1]，全看在什么条件下。按照这一理解，法治的存在是一回事，法治的优劣则是另外一回事。不应当先把法治定义为"好的"，然后把我们认为不好的说成不是法治。在法律观上我们已经相当大程度上接受了法律实证主义，但在法治观上我们却一股脑地涌向一个严重价值化、定位化的"法治"概念，这是颇为怪异的现象。它说明，要么我们对法律实证主义的精义并未真正理解消化，要么过于热切的法治期盼干扰了学理定义的中立。应当一以贯之地坚持法律实证主义的"分离命题"，而没有理由在法治观上改弦更张。正像法律有善恶、好坏、优劣一样，法治也不因优劣好坏等价值评判而影响其存在。同时我们应当清醒地看到，一种价值中立的法治观更有助于辨明、推进我们所需要的法治。

据此，中国传统的法治（法家法治和儒家法治）与古代西方法治、现代西方法治都是法治的类型。为了使中国传统的治理方式获得平等讨论的资格，广义的"法治"概念也是必要的，何况，中国传统法治使"形式法治"获得了更为真实的意义，即形式法治并非排除一切价值，只是不固定于某种特定价值。

其二，广义法治概念，避免了法治概念定位化和治式评价简单化、标签化。广义法治建立在国家强制性意义上的"形式法治"概念基础上，剥离了法治与特定价值或文化实体的固定联系，从而避免了以西方标准裁量中国有无法治的褊狭之见。作为法治的具体类

---

[1] 这种把形式与实质、事实与价值分开，在每种形式类型之下再做价值评判的思路，在许多地方可以见到。例如，柏拉图对政体——一人统治、少数人统治、多数人统治——的论述中，在每种政体之下都区分为好的和坏的两种类型，分别是：一人统治之下的君主政体与僭主政体、少数人统治下的贵族政体与寡头政体、多数人统治下的法治的民主政体与非法治的民主政体。（见柏拉图《政治家》中译本）当代学者在论及市场经济时也将其分为好的市场经济与坏的市场经济，思路如出一辙。

型，中国儒家法治、法家法治等治式类型，不至于被简单地贴上"人治"标签而打入另册。

其三，广义法治概念，有助于缓和中国传统治式与现代西方法治的尖锐对立。这种尖锐的对立客观上可能产生阻滞中国法治进程的效果。一个显见的现象是，在法治被妖魔化的同时，形式多样的"国情论""特色论"频频出场，实际上起到回避、掩饰真问题，制造假问题的作用。毋庸置疑的是，法治建设如同在其他领域一样，"国情"作为一种"底色"或基础条件，是不以人的意志为转移的实然；"特色"作为一种实践结果也是任何人都无法左右的必然。既然如此，过分强调"国情论""特色论"就极易沦为以冠冕堂皇之名掩饰真问题的托词，或拖延改革、阻碍进步的障眼法。这就偏离了"国情论""特色论"的本义。

其四，广义法治概念，有助于揭穿假问题，凸显真问题。中西之争并非人治、德治与法治之争，将人治、法治之争作为中西之争的代表，是建立在不合理的概念界定方式基础上的。笔者认为，与其以"德治""法治"的词语之争概括并讨论相关问题，不如直捣问题的实质：究竟是维护、保持以儒家伦理为核心的中国传统道德价值体系，还是借鉴、吸收现代西方的道德价值体系，建构中国的现代道德价值体系。中西之争实质上是不同的道德价值体系之争，不同的道德价值体系都可以、也必然体现为相应的法治形态。因而两种道德价值体系之争，也是与之相应的两种法治之争。一种是以仁、义、礼、智、信等儒家思想为主的中国传统文化的核心价值及其法律化，一种是自由、平等、人权等现代西方文化的核心价值及其法律化。词语之争有时可以掩饰问题实质，时至今日，挑明问题，比浑水摸鱼更有利。

广义法治概念作为一种概念策略虽然有诸多合理因素，但形成该方案的特定历史场景决定它带有如下缺陷：

其一，在接纳、借鉴西方时不能不更多地考虑维护民族自尊心、自信心的需要，所谓"尧舜禅让，即是共和；管子轨里连乡，便为自治；类此之论，人尽乐闻"。[1]广义法治概念把中西法治包容在一个共同的概念里，满足了这种需要，但在共同的"法治"名下，中西不同类型法治之间的关系并没有真正得到清晰的梳理和恰当的说明。

其二，在获得了概念形式上的统一性的同时却缺少鲜明的价值立场，法治与法律、宪政与宪法有重要意义的区分没有得到凸显。因此，广义法治概念的文化情感意义明显多于学术理性意义。鉴于古今中外完全没有法律形式的统治少之又少，"法治"遂变为无所不包的概念，成为"治理""统治"的同义词。这样一个囫囵吞枣式的法治概念，在历史的转轨期，有缓和尖锐冲突、避免剧烈冲击之作用，但是，在瞒天过海之后、假戏真做之时，就不足为用了。

（二）与广义法治概念相配套的概念策略：德法一体

广义的法治概念意在融通、模糊中西法治概念的矛盾，这决定了此观点的持有者不会同意以法治或法治主义作为西方治式的标签，同时将中国治式概括为德治或德治主义。因此，广义的法治概念必然要求从法律与道德、法治与德治一体化的方面解释二者的关系，此情景下的德治只能被解释为以道德为基础的治理模式。任何一种社会都必然有其伦理道德，并以此作为治国安邦的核心价值体系。毋庸置疑，任何社会的主流道德价值都要求通过法律的方式加以推行，这就要求将主流道德法律化，在此意义上德治并不排斥采用法律的方式。反言之，一国的法治也不可能与其主流道德价值相分离

---

[1] 梁启超：《先秦政治思想史》，东方出版社2012年版，第18页。

或对立，而必然体现其所在社会的主流价值观。在此意义上，"德治"可以泛指各种类型的文明治理，法治在其必然以道德价值为基础的意义上也是德治。因此，在道德与法律实际上无法相互排斥、分离的"质"的意义上，法治与德治是一体两面的关系——从形式方面看是法治，从实质方面看便是德治。当然，德治通常是在道德优于法律或其他规范的意义上被理解的。这里我们对德法一体性的强调，只是坚持概念策略上的逻辑一贯性的必然结果，同时提醒人们注意，所谓法治绝不是没有或可以离开道德价值基础的，比德治、法治之分更重要的是不同社会主流价值观念的区分。这种区分既影响了道德，也决定了法治的基本面貌。

德法一体化的观点必然与如下观点相伴随：①法治与道德是同一层面的概念，二者均可用于社会制度主题。②法律与法治合一，有法律就有法治，有法治也必有法律。法律是法治的静态基础，法治是法律的动态存在形式。相应地，宪法与宪政、道德与德治也有类似的关系，宪政即宪治，德治即道德之治，二者有其一必有其二。这与主流观点存在差异，目的是维护概念界定本身的逻辑一致性。③道德是自治的、多元的，法律也可以是自治的、多元的，而且法律可以保护道德的自治和多元性。

（三）狭义法治概念之利弊分析

狭义法治概念多见于当下的法治诉求。经历一个多世纪的革命洗礼和历史沧桑，中国传统文化的影响较之百多年前已趋衰弱，法治之阻力和对手主要不再来自德治、礼治等传统治式，而是人治传统。西方法治与中国传统治式的本质区别已被清醒认识，因此狭义法治概念赋予法治概念鲜明的价值立场，法治与法律、宪政与宪法被有意地区分开。唯有狭义法治概念方能表达这种本质性认识。但这付出的代价是狭义法治概念与中国传统法治话语产生了明显的隔阂、断裂。历史上，中国儒法两家都有明确的"法治"思想，"礼治""德治"与"法治"之争构成了中国传统治式之争的主轴，也是明显的事实。但按照狭义法治概念，中国法家法治和儒家法治都不是法治，而是人治、德治；同为"法治""人治"之名，实际所指却可能南辕北辙。因此，狭义法治概念在明确了现代法治的价值诉求和本质含义的同时，也造成了法治话语中操两套概念系统的弊端，显然不是一种成功的概念策略。除了这一技术性缺陷之外，狭义法治概念在理论效果上也是利中有弊。

1. 概念的价值化、定位化

狭义的法治概念，是一个被严格价值化、定位化的概念。所谓价值化，是指"法治"与现代西方的主流道德价值绑定在一起，只有体现自由、平等、人权等启蒙价值的法治才是真正的法治；"人治""德治"与中国传统的主流道德价值绑定为一体，以三纲五常等儒家道德价值为内容的德治是唯一的德治。所谓定位化，是指在现实语境中，"法治"概念在它的"能指"中实际上只有一个"所指"，即现代西方法治；"人治""德治"概念则被专门用来指代中国传统治理方式。于是形成了"西方法治—中国人治"泾渭分明的治式图景。价值化、定位化的法治概念因此变得僵化、狭隘。更致命的一个负面作用是，它无法容纳共同价值或简单地将一种文化价值等同于共同价值。假如存在共同价值，则定位化的中西分隔之论的缺陷就是明显的，它充其量只能作为对历史实况的大略概括，而不能为超越中西对立的共同价值提供合理的概念空间。

2. 治式评价的简单化、标签化

狭义的法治概念，在被"价值化""定位化"的基础上，进一步走向治式评价的简单化、标签化。在当下语境中，有时西方法治往往得到无条件的肯定性评价，"法治"成为众望所归的褒义词，意味着天经地义的正当性;同时"人治""德治"被不假思索地给予否定性评价,尤其是"人治"成了无可争辩的贬义词,代表着一无是处、不值一提。然而,对有着深厚理论基础和巨大历史实践的中国传统治式,以今天的立场将其一笔抹杀,恐怕既不慎重,也不妥当。从法治理论建构的角度说,如此标签化的简单处理,极易使我们忽视对人治、法治等各种治式固有的利弊得失及存在合理性、条件性的考察和关注。在笔者看来,兹事体大。因为,只有深刻理解人治、德治何以是合理的,才能理解它们何以会成为不合理的;只有深刻理解人治、德治的合理性条件与限度,才能理解法治何以应成为现代社会的必然选择。在此意义上,深刻理解人治,是真实地理解法治的必要前提。在此,有必要采取"无立场"的方法[1],深刻反省以一种立场去反对另一种立场的正当性。任何一种"治式"都有它适应的社会经济条件,其优劣不宜孤立地判定,而必须置于语境之中,在特定的"参照系"中加以衡量。我们还是应当按照"无立场"所倡导的"以X观X"的方法,充分了解历史上各种治式及其嬗变的合理性。治理方式,或广义的法治类型本身没有好坏之分。只是相对于不同的历史背景、社会条件、经济类型、文化状况而言,各种"治式"才有好坏之分、优劣之别。这要求我们洞悉判定各种治式优劣的"条件性"。"贴标签"的做法恰恰是让我们不去过问这些合理或不合理的条件、基础、根据,陷于盲从、跟风,这

---

[1] 哲学家赵汀阳提出的"无立场"方法深刻而传神地表达了哲学反思的魅力。他说:"无立场地看问题就是从X看X的要求(老子原则),并且从X的系统底牌看X的限度(元观念分析),最后超越对任何观点的固执,直面问题本身",赵汀阳认为"无立场"方法是一种"新怀疑论",它不可能有一个真正有效的知识论解决,只能指望存在论的解决,而"人类存在与人类行动是同一的"。详见赵汀阳:《论可能生活:一种关于幸福和公正的理论》(修订版),中国人民大学出版社2004年版,修订版前言、第7页、64~77页。

不是学术、理论工作应有的姿态,而是宣传和意识形态工作的方式。

3. 价值立场的两极分化和尖锐对立

狭义的法治概念,在实践上极易导致价值立场的两极分化和尖锐对立。激进派会极力追捧西方法治而不会"认真对待人治"(苏力语);同时保守派也被逼到另一极端:在固守传统的同时,将法治妖魔化。当一种本来可欲的治国方略被部分社会成员妖魔化之时,社会就陷入以一种立场去反对另一种立场的价值之争,甚至是意识形态之战。在此情形下,己方的优长和他方的弊端都会被无限放大,而己方的缺点和对方的优点也都被有意忽视,平心静气的理性探讨精神荡然无存,社会日甚一日地被撕裂,客观上无助于真正推进法治。

4. 掩盖实质争论

中西两种价值体系之争,被以定位化的"德治""法治"之争概括,既有概念上不严密之处,更有掩饰实质争论之嫌。视野拓展开来看,有什么理由否认现代西方法治同时是一种贯注着特定道德(人权、平等、自由、民主等)的"德治"?又有什么理由说"以礼入法"后的中国传统治式不是一种"法治"?这种概念界定本身就是不科学、不合理的,也是不平等的、带有严重价值偏见的。在此情形下,以"法治"和"人治"两个标签将问题简单化,实际上会将问题虚假化、扭曲化,只能使问题更混乱,显然无助于实质问题的准确把握和深入探讨。

5. 命名方式上的混乱与误区

即使从命名方式上,狭义法治概念也会带来一些混乱。按照狭义法治概念,法治仅有一个所指,即西方法治,中国儒家和法家的法治都是伪法治。造成这种混乱的原因,可从以下方面解释:①法治有形式和实质两个面相,从形式方面看,儒家法治、法家法治都属于法治的范畴；从实质内容方面看，儒家法治则属于德治的范畴。狭义法治概念采用了实质内容的标准定义法治，因而把中国传统治式（儒家法治、法家法治）都排除在法治的定义之外。这是以西方标准裁量、评判中国治理模式。②当我们把"形式—实质"二分的概念框架用于分析西方法治时，其自然也有形式法治与实质法治之分，其中的"实质法治"实际上也是特定意义上的"德治"，其法治之"法"也是法的形式与特定的道德价值结合的结果，但是我们从来不说其"实质法治"是一种"德治"。这与在类似情况下把中国传统的实质法治称为"礼治"是完全不同的概念处理方式。虽然，我们可以中国主流传统中"礼"与"法"高度的一体化，西方"道德"与"法律"基于实证主义观念而"分离"，对上述概念的不同处理方式加以解释，但是道德与法律的"分离"只是法律实证主义在规范层面上处理法哲学基本问题的特定方式，事实上现代西方法律无不贯注着自由、平等、民主、人权等自由主义的道德价值观念，这是不争的事实，因此对中西法治相关概念的区别对待，只能解释为习惯。中学与西学、中国法治与西方法治的理论本是缺乏沟通、各持一套话语体系的。只是到了现代世界，中西文化高度交汇的时代这种差异才显示为混乱。

　　从形式与实质二分的角度，将"儒家法治"和"法家法治"理解为实质人治、形式法治，它们共同与现代西方法治有原则性区别，这种解释虽则简明，但尚有遗留的问题，即法家法治的实质是什么？它与儒家法治又有何区别？这似乎会涉及双重标准的问题。一个标准是以所谓法与人的地位为标准，法家法治当归属于人治，因为法家之法无疑也是君主的御用之具，在这一点上它与儒家法治一样而共同区别于现代民主法治。但如果弱化一下上述标准，以是否强调作为"治者"的人的作用为标准，法家法治又不同于儒家法治，它并不寄望于贤君圣主,认为任人而治是"千世乱而一治",任法而治则"千世治而一乱",法家法治虽然不认为法律有高于君主的至上地位,但却强调法的作用,认为君主当依法而治,这与儒家法治有明显区别。

通常的用法是把"人治"作为"法治"的对立面。但这里的法治已不是广义的"形式法治"概念,而是现代西方法治这一狭义概念。狭义的法治与人治的区别的关键不在于其构成要件中有没有"法"或"人",而在于"人"与"法"在治理结构中的地位。在法治状态下,"法"是被以社会契约论的方式确立和理解的,所有社会成员作为订约人均应同等地受到法律的约束、服膺于法律的权威,也就是说,法虽为人之契约所订立,而一旦订立,其地位就高于所有订约者,作为订约者的社会全体成员——社会的统治者、管理者和普通公众——均受制于法,没有逍遥法外的特权者,是"法"高于所有"人"的治理类型。在人治状态下,虽然也不排除采用法律的方式管理国家、社会,但法乃治具——一部分人治理另一部分人的工具,而非社会契约,不具有最高的权威性,社会成员被分为"治法"者和"治于法"者,是部分"人"(统治者)高于"法"的治理类型。按照这样的标准,中国传统的治理类型——德治、礼治、儒家法治、法家法治——实质上都是"人治"。

这一判断可能会遭到如下质疑:它是否是以现代西方法治为标准去评判中国传统的治理类型?笔者认为:①回答应当是肯定的,这是以现代西方法治为法治的标准模式,而将中国传统的治理类型归为"人治",这一做法可以理解为只具有叙述策略的意义,而不具有价值高低或对错的意义。②无须否认现代西方法治的强势地位甚至"标准"地位,即使那些对此深有反思的学者也难免受此左右,重要的不是去改变这一概念的惯常用法,而是对此保持清醒的自觉。

③提出这一质疑的背后其实隐含着一个前提：质疑者已经把"法治"预设为价值上的肯定、正确、正当，而"人治"则一无是处，一旦消除这一前提，上述质疑也就释然了。笔者以为，对"法治""德治""人治"一类概念，应当自觉省察到附着于其上的价值预断，尽可能排除这种价值附加而将各种定义理解为一种为使讨论有效进行下去的概念策略。

（四）与狭义法治概念相配套的概念策略：德法分离

德法一体化不可能也不应该绝对化。实际上，道德与法律之间必要的张力恰恰是实现社会调整的最佳机制。我们充其量只能说，法与德的主体部分是交叉、重合的，但其余部分则是不同的、存在差异的。既然德治与法治是部分的交叉重叠关系，那么：①在重叠的部分，德治与法治大致是一个意思，无非是实质与形式之分，怎样称呼无关紧要，已如前述。②在非重叠的部分，即法律与非法律化的道德之间发生冲突时，何者占据优势、主导、统治地位，以至成为解决法律与道德冲突的路径和方式，便成为界定法治与德治的另一条思路。显然，德治与法治之分，只有在这一"量"的比较的意义上才真正具有意义。不同的法律文化传统、不同的时空背景、不同的案件事实，都可能导致对法律与道德关系不同的解决方案。如果在一种文化传统中，道德经常是压倒法律的优势者，便将此种治式称为"德治"；如果法律压倒道德，则为"法治"。中国文化传统中，道德通常具有优越于法律的地位和效力，故此可以"德治"或"德治主义"概括之。西方刚好相反，故称之为"法治"或"法治主义"。

德法分离的观点经常是与狭义法治概念相伴随的。由于采用了狭义的法治概念，"法治"成为标识西方治式的特有标签，相应地，中国治式则被冠以"德治"的标签。借助这样的标签，学者们深刻揭示了中国传统治理方式的特色（主要是弊端）及其与西方治式的区别。孙莉教授认为，中国传统治理类型是德治，其展开路径是：家国一体，宗法社会结构，道德一体化，道德法律化，并以有组织的物质力量来强制推动贯彻。道德本质上是自治的、多元的，中国传统德治的处理方法本质上违背道德的本性。"德治可能在最潜深的层次上构成对作为法治之本源的自由特别是思想自由、道德自由的戕害。"德治是心治，就其危险的一面，是诛心，是灵魂深处闹革命，是与自己，其实是与人性本身过不去。道德强制，导致思想钳制、价值专制。道德要求过高，只有圣贤之人才能达到，一旦到了采用强制性物质力量推行的程度，就造成社会大面积的伪善。[1] 法治与德治相分离的观点，其内容无疑是深具启发意义的。它具有极为鲜明的价值立场选择，有利于揭示传统治式的"吃人"本质，有利于宣示现代法治的重要意义。

这些观点赖以为据的特定的"德治""法治"定义以及与之相关的一系列理论设定，是有争议甚至是弊端明显的。

第一，上述观点把法治和道德理解为不同层面的概念。法治是制度的道德，是为个人道德提供条件、环境、前提者，因而具有"治式"之意义，而道德被理解为自由的、价值多元的个人修养层面的概念。这种理解未必恰当，法治未必是专属于制度的概念，公民的法治意识也是法治的重要组成部分；道德更未必是专属于个人的概念，法律或制度的道德性本已是现代政治哲学讨论的中心议题之一，"法治是制度的道德"这一说法已表明"道德"的主题不限于个人修养层面。

---

〔1〕 参见孙莉：《德治及其传统之于中国法治进境》，载《中国法学》2009年第1期，第69~76页。

第二，上述观点在理论上必然设定法与法治、道德与德治的区分，以及德法关系与德治、法治关系的区分，以此来解决采用狭义法治概念所带来的概念上的不协调。在这些区分的概念中，"法律""道德"是作为事实层面的概念使用的，"法治""德治"则跃升为价值层面的概念。然而，在事实层面道德与法律的功能互补、并存，推导不出应然、规范层面德治与法治的并置。[1]

第三，上述观点认为道德是多元的、自治的，将其法律化是对其本性的违背，因为法律必然要求一统化。这种区分可能仅止于表象，实质问题是道德一统化仅是法律的一种可能样式，正像我们看到的那样，现代西方法律恰恰是体现、维护道德价值的多元化的。

三、客观性之治与主观性之治

有必要在扬弃上述二者的基础上，打造、升华出更合理的法治概念策略。新的法治概念应当满足如下要求：吸收广义法治概念的最大优点，即在统一的框架下说明中西不同的法治、人治概念；同时克服其缺陷，对中西法治、人治概念及其关系做出清晰的梳理。为此，须预设最抽象、一般意义上的"法治""人治"概念。借用哲学的基本范畴，我们认为，在最抽象、一般和中性的意义上，法治是一种"客观性之治"，人治是一种"主观性之治"。

（一）新方案之原则与目的

狭义、广义法治概念的纠结、矛盾，提出打造新的法治概念的

---

[1] 参见孙莉：《德治及其传统之于中国法治进境》，载《中国法学》2009年第1期，第69~76页。

要求。如何构造新的法治概念,我们认为以下思想原则是有意义并值得珍视的。

1. 事实与价值适当分离原则

虽然法治概念必然有其价值蕴含,但不应当让价值因素过早介入对法治概念的界定。价值因素的过早介入可能会局限我们思维的视野。担心这样的概念策略混淆了两种根本不同的法治概念,是不必要的。从某种角度说,广义的法治概念不但没有混淆两种不同的法治,反而有助于提醒我们法治名下隐含的危险:法治的两个面相指向了传统和现代、特权与平权、社会与国家两种有严格区别的法治,需要明辨和警惕的正是同一法治之名下的不同的法治之实,避免以法治之名鱼目混珠、浑水摸鱼、偷梁换柱、各取所需。

以德治概括中国传统治式,以法治代表西方现代治式,并非最佳概念策略。其缺陷如前所述,主要是价值化、定位化,评价的简单化,激化矛盾、撕裂社会、掩饰实质争议等,导致这些缺点的根源在于在界定法治及相关概念时价值因素过早介入。

2. 手段与目的适当分离原则

当直接、激进的法治现代化的努力遭遇误解、阻碍时,我们应当从概念策略上谋求变化。毫无疑问,今天的法治诉求较之一百年前更为急需,但法治的概念策略应当更为稳妥,也就是从激动、激进的政治意识形态话语,转向冷静的学术立场。以法治的古今之别诠释、取代法治的中西之异,以历时性的现代化替换共时性的西方化,既有利于尽可能多地化解实现法治的意识形态阻力,又有助于揭示法治的实质,从而说明法治的必要性和必然性,即法治是现代化进程的体现和组成部分。

在这一框架和原则之下,新法治概念可以达至以下目的:①坚持狭义法治概念的鲜明价值立场;②超越中西对立、容纳共同价值;

③避免狭义法治概念在贬抑人治的同时带来的对法治的妖魔化。

作为广义和狭义法治概念的"合题",新的法治作为一种"客观性之治"。法治强调其来源的"异己性",以使其区别于偶然的、随机的统治者的意志,进而突出法源的神圣性,有助于增强法治的权威性。从法治概念的外延来说,我们采纳与广义法治相同的理解:法治包含西方法治、中国法治(法家法治、儒家法治);同时,法治也包含传统法治与现代法治。尽管我们采纳了广义的法治概念的外延,但由于从传统法治到现代法治是法治发展的必然趋势或规律,这一法治概念并不缺少方向感。既保持法治概念的统一性,也体现了鲜明的价值立场,或可成为一种更优的概念策略。

(二) 作为客观性之治的法治

1. 法治的两个面相

(1) 作为确定性之治的法治。法治作为一种客观性之治,首要的优点是它的确定性,作为确定性的法治是对作为任意性之治的人治的缺陷的克服。法治的确定性、安定性、稳定性、权威性、可预期性,对于任何一种治理方式而言都是宝贵的品质。西方文化基于性恶论及超越性的形而上学,着重从法治的这一优越层面看待法治,因而形成了以法治主义为主流的西方传统。

(2) 作为僵化性之治的法治。法治的确定性,从另一角度看是僵化性、刻板性。这一点即使是西方的柏拉图,在早期主张人治时也不无讽刺地说,实行法治就好比让一个高明的大夫按照药方去抓药,是愚蠢的做法。中国文化基于性善论和伦理主义哲学,着重从法治的这一缺陷的角度看待法治,因而人治主义成为中国治式的主流传统。

法治作为客观性之治是人们共同的认识,但中西方文化对此作出了有细微而重要区分的理解:基于主客二分的基本哲学观念,西方法治是纯客观性的超越性之治、神圣性之治；基于天人合一的基本哲学观念，中国法治是与主观性相通的世俗性之治，法律虽然是客观的，但也是人根据长期实践的经验和理性制定的，就此来说，规则是一种更高级的"人治"。

2. 法治概念的中西之别

作为客观性之治的法治，在不同文化背景下发展出两个不同面相。西方基于宗教文化背景，其"客观性"是"超越的客观性"，即来源于自然法或上帝所代表的"纯客观的客观性"。作为"客观性之治"的法治，强调的是一种来自人以外的超越性力量的统治，由于渊源的超越性、神圣性，西方文化的主流是从肯定和褒义的方面理解法治。中国基于伦理文化背景，其"客观性"是"主观的客观性"，即"主观性的客观化"（这可解释中国传统法治与人治的相通性）。作为"客观性之治"的法治，强调的是来自人伦社会的世俗性力量的统治，由于来源不具有超越性、神圣性，法治在中国文化传统里是不受特别重视、也缺少特别意义的。但这些区别都不能否定其共性，即中西法治都是"客观性之治""确定性之治"。从不同的角度看，这既是法治的优势也是法治的劣势，所谓"法律可以治常，不可以治变"[1]。法治的两面性与人治的两面性恰好形成对立统一关系。

（三）作为主观性之治的人治

1. 人治的两个面相

（1）作为灵活性之治的人治。相对而言，人是活的，规则是死的，这就是"人治"优越性的一面，是对作为僵化性之治的法治的

---

[1] 钱宾四先生全集编辑委员会编：《钱宾四先生全集》（第40卷），联经出版事业公司1998年版，第112页。

缺陷的克服。人治作为一种灵活的治国理政方式，更易于发挥"一切从实际出发""具体问题具体分析"的优势，有助于克服法治僵化、保守、滞后、不灵活等缺陷，虽无法治之长，却可补法治之短。以人治之长弥补法治之短，看重的是人性善的一面。中国文化基于性善论，主要从这一优点（人治的光明面）方面看待、评价、选择人治，因而中国传统治式本质上都归属于人治，并将其作为正统而正当的治理模式。

（2）作为任意性之治的人治。人是有两面性的，灵活性同时也伴随着随意性。"人治"常常被作为贬义词，指统治者任凭一己之欲望好恶而进行统治，所谓"以人代法""以权压法""以言乱法"的现象。应当承认，人性总有脱离规则、为所欲为的冲动，这是复杂的人性所蕴含的。人治之短恰彰显了法治之长，法治具有客观、中立、明确、稳定、统一、可预期的优长。这种意义上的"人治"则是人性"恶"的一面对权力行使、国家治理的干扰、掣肘。任何一种治理类型都可能面对并需要克服的人性的"幽暗意识"。西方文化基于性恶论，主要从这一缺点（人治的幽暗面）方面看待、评价、否定人治，因而时刻警觉、防范着此种意义的"人治"，并以"法治"作为克服人治缺陷的正统"治式"。

上述两种含义的人治并非毫无联系。二者作为主观性之治是共同的，它们都强调在治理中"人"的作用，而"人"并不是一个空洞的概念，中西古今的"人治"一大共同点是高度重视"治者"的德才，强调"治者"的垂范作用，所谓人治皆指圣贤之治、君子之治，古希腊柏拉图的"哲学王"（哲君）和中国儒家的"内圣外王"思想都体现了这一点。但中西文化对主观性的理解不同：基于主客二分的基本哲学观念，西方人治是纯主观性之治；基于天人合一的基本哲学观念，中国人治本身就是与客观性相通的主观性之治，人治即天治、道治、法治。

2. 人治概念的中西之别

作为主观性之治的人治，在不同文化背景下分别凸显了两个不同面相：西方在基督教文化影响下，以性恶论为主导，谨慎地从消极、否定的方面理解人治，人治即与"理性之治"相对立的"任意之治"，走到极端就是极权专制，因此在西方语境中，人治与法治是对立的，在评价上有善恶之别；中国在儒家文化影响下，以性善论为主导，乐观地从积极、肯定的方面理解人治，人治即与"确定性之治"相对应的"灵活性之治"，它正可以弥补法治作为"规则之治"必定带有的滞后性、僵化性，因此在中国传统语境中，人治与法治不仅功能互补，而且实质上兼容而相通。从这点来说，西方法治论者将中国传统的儒家法治、法家法治都划归"人治"，也是情有可原。需说明的是，西方文化固然重视人治弊端的一面，但对作为"灵活性之治"的人治优越的一面也不乏认识和肯定，柏拉图"哲君之治"即是；中国文化固然从德治方面充分发掘了人治的优越性，但对人治与专制之间的互通关系亦有切肤之痛。因此，人治的两个面相是其本身所固有的，不能简单地看作是中西之别。

按照"客观性之治""主观性之治"的标准区分法治与人治，中国传统治式（不论人治还是法治）实质都不是法治而是人治。法家的法治仅仅是名词意义上的法治，在概念层面上实为人治。作为客观性之治的法治，实际上与狭义法治概念相通。

（四）法治与人治：对立互补与相容相通

与德治概念相比，人治作为法治的对应概念，更加合理而无歧义。如同法治概念有多重含义一样，"人治"概念也有多种不同的含义，其间的差异虽然细微却不可不察。如前所述，治理主体意义上的"人治"并无多大意义，也鲜被采用。那么人治在什么意义上可以构成和法治的对应关系？正如在"广义法治概念新解"中所示，法治与人治只有被理解为客观性之治和主观性之治，才能使法治和人治成为对应的概念。作为客观性之治的法治具有两面性（这种两面性也是法治、人治的两层含义），即确定性和僵化性；作为主观性之治的人治也具有两面性，即灵活性和任意性。人治和法治在不同背景下和意义呈现对立或互补的关系。

1. 法治与人治之对立互补关系

作为客观性之治的法治与作为主观性之治的人治，在西方文化传统中基于"主客二分"的根本观念，呈现为一种对立互补关系。可展示如下表1.1。

表1.1　中西法治与人治的对立互补关系

对比项	法治及其解释、选择	人治及其解释、选择
本质	客观性之治（道治）：确定性之治（西），僵化性之治（中）	主观性之治（心治）：灵活性之治（中），任意性之治（西）
来源、依据	超越性：信仰之治（西），超验之治（中）	世俗性：事实之治（中），经验之治（西）
主体	常俗之人：常人之治（西），俗人之治（中）	贤能之人：圣贤之治（中），超人之治（西）
对象（事）	治常（西），不治变（中）	治变（中），不治常（西）
对象（人）	治身、治行：可操作性强，关注思想自由（西），治身不治心，治标不治本（中）	治心、治思：身心兼修，内外、标本兼治（中），可操作性差，思想专制（西）

作为确定性之治的法治对应于作为任意性之治的人治，西方文化主要从这一意义上理解法治、人治及其关系，因而人治与西方法

治主要呈现为一种对立关系。作为僵化性之治的法治对应于作为灵活性之治的人治，虽然这层关系不为西方文化所重视，但正像法治的确定性与人治的任意性同时是一种互补关系一样，法治的僵化性与人治的灵活性之间也体现了功能上的互补关系。

2. 法治与人治的互通相容关系

作为客观性之治的法治与作为主观性之治的人治，在中国文化传统中基于"天人合一"的根本观念，呈现为一种互通相容关系。可展示如下表1.2。

表1.2 法治与人治的互通相容关系

对比项	西方现代	中国传统
法治/德治的本质	超越性的客观性之治（信仰之治）	世俗性的客观性之治
人治的来源、本质	单纯的主观性之治	与客观性同一的主观性之治（天治、法治）
基本哲学观念	主客两分	天人合一
法治与人治的关系	法治与人治对立	法治与人治相通

作为僵化性之治的法治对应于作为灵活性之治的人治，中国文化传统主要从这一方面理解法治、人治及其关系，同时由于"天人合一"观念的深刻影响，中国文化不仅重视并依赖人治，而且从根本上不认为法治是人治以外的独立治式。"天人合一"打通了"法"与"人"之间的关系，尽管在词汇上有"法治""人治"之别，但它们没有本质上的区别，"法治"不过是换一个说法的人治。换言之，在中国文化"天人合一"思想的观照下，法治名为客观性之治，实际却是与主观性（人的世界）相通的客观性之治；人治虽为主观

性之治，但人可为天代言，这种理解可以说是深得天人合一思想的精髓。受天人合一这一根本观念的影响，中国传统文化并不相信法治与人治之间有确定性和任意性、僵化性和灵活性的原则性的区别，确定性与灵活性、僵化性与任意性之间的隔阂远非绝对不可打破。因而在中国文化传统中，法治与人治是互通相容的关系。

法治、人治概念的两层含义，揭示了无论人治还是法治，都利弊兼具、得失并存，因此各自具有两面性。人治具有灵活性的优点，能弥补法治僵化、保守、滞后的缺陷，但它也可能带来统治者肆意妄为、滥用权力的后果，极权专制体制无不是人治发展到极端的结果。人性的优点和缺点都在人治中毕现无遗。法治固然有僵化、滞后、保守的缺陷，但它更意味着稳定、安全、可预期的治理效果和社会秩序。现代社会一般认为法治优于人治，显然是就总体而言，视平均值而论的。

（五）从中西之别到古今之变

涵盖中国德治、礼治和法治的中国治式与涵盖西方德治、法治的西方治式之别，是一种空间上的并存关系还是时间上的先后关系？从"中国""西方"这样的限定词来看，无疑是将二者看作是孤立发展的、空间上并存的治式类型。在笔者看来，将治式的中西之别理解为古今之变更为合理，也更有启发意义。

"法治"的两个面相（中国传统法治和西方现代法治）代表着两种不同的法治观，一种是向下的、治人的、特权的、专制法治，一种是向上的、自治的、平权的、民主法治。更简洁地说，一个是传统法治，一个是现代法治。尽管它们在物理空间上有交叉并存，但在逻辑上应视为前后相继的两种法治类型。因为，造成两种法治观的关键在于现代社会以人与人的"平等观"取代了传统社会的"等级观"。梅因概括的"从身份到契约的运动"的意义不限于西方，而是具有世界历史意义。在古代世界，中西所处文明体的相对独立性、封闭性，使其发展并不同步，理性逻辑上历时性的法治类型共时性地存在于当代世界误导了人们的认识。广义法治概念就是只看到两种法治并存的局面而将其视为中西之别。随着近代地理大发现而来的"世界史"时代的来临，世界各大文明封闭、孤立发展的局面已被打破，不同文化的彼此交融、渗透和相互影响已经超越了国别和地域的限制。特别是在全球化、现代化的世界性趋势面前，"西方"被视为现代化的先驱，包括中国在内的传统文化占据主导地位的国家和地区，在对传统文化的"创造性转化"过程中，追比西方与追求现代化往往是难分彼此的一回事。在此情形下，治式类型的中西之别，无论是在历史事实上还是在理论逻辑上，都可被视为传统与现代之分，即古今之变。

将中西之别解读、转换为古今之变，意味着我们在理念上应当细心区别现代化与西方化，避免在现代与西方、传统与中国之间画等号。现代化是一个抽象的、共同性的概念，它应当中立于各种文化并从中吸收营养，也会通过多种形式的实践体现出来。在近代历史上，西方走在了现代化的前面，但这不妨碍中国成为后发的现代化国家。真正的"普适性"与真正的"特殊性"必定是互容的。思维的视角似应做一个有益的转换：不是西方法治等同于现代法治，而是现代法治率先在西方得到（较大程度、较高水平的）实现，它同样可以并应当在中国实现；也不是中国法治等同于传统法治，而是迄今为止中国法治尚未实现现代化的转型，它必然要去完成这一未竟的事业。透过中西之别，洞见古今之变，其益处在于深刻地提醒我们，近代以来的中国法治事业是中国现代化进程的一部分，或许总能找到多种理由反对和拒斥"西方法治"，但没有任何理由拒绝"现代法治"。在这一问题上，应当警惕把孩子和洗澡水一起泼掉的情形。

　　在全球化的今天，我们不能回避法治的西方实践而龟缩于传统治式的讨论，因为"西方法治"作为今天思考中国问题的挥之不去的"他者"，我们无法视而不见；同时也不能由于法治的西方标准而抹平儒家德治与法家法治的区别，将其一概归为"人治"。那将导致中国传统治式的丰富性被简化，其中的"法治"元素会被完全忽视，"法治"就会被视为来自西方的异物。现代法治与中国传统治式之差异性被夸大为绝对对立，无视法的强制性、平等适用性等法治的共同元素，这无助于切实推进现代中国法治。

　　综上，我们有理由认为，法治的中西之别实乃皮相之见，法治的古今之变才是问题的实质。中西之别实质上是传统与现代之别。本书阐述的概念策略具有如下优势。

　　（1）这一新方案有助于超越德治与法治、人治与法治的语词纷争，直接挑明中西之别的实质是两种价值观或政治哲学的区别——中西之别的实质不在德法上，而在等级观和平等观、专制主义与自由主义上。换言之，问题焦点不在于德治与法治的冲突，而在于中国传统价值观与西方价值观的冲突。直接挑明冲突的实质，既不必让"德治"背黑锅，也不必让"法治"任逍遥，是更为公允而中立的学术态度。我们其实不必反对德治，但必须关心是何种德治；我们当然力主法治，但更重要的是辨别是何种法治。中西之别是两种道德价值体系及其实现方式之别，它既体现为中国德治与西方德治的区别，也体现为中国传统法治与西方法治的区别，或者说中国德治、法治仅仅是对中国传统道德价值体系的不同角度的诠释，它们区别于作为西方道德价值体系诠释的西方德治和西方法治。一言以蔽之，与其执迷于德治与法治之争，不如追问更重要的问题：何种德治？何种法治？

（2）将德治、法治对立起来的传统概念策略所担心的问题在新的概念策略之下，能得到更合理的解释。例如，对德治带来杀人诛心的思想专制的担忧，其实它并非德治之过，而是包括德治和法治在内的中国传统治式之弊；同理，西方的思想自由准确地说也并非单是法治之功，而是连同自由主义的道德及其法律化的西方治道的必然结果。所以要害不在于法治与德治之分，而在于何种法治、何种德治。要害也不在"诛心"与否，任何制度都对人心有影响，或教育或震慑，这并非德治特有而法治例外，实质的差别在于，中国传统治式（无论传统法治还是德治）都基于儒家或法家专制思想，以限制人的思想和精神自由为主；西方治式（无论西方法治还是德治）基于自由主义理念，以倡导、宽容人的思想和精神自由为主。杀人诛心的思想专制，并非因为德治或把道德法律化，而是该种道德的特殊品性。

（3）法治概念的广义性可使人们对它做多角度的解读，多重解读包含着对立、冲突、无法兼容的法治概念，甚至是以法治之名行人治之实。揭明法治的不同类型，有助于澄清混乱，有助于我们辨明究竟应当搞什么样的法治。历史和现实都表明，法治概念的包容性、模糊性使它可以鱼目混珠地为各种立场的人们所接受，形成肤浅的、表面的共识，掩盖了其中价值立场的分歧。法治，多少反法治的勾当假汝之名而行！因此，我们不能滞留在法治与德治的对立、纷争上，同时一味美化"法治"、批评"德治"，而应当充分看到二者各有利弊得失，在一个社会中它们往往是一体两面的关系。有什么样的主流道德价值，就有什么样的法律；当社会的主流文化价值观念与法律规范体系不匹配、有隔膜时，需要从道德和法律两个方面着手改进、提升和发展。

第二章
法治概念的结构与类型

　　法治概念的结构涉及法哲学的三个基本范畴：价值、规范和事实（或表达为与其同构的道德、法律、社会）。这三个基本概念的并置，突出和强调了"价值"作为形上维度的独立性，实际上体现了自然法学的世界观。如果走出传统自然法学的视野，把道德理解为坐落或渗透于法律（规范）和社会（事实）的概念，则法治的价值要件可消解于规范要件和事实要件之中，即三要件化约为两要件：法律规范是法治的静态方面，社会事实构成法治的动态方面。实际上，"法治"二字简洁地代表了由静态和动态两个方面构成的法治的基本结构。

一、法治概念的结构

(一) 法治之"法":法治的规范要件

对法治之法的分析,往往涉及以下三组概念:①静态的规范与动态的立法。前者是立法的结果,后者是立法的过程。"法"是立法结果与立法过程的统一。法治对立法过程和立法结果都提出了一定的要求。对前者的要求主要是程序性的,如依法立法、民主立法等,对后者的要求主要是形式上的,如法律应当公布、法律不得自相矛盾等。法治之"法"主要是指作为立法结果的静态法律规范体系。立法过程可以作为法治之"法"与法治之"治"的中间过渡事态来理解。因为立法程序是一种特殊的法律实施程序。②来源(事实)与价值。这组概念是实证主义法学派和自然法学派定义法的两个角度、两种思路的分歧所在。自然法学从价值方面去定义法治之"法",实证主义从来源(社会事实)角度定义法治之"法"。"来源"是一个形式、事实的概念,主要是指规范是否是立法机关所制定的或法官们共同践行的。按照现代法律实证主义的观点,正的价值评价对法治之"法"来说并非必然要求,只有在古代自然法占统治地位的背景下才强调法之良善对法治的必要性,如今法律出自权威机构即足以满足法治之"法"的要求。③形式与内容(实质)。这组概念极容易混同于来源与价值。它们的区别是:来源虽然是个形式的概念,但它只是"形式"的可能所指中的一个,"形式"概念的外延比"来源"广泛得多;更主要的区别是,价值显然不能等同于内容,不仅规范的内容可以作价值评判,而且法律的形式也可以成为价值评判的对象,也就是说形式也有价值。富勒正是发掘了形式（程序）价值而成为当代自然法学的代表性人物。这就是说，在价值之下，可以有内容和形式之分；在来源之下区分内容和形式却没有多大意义。可见，形式与内容、来源与价值这两组概念，既不能混同、互相取代，更不能理解为一种包含关系。二者分类标准不同，因而会有交叉；功能也不同——来源与价值主要是用来区分实证主义法学和自然法学，形式与内容则可用来区分现代自然法学与传统自然法学。[1]前述"来源与价值"中那些评价尺度，可以按形式与内容重新分类。不难看出，对静态规范来说主要是内容的、实质的价值评价，其指标包括：善与恶、好与坏、对与错、平等性与等级性（同一性规范与差别性规范）、自由与秩序、平等与效率、民主与专制等。对动态的立法程序来说主要是形式的价值评判，其主要指标包括：立法的民主性、公开性、公布性等等。根据上述分析，不论法的形式价值还是内容价值，都是自然法学对法治之"法"的要求，只是新自然法学强调法的形式价值（程序价值），而传统自然法学则是从实质内容的价值来定义法治之"法"。

纵观法律思想史，西方古代法治主要从内容价值方面诠释"法治"，如亚里士多德的"善法"；近现代西方为法治之"法"注入了平等、自由、正义、民主、人权等启蒙运动的核心价值，并将其制度化，设计并实现了以市场经济、民主政治、分权制衡等一系列旨在充分保护权利、制约权力的制度；当代西方法学家又从"形式价值"或"程序价值"方面增添了对法治之"法"的要求，诸如法的一般性、公布性、安定性、统一性等，被富勒称为"程序价值"。中国古代法治有儒法两家之分，在漫长的中国历史中，法家的法治只

---

[1] 参见[英]约翰·伽德纳：《法律实证主义：五个半误解》，见郑永流主编：《法哲学与法社会学论丛》（第12期），北京大学出版社2008年版，第233~234页。

是短暂的一瞬,"春秋战国至秦,历时五百余年,是法家法治思想萌芽、发展并最终取得成功的时代"。[1]此前是殷商至西周历时千余年的礼治时代;此后自汉至清,"传统法在西周'礼治'与秦'法治'的基础上形成了礼法一体的有机结合",这正是标志着中国传统法的根本特征的"以礼入法""隆礼至法"的时代,也是在中国传统政治哲学定型化之后,代表着成熟的中国传统法之核心特征和基本面貌。儒家礼治—法家法治—儒家法治,似乎走过了一个完整的"正—反—合"的过程。以礼入法、以法行礼,的确是一个辩证的综合,法家和儒家的因素都有所保留,又都失去了各自的原生态,但这不妨碍得出那个世人皆知的共识:中国传统社会是"伦理型"秩序。因为所谓"儒家法治"实质内容是儒家的,形式是法家的。所谓辩证的综合,胜利的其实是儒家。这意味着中国传统的法治之"法"实质是凝聚着中国传统政治道德核心价值的"礼"。

可见,在思想史上对法治之"法"的诠释,一方面在"价值论"内部不断增补和丰富了具体的价值尺度,尤其是自觉区分了形式价值与内容价值、程序价值与实体价值;另一方面又出现了超越"价值论"立场,从社会事实这一形式方面去诠释法治之"法"的新的法学流派。不仅不同法学流派的法治观彼此相异,而且同一法学流派内部也不尽相同。这些差异并不必然导致理论目的、实践效果的冲突,它们可能殊途同归地服务于一种法律意识形态。只是何以会有这种变化,在理论和实践效果上都值得玩味。

(二)法治之"治":法治的事实要件

法治之"治"是指法律的施行或遵守,即静态的规范动态化,

---

[1] 马小红:《礼与法:法的历史连接》,北京大学出版社2004年版,第118页。

它将法治的含义由静态引致动态，由规范层面引致事实层面。在中国传统话语中，"治"与"乱"对称，"治"的核心含义是秩序，法治之"治"则专指基于对法律的遵守而产生的社会秩序、政治秩序。"天下大治"堪为历代治理的最高追求，不外是人民安居乐业、国家长治久安的一幅国泰民安的治理景象。作为法治在社会事实层面的要求，法律被普遍遵守（服从）本是法治的题中应有之义。将法治之"治"作为法治必备的事实要件，与实证主义法学的基本立场有关。关于法治的事实要件，有以下几个值得注意的问题：

（1）这里所谓"普遍服从"是事实层面的概念，指治理的目的、实际效果。在现代法治社会条件下，"普遍服从"就是指包括统治者在内的所有社会成员均服膺于法律；在人治社会条件下，"普遍服从"就是指"治于法者"的普通公众对法律的遵守状况，"主权者"是逍遥于"普遍服从"的人群之外的。对法治所要求的治理效果，是普遍服从还是"人以群分"，是法律面前人人平等还是允许少数特权者不受法律的约束，这是决定不同类型的"法治"因素之一。

（2）执行、遵守或服从法律作为一种事实或行为，也有道德性问题。这体现在两个方面：一是治理、推行的手段、方式，会有"德化"与否的区分。面对同样的法律，是唯法是守、执法必严还是"哀矜断狱，平恕用刑"，是"严厉督责"还是"温和感化"，是"拘执于法"还是"弘通于情"，其间有不小的通融空间。[1]现代汉语中"人性化执法"一说，提示了执法方式的多样性和可选择空间。以德化的方式施行法律，与以法律化的方式实行道德（如"以礼入法"），有细微区别，但都属"法治"范畴。二是守法（广义的守

---

〔1〕 参见霍存福：《权力场——中国人的政治智慧》，辽宁人民出版社1998年版，第308~434页。

法，涵盖执法、司法和普通公民对法律的服从）的动机，有基于对法律惩罚的恐惧和基于守法的道德义务之区别。现代法律实证主义者采用了一个既非恐惧也非义务的中性词——尊重——来描述法治社会人们对法律所应持有的态度。守法不必是一种道德义务，这归根到底是实证主义法学的法律与道德的"分离命题"所蕴含的结论：既然法律不依赖于它的道德性，那么守法自然也非一个道德义务问题。这一点与传统的自然法观念是有区别的，也不同于一般人通常对法治的设想。因为"法治"概念从亚里士多德开始就被打上了浓重的道德印记，法治被等同于良法之治，对法律的服从也背负了沉重的道德负担。现代法律实证主义发展了"形式法治"观念，使我们看到一种超越自然法学"实质法治"的可能。这对于深具伦理传统的中国法律文化，是一种有益的启发、补充和解放。长久地执拗于法律的道德性在某种意义上不利于理解"法治"的真谛，因为在那种情形下，恐怕说不清服膺的究竟是法律还是道德。

（3）法治与德治之分，应以规范依据而非实行方式为准，德治之"德"与法治之"法"应理解为不同的规范类型。在涉及中国古代德治、礼治、法治、刑治概念的辨析时，的确容易混淆规范的类型与实施方式。在这四个概念中，规范类型其实只有两种："礼"和"法"，"德"与"刑"在学者的讨论中则是作为"礼""法"的实行方式、手段来理解的。这一用法与现在的通常理解有出入，尤其是"德治"，现在一般将其理解为道德规范之治，礼治之"礼"不过是中国古代特有的"德"的具体化而已。德治作为一般性概念的意义，应当与"法治"一样，可以为不同时代的人们基于不同的价值论去诠释、拓展"德治"提供一个基本的框架。因此，应当注意区分规范类型意义上的"德治"与施行方式意义上的"德治"，并以前者为主。瞿同祖在论及这一点时说："儒法之争主体上是礼治、法治之争，更具体而言之，亦即差别性行为规范及同一性行为规范之争。至于德治、人治与刑治之争则是较次要的。采用何种行为规范是主体，用德化或用刑罚的力量来推行某种行为规范，则是次要的问题。"[1]如果不加区分，在规范根据意义上的德治与法治之外，复加以推行手段、方式意义上的德治、法治，会使概念复杂化——规范依据意义上的"德治"可以以方式手段意义上的"德治"或"法治"来推行，同理，"法治"也可以"德治"或"法治"的方式推行，这样的说法极容易引起混乱。

（三）法治的第三个要素：人

所有的治理都是人对人的治理，因此，尽管字面上看"法治"没有"人"的因素，但实际上也不能不包含"人"这一要素，只是"人"这一要素并非法治所独有，包括人治在内的任何治理方式都必然包含人的要素。人既是法治的主体，又是法治的客体（对象）。然而，人以群分。法治究竟是一群人（或个别人）对另一群人的统治，还是全体人群的"自治"，是界定法治时需考虑的重要问题。至于"人治"概念，本身就包含着"人"，强调治理者本身素养的重要性。中国儒家"内圣外王"的人生理想，古希腊柏拉图"哲学王"政治理想，都反映了"人"的极端重要性。对"人"的深入思考，就不能不涉及"人性"。瞿同祖认为："儒家既坚信人心的善恶是决定于教化的，同时又坚信这种教化，只是在位者一二人潜移默化之功，其人格有绝大的感召力，所以从德治主义又衍而为人治主义。"[2]性善论的人性观是与人治的主张互相支撑、互为表里的。以人治为主要特征的中国传统治理模式，总体上强调人的重要性，即使在

---

[1] 瞿同祖：《中国法律与中国社会》，商务印书馆2010年版，第378页。
[2] 瞿同祖：《中国法律与中国社会》，商务印书馆2010年版，第335页。

"法治"的模式里，人也是最重要的。例如，《荀子·君道篇》提及："法者，治之端也；君子者，法之原也。故有君子，则法虽省，足以遍矣；无君子，则法虽具，失先后之施，不能应事之变，足以乱矣。"《荀子·王制》写道："故有良法而乱者，有之矣；有君子而乱者，自古及今；未尝闻也。"等等。

二、"法"治与法"治"

法治的类型，可以根据不同的标准、不同的目的，进行多种多样的划分。例如，从地域或文化传统上说，有西方的法治和中国的法治；从时间上说，有古代的法治和近现代意义上的法治；从思想传统来说，有自然法学所理解的法治，有法律实证主义所理解的法治；从法治的形成机制上说，有建构论的法治和进化论的法治；从法治进程的主导力量来说，有国家主导的法治和社会主导的法治；从法治与其他价值的组合关系来说，有民主型法治和非民主型法治；从理论和实践的历史形态上说，有法家法治、儒家法治、西方民主法治。[1]这些分类标准及结果单独地看都是清楚、明确的，但由于实际问题的复杂性，论者总是难免把基于不同分类标准而划分出的法治类型，混合在一起讨论，由此造成诸多逻辑不清、语义混乱的问题，影响讨论的有效进行。这特别使法治、人治、德治、礼治以

---

〔1〕 法家法治、儒家法治、西方民主法治三种基本法治类型，学者们有过表述不同的提炼、概括：贺麟将法家法治概括为申韩式法治或基于功利的法治，将儒家法治概括为诸葛式法治或基于道德的法治，将西方民主法治概括为民主式法治或基于学术的法治。胡水君将三者提炼为：作为武功的法治、作为文德的法治、作为宪政的法治。分别参见贺麟：《文化与人生》，商务印书馆1988年版，第45页以下；胡水君主编：《法理学的新发展：探寻中国的政道法理》，中国社会科学出版社2009年版，导论。

及现代西方法治、中国法家法治、中国儒家法治等概念之间的关系头绪纷乱。

我们尝试以法治的结构为基础对法治进行分类。法治的结构包含两层含义,一是法治由哪些要件组成,二是这些要件之间是什么关系,亦即各要件的结构方式。法治的类型主要取决于后者。作为法治的二要件,"法"与"治"存在两种关系:①"法"乃"治"之所本,或曰法为"治道",此谓法治之"法"型的法治。②"法"乃"治"之所用,或曰法为"治具",此谓法治之"治"型的法治。这里以法治结构为基础解读法治的类型,期待能有新的收获。

(一)法治之"法"型的法治

西方是法治之"法"型的法治,可简单标记为"法"治,即以法律的品质为重心的法治,着重于法律规则本身品性的考量。这体现在西方历代思想家对"法治"的诠释多半围绕法治之"法"展开。西方早期的法治定义,以亚里士多德的最为著名。"法治应包含两重意义:已成立的法律获得普遍的服从,而大家所服从的法律又应该本身是制定得良好的法律。"[1]这一定义分别阐明了法治之"法"(良法)与"治"(普遍服从)两方面的要求,因此比较全面完整地涵盖了法治的两大要素。近代以后,霍布斯、洛克、孟德斯鸠、卢梭等启蒙思想家把法治置于自由、民主、社会契约论等理论中加以阐发,这些观念主要是在说明"法"的价值负载和正当性来源,而较少涉及"治"的要素。被尊为西方近代法治理论奠基人的英国法学家戴雪第一次明确提出"法的统治"(rule of law),系统阐述了法治概念的三层含义:排除专断(自由裁量)、法律至上、法律

---

[1] [古希腊]亚里士多德:《政治学》,吴寿彭译,商务印书馆1965年版,第199页。该定义在新译本中见[古希腊]亚里士多德:《政治学》,颜一、秦典华译,中国人民大学出版社2003年版,第132页。

面前一律平等，强调的是"法"的作用、地位和平等原则。20世纪西方法治理论一方面延续、深化了启蒙运动以来赋予"法治"的诸多实质价值，自由、平等、博爱、权利、人权等成为现代法治的灵魂；另一方面补充、丰富、细化了法治的形式或程序特征，分属新自然法学和实证主义法学的富勒、菲尼斯、拉兹分别阐述了高度相似甚至重合性的八项法治的形式特征，[1]这里抛开措辞上的差别，将其整合重述如下：法律具有一般性；法律具有公开性；法律不溯及既往；法律具有稳定性；法律具有明确性；法律具有统一性；司法独立；诉讼应合理易行。这八项中的前六项，都是关于法治之"法"的规定。这些对法律、法治特征的说明，重心都是围绕"法"的品性展开的。

（二）法治之"治"型的法治

中国是法治之"治"型的法治，可简单标记为法"治"，即以治理的目的和效果为重心的法治，因此并不排除借助于法律以外的因素实现期待的治理效果。诸子百家的思想，以影响较大的儒道法家论，其宗旨归根到底是指向"治"。儒家的理想是通过"格物""致知""诚意""正心""修身""齐家""治国""平天下"的理路实现"天下大治"。道家强调"无为而治"，《道德经》称"圣人处无为之事，行不言之教""我无为，而民自化；我好静，而民自正；我无事，而民自富；我无欲，而民自朴"。法家摒弃重心性、尚教化的儒家学说，直接把兴趣定位在与治国安邦有关的政治法律层面，提出了比儒家法治更接近于西方法治的"以法治国"，"法家不别亲

---

[1] 参见［美］富勒：《法律的道德性》，郑戈译，商务印书馆2005年版，第55～107页；［美］约翰·菲尼斯：《自然法与自然权利》，董娇娇、杨奕、梁晓晖译，中国政法大学出版社2005年版，第216页；［英］约瑟夫·拉兹：《法律的权威——法律与道德论文集》，朱峰译，法律出版社2005年版，第187～190页。

疏，不殊贵贱，一断于法"[1]，"君臣上下贵贱皆从法，此谓为大治"[2]。其实不限于儒道法三家，中国古代哲学思想都是以人伦和社会、天下与国家为中心展开的。司马谈在《论六家之要指》中谈及，"《易大传》：'天下一致而百虑，同归而殊途。'夫阴阳、儒、墨、名、法、道德，此务为治者也，直所从言之异路，有省不省耳。"可谓一语中的。

西方之"法"治与中国之法"治"，本质的区别在于："法"治的重心在"法"，"法"是目的，"治"不过是"法"的落实和延伸；法"治"的重心在"治"，"治"是目的，"法"不过是实现"治"的方式、手段。这一根本点决定了二者有如下的区别：①"法"治的规范来源是单一的，即主要是法律规范；法"治"的规范来源是多元的，儒家的"德""礼""刑"并存，法家的"法""术""势"并用，都显示为了达到"治"的目的，手段、方式是无所限制。在现代法源理论中，正式法源之外的政策、民间法、道德原则等非正式法源受到我国学界的高度重视和广泛接受，似可从中国法治之"治"型的治理传统中得到解释。②在纠纷解决机制的意义上，"法"治主要依靠专门的司法机关的审判；法"治"并不排除与其他治理方式并存，"治"的主体和机制都是多元的：审判、仲裁、调解、信访等多渠道综合施"治"，当代中国社会对多元纠纷解决机制的反复提倡，说明对多样化治理手段的接纳是颇有传统文化基础和社会心理基础的。③"法"治是真正意义上法律的统治（rule of law）；法"治"则可能成为人治的一种形式（rule by law），其他形式如"以德治国"可以与之并行不悖。④在更深层次上，

---

[1]《史记·太史公自序》。
[2]《管子·任法》。

"法"治所取的是"规范本位"的立场，法"治"所持的乃是"事实本位"的立场。前者为规范法学所主张，后者为法社会学所看重。就此来看，中国传统治理方式从来就不缺少法社会学的维度，尽管作为学科的法社会学是典型的现代舶来品。甚至可以说，以"治"为宗的中国传统治理方式更接近于法政治学。

三、儒法之争与治式类型

中国传统的治国理论主要体现于儒法两家，道家思想间或在国家治理方面有所体现，但一般为过渡性质或短暂补充而已。至于儒法两家，谁的作用和影响更大，应分领域论之。在心性修养或文化心理层面，毫无疑问是儒家一统天下。可以说，中国人的民族文化心理是由儒家主导塑造的，其影响之深远是其他思想无法相比的。在此意义上，儒家思想之于中国人，已经不只是一个思想的流派，而是渗透到中国人骨髓里的文化基因。一家学说能达到这样的地步，在中国诸子百家里是无与伦比的。儒家思想塑造了中国人的文化性格，李泽厚用"积淀"一词描述这种塑造、影响、刻蚀之深，是形象而准确的。但是，在国家治理理论上，儒法二家谁影响更大、占据正统和主导地位，则不无争议。一般也认为，儒家仍是主导和正统，但也有学者认为儒家只是在道德伦理哲学上占统治地位，在国家治理的政治哲学上是"儒表法里"[1]。这一观点至少其观察是深刻的，结论是有启发的。在国家治理方面，儒法两家的斗争与整合

---

[1] 详见秦晖：《西儒会融，解构"法道互补"——典籍与行为中的文化史悖论及中国现代化之路》，见秦晖：《传统十论》，复旦大学出版社2008年版，第171~182页。

的确是贯穿中国历史的大叙事。

（一）儒家礼治

中国古代治理类型的演变当从先秦算起。殷商至西周是历时千余年的礼治时代，尤其是西周为礼治的鼎盛时期，延绵六百余年。这个时代的巨大遗产，在中国漫长的历史发展中留下了深深的足迹。以三纲五常为核心的礼治最根本的特征是确立等级观念，并以此作为治理的依据。"进退有度，尊卑有分，谓之礼。"[1]君臣、父子、夫妻各有名分，上下、贵贱、尊卑各有区别，"礼辨异""名位不同，礼亦异数"[2]。"所以定亲疏，决嫌疑，别同异，明是非。"[3]以"礼"确定的不平等秩序在古代社会几乎是天经地义的。《周易·序卦》说："有天地然后有万物，有万物然后有男女，有男女然后有夫妇，有夫妇然后有父子，有父子然后有君臣，有君臣然后有上下，有上下然后礼义有所错。"有学者将礼治的特征概括为如下四点[4]：

（1）礼是处理贵族内部矛盾的法规，"刑不上大夫，礼不下庶人"。对待贵族需温和、仁慈，采用的办法是教育、感化，是榜样的影响，舆论的压力，政策的诱导。这是一种贤人政治。统治阶级从上到下有一批深明治道又有高度责任感的圣贤君子，并且礼治主义的目的也是要造就一代又一代君子贤人群体。礼治，主要是吏治，治吏。"刑不上大夫，礼不下庶人"，理解这句话时我们应注意以下问题：第一，"礼不下庶人"并非指庶人无礼。任何人都有礼，只是所用礼不同而已。失礼才入刑，则上流社会中有身份的人，曾受特殊教育，以知耻为务，事事遵循礼的规范，自无须刑的制裁；反之，

---

[1]《汉书·公孙弘传》。
[2]《左传·庄公·庄公十八年》。
[3]《礼记·曲礼上》。
[4] 参见常金仓：《穷变通久》，辽宁人民出版社1998年版，第287页。

一般庶人则难以此方式达到同样的目的。"君子不犯辱,况于刑乎?小人不忌刑,况于辱乎?"刑不上大夫的原意是士大夫遵守礼法,必不犯辱,无须刑罚,后来则谓大夫尊贵,不可以刑辱之。由主观的理论一变而为客观的事实,颇需注意。第二,"刑不上大夫"中的"刑"的具体所指,学者们有不同的看法,有的认为是指"五刑"[1],另有观点认为"刑"应特指宫刑,是一种毁坏人的生殖能力、绝人后嗣的刑。大夫有违礼的行为,有何反应?通常的道德社会的反应是舆论的制裁。贾谊说:"廉耻节礼以治君子,故有赐死而亡戮辱。是以黥劓之罪不及大夫……"因此,刑不上大夫,即大夫不被五刑之谓。

(2) 礼治并不排除对少数违礼犯纪者施行惩罚,然而它是依据某种抽象的礼仪临时讨论决定罪恶之轻重,而不是预设一个具体、客观的标准。罪名之轻重不全由造成的社会危害决定,兼顾道德、政治的影响,体现了人治精神。

(3) 礼治是以承认特权为前提的政治制度,地位之尊卑、势力之强弱、德性之优劣与特权之大小是完全一致的,礼治之下只有分等级的法规,没有统一的法规。

(4) 礼治本质是心治。它期望把人的邪恶消灭在萌芽状态,在灵魂深处爆发革命。《韩非子·说疑》述及:"太上禁其心,其次禁其言,其次禁其事。"前两者是礼治或心治,禁事才是法治。

以现代话语言之,礼是有差别性的行为规范,礼即儒家的治平之具,礼治则是中国古代的德治。

---

[1] 五刑是五种刑罚的统称,可分为奴隶制五刑和封建制五刑。奴隶制五刑是指墨、劓(音易)、刖(音月)、宫、大辟。封建制五刑指笞、杖、徒、流、死。奴隶制五刑在汉文帝之前通行,封建制五刑在隋唐之后通行。两种五刑制只是对古代刑罚的一种概括,不能完全包括古代的刑罚制度。

(二) 法家法治

法治的治理模式在中国历史上占统治地位的时间并不长，"春秋战国至秦，历时五百余年，是法家法治思想萌芽、发展并最终取得成功的时代"。[1]

法家讲一赏一刑。"不知亲疏、远近、贵贱、美恶，以度量断之"，所以以统一性的行为规范——法——为治国工具，使人人遵守，不因人而异其法。"法家不别亲疏，不殊贵贱，一断于法。"法家并不否认也不反对贵贱、尊卑、长幼、亲疏的分别及存在，但法家的兴趣并不在这些与治国无关、无足轻重，甚至于治国有碍的事物上，他们所注意的是法律、政治秩序之维持，认为国之所以治，端在赏罚，一以劝善，一以止奸。有功必赏，有过必罚，何种行为应赏，何种行为应罚，完全是一种客观的绝对标准，不因人而异，必须有同一的法律，一赏一刑，才能使人守法。若考虑贵贱、尊卑、长幼、亲疏的因素，则违背此种原则，不能达到一赏一刑的目的。所以法家虽然不否认这种社会差别的存在，但认为对治理国家而言法更重要。所以法家认为一切人在法律面前均须平等，不能有差别心，不能个别对待。

这就是说，法家采取了政治法律与伦理道德相分离的观点，作为治国术的政治、法律要依赖于客观的同一性规范，一赏一罚来治国安邦；作为社会伦理关系，差等秩序的存在，法家并不否认，但认为其与治国无关。这样，就出现法家法治的伦理基础或道德价值基础的难题。法家的道德理论不足以支持法家的政法理论和实践，采取道德和政法思想分离的立场是不得已的结果。或许正因为缺少

---

〔1〕马小红：《礼与法：法的历史连接》，北京大学出版社 2004 年版，第 118 页。

道德基础，法家法治仅作为"术"存在，才使它难以获得长久的生命力。

（三）儒家法治/德治/人治

在厉行"法治"的秦灭亡后，汉初出现了道家黄老思想短暂兴盛的时代，社会得以从严刑峻法的秦中休养生息、恢复发展。及至汉武帝，为加强中央集权、统一全国思想，董仲舒"罢黜百家，独尊儒术"的主张得到汉武帝的采纳，确立了儒家思想在中国社会的正统和主导地位，"大一统"的思想和社会模式自此定型为中国传统社会基本模型。当然，从治理模式上说，汉武帝以后并不是简单恢复先秦的礼治，而是把礼治的内核和法家的外壳结合起来。所谓"以礼入法"，是将儒家差等秩序的"礼"嵌入，偷换了法家意义上的"法"。瞿同祖概括道："自汉武标榜儒术以后，法家逐渐失势，而儒家抬头，此辈于是重整旗鼓，想将儒家的精华成为国家制度，使儒家主张借政治、法律的力量永垂不朽。"[1] 自汉至清"传统法在西周'礼治'与秦'法治'的基础上形成了礼法一体的有机结合"，这是标志着中国传统法的根本特征的法律儒家化的时代。儒家礼治—法家法治—儒家法治，完整地走过了一个"正—反—合"的过程。这也正是一个法与礼从分离、对立到融合一体的过程（"以礼入法""隆礼至法"）。所谓"儒家法治"的实质内容是儒家的，形式是法家的，或者说灵魂是儒家的，外壳是借鉴了法家的。

（四）中国古代治式：法治/人治/礼治/德治

以今天的立场观察，中国古代治理模式无论被称为"法治"还是"人治""礼治""德治"，本质上都有其内在的一致性，在更大的理论视野中，应归属于"人治"。

---

[1] 瞿同祖：《中国法律与中国社会》，商务印书馆2010年版，第380页。

从中国古代的治理模式的演变，我们可以抽取出礼治、法治概念，但必须看到，不能抽象地空谈这些概念，而必须和儒家或法家的基本思想结合起来理解。站在今天的立场上，结合德治、人治等概念，我们才能看清中国古代治理模式的归属和实质。中国古代的礼治、法治，不论为儒家所主张，还是为法家所实践，本质上都是德治、人治。礼治是中国古代社会的德治，因为所谓的"礼"不外乎是那个时代的体现等级和特权的道德。中国古代的法治实质上也是人治。在中国传统的治理模式中，德治、礼治与人治的概念具有相通性。

这里需要对"人治"概念加以说明。因为这个现代人使用的概念因多种多样的历史实践，而被用来概括十分不同的东西。首先，"人治"概念无论是在中国还是在西方古代，都是在贤人之治、圣人之治意义上被使用的，对统治者个人素养和修为的重视和强调是人治的重要内涵和前提。而在当代实践中，"人治"常被用来指代"以权压法""以言代法""以人坏法"的现象，有人认为这与传统的"人治"是毫不相干的。笔者认为，这种现象其实仍可在人治的概念框架下加以解释。因为所谓"贤人政治"的治理效果的优劣是一个见仁见智的价值评价问题，客观上，"人治"就治理结果来说，既有"治乱"的可能也有走向"乱治"的可能，但无论客观结果如何都不应影响其为"人治"的本质，以治理效果不佳为由将其排除于"人治"之外，并不妥当。其次，中国传统的治理模式尽管可以被概括为"人治"，但这种"人治"其实很少是以统治者"一己之好恶"来统治的，而多半以德治的方式体现。也就是说，"治人者"的权力背后往往有一整套理论学说或政治意识形态作支撑。在此意义上，也不宜把"人治"简单地理解为统治者的恣意妄为。不仅中国古代的礼治、德治有儒家思想文化的系统的理论支撑，就是"文化大革命"也有"无产阶级专政下继续革命理论"的背书。现代语境下的"人治"与传统语境下的人治,含义和评价似乎发生了某种反转,由原来的褒义词变成了今天的贬义词。我们必须透过表象看本质,既不要因为治理效果是负面的而否认治理初衷的良好,也不宜因治理之道德基础的失灵、失效而认为所谓人治就是毫无理据的恣意妄为。这样我们就可以将实践样态跨度极大的现象统合到"人治"概念里。

德治和礼治的概念,也是现代学者对古代治理模式概括的结果。据法史学家的研究,"德治"一词在古籍中难寻觅,内涵类似的主要有"德政""德化""德教"。将此三者归纳为"德治"始于何人何时已难考证。王国维用过"德治",影响深远。中国古代典籍中,未见"礼治"一词,将中国古人推崇礼的思想和行为以"礼治"加以归纳总结,始于梁启超的《中国法律发达史》,他说:"谓礼为德之形。礼也者,行为之有形的规范,而道德之表彰于外者也。"礼治与德治两者基本是一致的,但礼治偏重强调德政的外在表现形式,而德治偏重于德政的内涵。礼治之"礼"与儒家之"德"互为表里,也就是说"礼"是中国古代特定道德的外在表现,"德"是礼的核心内涵。因此,礼治是中国古代的德治。而"德治"因其现代语义具有一般性,故其外延具有较大的可扩展性,当代的"以德治国"亦可纳入"德治"。

四、西方的法治与人治

西方是以法治为主流治理模式的,尤其是近代以后,法治在西方获得了崭新的价值内涵,产生了影响至今的现代法治。这里的法治概念与中国传统的法治概念,虽然共享同一个"法治"之名,但实质是有重大差别的。与其说这带来了概念的混乱,不如说现代中西文明的交流、融通,为我们在新的更广阔的视域下思考法治及相关的人治、德治等概念,提供了契机。

(一)柏拉图的"哲学王"

西方法治占据着治理模式的主导地位,但不是说从未存在过人治思想。西方的治理模式,由古至今的演变,既与中国有相似之处,又有极大的不同。相似之处在于,西方古代也有跟中国古代类似的人治思想。中国人历来有"内圣外王"人生理想,这一提法完整地反映了儒家由内在的心性修养到外在的事功建树的理论设想。有"王"无"法"体现了中国人对"王"的重视和对"法"的漠视,人治传统于此可见一斑。与中国传统的"内圣外王"相类似,古希腊哲人柏拉图关于"哲学王"的思想,也是他早期人治思想的重要组成部分。他说:"最好的却不是法治而是人治——有智慧的国王的统治……因为法律从来不曾有能力来准确理解什么对所有人同时是最好的与最正义的,也没有能力来施予他们最好的东西,因为人的差异性、人的行动的差异性以及人事的变异性,不承认任何技艺能对一切事物做一简单而永恒之断言……法律是简单的,而相对对于那些从来就不是简单的事物,它要在所有的时候都处于最佳状态,这岂不是不可能的吗?""既然法并非是最正确的,那么,出于什么样的考虑,还必须要有立法?"因为,"回想一下那些通过技艺对训练进行统治的专业人员是如何指导的……他们相信,不可能有机会逐一仔细而准确地了解每一个体之详情,为每一个人量身定做适合于他本人的计划,但是,他们相信,他们必须用一种较为粗糙的方式(这是为最大部分的绝大多数人的),做出有利于身体的安排……我们相信立法也是如此……由于他集体性地给予所有人以规则,他们的共同约定永远没有这样的能力来对每一个人做出适合于他的精确规定……他的规定，无论是以成文的形式，还是以不成文的形式（当他以祖传惯例之形式立法时），都是为大多数人的，都是为了最大的部分，正是以这种方式，他会把法看作是相对于个体而言的一种比较粗糙的方式……谁有能力老是坐在每一个人的身边，而且从这个人出生至死亡，为他做出适合于他的精确规定？我以为，倘若有人，就其存在而言，掌握了王者之知而能够这样做，他就绝不会以这些写下来的所谓法律来挡他自己的道。""正如船长总是维护船与水手的利益，他不是通过规定成文的东西，而是提供其技艺作为法律，来维持其水手伙伴之安全与健康，那么，正当的政体亦依据同样的方式，它来源于那些有能力以此方式来进行统治之人，他们所提供的技艺的力量，远比法律来的强大……"[1]"除非哲学家们当上王，或者是那些现今号称君主的人像真正的哲学家一样研究哲学，集权力和智慧于一身，让现在的那些只搞政治不研究哲学或者只研究哲学不搞政治的庸才统统靠边站，否则国家是永无宁日，人类永无宁日的。不那样，我们拟订的这套制度就永远不会实现，永远见不到天日，只能停留在口头上。"[2]

　　柏拉图"哲学王"的思想阐述了人治的优越性，认为让贤明的君主"依法而治"就好比让一个高明的大夫按照固定的药方抓药一样，是愚蠢的，"最好的却不是法治而是人治——有智慧的国王的统治"。柏拉图后期意识到人治的危害，转向倡导法治。

（二）亚里士多德的法治公式

　　亚里士多德继承和发展了柏拉图的法治思想，是古希腊法治理

---

〔1〕 参见［古希腊］柏拉图：《政治家》，洪涛译，上海人民出版社2006年版，第75~80页。
〔2〕 北京大学哲学系外国哲学史教研室：《西方哲学原著选读》（上卷），商务印书馆1999年版，第118页。

论的集大成者,也是后世法治理论的奠基人。他给出了法治最早的经典定义,"法治应包含两重意义:已成立的法律获得普遍的服从,而大家所服从的法律又应该本身是制定得良好的法律"[1]。这一定义概括了法治的两个要点:良法和普遍服从。之所以被称为"经典",是因为该"公式"是逻辑上最周延的对法治的形式定义,涵盖了前文基于法治结构而提炼的"法"与"治"两个要点。由于这一定义的周延性,以后历代法学家对法治的理解其实都是以不同的方式诠释亚里士多德的法治定义。所谓"周延",源于这一定义涉及的法理学的三个最基本的方向:价值(良、恶)、规范(法)和事实(普遍服从)。通过对亚里士多德法治定义要点的分析,既可看出这一法治定义的优点,也可发现其缺陷。

(1)"良""法"之分析。良法之"良"即良好的实质(价值)标准始终是个难题。良法本身则是一个具有高度灵活性和一定主观性的概念,"良法"的标准可以因时因事因地因人而异。亚里士多德从多方面阐发了"良法"的标准,在形式意义上,亚里士多德论及了三个标准:①凡正宗政体下制定的法为良法,变态政体下制定的法律就是恶法;②有利于养成公民良好习惯的法就是良法,反之是恶法;③稳定性与变更性有机结合也是良法的一个标准。在实质意义上,亚里士多德以理性、正义、善和民主等界定"良法"。良法之"法"究竟是指一部法律、个别法律规范还是整个法律体系?我认为这三层含义都应当被包括在内,不可或缺。就"法治"这一基本秩

---

[1] [古希腊]亚里士多德:《政治学》,吴寿彭译,商务印书馆1965年版,第199页。新译本的译文是:"优良法制的一层含义是公民恪守业已预定的法律,另一层含义是公民所遵从的法律是制定得优良得体的法律,因为人们也可能情愿遵从坏的法律。"见[古希腊]亚里士多德:《政治学》,颜一、秦典华译,中国人民大学出版社2003年版,第132页。

序类型来说，个别法律规范或法律的良好，倘若欠缺充分、完备的法律体系，也不能称为"良法"。这就是说，法律要充分囊括、覆盖国家社会生活的主要领域，才可称之为"良法"。如果一个国家社会生活的某些重要方面没有被纳入法律调整的轨道，立法总是避重就轻、避实就虚，即使已经制定的法律良好并得到普遍服从，能说这个社会实现了法治吗？[1]

（2）"普遍""服从"之分析。"普遍"即意味着没有例外，统治者和被统治者一样受法律的约束，这一思想其实是一千多年后近现代西方法治理论和实践所充分诠释和明确表达的法治的核心含义之一。"服从"即遵守，但服从的动机可以有天壤之别：基于恐惧和基于守法义务。这与上述"良法"与否的判定相关联。基于良法，会产生公民守法义务；基于恶法，则守法并非义务，只是由于恐惧法律的惩罚而导致的守法事实。

亚里士多德的法治定义是一个"形式化"的定义。"形式化"即是抽象化，"去实质化"缺乏明确具体的标准是其弊。姚建宗教授尖锐地指出形式化法治定义的不足：第一，无论是"良法"还是"普遍服从"，亚氏都没有给出具体明确的实质标准，这会导致"法治精神的整体失落"：①"良好的法律"的标准（特别是其内在的实质标准）应当由谁提出，由谁掌握并据此对法律做出"良好"与否的最终判断？这一判断是否或者应当是最权威的，社会应当予以普遍认可？②社会公众的"普遍守法"是出于何种动机和心态？

---

[1] 回首我们几十年来的立法，在"宜粗不宜细""先易后难"等方针的指导下，已经颁布实施的法律，"大法"（即法律、行政法规等效力级别高的法）规格高、原则性强，却缺乏可操作性；"小法"（部门规章、地方政府规章及发挥极大实际作用的司法解释）在行政、司法领域唱主角，有用却不规范，缺少透明度，不易为公众所了解。这都不符合法治的"形式"要求。

公众是否具有普遍的、一般的、绝对的"守法"道德义务？由于现行法治理论没有或者很少对这两个重要问题做出回答，因此我们完全有理由推论并相信，这种理论充分实践的结果所带给我们的不仅不是一个法治社会，恰恰相反，它倒极有可能带给我们一个彻头彻尾的、十足的专制社会（只不过盗用法治的名义而已）！第二，亚里士多德的法治定义只是给出了一个标准或结果，并没有说如何得到"良法"，怎样做（需要哪些制度条件）才能达到"普遍服从"。[1]但我们也应当看到，唯其是"形式"的，才可以由后世的理论家根据具体的社会情境和时代要求不断注入新的内容和解释；唯其是"形式"的，才传诸久远。"形式化"既是其缺点，也是其优长。

对法治来说，除了"什么是""怎么做"，还有"为什么"的问题。亚里士多德法治公式解答了"什么是法治"的问题，他又从人性弱点和政治稳定两个方面论证了法治的优越性、必然性。他说："人一旦趋于完善就是最优良的动物，而一旦脱离了法律和公正就会堕落成最恶劣的动物。""一切人的灵魂或心灵难免会感受激情的影响。"[2]这种对人性的悲观、不信任可以说是西方法治传统的一个深层背景。常言道，人既不是魔鬼，但也不是天使，建立在对人的绝对信任基础上的人治难免成为乌托邦的幻想。从政治稳定的角度，亚里士多德认为不良政体或国家隐患的根源在于专制、特权的获得，因此应当依法治约束权力，对任何一种政体而言，"共同的一个要领是不能让某个人的势力得以异乎寻常地膨胀"[3]。亚氏的以法律制

---

[1] 姚建宗：《信仰：法治的精神意蕴》，载《吉林大学社会科学学报》1997年第2期，第1页。

[2] [古希腊] 亚里士多德：《政治学》，颜一、秦典华译，中国人民大学出版社2003年版，第5页、106页。

[3] [古希腊] 亚里士多德：《政治学》，颜一、秦典华译，中国人民大学出版社2003年版，第181页。

约权力的思想是近现代西方法治的一个源头。

在亚里士多德的理论中，政治学获得了独立于伦理学的地位，其重要意义在于阐明了仅仅用道德原则解释政治制度或行为是不够的，统治者即使有优良的道德也不能代替法律。"多数人都只知恐惧而不顾及荣誉，他们不去做坏事不是出于羞耻，而是因为惧怕惩罚……多数人服从的是法律而不是逻各斯，接受的是惩罚而不是高尚（高贵）的事物。"[1]政治学和伦理学共同构成了关于实践的研究，甚至亚氏把政治学置于"最高科学"的地位，因为它是以最大善为对象的，在此意义上伦理学是政治学的一个部分。学科划分的不同实际上反映了思想认识的变化发展，这是学术史上饶有趣味的一个话题，也是观察学术思想发展的一个独特视角。

（三）现代"法治"概念的丰富和发展

法治概念在古今中外发生过无数的争论，迄今未见消停。这是因为作为表征特定社会秩序类型的概念，法治事关社会制度与人类幸福，从古至今发生了巨大的变化。亚里士多德的形式化的法治定义在现代社会以不同的方式得到填充、弥补。

首先，在实质价值内容方面，启蒙运动以来西方自由主义的兴起，为法治注入了新的价值诉求，自由、平等、博爱、权利、人权等成为现代法治的灵魂。张文显概括道："法治"是一个融汇多重意义的综合观念和社会理想。法治是民主、自由、平等、人权、理性、文明、秩序、效益和合法性的完善、结合。[2]现代法治发展出平等、自由、人权等新内容，体现了古老的正义观念在个人主义、自由主

---

[1] ［古希腊］亚里士多德：《尼各马可伦理学》，廖申白译，商务印书馆2003年版，第312~313页。

[2] 张文显：《二十世纪西方法哲学思潮研究》，法律出版社2006年版，第532页。

义价值观背景下的现代走向,密尔原则阐明了自由原理,权利是自由概念的法律表达,因此,以权利、人权为特征的现代法治价值比古代的抽象公平、正义有了更具体明确、可操作的含义。

其次,在形式或程序方面,现代法理学家细化、丰富了法治的形式特征和标志,不仅限于"普遍服从"这一守法的形式特征,而是扩及法律本身的形式要求(一般性、普遍性)和立法活动(也可视为守法的一种特殊形式)的形式特征。

以富勒、拉兹和菲尼斯为代表,各阐述了八项法治的形式特征(见表2.1)。

表2.1 富勒、拉兹、菲尼斯阐述的八项法治的形式特征

形式特征	富勒《法律的道德性》(1969)	拉兹《法律的权威》(1979)	菲尼斯《自然法与自然权利》(1980)
特征一	一般性或普遍性	可预期、公开、明确	可预期、不溯及既往
特征二	公布或公开	相对稳定	可遵循(可遵守)
特征三	可预期或不溯及既往	特别法(法律指令)应受公开、稳定、明确和一般规则的指导	公布
特征四	明确	司法独立	清晰
特征五	无内在矛盾	自然正义原则必须遵守	与其他规则协调一致
特征六	可循性或可行性	司法审查权	稳定以便引导

续表

形式特征	富勒《法律的道德性》（1969）	拉兹《法律的权威》（1979）	菲尼斯《自然法与自然权利》（1980）
特征七	连续性（稳定性）	法院具有可接近性	判决、命令的制定受公布的、清楚的、稳定的、相对普遍的规则指导
特征八	官员的行动与公布的规则之间的一致性（权力服从法律）	不容许执法机构的自由裁量权歪曲法律	立法、执法、司法者有责任遵守那些适用于他们的规则；确实一贯地实施法律且与法律要旨保持一致

最后，现代法治增加了法治相应的制度安排。前述价值诉求进一步体现为近现代西方国家的一系列制度构造：三权分立、司法独立、依法行政、违宪审查等制约权力的制度措施，在人类历史上第一次实现了以法治理念建构的国家形态，上述价值理念得以制度化并付诸实践。

总之，现代法治既从实质内容上充实了亚里士多德的法治公式，也从程序、形式上丰富了法治的特征；不仅从价值上丰富了法治，而且做出了相应的制度安排；不仅从静态的立法方面阐述了法治的要求，而且从动态的守法环节发展了法治的内涵。根据亚里士多德法治公式的丰富和发展，可以从实质和形式两方面定义法治：从形式或程序意义上说，法治是具有公开性、普遍性、可预期性、可行性、公正性和权威性的社会秩序、制度类型；从实质上说，法治是一种以自由、理性、人权、平等、正义为价值基础，以市场、民主、宪政为制度支撑的社会秩序类型。法治，简单地说就是良法善治。

由上述法治定义不难看出,法治的核心是限制公权力,保护私权利。在法治的视野中,作为权力代表的国家事实上构成了对自由和权利的重大威胁,这实际是一种异化。如何防范这个国家这个"利维坦"(巨灵)对自由和权利的侵害,是"法治"考虑的重心所在。法治之"治"首要的是制约、规范国家权力,法治之"治"是民主之治、理性之治、权利之治。如果使用法治之主体、客体之类概念的话,法治的主体不能简单地归诸"官"或"民"的任何一方,而应为包括统治者在内的全体社会成员,法治的对象或客体也是由全体社会成员构成的社会生活,因此,法治必然包含自治的观念。简单地把法治的主体理解为官——权力者,法治的客体(对象)理解为民——权利者,本身就是一种缺乏法治理念的观点。

巴里·海格概括了法治的九个"核心成分",综合了法治的主要特征,它们是:①立宪主义。即有一部基于公民同意的宪法,这被广泛视为民主和法治的一个必需的先决条件。②法律约束政府。即法律权威至高无上,法律应当制约官员,包括法官和普通公民。③司法独立。独立的司法部门有权对立法和行政部门的行动进行司法审查,司法独立是三权分立原则的关键部分。④公平地、前后一致地应用法律。即在法律面前一律平等,体现在立法职能上,关键是平等的选举权、投票权;体现在行政部门上,关键是所有职位对所有人开放、机遇平等;体现在司法部门,检察官、法官必须从所有社会阶层选聘,对法官的制衡主要通过上诉机关实现,并实行陪审员制度。⑤法律具有透明度和可行性。透明度是指法律必须预先公布,使人可以充分了解,以便人们能够及时主张自己的合法权利,同时制定法律的过程应当是透明的、公开。⑥法律的应用有效而及时。"迟来的公正就是剥夺公正",司法机关的效率可能会影响公正。⑦财产、契约权利等经济权利受到保障。这里强调的是法治不仅是政治和民主发展的重要组成部分,而且也是经济发展的重要组成部分。⑧人权和知识产权受到保障。⑨法律能够通过既定程序被改变。即在必要时,允许按照一定机制对既定规则的背离或修订规则,或有独立的法院、仲裁机构在发生规则冲突时,做出有约束力的裁决,法律应当具有应变和演变能力,修改法律的程序或机制应由法律做出规定,以便人人皆可运用。[1]

综合中西各主要法治概念,可通过表 2.2 作简要的总结和比较。

表 2.2 中西各主要法治概念的比较

中西主要法治概念	法治之静态:"法"	法治之动态:"治"
"亚氏"法治	良法(善法)	普遍服从
现代法治	1. 善法的(实质)价值的具体化:自由、平等、权利、人权 2. 补充善法本身的形式价值(特征):一般性或普遍性、可预期性或不溯及既往、明确、无内在矛盾、可行性、相对稳定性、法院的可接近性 3. 增加立法的程序价值(特征):公布、公开 4. 发展出与法治相适应的制度安排:市场经济、民主政治以及三权分立、司法独立等宪政制度	1. 从守法的形式特征(普遍服从)发展出完整的守法理论:自然法学派的绝对的守法义务理论和法律实证主义的相对守法义务理论 2. 部分服从理论表明:普遍服从并非法治的绝对标志

---

[1] [美] 巴里·海格:《法治:决策者概念指南》,曼斯菲尔德太平洋事务中心译,中国政法大学出版社 2005 年版,第 35~85 页。

续表

中西主要法治概念	法治之静态："法"	法治之动态："治"
儒家法治	儒家之法：以礼入法，差别性规范，主体地位不平等，故非良法。儒家法治即刑治，非真正意义上的法治	君主以法而治
法家法治	法家之法：同一性规范	君主以法而治，故非真正的法治

第三章
法哲学的基本问题与结构

一、哲学基本问题与理论品性

哲学乃究宇宙人生大本大源的学问。人生在世,必须处理的首要问题就是人与外物的关系,这可说是人生的基本问题,它在哲学上的反映即哲学的基本问题。所谓哲学基本问题,盖言此一问题具有极强的基础性、根本性和辐射力,影响、决定着其他一切问题的解释或解决,是整个思想、理论体系的最根本、最深层的出发点和归宿点。反过来说,一切问题的深层都隐含、潜藏着的,在追本溯源的意义上必然会涉及的那些问题,往往就是哲学基本问题。哲学作为系统的反思性理论,一般包含本体论、认识论、伦理学等,哲学基本问题不仅贯穿哲学各组成部分,而且对哲学基本问题的不同理解,在很大程度上决定着哲学由哪些组成部分构成、彼此间关系怎样理解。简洁地说，哲学基本问题就是一以贯之中的那个"一"。

（一）哲学基本问题的表达式

"哲学探源"要求追问到"哲学基本问题"，这一问题在漫长的哲学史上有不同形式的表达，主要包括：思维和存在的关系、物质和意识的关系、主体与客体的关系、事实与价值的关系以及中国式表达：天人关系。同时，哲学基本问题这种两两对立的概念框架形式，本身也有它的"前史"和"后史"，即对哲学基本问题本身的消解和否定。这涉及早期哲学和现象学之后的西方哲学。我们的讨论不涉及如此广泛的哲学问题，仅以一般公认的哲学基本问题为考察对象。

堪当如此重任的哲学基本问题，可表述为思存关系、天人关系、主客关系问题。不同的措辞有不同的语境或文化背景，也蕴含着对哲学基本问题不同的思考和解答方式。思存关系，即思维和存在的关系，是哲学基本问题在中国学界影响最大的表达式，它来源于恩格斯的经典概括："全部哲学，特别是近代哲学的重大的基本问题，是思维和存在的关系问题。"[1] 这是一个打上深刻马克思主义烙印的哲学基本问题的表达式。天人关系，是哲学基本问题在中国传统哲学中的表达式，《史记·太史公自序》曰："究天人之际，通古今之变，成一家之言。"探究天人之际，是中国文化的中心话题之一，也是任何一种哲学思想不可或缺的"天问"。主客关系，即主体和客体、主观和客观的关系，是哲学基本问题在西方哲学中的表达式，现在已成为更广范围内被人们普遍使用的范畴，甚至已成为哲学基

---

〔1〕 中共中央马克思恩格斯列宁斯大林著作编译局编译：《马克思恩格斯选集》（第4卷），人民出版社2012年版，第229页。

本问题在日常生活语言中的表述。哲学基本问题的通俗化表达式，是"人与世界的关系问题"。以上只是哲学基本问题的几种最基本的表达方式。表达式的多样性从一个侧面说明哲学基本问题几乎无所不在的影响力。

在哲学史上，哲学基本问题有极其复杂多样的表现形式。精神（意识）和物质的关系、理性与现实的关系、人与自然的关系（黑格尔《小逻辑·导言》称之为"自然界和人的精神相互间的关系"）、人与神的关系等，都以不同方式表达着哲学基本问题。但更常见的是将哲学基本问题表述为思存关系、天人关系或主客关系。其他的表述或有引人至误区的嫌疑，以物质和意识的关系为例，长期以来我们习惯于把哲学基本问题表述为物质和意识的关系，并把它等同于思维和存在的关系。但是，简单地把"思维和存在"的关系问题归结为"精神和物质"的关系问题，却会导致对哲学的简单化、经验化的理解，以至于丢弃哲学的"反思"的思维方式。"思维和存在"关系，其重要特征在于，不仅具有"精神和物质"关系的"时间先在性"问题，而且具有超越"精神和物质"关系的"逻辑先在性"问题。这是二者的重大区别。在"精神和物质"的"时间先在性"问题中，二者的关系是不可变易的；而在"思维和存在"的"逻辑"关系中，则表现出极为丰富和极为复杂的矛盾关系。"存在"这个范畴不同于"物质"这个范畴，它不仅包括"物质"的存在，而且包括"精神"的存在。"思维和存在"的关系，至少就应当包括"精神和物质（意识外的存在）"的关系，也包括"精神和精神（意识界的存在）"的关系。同样，"思维"这个范畴也不等同于"精神"或"意识"。从狭义上看，"思维"似乎只是"精神"或"意识"的一部分，但在哲学（特别是近代哲学）的意义上，"思维"就不仅是指"意识的内容",而且是指"意识的形式";不仅是指关于思维对象的"对象意识",而且是指构成、把握、统摄和反省"对象意识"的"自我意识";不仅是指"思维的内容",而且是指"思维的活动"。正是这种"思维和存在"之间的相对性和多义性,构成了"思维和存在"之间的极为错综复杂的矛盾关系,并从而形成了哲学的极其丰富多彩的理论内容。[1]对于这些复杂的哲学上的讨论,我们在这里不拟进行下去,只需保留结论,即哲学基本问题表述为思存关系、天人关系(中)、主客关系(西),并将此作为我们进一步讨论法哲学问题的一个基础。

由于哲学基本问题是对人生在世的诸多问题的最高抽象,因此,反过来看,哲学基本问题必然具有极强的辐射力、深刻的渗透力和广泛的影响力。它会延伸、关联到诸如:自然与自由、天道与人道、物理与伦理、自在与自为、事实与价值、是与应当、神与人等一系列哲学上难缠而基本的问题。哲学基本问题一般被认为是本体论的或认识论的,但却能映射到伦理学、法哲学、政治哲学中。考夫曼曾论述过自然法的思想与哲学本体论的联系,"哲学有三种根源:惊讶、怀疑和震撼,分别对应于哲学三个基本领域:本体论、认识论和存在哲学……自然法学说不外是法律本体论(但不必然是实体本体论)。说到底,本体论当红之日,就是自然法风光之时。自然法之花只是盛开在基本的存在信赖之沃土上。倘若说,一切客观主义哲学,起始就置身于惊异和信赖之中,那么,主体哲学的基调原初就是不信任和怀疑。"[2]

由于对哲学基本问题的不同理解,形成了不同的"世界观"。

---

〔1〕 孙正聿:《哲学通论》,辽宁人民出版社1998年版,第137~138页。
〔2〕 [德]考夫曼、哈斯默尔主编:《当代法哲学和法律理论导论》,郑永流译,法律出版社2002年版,第14~15页。

据张世英教授的研究,在哲学基本问题上,中国哲学占主导地位的态度是"天人合一",西方哲学占主导地位的理解是"主客二分"。"天人合一"和"主客二分"分别是中西哲学和思想文化的总基调和主导原则。[1]中西法律文化在基本样态上的差异,在最深层的意义上可以溯及中西方文化对哲学基本问题的不同理解和回答。关于哲学基本问题的本体论、认识论观点,可以通过以下路径映射到政治哲学中具体的治理类型:天人合一—性善论—人治(主观性之治,或主客观统一之治);主客二分—性恶论—法治(客观性之治)。这是中西思想各自具有内在逻辑联系的两条线索。

(二)哲学基本问题之内容

通常认为,哲学基本问题包括两个方面:一是思维和存在"谁为第一性"的问题,即谁为本源、谁为派生、谁决定谁的问题,于是有唯物主义与唯心主义之分;二是思维和存在"有无同一性"的问题,即思维能否认识存在的问题,于是有可知论、不可知论之别。第一方面是本体论问题,第二方面是认识论问题。对哲学基本问题的这种解读是有前提和局限的。这一解读把思维和存在分离开来、并置起来,然后再外在地设定何者为第一性、谁决定谁,这本身殊可质疑;同时,把思维和存在"有无同一性"的问题解读为一个思维能否达到存在的认识论问题,并不恰当,思存是否具有同一性其实是个本体论问题,它应当先于认识论问题而存在。总之,这种对哲学基本问题的理解,本身就是一种特定"世界观"的体现和结果。

---

[1] 参见张世英:《哲学导论》(修订版),北京大学出版社2008年版,第8页、12页。

以下尝试把哲学基本问题分解成如下两个方面：

第一，思维与存在（主与客）是否具有同一性，即合与分的问题，采同一性（即"合"）观点者，为"同一性哲学"，取非同一性（即"分"）观点者，为"非同一性哲学"。合与分的问题，从另一角度说即是否可推导的问题：在主—客、天—人、思—存、事实与价值、是与应当之间，"合"即可推导，"分"即不可推导。

第二，同一性哲学实际上都表现为统一性哲学，而不是简单、直接的思存同一。在同一性哲学之下，根据思维与存在谁为第一性、谁决定谁的不同观点，划分为唯物主义和唯心主义；非同一性哲学实际上是本体论上的二元论。应当看到，哲学基本问题仅指本体论问题而不包含认识论问题，所谓哲学上的"认识论转向"不过是发现不通过认识论无法得到有效的本体论。本体论上的同一性哲学必然导致认识论上的可知论；本体论上的非同一性哲学必然导致认识论上的不可知论。在同一性哲学之下，在主—客、天—人、思—存之间，何者为第一性、何者为第二性，即谁决定谁的问题，实际上是个推导方向的问题。

如果说哲学是"世界观"，那么哲学基本问题则占据着世界观的核心。世界与世界观的关系颇为微妙。在一定意义上，世界就是世界观。因为离开世界观的自在之物的世界并无意义。世界只有通过世界观而成为属人世界。在此意义上，不同的"世界观"决定了不同的"世界"，而不是相反。不同的世界观对哲学基本问题的理解不同，是不同的解释原则的区别。

哲学基本问题是流变的。在不同的"世界观"中，不同的哲学发展阶段，哲学基本问题不同。在哲学的认识论转向之后，"哲学基本问题便为：我如何从我的意识中获得对'外部世界'的认识？也即，我究竟如何能认识事物？哲学不再主要关注物、对象、存在，而把兴趣放在认识、意识、方法上。此时,不是本体论,而是认识论成为第一哲学。"[1]

哲学基本问题是隐含于人类思想中的"看不见的手",以法律现象为研究对象的法学,自然也不是例外。哲学基本问题对法学的影响,集中体现在事实与价值的关系这一近代哲学的重大问题。随着近代自然科学的突飞猛进,实证主义思想获得了巨大的成功。它的重要观点之一是价值与事实的分离,包括法学在内的社会科学应做到价值中立或价值无涉。这些观点对现当代法学思想和法学理论产生了深刻影响。法治作为一种"客观性之治",是以"主客二分"思想为前提和基础的,人治作为一种"主观性之治",是以"天人合一"为依托和根据的。

(三)哲学理论的品性

对哲学基本问题的不同理解,直接关系到对哲学理论性质的不同理解。哲学最根本的性质是反思性。"反思"在英文中为 reflexion 或 reflect,但 reflect 的含义,既包括理论性的自身认识,也可以是价值性的自身审察,后者以中文"反省"对应更为准确。对反思作语义分析,包含两个基本含义:"思"和"反",即有"思"在前,"反思"是回返性的思维,是"思想以自身为对象反过来而思之",而思想"是关于思想对象的思想;没有思想对象就不会有'思想'"。[2]黑格尔特别强调反思的思维方式,对表象思维、形式推理这两种常见的思维方式的超越,黑格尔论述道:"表象思维的习惯可以称为一种物质的思维,一种偶然的意识,它完全沉浸在材料里,因而很难从物质里将它自身摆脱出来而同时还能独立存在。与此相

---

[1] 歌德语,转引自考夫曼:《法哲学、法律理论和法律教义学》,郑永流译,载《外国法译评》2000年第3期,第8页。

[2] 孙正聿:《哲学通论》,辽宁人民出版社1998年版,第154页。

反,另一种思维,即形式推理,乃以脱离内容为自由,并以超出内容而骄傲;而在这里,真正值得骄傲的是努力放弃这种自由,不要成为任意调动内容的原则,而把这种自由沉入于内容,让内容按照它自己的本性,即按照它自己的自身而自行运动,并从而考察这种运动。"[1]

在这段论述表明"反思"作为哲学的思维方式,既不是沉浸于经验对象而形成关于经验世界的各种知识的表象思维,也不是脱离经验对象而自囿于没有实际内容的形式推理;反思恰恰是把经验与理性、实质内容与形式推理结合起来,"把这种自由沉入于内容,让内容按照它自己的本性,即按照它自己的自身而自行运动,并从而考察这种运动"。这段论述点出了哲学的反思性的关键和要害。由此衍生了一系列哲学理论的特性,笔者拟从以下几个方面加以阐发,以更好地把握哲学的根本属性和特征。

1. 思想性而非知识性

哲学理论是思想性的,尽管也会以某种知识的形态呈现出来,但在本质上并非知识性的。思想若要划清与其知识形态的界限,只能被理解为"反思"。之所以反思构成了哲学的最重要特征,其根源正如孙正聿教授所说:"哲学不是以'存在'和'思维'为研究对象,去形成关于'思维'和'存在'的某种知识,而是把'思维和存在的关系'作为'问题'来研究,考察和追问'思维和存在的关系'。"[2]这同时意味着,那种以"关于世界的总的知识""普遍规律"的观点理解哲学理论性质是不恰当的。如果把思维或存在当作哲学研究的对象,必然会导致对哲学性质的知识论理解,即哲

---

[1] [德]黑格尔:《精神现象学》(上卷),贺麟、王玖兴译,商务印书馆1979年版,第40页。

[2] 孙正聿:《哲学通论》,辽宁人民出版社1998年版,第136页。

学是关于整个世界的普遍规律的学说。哲学自近代认识论转向以来,人们已经明确无误地认识到:哲学既不是提供某种关于"存在"的知识,也不是提供某种关于"思维"的知识,而是为人类确立了关于思维和存在之间的矛盾关系的自我意识,也就是为人类提供一种不断深化的辩证思维方式。

哲学是思想性的,意味着哲学理论主要不是对客观世界的描述,而是对人类实践的理解、塑造、引领或规范。从真理论的角度说,哲学既然不是反映性、描述性的关于客体的知识,而是诠释性、规范性的关于主客体关系的思想,哲学真理就不应简单地以符合论为检验标准,而应从融贯论或实用论等角度加以理解。

2. 论证性而非断言性

哲学并非信仰,因此不能是建立在某个不加质疑的前提基础上的独断。哲学理论是论证性的,就是说哲学总是给出理由以支持或反对某种主张、观点。这也是哲学话语不同于政治宣传话语及宗教话语的根本特征。关于法治的研究既存在于哲学、社会学等学科的学术话语中,也存在于政治宣传话语中。这要求我们自觉区分二者,按照学术的方式、以学术话语阐发法治的原理。学术话语与宣传话语的区别在于,学术话语既无须回避哲学思维,从根本上也必然需要反思性思维,不会轻易终止于一个独断的前提(命题)。反思性必然体现为论证性,论证的根本是摆事实、讲道理、讲逻辑;相反,宣传话语总是建立在某个给定的不容置疑的前提基础上,对这一前提的态度是独断式地相信或信仰。在现实中,人们常常热衷于"表态"或"贴标签"式的活动,这正是缺乏对"论证性"的理解或理解不深的表现。赵汀阳说:"人们其实并不需要哲学家就某个问题表个态——每个人自己都能够表态,而且就纯粹思想价值而言,任何一个人的表态都不比另一个人的表态更有价值。一旦把哲学活动变成表态活动,哲学就失去普遍性也就不再有意义。"[1]

哲学理论的论证性是由反思性这一根本属性所决定的。反思的层次和深度决定了论证的层次和深度。反思性预设了一种同一性哲学的世界观,它必然要求融贯论的真理观。融贯论不仅仅是要求思维及其结果之间的无矛盾性,而且要求我们深入理解诸如"解释学的循环""美诺悖论""一与一切""一个或所有问题"的深刻含义,从而帮助我们自觉地形成反思的思维方式。反思作为一种思维方式的特点是:①它所面对的问题是哲学性的,"哲学问题总是自我相关、自我缠绕的"[2],因此,哲学问题无法单独地、各个击破式地解决,而是要"一揽子"式地解决。②哲学问题的解决总要"从头开始","彻底解决"才是真正的解决。"哲学事业的特征是,它总是被迫在起点上重新开始。它从不认为任何事情是理所当然的。它觉得对任何哲学问题的每个解答都不是确定或足够确定的。它觉得要解决这个问题必须从头做起。"[3]因此,不能轻易地相信任何给定的前提或现成的结论,而必须持续地追问"为什么""根据何在",谋求从源头上解决或解释问题。

哲学的反思性思维从另一个角度说是一种系统性思维。理论的系统性要求任何观点都必须建立在论证的基础上。论证是讲道理,是就某种主张或判断给出理由和根据。这是一个论辩和说服的过程。当然,论证最终会碰到难题。为了论证一个命题的正当性,我们会引入一些更为基础的命题,这些基础性命题本身也面临"为什么"的追问。这导致论证的三种逻辑困境:①无穷倒退;②循环论证;③武断地终止论证。如何解决这些问题,其实引发了当代哲学的诸

---

[1] 赵汀阳:《哲学怎样才是有用的?》,载《社会科学战线》1995年第1期,第10页。

[2] 孙正聿:《哲学导论》,辽宁人民出版社1998年版,第78页。

[3] [德] 石里克:《哲学的未来》,载《哲学译丛》1990年第6期,第2页。

多新的方向和尝试。

3. 诠释性：描述、证立、规范之间的"反思平衡"

诠释，从字面意思上说就是理解、阐释、解释，这一概念的哲学方法论意义来自于德国哲学家加达默尔开创的诠释学。其本意是通过解释"把一种意义关系从一个陌生的世界转换到我们自己熟悉的世界"。[1]诠释学的汉译名称有好几种：解释学、释义学、阐释学。作为一种哲学理论，诠释学在德国哲学家手中由认识论、方法论上升为本体论。"理解"不仅是人的认识活动，更是人的存在方式本身。作为一种现代哲学理论，它消弭了传统哲学中主体与客体的尖锐对立，对于我们理解哲学理论的性质具有启发意义。

诠释学既是一种哲学理论，也是一种思维的方法论。诠释学方法是一种在描述、证成、规范之间的"反思平衡"，或者可更一般地将其表述为主体与客体、主观性与客观性之间的"反思平衡"。例如，当我们把法治概念理解为一种"概念策略"，实际上就是一种诠释学方法的运用。它意味着对法治概念的定义，不是一个类似自然科学那样对客观对象的"描述"，而是集成了多种功能：描述、证立、规范。通俗地说，如何理解、界定法治是一个我们对社会生活的参与策略问题。

诠释学方法的影响极其深远，学者们也以不同形式说明、运用了诠释学方法的真谛和妙用。哲学家赵汀阳曾以"创造性"对哲学的性质加以诠释。[2]诠释性作为对哲学品性的概括，来源于反思性、

---

[1] 洪汉鼎：《译后记》，见[德]加达默尔：《真理与方法》（修订译本），洪汉鼎译，商务印书馆2010年版，第851页。

[2] 参见赵汀阳《一个或所有问题》等著作，在赵汀阳的哲学观中，"反思性"并非哲学的本质属性。"哲学并不是反思或自我认识，而恰恰是反思和自我认识之后的事情，因为只有在反思之后才能真正了解我们用来思想的各种观念，从而提出真正根本的或基本的问题。"见该书第25页。

论证性，哲学之品性总是面临"无穷倒退"的困境。追问必须是有限的，不能总把问题留到下一个思维层次去。无穷倒退论证不能无休止地进行下去，而必须终止于某个武断地确定的点，这仍然是一种线性的单向的思维。诠释学方法则提示我们一种相互纠缠、循环往复的关系性思维。哲学的创造性，就是把哲学理解为富有创意地处理观念间关系的"思想布局"活动。"任一观念，假如不是处于某个观念网络之中并且与其他一些观念构成必然的关系，那么它肯定的飘游不定的而且实际上不具有观念的意义，可能只是一个语言的空壳，至多有某种偶然的语义，因而它在观念界中是一个毫无用处的废品，并且往往是有害的。"[1]"我们不得不去处理一大堆我们自己创造出来的观念，尤其是那些基本的、作为'根据'的观念，而更使我们感到严重的是，所谓处理这些观念，恰恰就是继续去进行创造，因为基本观念是不可能解释的，没有比它们更基本的原则了。"[2]哲学作为思想布局活动，旨在使那些无意义或丧失了意义的观念，以新的方式被提出，通过观念之间关系重新地排列组合，使已经陈旧和失去生命力的观念，重新焕发出思想的魅力。这如同画家，通过笔墨线条的安排，使整个画面展现出意义和魅力，从而成为一件艺术品。

强调"创造性"的哲学观是一种现代的哲学观，它否定了事物总有一个最终基础、根据的那种形而上学假设，而相信关于事物的各种观念只能相互支撑、相互定义、相互解释，"共轭"地存在。"一个观念将起什么样的作用，要服从一个思想画面的整体效果，于是，哲学不应该专门为某种观念说话，而应该为思想画面的而整体效果负

---

[1] 赵汀阳：《走出哲学的危机》，中国社会科学出版社1993年版，第16页。
[2] 赵汀阳：《一个或所有问题》，江西教育出版社1998年版，第24页。

责。"[1]这一哲学观揭示了哲学思维的一种必然处境:"只要它思考一个问题就不得不思考所有问题,而所有问题又不得不思考成一个问题。"[2]这种处境实质上是一种"解释学循环"。

二、"天人合一""主客二分"与法哲学的基本问题

"天人合一"和"主客二分"分别代表了中国和西方在回答哲学基本问题时的两种立场、态度和观点。我们先对这两种观点加以简要考察。

(一) 天人合一

照字面解释,天人合一是对作为哲学基本问题的思存关系持统一性的理解;从渊源上说,天人合一是一种古已有之的思想,被认为是中国古代哲学甚至整个东方哲学的主基调。钱穆晚年对天人合一观念给予极高评价:"'天人合一'论,是中国文化对人类最大的贡献。""'天人合一'观,是中国古代文化最古老最有贡献的一种主张。"[3]一般认为,天人合一的思想起源于儒家的思孟学派;天人合一的命题则出自宋代张载《正蒙·乾称》:"儒者则因明致诚,因诚致明,故天人合一,致学而可以成圣,得天而未始遗人。"季羡林认为这个命题的来源不限于儒家,而是有更久远而广泛的思想来源,儒道墨杂各家均有类似的思想。而且,不但中国思想如此,古代东方思

---

[1] "关注大家心中的困惑——赵汀阳访谈录",载"网易读书",www.ren.hqcr.com/article-25778.html,访问日期:2020年4月1日。
[2] 赵汀阳:《一个或所有问题》,江西教育出版社1998年版,第4页。
[3] 钱穆:《中国文化对人类未来可有的贡献》,载《中国文化》1991年第1期,第93页。

想也大多类似。[1]这里只对天人合一思想作简要的梳理,着重作义理的解读。鉴于"天人合一"之论述必然带有的中国传统的综合思维特征,往往含混多义而缺少明确清晰的界定,有必要借鉴现代分析方法予以解读。

天人关系之含义有多种解读,其复杂性在"天"不在"人"。"天"的含义,大体有三:

(1)命运之天。命运之天指不可抗拒的超自然力量,"天"即"命",谓之"天命""天道"。《论语·季氏》说:"君子有三畏,畏天命、畏大人、畏圣人之言";《论语·宪问》说:"道之将行也与,命也;道之将废也与,命也";《论语·颜渊》中子夏也说:"死生有命,富贵在天";《孟子·万章章句上》说:"莫之为而为者,天也;莫之致而至者,命也。"这里的"天"均为"天命"之意。更进一步的含义是把天命实体化,谓"天帝",是主宰命运之神。儒家尊奉"天地君亲师",这个天是万物的主宰,是有意志的神。

(2)自然之天。自然之天指宇宙自然,是形象之"天",与地、人相对,也指宇宙运行规律的最彻底的抽象。道家认为,"自然"是自我的存在,"天道"是事物的本质、规律、秩序,人应当顺从这一自然规律或秩序。《道德经》谓:"人法地,地法天,天法道,道法自然。"可见在道家的思想中,"天"并非最高的范畴,在其上还有"道"和"自然",这个天还只是自然之天,是作为整体的自然的一个组成部分,这与道家的基本思想是一致的。现代社会的环保主义者主张保护自然生态环境,促进可持续发展,借用的"天人合一"思想主要是在"自然之天"的意义上使用的。"天人之际,即天人关

---

[1] 参见季羡林:《"天人合一"新解》,载《传统文化与现代化》1993年创刊号,第9页。

系，就其最具现实性的意义来说，就是人与自然的关系。"[1]《庄子·秋水》提及："牛马四足，是谓天；落马首，穿牛鼻，是谓人。"这里的天也是与人为相对应的自然。

（3）义理之天或人伦之天。义理之天把"天"理解为人类道德价值的最终源头。儒家注重从伦理视角解释"天"，在中国人的心目中，最有影响力的始终是作为宇宙的最高抽象同时带有某种道德意志以至目的论含义的天，使"天"逐步伦理化。自孔孟直至宋明之理学家，多以天道为人性之本源，孔子"惟天为大，唯尧则之"[2]，孟子"存其心，养其性，所以事天也"[3]，说的都是这层意思。

再来看"人"的含义。在"天人关系"论中，人的含义虽不复杂，但也多样，在不同的语境下可以指：①人类或人性；②人生；③人为；④人情。这些有所区别的含义，正像"天"的几种相区别的含义一样，又都是建立在某种统一的含义基础上的。在中国语言中，"天""人"都是高度综合性的概念，在现代分析方法的观照下，又都是可分析的。

将经过分析的"天""人"概念进行组合，就能得到几种常用的天人关系的含义：自然与人类（人性）、天然与人为、天命与人生、天理与人情。中国传统文化多是在这个范畴内使用和阐释"天人合一""天人相分"的思想。至于作为现代哲学基本问题的思维与存在、主体与客体、物与我的关系，并非中国传统哲学直接论及的问题。但是无可否认，作为哲学基本问题，它在各个文化体、文明体中都有所渗透和体现。在中国文化传统中，天人合一代表中国人对哲学基本问题的主流回答。称之为"主流"意味着还有非主流，

---

[1] 夏甄陶：《天人之分与天人合一》，载《哲学研究》2002年第6期，第6页。
[2] 《论语·尧曰》。
[3] 《孟子·离娄章句下》。

即"天人相分"的思想。荀子主张"明于天人之分",刘禹锡提出"天人交相胜"等,都体现了"天人相分"的思想。但从存在的范围和影响力来说,"天人相分"与"天人合一"是不能相比的。

"天人合一"观最根本的思想在于,它是把天人之"合"作为前提,而不是先把天人分隔再去靠搭桥建立二者的统一。张世英解释道,作为对人与世界的关系的一种基本理解,"天人合一"是认为,人是"融身""依寓"于世界之中,世界乃是由于人的"此在"而对人揭示自己、展示自己。世界首先不是作为人的认识对象而被"凝视",而是首先作为人与人打交道的东西而展现出来。"人在认识世界万物之先,早已与世界万物融合在一起,早已沉浸在他所活动的世界万物之中。"世界只是人活动于其中的世界。人(此在)是"澄明",是世界万物之展示口,世界万物在"此"被照亮。[1]

"天人合一"观是中国文化、中国哲学的根本特征、核心命题。对此,不但历代学者均有共识,而且至现代得到了越来越高的评价。1993年,《传统文化与现代化》创刊号刊出了季羡林的《天人合一新解》一文,全文摘录了钱穆的口述文章[2],季羡林在文中说:"天人合一命题正是东方综合思维模式的最高最完整的表现……挽救西方文化衰落的方法就是以东方文化的综合思维模式济西方的分析思维模式之穷。"钱穆和季羡林两位当代文化巨擘一致推崇和高度评价天人合一思想,足见这一观念对中国文化和中国哲学的纲领性意义。

(二) 主客二分

当我们以"主客二分"为标签表达一种不同于"天人合一"的命题,实际上暗示着一种不同的世界观:"天人合一"是把"合"

---

[1] 参见张世英:《哲学导论》(修订版),北京大学出版社2008年版,第6页。

[2] 参见钱穆:《中国文化对人类未来可有的贡献》,载《中国文化》1991年第4期。

作为前提，人不是天之外的旁观者，而是作为参与者"纠缠"在世界万物（所谓"天"）中的，所谓"人生在世"不是两个平等并列的现成的东西彼此外在的关系，"天人合一"不是不讲"分"，只是天人之分是建立在"合"的基础上的；"主客二分"则以"分"为根本前提，它也讲主客统一，"只不过这种统一是在本质上处于外在关系的基础上靠搭桥建立起来的统一"。[1]

主客二分体现了人与世界的复杂关系。人与世界的关系可以有认识层面、实践层面、意志层面、情感层面等的区分。"主客二分"可以包含两种含义：一是主观和客观的区分，二是主体与客体的区分。主观和客观的区分，在本体论意义上是指思维与存在、精神和物质的区分；在认识论意义上是指认识和对象的区分；在历史观意义上是指社会意识和社会存在之分。马克思主义以前的哲学，由于缺乏对实践的认识，只在认识论的意义上谈主体和客体的关系，实际上是主观和客观的关系；马克思主义哲学诞生后，主体和客体本身的联系涉及实践，是在实践当中把握主客体之间的关系。

从历史上看，西方世界在从古代到中世纪的漫长岁月里，没有形成明确的主客二分的观念，只是具有朴素的意识。"在古人与初民的思维中，根本没有物质与精神、肉体与灵魂（或身与心）、客体与主体的分别，古希腊人认为自然界是充满心灵的，古代中国人一向有'天人合一'的观念，而印第安人把自然对象都视为无异于他们本身的人。正因为如此，在古人和初民的头脑中根本不会有近代以来那种征服自然、驾驭自然的念头。在西方中世纪，人们把万物都看作上帝的创造物，人只是上帝的诸种创造物中的一种，所以万物

---

[1] 参见张世英：《哲学导论》（修订版），北京大学出版社2008年版，第3～5页。

与人具有同等的尊严。"[1]"人类与其他动植物一样,都要与自然界进行物质和能量的交换才能生存。在人类历史的童年,人类缺乏独立的生存意识和能力,从而敬畏自然、顺从自然,与自然处于原始的'和谐'之中,此时并没有人类实践的主客二分模式。"[2]

古希腊哲学家中,柏拉图提出理念论,将客观的理念作为世界的本体和认识的目标,可视为开创主客二分之先河。中世纪,基督教神学一统天下,柏拉图的理念论得到某种意义的延续和发展,关于实在论与唯名论的争论背后渗透着主客关系的观念。从哲学的观点看,上帝存在的问题,本质上也是客体与主体关系问题,客体以上帝的形式成为独立于主体的存在。"明确把主体与客体对立起来,以'主客二分'式为哲学主导原则,乃是以笛卡尔为真正开创人的西方近代哲学之事。"[3]尽管唯理论和经验论对正确认识的来源问题的观点针锋相对,但是两者仍然是建立在主客二分的观念上的。主客二分观念的产生与人的主体性观念的形成有密切的联系。主体性原则是近代以后西方世界观的根本性特征。这一原则的最突出的标志,是康德哲学所完成的"哥白尼式革命",即由古代主体围绕客体转的世界观转变为现代以主体为中心的世界观,所谓客体不过是主体的建构物。康德的哲学调和了唯理论和经验论的矛盾与冲突,但是其"物自体"的概念则凸显了主客二分的特性。费希特、谢林和黑格尔则通过肯定理性思维在内在矛盾中展开自身的辩证本性,力图论证主客体在认识活动中既彼此区别又内在统一的相互关系,从

---

[1] 卢风:《主客二分与人类中心主义》,载《科学技术与辩证法》1996年第2期,第1页。

[2] 高连福:《关于主客二分模式的思考》,载《哲学研究》2011年第5期,第122页。

[3] 张世英:《哲学导论》(修订版),北京大学出版社2008年版,第7页。

而达到了西方现代哲学在探讨主客体关系问题方面的理论高峰。"黑格尔是近代哲学的'主—客'关系思想之集大成者,他的'绝对精神'是主体与客体的最高统一……黑格尔哲学所讲的最高的主客统一包含着'人—世界'合一的思想……总起来说,从笛卡尔到黑格尔的西方近代哲学的原则是'主体—客体'式。"[1]

现代西方哲学两个最重大的哲学思潮——分析哲学和现象学——都选择了弱化、远离或否定主客二分思想范式。分析哲学抛弃了传统哲学热衷于宏大叙事的做法,致力于治疗语病、澄清问题意义活动,将哲学变成具体、细致、精确的逻辑分析方法。因而,哲学基本问题在分析哲学那里被大大地弱化或隐含起来了。现象学运动以胡塞尔、海德格尔为代表,依然关注存在与本质等本体论问题,但否定和抛弃了主体、客体这类传统哲学的概念框架,认为通过两极对立的概念把握世界太狭隘了,其思查方向和方式根本是错误的。现象学中取而代之的概念是现象、存在、此在。他认为,现象和真理不是相互独立或平行的客观与主观两个过程,二者都发生于"存在"的过程。存在首先是人的存在(此在),既然对存在的揭示和哲学的自我显现都发生于人的存在,那么,主观和客观就不可能发生分离,主体与客体在发生认识论上的关系之前,已经在存在论层面上发生了千丝万缕,不可分割的联系。传统哲学依主观和客观的关系来说明真理,但却忘记了真理的源泉——存在。传统哲学把存在本身归结为实体、实在、事物或本质,忘记了它们都是在存在的自我显现过程中特殊的、历史的和相对的事物。[2]一切存在都是意识界内的存在,胡塞尔说,"世界只不过是我意识到和在我的

---

[1] 张世英:《哲学导论》(修订版),北京大学出版社2008年版,第8页。
[2] 参见赵敦华:《现代西方哲学新编》(第2版),北京大学出版社2014年版,第146页、162页、164页。

思想行动中有效地显现出来的。世界的整个意义和现实性必须依赖于我的思想的行动,我的整个世界的生活就在我这样的思想行动中,我不能在任何一个不在我之内,其意义和真理不是来自于我的世界中生活、经验、思考、评价和行动。"[1] 概念框架的转变不是词语选择的问题,而是"世界观"的改变,现象学提醒我们,长期以来人们习惯的主客二分的概念思维框架,原来是某种特定哲学的结果,这一发现是发人深省的。

尽管现代西方哲学主流已从"主客二分"转向了类似"天人合一"的世界观,但长期占据主导地位的"主客二分"观念对西方法治的影响仍然是深远的:

(1) 主客二分奠定了自然法高于人定法的精神。自然法高于人定法,自然法是客观法,人定法是主观法。对客观性的尊崇和信赖是人类根深蒂固的信仰之一。西方有自然法的观念,尤其是自然法高于人定法的观念对西方法治文明的形成和发展起到了巨大的作用。

安提戈涅的悲剧是最深刻体现自然法高于人定法的剧作。安提戈涅是古希腊悲剧作家索福克勒斯的作品,被公认为是世界戏剧史上最伟大的作品之一。剧作讲述的是俄狄浦斯的女儿安提戈涅(乱伦而生,可能注定了其悲剧的一生)不顾国王克瑞翁的命令,将自己的兄长,因反叛城邦而被曝尸荒野的波吕尼刻斯安葬,最终被处死的故事,而一意孤行的国王也遭致妻离子散的命运。因为国王的儿子深深地爱上了安提戈涅,最后殉情。安提戈涅在面对国王克瑞翁时发出了亘古的"天问":"宙斯从没有宣布过这样的法律,正义之神也没有制定这样的法令让人们遵守,一个凡人的命令就能废除天神制定

---

[1] [美] 撒穆尔·伊诺克·斯通普夫、詹姆斯·菲泽:《西方哲学史》(第7版),丁三东等译,中华书局2005年版,第664页。

的永恒不变的律条吗？"虽然在古希腊时期，还没有明确的主客二分观念，但是正是这种朴素的主客观念衍生出了自然法的思想。

（2）主客二分贯穿西方法治的发展历程。可以说西方法治的发展历程大致反映了主客二分观念的流变过程。从古代到中世纪，还没有明确提出主客二分观念的时期，自然法（客观法）一直作为衡量人定法（主观法）的标准，即使是在中世纪，教会法也坚持了这一传统观念。托马斯·阿奎那把法律分成永恒法、自然法、人法和神法，认为自然法是永恒法的片段，是人类通过理性可以把握的、高于人法的永恒法。近代以来，自然法作为衡量人定法的标准开始受到质疑，尤其是来自功利主义和实证主义的质疑，于是形成了"恶法亦法"的主张，不再主张"恶法非法"的自然法（客观法）的标准。实证主义法学思想在19世纪中叶以后逐渐占据主导地位。"二战"之后通过纽伦堡审判和东京审判，自然法再次被召唤回来成为评价人定法的标准。同时，自然法学者也开始关注法律实践，分析法学的学者也承认了最低限度的道德，不仅如此，随着经济分析法学、批判法学、女权主义者法学等流派异军突起，这些法学流派从不同的角度、不同思路去阐发法学理论，而不仅仅局限在主客二分的观念模式中，可以说它们都是对传统西方主客二分观念的反思。

（3）主客二分形成了西方法的二元结构。西语中"法"有两种语义脉络，即欧洲大陆语言和英语。从法律史上说，欧陆与英国也属不同的传统，分别构成通常所说的大陆法系和英美法系；但二者有一个共同的基础：罗马法的私法精神与权利意识。欧陆语言，拉丁语中能译成"法"的词很多，最有意义的是两个：jus 和 lex。Jus 的基本含义有二：法，权利（法律的或道德的），此外还有公平、正义等道德含义；lex 就是指法律、立法，是确定而具体的可用于司法的规则。可见，法在西语词源中的含义可分为两部分：一是抽象的正义原则、道德律令；一是国家制定颁布的具体规则。

拉丁语 jus 和 lex 的区分是西语中普遍存在的现象，同时也是西方法律文化所特有的现象。在英语中，法即 law，并不含"权利"的意思。英文中 right 是指权利，与 jus 含义接近，也指作为一切权力基础的抽象意义的法。[1]法的概念的二元论可列表如下（见表 3.1、表 3.2）。

表 3.1　法概念的二元论（语词）

语种	自然法	实定法
汉语	法、权利、公平、正义（正当）	法律、实在法、立法、制定法
拉丁语	jus	lex
德语	recht	gesetz
法语	droit	loi
西班牙语	derecho	ley
意大利语	dititto	legge
俄语	метод	правовой
英语	right	law

表 3.2　法概念的二元论（意义）

自然法	实定法
自然法、理性法、抽象法、神法	实定法、实在法、实证法、人定法
道德	法律
价值	规范
正当性	合法性、有效性

---

〔1〕　据彭中礼《法律渊源词义考》一文（载《法学研究》2012 年第 6 期，第 54 页），古罗马中没有"j"这个字母，我们所用的 juris 实际上是 iuris，是 ius 的形容词。

续表

自然法	实定法
法（广义的法律）	法律（狭义的法律）
是、实然法、客观法——客观性	应当、应然法、主观法——主体性
应当、应然法、主观法——主体性	是、实然法、客观法——客观性

自然法与实定法、道德与法律两分的二元论的法律观，是西方法律传统的一个核心特征，意义重大、影响深远，决定了西方法律史几千年的基本面貌，也决定了中西法律文化的根本性差异。在理论上，自然法与实定法、法律与道德、法与律等一系列对立统一的概念和问题，成为西方法哲学的基本概念和核心问题；在实践上，这种二元论法律观蕴含着"高级法"的思想，明确表达了人类的实定法不是随心所欲、为所欲为的产物，而是必须依循某些更根本的规则。

二元论的法律观是对法哲学基本问题的自然法式的回答。这是西方古代世界观的体现。随着后来法律实证主义等新的法学流派的诞生，出现了更多种类的法律观，为了更清楚把握法哲学理论的争议焦点，正确地提出法哲学的基本问题，并厘清多种不同提问方式、解答方式的关系，从而形成逻辑化的法哲学理论版图，是必要的。

（三）法哲学的基本问题

一般认为，法哲学的基本问题即"法律是什么"，这其实也就是追问"法律本质是什么"。在解析法哲学基本问题时，首先遇到一个解释学循环：要说明何为法哲学基本问题，须先说明何为法哲学；要说明何为法哲学，须先说明何为法律，而"法律是什么"又是法哲学要回答的问题。阿列克西在描述了这一认识上的循环后，认为，"与其认为这个循环是恶性的，毋宁说它是良性的。因为这只是解释学循环的版本之一，并且它最终将通过和其他变异的解释学循环一样的方式被解决：即由着手实践时提出的前理解开始，通过批判的系统的反思来阐释它。"[1]

　　这里需加以说明的是法哲学的基本问题的表示方式问题。法哲学的基本问题是表述为一个"什么是什么"的本体性问题，还是表述为应然与实然之类的关系性问题？按照哲学基本问题的模式，似应是后者。但应当看到，"关系模式"实质是对作为基本问题的本体论问题的回答。因此我们可以说，法哲学的基本问题是"法律是什么"，它具体表现在法律与规范、法律与事实、法律与价值这三组关系问题中。规范、事实、价值这三个概念，是法哲学视野中最大、最高、最抽象的概念，囊括了我们所能想到的一切法律现象。对法哲学基本问题的回答，不论措辞如何千变万化，但不外乎从规范、事实、价值三个方向展开，这也构成了三大基本法哲学流派。阿列克西的概括与上述判断完全一致：法律本质作为法哲学的基本问题，主要围绕三个问题展开：①法律存在于何种类型之实体之中，以及，此种实体通过何种方式联结成为我们所谓"法律"这一核心实体？答案是，法律是由作为意义承载物的规范组成的一个规范体系。②法规范作为意义的承载物如何与现实世界相关联？此种关联可通过"权威的颁布"和"社会实效"得到理解，当然，就后者而言，强制或强力也是不可或缺的。③关于法的正确性或合法性，又涉及法律与道德的关系。[2]以下结合图示的方式，展开三大基本法哲学流派对法哲学基本问题的回答。

---

　　[1][德]罗伯特·阿列克西：《法哲学的本质》，见郑永流主编：《法哲学与法社会学论丛》（第8期），北京大学出版社2005年版，第118页。
　　[2][德]罗伯特·阿列克西：《法哲学的本质》，见郑永流主编：《法哲学与法社会学论丛》（第8期），北京大学出版社2005年版，第115页。

三、法哲学的理论结构

(一) 法律定义的概念空间

法哲学基本问题不是个无关紧要的语词性定义问题,而是对法的效力或权威性来源的追问和说明,因而是至关重要的。纵观法哲学史,对这一问题的回答可谓林林总总、众说纷纭,自然、理性、神谕、公意、命令、规范等等都曾充当过法律本质问题的答案,法哲学的各家各派有着不计其数的定义。这些解答和说明似乎是随性而为、偶然而生,甚至是自说自话的,然而这样解释法哲学史就难免把法哲学理论理解为偶然、杂乱的思想记录,"充其量只是任意的集合而非一个理性的体系"(康德语),这是与哲学体系的、批判的特征相悖离。任何一种法哲学思想之所以能流传下来而成为今天法哲学理论的一部分,必定是因为它在法哲学的理论结构中占据了不可或缺的位置,代表了某种不可替代的理论立场和观点。也就是说,看似杂乱无章的法律定义,其实有章可循的,即它们都是围绕法律(本质)问题展开的,法哲学的基本问题决定了法哲学的理论结构。

阿列克西概括了法律本质的三元模型(triad model),即关于法律本质的探讨跑不出以下三个问题所框定的范围:①法律存在于何种类型的实体之中,这个问题与规范以及规范体系这两个概念相关。②法的真实的或者事实的面相,这正是法律实证主义的领域。这里要区别两个中心:其一决定于权威颁布的概念,其二决定于社会实效的概念。③法哲学本质的第三个问题与法的正确性与合法性相关,这里主要的问题是法律与道德之间的关系,探讨这个问题实际上就是探究法所具有的批判的这一面相。阿列克西认为:"以上三个问题相结合的这种三元(triad)组合设定了关于法律的本质这一问题的核心。"[1] 以上法律本质问题的三个核心面相,我们可以简化地概括为:①作为规范的法律,这是一般直接意义上的法的本体论;②作为规范的法律与社会事实的关系;③作为规范的法律与道德(价值)的关系。这就是说,法哲学对法律本质的探讨并不是漫无边际的。规范、事实、价值涵盖了法学视野的全部,堪称法哲学上最有涵盖力的范畴,三者并列具有严密的逻辑上的必然性。阿列克西称:"这种三元划分可以宣称是完全的、中立的以及系统的。首先,只有当这种三元划分能够吸收任何有关法律本质——支持抑或反对某个观点——的论辩时,它才可以宣称是全面的……同样,只有当这个模型不会对它所容纳的论辩表现出自己的偏好时,它才可以被认为是中立的……最后,想要宣称这种模型是系统性的,则要求它能够展现出法律本质的一幅连贯且一致的图景。"[2]

对上述阿列克西的论述有必要做如下说明:将法律归诸"规范"这一实体,虽说看上去是再自然不过的事,但在更广阔的视野下,这种定位实际上是规范法学思想的体现,阿列克西明确地援引凯尔森的思想作为根据,[3] 因而在更彻底的意义上,或者说在发展出法

---

[1] [德]罗伯特·阿列克西:《法哲学的本质》,见郑永流主编:《法哲学与法社会学论丛》(第8期),北京大学出版社2005年版,第119页。

[2] [德]罗伯特·阿列克西:《法哲学的本质》,见郑永流主编:《法哲学与法社会学论丛》(第8期),北京大学出版社2005年版,第119页。

[3] 凯尔森在20世纪30年代给出过答案,即"作为规范的法律",规范才是法律的实体,因此法律这一现象不能简约成为社会学上的事实或心理学上的过程。法律属于"理念事实"而非"自然事实",这样的一种理念事实,作为与社会学或者心理学事实不同的一个世界,是"第三领域"。见[德]罗伯特·阿列克西:《法哲学的本质》,见郑永流主编:《法哲学与法社会学论丛》(第8期),北京大学出版社2005年版,第121页。

社会学的背景下，很难说这一定位是"完全的、中立的"。这意味着法哲学可能有不同于阿列克西给出的第二种"图景"。不同于阿列克西以"规范"为中心的法律本质的三元模型，另一种可能的法律图景是不把法律理所当然地存放于"规范"这一实体中，而是使"法律"中立于"规范""价值"和"事实"三者，保持法律对三者的平等、开放的关系。这一概念框架或法律图景，我认为具有更为基础和中立的地位，可以把古代的自然法学、近现代的规范法学和当代法社会学的理论涵盖在内：当我们把法律诉诸"价值"实体时，就是自然法哲学；把法律诉诸"规范"实体时，就是规范法学；把法律诉诸"事实"实体时，就是法社会学。这样，我们就回到了法哲学理论结构的起点：以法律为中心，在规范、价值、事实之间选择、确定、说明法律效力或权威性的来源、根据。这是一个更具有原初、起点意义的法学理论的结构图，它确定了围绕法哲学基本问题的思考可能的三个基本方向——规范、价值、事实，它们是法哲学的最抽象而基本的范畴，法哲学的理论结构将以此为基础展开（见图3.1）。

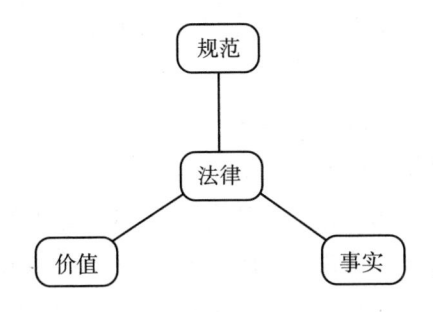

图3.1 法哲学基本问题与理论结构初始

（二）法哲学的理论结构图示与解说

法哲学的理论结构如图3.2所示。

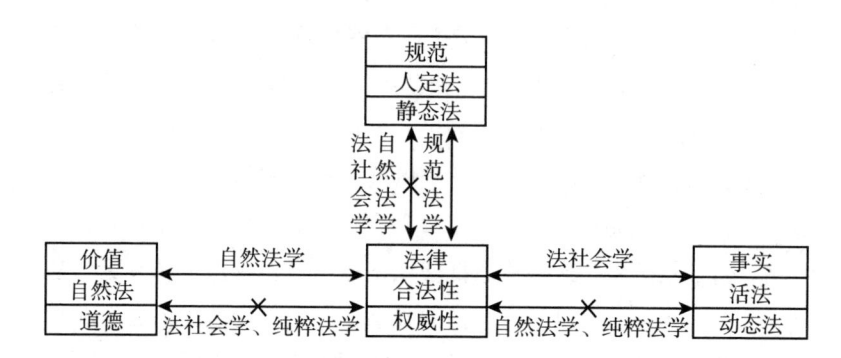

```
                    ┌─────┐
                    │ 规范 │
                    │人定法│
                    │静态法│
                    └─────┘
              法自 ↑ 规
              社然 │ 范
              会法 × 法
              学学 ↓ 学
┌─────┐            ┌─────┐            ┌─────┐
│ 价值 │ 自然法学   │ 法律 │  法社会学  │ 事实 │
│自然法│←─────────→│合法性│←─────────→│ 活法 │
│ 道德 │ 法社会学、纯粹法学│权威性│自然法学、纯粹法学│动态法│
└─────┘            └─────┘            └─────┘
```

图3.2　法哲学理论结构

　　法律定义的概念空间明确了回答法哲学基本问题的必然路径，其实质是处理法律与规范、价值、事实之间的关系问题。鉴于规范、价值、事实三个概念加在一起已经是至大无外，因此，法律的定义能且只能在规范、价值、事实三个概念所框定的范围内进行。①首先，"规范"作为法律同一层面的概念，必定是法学的中心范畴。法学研究的对象直接体现为法律规范，现代法哲学无不是实定法哲学。其次，法律、规范中必定蕴含着人类立法者的价值判断、价值诉求，不从价值的角度理解规范或者说不在规范中看到价值，法律制度就是不可理喻的冰冷的异物。最后，体现了价值诉求的法律规范必定要求社会生活中加以遵守、执行、实现，因为法律的目的在于调整社会生活，使之服从规则的治理。②以"规范"为中心的"价值—规范—事实"概念是法哲学的最大、最基本、最抽象的范畴。这三个概念是对全部法律现象的最抽象概括，一个法律人所要面对、思考和处理的问题，无不在这三个概念的涵盖之内，属于其中的某一类现象。③价值与事实作为主体与客体、主观与客观、思维与存在等一系列哲学基本范畴的"映射"，本是顺理成章、毋庸多虑的基本概念框架，但是，在法学领域，法律作为一套人（依据人的意志或神的意志或其他"高级法")制定的规范体系,同时又是一套有强制力保障的、现实有效的、客观实在的力量(社会事实)。也就是说,作为规范的法律是一个具有两面性的复合体,一方面是价值,另一方面是事实。在价值—事实两分的概念框架中,法律不属于其中的任何一者,却与二者都有关系。因此,我们把身兼二任的"规范"作为法律的同义词,在"价值—事实"之间凸显出来,使之成为联结两极却具有独立意义的第三极(中介),这有助于对法律的性质做出恰当的说明,从而更好地体现法哲学理论的特质,同时也符合"从两极到中介"[1]这一现代哲学的根本特征和趋势。

法哲学的理论结构图示(图3.2)反映了笔者对以"法律"为中心,以法律与价值、规范、事实的关系为基本框架的三大法学主要流派的基本命题的概括。这里先对图3.2作如下技术性说明:①图表中每一组方框中的概念都是同义词并与相邻两组概念构成对应关系,例如,"法律/合法性/权威性"为一组,"规范/人定法/静态法"为一组,"价值/自然法/道德"为一组,"事实/活法/动态法"为一组,且各组概念之间具有对应、同构关系。本书一般以每组同义词的第一个词代表该组同义词。②图表中箭头线表示其所连接的两个(两组)概念之间的特定的关联性,按照法律实证主义的经典措辞,即两个概念之间有"必然联系",意味着二者之间存在可相互推导、彼此证立说明的关系,实质是把法律归结、还原为价值、事实或规范三组概念中的一个。因此,箭头线代表联系命题。③图表中打叉的箭头线表示其所连接的两个(两组)概念之间另一种特定的关联性:没有必然联系,这意味着二者之间不存在着可推导的、

---

[1] 参见孙正聿:《从两极到中介——现代哲学的革命》,载《哲学研究》1988年第8期,第3~10页。

证立的关系。因此，打叉的箭头线代表分离命题。④将法学派的名称标于其主张的命题连线上。经上述步骤，就形成法哲学的理论结构图示。

法哲学的理论结构须处理三组概念与法律的关系。法律可以存在于规范、价值、事实三个实体中的任何一个，由此便可产生三大法学流派：将法律寄放于规范者为规范法学（其典型为纯粹法学），将法律与价值（道德）联系起来者为自然法学，将法律归结为某种社会事实者为法社会学（社会学法学）。这种说明法律之本质所在、解释法律效力的来源和根据的命题，是肯定性命题，是决定流派定位和归属的关键。但每个法学派不仅要处理法律与其所寄居的实体的肯定性关系，而且要说明法律与另外两个实体的关系，故此每个法学派有一个肯定性命题、二个否定性命题。三大法学派共有九个命题。九个命题实际上只有两种类型：肯定性命题，即"联系命题"，否定性命题，即"分离命题"。每一学派都有一个联系命题和二个分离命题，共三个联系命题、六个分离命题。具体来说，三大法学派的主张（命题）可揭列如下：

规范法学（纯粹法学），在法律与规范的关系上持联系命题（法律即规范或规范体系）；在法律与价值（道德）的关系上持分离命题（法律与道德价值没有必然联系）；在法律与社会事实的关系上持分离命题（法律不是社会事实）。

自然法学，在法律与价值（道德）的关系上持联系命题（亦称道德命题，即法律与道德有必然联系）；在法律与规范的关系上持分离命题（法律不必然是规范）；在法律与社会事实的关系上持分离命题（法律不是任何社会事实）。

法社会学（社会学法学），在法律与社会事实的关系上持联系命题（法律即某种社会事实）；在法律与规范的关系上持分离命题（法律不必然是规范);在法律与价值(道德)的关系上持分离命题(法律与道德价值无关)。

如此,法哲学的理论结构所呈现出的命题才是完整的。不同法学派的命题虽然互有冲突,但也各有各的出发点和理由。

1. 规范法学的理论结构

规范法学的典型是凯尔森提出的纯粹法学,认为法律即规范体系,每一规范的效力都来源于其上位阶的规范,最终法律体系的效力来源于不能再追问来源的"基础规范"。

"法律存在于何种类型的实体之中",这是阿列克西关于法律本质的三元模型的第一个问题,他得出的结论是"这个问题与规范以及规范体系这两个概念相关",这意味着阿列克西把法律置放于规范或规范体系这一实体中。这符合多数人对法律的"前理解"。这既是一个符合一般人直觉(将法律等同于规范)的结论,也是一个具有理论合理性的结论。离开"作为规范的法律"这一前提,将法律等同于价值或社会事实,前者使法哲学混同于道德哲学(如自然法学),后者使法哲学混同于社会哲学(如法社会学),二者都消解了法哲学作为一个独立学科的意义——作为法哲学的自然法学发育得还不够,还停留在未分化的价值哲学、道德哲学中;而作为法哲学的法社会学发育过度了,已经跑到社会学的领地。纯正的法哲学必定是以"规范"为中心和前提的,原因在于,规范是介于价值与事实之间、具有相对独立地位和意义的实体。一方面,规范不同于价值,它不是完全的心理学意义上的东西,而是有其事实性、强制性的面相(对作为规范的法律来说);另一方面,规范也不同于纯然的社会事实,而有其价值性、规范性的面相。正如博登海默所说:"法律是实然与应然间的一座桥梁。"

以纯粹法学为例,规范法学的理论结构如图3.3所示。

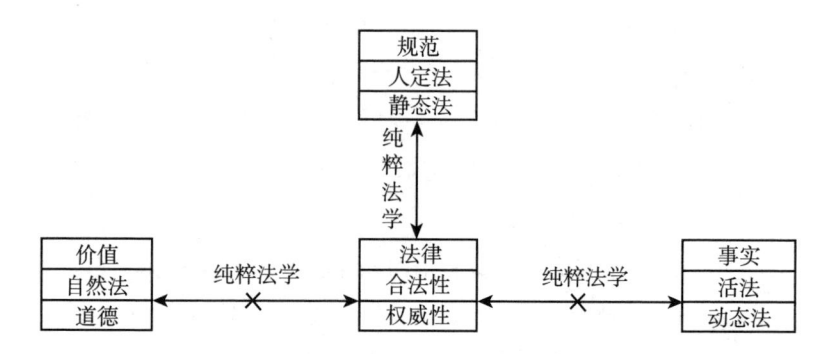

```
                            规范
                            人定法
                            静态法
                             ↑
                             纯
                             粹
                             法
                             学
    价值                    法律                    事实
    自然法   ←—纯粹法学—→   合法性   ←—纯粹法学—→   活法
    道德         ×          权威性         ×        动态法
```

图 3.3　纯粹法学的理论结构

纯粹法理论采用的是标准的规范法学视野，认为法律就是规范，规范就是法律，除此之外，其他一切——包括价值、事实——都不能决定或衍生出法律。因此，在纯粹法作为唯一标准的规范法学视野中，规范被等同于法律，在规范与法律之间存在的是一个联系命题，价值与规范（道德与法律）之间存在的是分离命题，事实与规范之间存在的也是分离命题。纯粹法学之所以被视为属于法律实证主义阵营，是由于规范与自然法学所重视的价值相比，无论如何都是"实证性"的。但在法律实证主义内部，规范作为静态法与法律的实施、遵守状态相比，仍然是有明显区别的。在现代法哲学的背景下——即在自然法哲学总体而言已趋衰退的情势下——这一区别是不应被忽视的。

2. 自然法学的理论结构

自然法学的理论结构图 3.4 所示。

这一图表形象地标识了自然法学的核心思想。自然法学从道德、价值方面解释法律的本质和法效来源，是把法律归结、还原为抽象的价值实体。自然法学的思路和方法似乎不像规范法学那样天经地义，但却是西方历史上最古老的思想方法。这与古代世界观普遍浓厚的神秘主义、形而上学色彩有关系。人类社会的规则应当来源于更高的自然法,人定法是对自然法的摹写,自然法是人的事务的根本遵循,同时是评判一切人类事务的标准。因此,自然法学打通了法律与价值(道德)的联系,同时否定了法律与规范、社会事实之间的必然联系。这就构成了自然法学的一个联系命题、二个分离命题。在今天看来具有强烈价值感的自然法学,在古代世界观下其实是本体论哲学的结果,因而作为人类最古老的法律思想,自然法也是顺理成章、理当如此的。

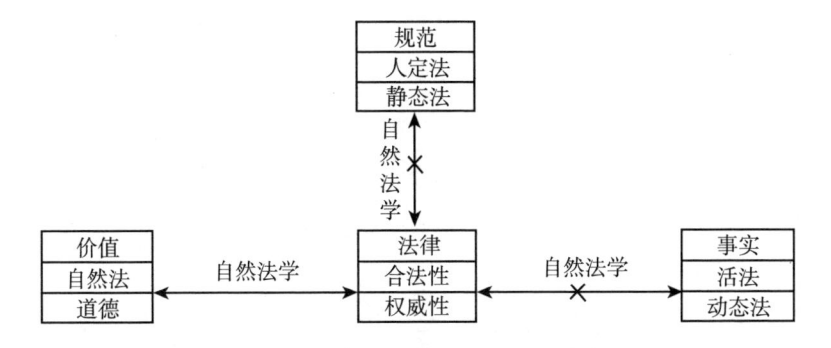

图 3.4 自然法学的理论结构

3. 社会学法学的理论结构

社会学法学,亦即社会实证主义法学。作为一种后起的法学流派,社会实证主义法学以法律与道德(规范与价值)之间的"分离命题"而著称。分离命题是对长期占据统治地位的自然法学的核心命题"道德命题"的反驳和否定,因而被认为是法律实证主义的标志,也是法律实证主义能否立得住关键所在。在分离命题否定了从道德价值方面解释法律的本质的思路的同时,法律实证主义从社会事实方面对法律的本质这一法哲学的核心问题作出解释。前者是"破",后者是"立"。当然,从法哲学的理论结构的全景说,法社会学在法律与规范之间还隐藏着一个分离命题,只是这个分离命题是在法律实证主义内部,法社会学区别于纯粹法学的标志,其重要性远没有法律与道德价值之间的分离命题对社会实证主义法学更重要。

法社会学的理论结构图 3.5 所示。

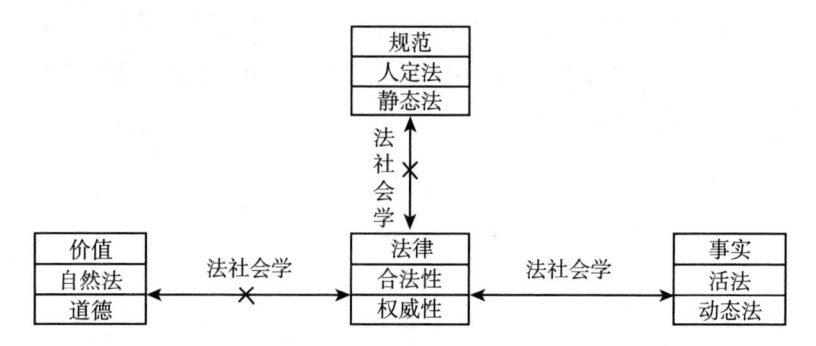

```
                    ┌─────────┐
                    │  规范   │
                    │ 人定法  │
                    │ 静态法  │
                    └────┬────┘
                         │ 法社会学
                         ×
                         ↕
┌─────────┐           ┌─────────┐          ┌─────────┐
│  价值   │  法社会学 │  法律   │  法社会学 │  事实   │
│ 自然法  │ ────×─── │ 合法性  │ ──────── │ 活法    │
│  道德   │          │ 权威性  │          │ 动态法  │
└─────────┘          └─────────┘          └─────────┘
```

图 3.5　法社会学的理论结构

四、中西法治类型差别的哲学根源

(一) 哲学基本问题与中西文化比较

"哲学"的定义若是一致的,哲学基本问题应该不分中西。有的学者认为中国没有哲学,那是以西方哲学为哲学的标准样式来考察、衡量中国哲学的结果。依笔者之见,中西各国哲学只是在侧重点上有所不同。但凡哲学,都是以主客关系或天人关系为基本问题、中心问题的。反过来说也一样,凡以主客关系或天人关系为思考中心或基础的学问即是哲学。以下以图表化的方式对中西哲学及其衍生的制度、文化差异作以对比。

表 3.3 中西哲学及其衍生的制度、文化差异

对比问题	中国文化	西方文化
哲学基本问题	思存关系、主客关系、天人关系	
哲学观念：法文化的根本精神	天人合一	主客两分
最高原则	主体性原则：思维与存在、主体与客体、主观与客观，人与自然：和谐、统一，统一于人	客观性原则：思维与存在、主体与客体、主观与客观，人与自然：冲突、对立
主体地位	主体地位高，与天齐一，物我不分，却带来了主体的依附性：主体融化于自然中	主体地位低，但却带来了主体的独立性：人作为主体与"天"对立，具有不可替代性、独特性
人神关系（天人关系、主客关系）	1. 经验性，相通性 东方宗教的最高实体："仙""佛"，解字都有"人"字旁，是人修炼而成 2. 形下性："未知生焉知死" 3. 亲近感、亲切感	1. 超验性，不可逾越性 西方宗教的最高实体：神，人与之有不可逾越的鸿沟 2. 形上性："向死而生" 3. 距离感、神秘感、崇高感、敬畏感
德法关系	1. 道德至上：以礼入法，德主刑辅 2. 法律道德化，道德法律化 3. 天理、国法、人情协调一致，互补互用	1. 德法并置：双峰对峙 2. 法律与道德没有必然联系（实证主义之分离命题） 3. 恶法非法（古代），恶法亦法（近现代）

续表

对比问题	中国文化	西方文化
人性论预设：价值判断	性善论：可完美性 人的善性、可完美性胜于罪恶性、堕落性（例外：法家及儒家荀子）	性恶论：不可完美性 人的罪恶性、堕落性胜于善性、完美性
人生理想	内圣外王	至善：德性与幸福的统一
人生态度	1. 格物、致知、正心、诚意、修身、齐家、治国、平天下 2. 乐观主义，乐感文化 3. 忧患意识：危机来自外界，人的内心是得救的本源。	1. 谦卑、忏悔、敬畏、感恩 2. 悲观主义，罪感文化 3. 幽暗意识：危机、罪恶、灾难来自于人性、人心内部，没有外在力量可以救赎。
治理方式	人治 家国一体、礼法一体、君父一体、忠孝一体	法治 个人本位、社会契约、主权在民
秩序类型	1. 伦理性 2. 自然＝人伦，天道＝人道：同一性、内在性 3. 礼法文化，无讼秩序 4. 律学传统	1. 宗教性 2. 自然＝理性，天道＝神道：超越性、外在性 3. 法治文化，诉讼秩序 4. 法学传统
政治法律文化	公法文化：重刑轻民 义务本位—官本位	私法文化 权利本位—民本位
价值观	整体主义、家族本位、集体本位、国家本位	个人主义、个人本位

续表

对比问题	中国文化	西方文化
伦理观	道义论：公德，义利对立	目的论（功利主义）：私利，义利统一
学科体系的理解、安排	伦理学与物理学、价值论与本体论合一 政治学从属于伦理道德哲学	伦理学与物理学、价值论与本体论分离（例外：苏格拉底，黑格尔） 政治学高于伦理学

上表所反映的中西哲学、文化的差异，择其要点概述如下。

1. 根本区别：天人合一与主客二分

人对世界万物的基本态度和基本关系有主客二分和主客不分（主客浑一、物我交融）两种。"主客二分"是学者们用以标识西方哲学根本特征的标签，"天人合一"则是标识中国哲学根本特征的标签。与此相对应，"主客不分"和"天人分离"的概念虽然有其所指且在学术上有所使用，但远不如"主客二分""天人合一"的概括更具有典型意义。但这绝不是说，西方哲学从始至终就是一部"主客二分"主导的历史，中国哲学从始至终都是主张"天人合一"，这种概括仅是就其主要方面而言的。完整地说，西方哲学史经历了从古希腊早期的主客不分思想到长期以主客二分为主导原则又到现当代反对主客二分的发展史；中国哲学史长期以天人合一为主导原则，虽然也有"天人相分"的思想，但天人合一原则的主导性地位似乎贯穿始终。因此，以"天人合一"和"主客二分"对中西哲学和文化的根本差异作大略的概括是合理并有解释力的。

"天人合一"与"主客二分"表面上相互对立，但二者有一个共同点：都是把主—客、天—人置于一种外在关系中。张世英教授以"人—世界"和"主体—客体"两种结构模式，突破了这种外在的理解。他认为,人生在世有两种理解、处理人与世界万物关系的方式:①"主体—客体"结构,即把世界万物看成是与人处于彼此外在的关系中,并以我为主(体),以他人他物为客(体),主体凭着认识事物(客体)的本质、规律性以征服客体,使客体为我所用,从而达到主体与客体的统一。②"人—世界"结构,即人在世界中,其意如海德格尔所说"此在与世界"的关系,"此在"是"澄明",是世界万物的"展示口",又如王阳明所说"天地万物与人原本是一体,其发窍之最精处是人心一点灵明"。其犹言,人与世界万物的关系是灵与肉的关系,无世界万物,人这个灵魂就成了魂不附体的幽灵;无人,则世界万物成了无灵魂的躯壳。这种结构模式的特征是:①内在性。人是寓于世界万物之中、融于世界万物之中有"灵明"的聚焦点。②非对象性。人是万物的灵魂,这是人高于物的卓越之处,但不等于认定人是主体,物是客体。人与物不是对象性的关系,而是共处和互动的关系。③人与天地万物相通相融。[1]从以上论述可以看出,真正的"天人合一"并不是指先分后合,而是强调天人浑然一体的世界观,是人在世界中,而不是先把人与物、主与客对立起来,再去寻求统一。

天人合一和主客二分所主导的中西文化显示出了重大差异,在法学领域亦有体现。在中国古代,天人合一观念影响了自然法观念的产生。虽然有人认为《道德经》里"人法地,地法天,天法道,道法自然"之说是中国的自然法,但"法自然"不是"自然法",根源在于在中国传统文化观念中,"自然"只是一个淳朴的观念,不具有类似宗教的超越性意义。中国儒家学说中也不乏天、天道、天命的观念,但终归是"道不远人"。在中国文化里它们都不具有"超

---

[1] 张世英:《哲学导论》(修订版),北京大学出版社2008年版,第3~4页。

越性"的意义，不过是借天道言人道、借鬼神言人事。中国文化缺少西方意义上的宗教精神，似乎比西方人更看穿了所谓"天"、鬼神不过是个人糊弄自己的游戏。"天人合一"实际上是把"天"合到"人"，天被人化、道义化、工具化。天乃人之具，"人者天地之心"，一切在人伦、社会、人际关系上打转，因此缺少绝对的原则，无所信仰，无所敬畏。和谐、中庸、沟通、协调，构成了中国文化精神的重要特征。由于没有超越性的宗教，中国社会秩序只能是伦理—政治性的，对法律难以产生真正的信仰。西方哲学以"主客二分"为主导原则，由此生发的西方宗教—法律秩序，具有超越性的维度和绝对的客观性原则，因此容易形成对法律的信仰和敬畏。简明地说，中国文化更多地相信"人外有人"，西方文化则更相信"人外有天"。

2. 个人本位与家族本位

个人本位与家族本位是中西文化的一个重要区别点。中国传统社会对"礼"的重视，从现代的观点看，就是把家族等集体概念看作是比个人更重要的实体，因此对个人有极多的义务性要求。长幼有序，尊卑有别，礼即是根据人的身份而形成的等级规范，所谓"人有差等，礼亦异数"。在号称传统礼仪之邦的中国，礼貌、规矩极为繁多，确乎与"制礼作乐"的传统直接相关。"礼"作为中国传统伦理规范已浸透到中国人习焉而不察的整个文化心理结构中，以至于今天虽然礼的概念已成为历史，但无形的礼却在中国人的日用常行中无处不在。在中国传统文化中，人的个性、人格、自由被关系、集体、伦常所淹没而近于消失，人被规范在"社会关系的总和"中。这与西方大为不同，西方以"主客二分"为长时期占主导的世界观，认为有独立于人世的宇宙自然和自然规律，有超越世间的主宰上帝，在自然和上帝观念盛行的氛围中，人际关系、人伦规范就容易变得简单和不那么重要，这是视野（世界观）决定的。

从历史传统上说，西方以个人为本位，中国以家族为本位，这样的概括已成为中西文化比较的老生常谈。应当看到，现代社会生产、生活方式的变化，在一定程度上改变了家庭的社会功能，家庭对个人的意义有所削弱，家族观念也不似过去那样强。但从文化心理结构的角度看，家庭甚至家族观念仍然顽强地存在着。家族正像其他团体性概念一样，以某种超越于个体的力量继续扮演着控制个人的角色。个人主义在中国文化传统中始终未能占据主流地位，也一直是个贬义词。在中国文化语境中，个人主义总是被偷换成了利己主义，于是一个中性词变成了贬义词。其实，在西方个人主义不过是对个人作为实体本身价值的承认，它仅仅表明个人是承载一切价值、利益的最终实体，是权利和义务的最终享有者和承担者。人性包括利己性应当得到正视而不是无视，个人是最终意义上的主体。在此意义上，个人并非是与集体、社会等团体性概念相对立的概念。相反，按照社会契约观念，集体、社会、组织等都是基于个人自由意志的一致同意而成立并为个人服务的团体。个人主义一方面反对利己主义，另一方面反对一切以团体的名义对个人权利和自由的肆意剥夺和侵害。这是无数历史悲剧的理论根源所在，也是法治所极力避免的深渊之一。

3. 实用理性

"实用理性"是李泽厚用来描述中国人文化性格的一个重要概念，具有极强的解释力。"所谓'实用理性'就是它关注于现实社会生活，不作纯粹抽象的思辨，也不让非理性的情欲横行，事事强调'实用''实际'和'实行'，满足于解决问题的经验论的思维水平，主张以理节情的行为模式，对人生世事采取一种既乐观进取又清醒冷静的生活态度。"[1]李泽厚揭明了实用理性的思想基础和现实表现:"它以儒家思想为基础构成了一种性格—思想模式,是中国民族获得和承续着一种清醒冷静而又温情脉脉的中庸心理:不狂暴,不玄思,贵领悟,轻逻辑,重经验,好历史,以服务于现实生活,保持现有的有机系统的和谐稳定为目标,珍视人际,讲求关系,反对冒险,轻视创新……"

实用理性区别于各种实用主义,突出的特点是历史意识的发达。"把自然哲学和历史哲学铸为一体,使历史观、认识论、伦理学和辩证法相合一,成为一种历史(经验)加情感(人际)的理性,这正是中国哲学和中国文化的一个特征。这样,也就使情感一般不越出人际界限而狂暴倾泻,理知一般也不越出经验界限而自由翱翔……中国实用理性的传统既阻止了思辨理性的发展,也排除了反理性主义的泛滥。"[2]

实用理性的文化性格,追本溯源地来说,也是来源于天人合一观念。正如李泽厚所说:"人与自然的关系服务于人的关系,人对自然的研究,从属于对人的服务,前者是没有独立地位的。'天道'实际上只是'人道'的延伸或体现。从而中国文化及哲学中缺乏对上帝及'恶'的'畏',从而缺乏谦卑地去无限追求超越的心理。中国人容易满足,并满足在人世生活之中。"[3]

对法治而言,实用理性的文化性格可以无孔不入地起到抵制和抵消的作用。因为法治是一种治理国家和社会的理想,追求的是一

---

[1] 李泽厚:《中国现代思想史论》,生活·读书·新知三联书店2008年版,第342页。

[2] 李泽厚:《中国古代思想史论》,人民出版社1986年版,第305~306页。

[3] 李泽厚:《中国现代思想史论》,生活·读书·新知三联书店2008年版,第342~343页。

般化、普遍化的规则之治；法治之优越于人治不在于一时一事，而在于平均、整体而言治理效果上的优势。就当下某一具体事项，法治不但可能不是最佳的处理方略，反而极有可能是不恰当的举措，在这种情况下，实用理性心理作用下的人们很难做到坚守法治理想，从实际出发、以实效为目的、以实用是原则去规划和实行自己的行为，才能体现中国式的聪明，才更符合备受推崇的"中国智慧"。

（二）主观性之治：心治和治心

对"天人合一"命题，思想史上历来重视阐发其伦理学、人生哲学意义，当代学者又对比西方文化，发掘了其生态哲学意义，但较少论及它的政治哲学、法哲学意义。这就小看了哲学基本问题的深刻蕴含和巨大辐射力。如前所述，中国式的"天人合一"命题其实并不是把"天""人"等量齐观地看待的，实际上是以"人"为中心的，借天理言人事是中国传统智慧的精髓之一。"天人合一"之于中国文化传统，"天"为虚，"人"为实。"天人关系"之"天"不论有多少义项的解释，但在中国哲学中有一点是共同的：不存在对人来说的超越性之"天",[1]它只是由人拟制的，"人"始终是天人关系论中的出发点和归宿点。中国哲学的"天人关系"的玄机，张岱年一语道破："将天道与人性合二为一，表面上似将天道说为人性，而实际乃是将人性说为天道，即将人伦义理说为宇宙之主宰原则。"[2]"天人合一"实质上说明、论证了人、人性的至上性、可完美性，客观上支持了"性善论"，进而"人治"也就成为天经地义

---

〔1〕 劳思光曾指出："古代中国之'神'，根本无超越世界之上之意义。"见劳思光：《新编中国哲学史》（卷一），广西师范大学出版社2005年版，第70页。

〔2〕 张岱年：《中国哲学大纲》，中国社会科学出版社1982年版，第181~182页。

地具有合理性的治理类型。高旭东说："儒家所谓的'天'……是现世心性伦理的合理外推……儒家的'天'是人的天，而与西方的'自然'的概念差异甚大。于是，人间的心性伦就跑到了天上，成了'天命''天理'。"[1]李泽厚曾精辟地论道：以"实用理性""乐感文化"为特征的中国文化，没去建立外在超越的人格神，来作为皈依归宿的真理符号。它是天与人和光同尘，不离不即。自巫史分家到礼崩乐坏的轴心时代，孔门由"礼"归"仁"，以"仁"为体，这是一条由人而神，由"人道"见"天道"，从"人心"建"天心"的路。从而，是人为天地立"心"，而非天地为人立"心"。这就是"一个人生"（天人合一：自然与社会有历史性的统一）不同于"两个世界"（神人有殊：上帝与包括自然界与人类社会在内的感性世界相区别）和中国哲学所谓"体用一源，显微无间"的本根所在。[2]武树臣总结性地指出：中国传统法律文化的哲学基础，在某种意义上可以概括为"人本"主义。其内容为：伦理化的人性，人性化的天道，天道派生道德，道德外化为法律。[3]

我们可以借助一个中间环节来解析这种影响是如何发生的。中西哲学中都有一部分内容曰"人性论"，尽管它在西方哲学的体系中不占据显要地位，但在中国哲学中却十分重要。中国哲学是以人生哲学为核心和特色的。从一切哲学归根到底是"人学"的角度说，人性论倒是哲学中与人最亲近的部分。中国哲学的人性论，占主流地位的理论是"性善论"。这一点有很多例证，如蒙学经典的《三字

---

[1] 高旭东：《生命之树与知识之树：中西文化专题比较》，北京大学出版社2010年版，第33~34页。

[2] 李泽厚：《实用理性与乐感文化》，生活·读书·新知三联书店2005年版，第166页。

[3] 武树臣：《中国法律文化大写意》，北京大学出版社2011年版，第45页、46页。

经》开篇即云:"人之初,性本善",儒家"亚圣"孟子曰:"万物皆备于我""人皆可以为舜尧",即使有"性恶论"主张的荀子也说"涂之人可以为禹"。总之,以儒家为代表的中国传统文化相信人性可以通过"修齐治平"等一整套的教化、训练达到完美、完善。前边讲过,中国传统的治理类型是"人治","人治"是"圣贤之治""君子之治",它之所以可能、可欲,正是建立在"性善论"基础上的。[1]这里需做一说明,所谓人性论虽然通常被理解为关于人性善恶的理论,但这里的"善恶"应当作广义的、引申的理解,即人性是否是可完善、可完美的。[2]倘若人性本身无论如何都是不可完善、不可完美,而是有无法克服的缺陷的,如常言所说"人非圣贤孰能无过",那么所谓"贤人"就是一个不切实际的幻想,"人治"(以及"德治"等)所赖以成立的基础就要被掏空。[3]但事实上,中国传统文化中"性善论"几乎是无可争议地占据了主导地位,从而为"德治""人治"提供了理论支撑。

这并不是说中国哲学之人性论中只有"性善论"一种声音,性恶论(儒家的荀子、法家的韩非子)、性无善恶论(告子)、性超善

---

[1] 有学者认为人性论与政治哲学没有必然联系,但同时也无法否认,客观上,性善论更容易使人相信道德教化的功效,同时弱化人们试图加强功利性制约机制的心理冲动。参见周桂钿:《中国传统政治哲学》,河北人民出版社2007年版,第411页。

[2] 人性论本非只谈人性善恶的理论,孔子即不以善恶论性,只讲异同("性相近,习相远")。

[3] 在论及法家法治产生的原因时,学者认为:"在东周社会的变迁中使礼治难以为继的一个重要因素是贤人群体的消失……礼治的基础是贤人的群体……当他们从政治舞台上消失以后,政策的操作性就变成突出的问题。在春秋战国间思想家们看来,当时绝大部分君主充其量可算中等之主,剩下的就是庸主、乱主……法是一个明确客观的标尺……对于中主下主是很实用的办法……"参见常金仓:《穷变通久》,辽宁人民出版社1998年版,第289页以下。

恶论（道家）、性不可言善恶（孔子）、性有善有恶论[1]、有性善有性不善论，如此之多的人性论学说，缘何都远没有"性善论"那样的地位和影响？是什么在支撑着"性善论"？倘若性善论背后没有更深的本体论、形而上学的支撑，我们难以想象在众多人性论主张中，"性善论"会一枝独秀地长久占据中国传统文化的主流地位。我们找到的这个本体论根据，就是"天人合一"命题。天人合一意味着天即是人、人即是天，天道即是人道，人道即是天道，反映在人性论上即性善论（即人是可完美的），反映为政治哲学命题即，天治即是人治，人治即是天治。

人治作为德治的同义语，着眼于人的内在德性智识的教化，本质上是"心治"和"治心"，古语中的"格其非心"，现代的"灵魂深处闹革命"，无不体现了这一传统。这与"天人合一"的重心是一致的。借用现代哲学的概念，"天人合一"实际上是"客观性"合于"主观性"，因此"人治"实质上是"主观性之治"。

（三）客观性之治：治身和治行

"主客二分"作为西方哲学的主导性观念，始于柏拉图的理念论而成就于笛卡尔之后的近代西方哲学。这种"主客二分"的本体论和认识论在西方历史上功莫大焉，一般都把西方自然科学以及逻辑学等纯学术的发展、发达，从哲学上归功于"主客二分"的原则。在西方基督教背景下，此种主客二分的世界观在人性论上是通过"人神关系"来体现的。西方文化从柏拉图开始就屡见人性恶及对人性的不信任的论述，而以基督教的人性论最具代表性，也影响至深。

---

[1] 后发展为"性善恶混合论"，"性有善有恶论，发于世硕，董子论之较详。至扬雄而提出性善恶混的命题。"见张岱年：《中国哲学大纲》，中国社会科学出版社1982年版，第204页。

基督教的原罪论认为，人有堕落和罪恶的本性，虽可通过救赎脱离苦难，却无法臻于至善，人神界限分明。人的普遍罪感意识及对人性的不信任，使人们对统治者心存不信任对其权力的膨胀和腐败有着深刻的警惕，由此设计出一套完整的权力制约机制，这就是"法治"。法治着眼于人的外在行为事功的规范，本质上是"身治"和"治身"，即通过外在强制力约束人的身体行为，它认为人之心，性也，是无法改造的，只能通过外在的法律约束人的"身"与"行"。

我国台湾地区学者张灏以"幽暗意识"概括了西方文化对人性恶的一面的深刻洞察和警觉："所谓幽暗意识是发自对人性中与宇宙中与始俱来的种种黑暗的势力正视和省悟；因为这些黑暗势力根深蒂固，这个世界才有缺陷，才不能圆满，而人的生命才有种种丑恶，种种的遗憾。"[1]这种对宇宙和人生中阴暗面的正视，并不代表价值上的认可。这种把对人类的希望和幽暗意识结合起来的自由主义，并不代表西方自由主义的全貌，但从今天看来，却是最有意义最经得起历史考验的一面。西方的法治史在一定意义上就是伴随着这种对人性的警惕、防范、控制意识而发展过来的。

正如中国文化传统的"性善论"支持、论证了"人治"的合理性，西方文化中的"性恶论"决定"总统是靠不住的"，"人治"不可能成为一种理想的治理方略。既然人是靠不住的，就只能转而求助于人以外的"客观性"作为治世之方。西方历史上无论是"自然法""上帝""理性法""道德"都有着"客观性"的意味，都充当着具体化"客观性"的角色。因此，西方法治的实质是"客观

---

[1] 张灏：《幽默意识与民主传统》，新星出版社2006年版，第24页。

性之治"。

以"主观性之治"和"客观性之治"概括"人治"和"法治"的实质,是从哲学根源上对治理类型的最高概括,有助于澄清由于名词的相近而造成的诸多理解上的混乱,也有助于说明中西治式的本质差异以及中国法治面临的困境,从而深层地启发我们思考:中国究竟应当走怎样的法治之路。

第四章
从静态到动态的法哲学

西方是法治的发源地并素有法治传统,人们通常将其根源追溯到古希腊的自然法思想。自然法观念延绵西方思想史两千余年至今,对西方社会的政治、法律、伦理等诸多方面产生了重大而深远的影响,以至于梅因断言:"如果自然法没有成为古代世界中一种普遍的信念,这就很难说思想的历史、因此也就是人类的历史,究竟会朝哪一个方向发展了。"[1]然而,伴随着19世纪中叶以来人类哲学观念的"除魅"运动,法律实证主义兴起,西方法哲学史遂演变为自然法学说与

---

[1] [英]梅因:《古代法》,沈景一译,商务印书馆1959年版,第45页。

法律实证主义[1]交相辉映的历史。从法律实证主义产生起,自然法学说就不再一枝独秀而是几经沉浮;法律实证主义虽然历经辉煌,但也始终因其"恶法亦法"的主张而饱受误解和质疑。通常都认为法律实证主义与自然法学说是两大对立的思想流派,然而它们却共同支撑、维护着西方的正义、自由、民主和法治。那么,两大法学派的"对立"应在何种意义上理解?"统一"又是如何实现的?"对立统一"的内在机理是什么?我认为对此作出理论上的恰当解释是必要的。否则,就容易陷入非此即彼、两极对立的简单化思维或似是而非的理解状态。这里的"道德—法律—守法义务之间的系统性理论"旨在对两大法学派的"对立统一"关系作出清晰的说明,进而深化对主要法哲学流派思想的理解。

---

[1] 这里使用的"法律实证主义"概念主要指分析法学(分析实证主义法学的简称)。广义的法律实证主义与实证主义法学系同义概念,从逻辑上说包含分析法学、历史法学、社会法学,从发展历史上说,所有自然法学说之外的法哲学都可归到广义的法律实证主义名下。但是,"现代西方法理学中所讲的实证主义法学通常仅就其狭义而言,即仅指分析实证主义法学"。(参见沈宗灵:《现代西方法理学》,北京大学出版社1992年版,第111页)。我们所使用的"自然法学"概念有"传统自然法学"和"现代自然法学"之分,二者以实证主义的兴起为界限,传统自然法学(学说或学派)是西方近代以前法哲学的代名词,现代自然法学则是与法律实证主义比肩而立的法哲学两大核心流派之一。此一区分参见 Brian Bix, Natural Law Theory, D. Patterson ed., A Companion to the Philosophy of Law and Legal Theory, Oxford: Basic Blackwell, 1996, p.223. 当然,这样一种划分对于复杂的两大法学派来说仍然是粗浅的,例如,自然法有描述意义上的、目的论意义上的、道德意义上的自然法之区分(赫费);还有技术的、本体的、义务的自然法之分(登特列夫);法律实证主义旗下更是名目繁多,在分析法学内部就有包容性法律实证主义和排他性法律实证主义之分,何况人们常常将诸多不同的且逻辑上彼此独立的观点统统归于"法律实证主义"名下,也造成了对"法律实证主义"的误解,参见[德]诺贝特·赫斯特:《法律实证主义辩护》,袁志杰译,载《比较法研究》2009年第2期。讨论这些"主义"的细节分支并非我们的主旨,我们相信在"最小公分母"意义上就自然法学说和法律实证主义的基本观点、倾向、关系做出探讨是必要、可能而有意义的。

一、静态法哲学的基本命题——"恶法非法"与"恶法亦法"

"法律是什么"作为法哲学的基本问题，具有"法律观"的意义，对基本问题的不同回答，就构成了不同法学流派的基本"命题"。在西方法哲学史上，法哲学的基本问题突出地表现为法律和道德的关系问题。自然法学派在古代世界观的支配下（同时它也是这一世界观的重要组成部分），从道德、价值方面去解释和回答法哲学的基本问题，形成了在西方法哲学史上长期占据主导地位的"道德命题"。[1]近代法律实证主义在"拒斥形而上学"的纲领下，否定了从道德、价值方面解释法律的自然法学思路，转而从社会事实方面解释法律的本质。具体来说，法律实证主义以"分离命题"斩断了法律与道德之间的"必然联系"，又以"社会事实命题"[2]重构了

---

[1] 作为自然法学说的核心命题，"道德命题"（morality thesis）意指法律与道德之间存在必然联系（necessary connection），这里的"必然"二字是关键，可置换以"理性的""逻辑的""概念的"（哈特用的是 necessary conceptual connection）等，对应的是"偶然的""经验的""事实的"。法律实证主义从来不否认法律与道德在偶然、经验、事实意义上的联系，反对的只是认为二者有必然联系的"道德命题"。"道德命题"依其内容，有时亦被称为"还原命题""重叠命题"，不外乎是把法律还原为道德、法律与道德重叠之意。"分离命题"（separability thesis）按其与"道德命题"相对应的意义，可称为"法律命题"，其含义是法律就是法律，不能还原为道德，法律与道德是不重合的。还需注意的是，"必然联系"并非因果性联系，因果性乃基于经验描述，具有客观规律的含义，法哲学的命题并非反映客观规律，而是表达主体对概念关系的处理，检验处理得好不好的标准，不是"符合论"意义上的真假、对错，而是其理论解释力是否具有"融贯论"或"实用论"意义上的妥当性，因此不是一种以存在论为基础的决定性真理，而是一种"事后真理"。

[2] 社会事实命题的基本含义即什么是法律和什么不是法律，这是一个社会事实的问题。实证主义者所支持的各种社会命题不过是这个粗糙公式的各种更加精致灵巧的版本而已。参见[英]约瑟夫·拉兹：《法律的权威——法律与道德论文集》，朱峰译，法律出版社2005年版，第34页。

实证主义的"法律观"。这一法律观的变革开启了法哲学的新视野，深化了我们对法哲学基本问题、核心问题的理解，具体而言：第一，法律和道德的关系长期被视为法哲学的核心问题，固然有相当的合理性，但未必全面、准确，它可能遮蔽了法哲学的某些重要面相。实际上，把法律与道德的关系称为自然法学的核心问题更为恰当，对法律实证主义来说，法律与社会事实的关系才是法哲学的核心问题。第二，作为法哲学基本问题的体现，法哲学的核心问题只有给出正面的、肯定性的回答，才能兑现其"法律观"意义，因此，"道德命题"和"社会事实命题"作为对两大法学派核心问题的肯定性回答，堪称各自法哲学的核心命题。第三，除了两个"核心命题"，两大法学派各自都有一个"分离命题"。"分离命题"虽然是否定性的，但作为后起的法学派，法律实证主义的"分离命题"具有更重要的理论意义。[1] 因为面对悠久而强大的自然法传统，法律实证主义必须先破后立，否定、反驳自然法学之"道德命题"的重任是由"分离命题"担当的。自然法学派的"分离命题"存在于法律与社会事实的关系上，尽管其理论和实践意义并不突出，实际上很少被提及，但在法哲学完整的理论结构中，其地位是显而易见、不应忽视的。凯尔森《纯粹法理论》英译者在导言中曾提到此疏漏："传统理论仅解释法与道德之关系，却尚未考虑到另一问题，即法与事实之关系。一旦认识到后者，其命题——与原命题以各种方式组合——便会令所谓自然法理论与经验实证主义理论可穷尽此领域中

---

〔1〕 实际上何者是法律实证主义的核心命题一直有不同的说法，依笔者之见，对什么是法律这一基本问题给予正面、肯定性解答的命题堪称核心命题，在此意义上，"社会事实命题"作为法律实证主义的核心命题当无疑问，拉兹和科尔曼都认为"社会事实命题"而不是"分离命题"才是法律实证主义的核心标志；但若以"重要性"标准衡量，将法律实证主义的"分离命题"视为核心命题也有相当的道理。争论的存在恰说明了"分离命题"对于法律实证主义的重要。

一切可能、因而并置而这将产生二律背反云云皆成虚妄。"[1]下图4.1完整地反映了法哲学的基本命题与法哲学基本问题、核心问题的对应关系。

```
┌─────────────────┐     ┌──────────────────────────────────┐
│ 法哲学基本问题  │◄───►│ 法律是什么                       │
└─────────────────┘     └──────────────────────────────────┘

┌─────────────────┐     ┌──────────────────────────────────┐
│ 法哲学核心问题  │◄───►│ 法律与道德的关系、法律与社会事实的关系 │
└─────────────────┘     └──────────────────────────────────┘

┌─────────────────┐     ┌──────────────────────────────────┐
│ 自然法学派的命题│◄───►│ 道德命题、法律与社会事实间的分离命题 │
└─────────────────┘     └──────────────────────────────────┘

┌─────────────────┐     ┌──────────────────────────────────┐
│法律实证主义的命题│◄───►│ 法律与道德间的分离命题、社会事实命题 │
└─────────────────┘     └──────────────────────────────────┘
```

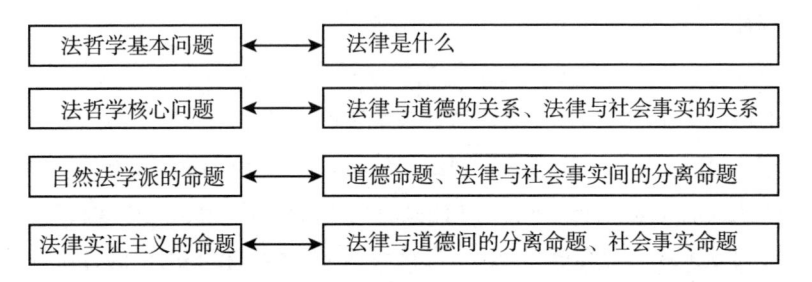

图4.1　法哲学基本命题与法哲学基本问题、核心问题的对应关系

在法律和道德关系上，"道德命题"具体表达为"恶法非法"，"分离命题"具体表达为"恶法亦法"。[2]在法律与道德之间静态的法哲学理论中，两个"恶法命题"是有代表性的观点，因而成为我们观察、分析两大法学派关系的一个极佳切入点。

---

[1] [奥]汉斯·凯尔森：《纯粹法理论》，张书友译，中国法制出版社2008年版，第13页，"英译者导言：论凯尔森在法学中的地位"。

[2] 需要说明的是，与法律实证主义明确主张"恶法亦法"不同，自然法学派似乎没有明确宣布过"恶法非法"，有的甚至认为自然法学派也可以接受"恶法亦法"。例如，新自然法学家菲尼斯论述道："自然法理论在理论或教育意义上都不必有'恶法非法'的断言。实际上，我不知道在什么自然法理论中该断言或类似的说法会有超越附属法则的地位……'恶法'学说所根植的自然法理论化的中心传统未曾选择使用当代批评家赋予其的口号。"见[美]约翰·菲尼斯：《自然法与自然权利》，董娇娇、杨奕、梁晓晖译，中国政法大学出版社2005年版，第279页、288页。波斯纳也指出：与富勒不同，许多自然法学者都承认，即使是一个骇人听闻的不正义的法律，它在确定的意义上仍然是"法律"。见[美]波斯纳：《法理学问题》，苏力译，中国政法大学出版社2002年版，第290页。应当看到现代各种精致版本的自然法学说或法律实证主义存在着一定程度相互借鉴、融合的趋势，但这不影响我们对其基本立场、观点做出明确的区分和判断以及在这一基础上的进一步分析。

(一) 法哲学的核心关切与问题意识

两大法学派不仅有共同的基本问题,而且两个恶法命题所欲实现的理论目的、核心关切也是共同的,不外乎两个:①保持对法律进行道德批判的可能性;②维护法律的权威性。必须看到,这两个要求本身是有冲突的,可批判的往往意味着不够权威,权威性本能地排斥可批判性。两个恶法命题的差异可以说是面对这一纠结着、矛盾着的理论—实践诉求所采用的不同方式、方法、手段、策略的反映。

自然法学派以"道德命题"解决法律的可批判性和权威性问题:①"恶法非法"通过"法律"定义的门槛确保法律在道德上的正当性,对自然法学派来说,"法律代表正义"是理所当然、不言而喻的;②通过法律的道德正当性去说明法律的权威性,即把法律的权威性转换、落实为道德的正当性。这实际上使法律本身成为狐假虎威的东西。自然法学派只强调了法之权威性与正当性联系的一面,但却忽略了权威性的另一个面相:强制性。权威性意味着即使遇到阻力也必须被服从或遵守,在此意义上,法律权威必须排除以道德内容正当性为根据。

法律实证主义以"分离命题"和"社会事实命题"解决法律的可批判性和权威性问题:①把道德与法律隔离开,即把道德正当性处理到法律的定义之外,正是为了更好地保持对法律进行道德批判的可能,哈特一再强调:不要把对法律的道德批评混同于对法律概念的界定,也就是要把对法律的效力评价与道德评价区隔开(这正是自然法学说的软肋),对分析法学来说,"法律不必然等于正义"有着深刻的思想蕴含和实践意义;②从"强制性"的一面解读"权威性"概念,使法律不再依赖于道德正当性,而改由社会事实命题——形式化的、系谱性的承认规则——加以解释,在某种意义上回归了"权威"概念的本义。

(二) 从两面性看统一性

法律实证主义不仅深刻洞察到传统自然法学说的缺陷,而且清醒地认识到人类面对的"道德—法律难题"具有难以克服的困境,人类只能"两恶相权取其轻"。对困境的充分自觉,使我们有机会进一步反思两大法学派各自观点的两面性。所谓"两面性",在这里有两种含义:一是通常所理解的各有利弊得失,尺长寸短,反之亦然,以下关于"确定性/灵活性"的分析属此种情况;一是特指两大法学派的思想从显隐(或表里)两个层面看,具有共同的"两面性",只是体现在显隐(表里)的不同层面上,以下关于"批判性/辩护性"的分析属此种情况。第一种意义上的"两面性"可形成功能互补,以实现统一的价值目标;第二种意义上的"两面性"本身即意味着统一性。

1. 理论效应:确定性/灵活性(安定性/随意性)

这里的理论效应是指,恶法命题与法律的某些内在品性之间的对应、支撑关系。在描述法律时,"确定性/不确定性"(安定性/随意性,权威性/灵活性)是一组常用指标,作为一组对立的概念,对立的每一方又都具有两面性。基于信赖利益保护原则,法律总体而言倾向于确定性而排斥灵活性,从而具有可预期性、可操作性,这是法律最可宝贵的品性。然而这里仍需要辩证分析:"确定性"从褒义的角度理解,是安定性、可预期性、可操作性;从贬义的角度,又意味着僵化性、滞后性、封闭性。"灵活性"从褒义的角度理解,是适应性、开放性;从贬义的角度,又意味着随意性、不可预期性。而实际上,法律的确定性不是绝对的,在确定性与灵活性的两极间保持"必要的张力"不仅是必要的而且是必然的,因为二者都是人的社会生活所必需的。大体而言,自然法学说倾向于支持法律的适应性、灵活性,可能付出的代价是使法律陷于不确定性、随意性、不可预期性、不可操作性,进而丧失法的权威性、安定性。实证主义法学有助于强化法律的确定性、安定性、可遵循、可预期、可操作性,[1]警惕的是自然法思想可能带来的随意性、不可预期性,可能付出的代价是僵化、滞后、不灵活,甚至是实质正义的丢失。于是,两大法学派的价值追求与实践效果,也都具有了相应的两面性(见表4.1)。

表4.1 两大法学派的价值追求与实践效果

学派	命题	特点	优点	缺点
自然法学说	恶法非法	灵活性	适应性	随意,不可预期
法律实证主义	恶法亦法	确定性	可遵循,可预期,可操作	滞后,僵化,不灵活

2. 实践功能:批判性/辩护性(革命性/保守性)

这里的实践功能是指,恶法命题在实践上的作用、效果。直接地看两个"恶法命题",一般都认为,自然法观念具有批判性、革命性,而法律实证主义具有辩护性、保守性。实际上,这一认识是片面的,或者说只见其表、未识其里。我们只要对两个恶法命题做一个简单的形式逻辑推理,即可看到事情的另一面。按照古典逻辑的习惯,以 S 代表命题的主项,P 代表谓项,A 代表全称肯定判断,E 代表全称否定判断,I 代表特称肯定判断,O 代表特称否定判断,

---

[1] 当然不能把实证主义法学混同于概念法学,哈特明确承认"概念的裂缝",即概念的开放性、不确定性,参见 H. L. A. Hart, Jhering's Heaven of Concepts and Modern Analytical Jurisprudence, H. L. A. Hart, ed., Essays in Jurisprudence and Philosophy, Oxford University Press, 1983, p.274。

"恶法非法"的逻辑形式即SEP,"恶法亦法"的逻辑形式即SAP。根据形式逻辑的"换位推理规则"(SEP→PES,SAP→PIS)及"换质推理规则"(SEP→SAP,SIP→SOP),套入"恶法命题",即恶法非法→法非恶法→法是善法,恶法亦法→有的法是恶法。以上推理可以表示如下。

由极具批判性的"恶法非法"推出具有明显保守性的"法是善法";由保守性的"恶法亦法"反而推出具有批判性的"有的法是恶法"。看到这一点,才会有理论的洞察力。从而,才不至于①在两大法学派之间简单地表态站队,②把极权专制归罪为实证主义,美英等更具有强烈实证主义倾向的国家并没有走上专制集权之路。[1]现代法哲学家们从中看到的毋宁说是一个相反的事实:政治意识形态往往以自然法或道德的面目出现,干扰法律、损害正义、侵害自由,考夫曼即明确指出,与自然法同构的法律的意识形态亦可能是罪恶的元凶,[2]一如凯尔森颇具智慧地指出的:"绝对正义往往会导致极权国家(totalitarian state)的出现。"[3]

总之,从历史和逻辑两方面,都不能简单地得出法律实证主义支持极权、专制、暴政而自然法理论支持自由、民主、法治的结论。对中国社会来说,前法治时代的基本特征正是政治意识形态或道德理想主义占据主导地位,其实质是某种意义的自然法秩序。

---

[1] M. D. A. Freeman, Lloyd's Introduction to Jurisprudence, 7th ed., Sweet & Maxwell, 2001, p. 221.

[2] [德]考夫曼、哈斯默尔主编:《当代法哲学和法律理论导论》,郑永流译,法律出版社2002年版,第209页。

[3] [奥]凯尔森:《何谓正义?》,见凯尔森:《纯粹法理论》,张书友译,中国法制出版社2008年版,第162页,注①。类似的论述还有:"它甚至诉诸自然法来论证其最无耻的不义行动之正当性。"见[德]海因里希·罗门:《自然法的观念史和哲学》,姚中秋译,上海三联书店2007年版,第101页。

这愈加说明，法治不能简单地等同于自然法之治，毋宁说，在某种意义上法律实证主义更接近于法治的真意。这正是事情的蹊跷之处，如果套用"自然法"这一西方概念的话，中国传统社会秩序的类型是"自然法"式的[1]，而国人对法律的理解却是法律工具主义的。在我们的语境下，多数人对"法治"的理解远未达到法律实证主义的水平，"法律至上"的口号之下实际操作的是"道德至上"，这不能不说是古已有之的儒家伦理传统和当今前法治时期的意识形态至上主义的一种奇特结合，其中蕴藏着法治的反动因素。

"两面性"分析并不意味着"各打五十大板"。我们认为，在自觉到"恶法命题"各自的两面性的情况下，法律实证主义执意倡导、坚持一种不同于传统自然法的命题，其真实意义不在于以"恶法亦法"否定、替代自然法学的"恶法非法"，而在于提醒我们法哲学的命题往往是利弊并存的。传统自然法学的根本缺陷也不在于"恶法非法"命题是错误的，而在于它对"恶法非法"命题的两面性缺少这种理论自觉。虽然分析实证主义法学在看到了传统自然法学说的缺陷，也没有办法从根本上消除矛盾、克服缺陷，但是一种理论对其自身的局限性（利弊、得失）甚至缺陷抱有充分的理论自觉，正是这一理论成熟的标志。由此升华出的法律实证主义者特有的现实、稳健、冷静、慎重、谦逊的品格和处事方式，我们有理由对法律实证主义高看一眼。法律实证主义之后的法哲学，无论是哪个学派，

---

[1] 当然，仅仅是最广义上使用"自然法"概念，即把它理解为实定法之外的作为依据的价值评判标准，才可以在中西十分不同的语境下使用同一个"自然法"概念。实际上，哪怕稍稍深入到一点具体内容，就会有争议。梁治平曾批评了"礼就是自然法"的观点，认为中国古代"自然法"与其说是礼，不如说是"天道""天理"。见梁治平：《寻求自然秩序中的和谐——中国传统法律文化研究》，中国政法大学出版社1997年版，第350页。

都必须站在这个"自觉"的基础上向前发展,在此意义上,我们说分析实证主义法学极大地提高了法哲学的思想水平。

(三)恶法命题的局限与缺欠

1. 表明法律与道德之间关系的恶法命题还只是静态的法哲学理论,不能涵盖法律与道德关系的全部

在这一理论中,"道德"总是表现为一套作为实定法的评判标准、尺度和根据的"高级法",法律与道德的关系也表现为规范与价值层面上的静态关系。恶法命题本身都可理解为某种对法的定义,从这个角度说,恶法命题只关乎"立法"(法律)而无关乎"守法"(在广义上包括官员执法、司法和公民守法,是与"法律实施"等同的概念)。实际上,法律与道德的关系不仅体现在静态的法律规范、法律文本、立法与道德的关系,也体现在动态的法律实施、守法、用法行为与道德的关系,并且,法律的这两个面相(立法、守法)是密切连为一体的(见图4.2)。

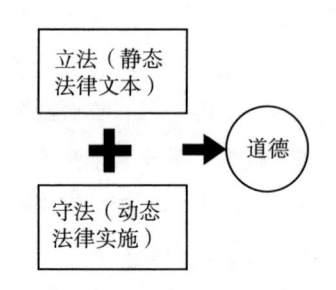

图4.2 法律(立法、守法)—道德关系

2. 恶法命题的实践意义有待明确,从理论逻辑上说要求相应的守法理论予以落实

不论是"恶法非法"还是"恶法亦法"都不是概念游戏或形上思辨,而是具有鲜明的实践指向,恰如菲尼斯所说:"你是否称呼它

们为法律无关紧要:问题是接踵而至的结果。"[1]恶法是不是法,并非真实问题所在;恶法要不要遵守或应不应遵守,才是问题的要害。"恶法非法"直接否定了"恶法"的法律资格,"恶法亦法"言明了法的"可谬性",其理论效果、实践指向都在于为广义的守法及其限度提供理论基础,也为特定条件下的"良性违法"提供正当性理由。这都是应对纷繁复杂的现实生活的需要。孤立地看待两个"恶法命题",既遮蔽了其深层的理论目的、现实意义,也无法合理地解释二者的区别,因此有必要依其理论目的将思考的视野合逻辑地延展到"法律实施"环节,探讨静态与动态相结合的法哲学理论。

如果说从法的"本体论"到法的"运行论"是一个具有逻辑关联性的链条的话,那么,自然法学派是把解决问题的重心放在了"本体论"部分,即以法的"定义"为重心解决问题:恶法非法,因此无须遵守。与自然法学说相比,法律实证主义思考和解决问题的重心已悄然发生位移:由静态的"本体论"转移到动态的"运行论",由法律的"定义"转移到守法的"实效"环节:法律太过邪恶,因此无法被遵守或服从。[2]这一重心的位移也从一个侧面表明恶法命题是意犹未尽的命题,它合逻辑地要求从静态拓展到动态,依我们的理解,它实际上要求某种守法义务理论的回应,以最终完成恶法命题的实践功能。

---

[1] John Finnis, Natural Law and Natural Rights, Oxord University Press, 1980, p. 367.

[2] 这一法律实证主义者的经典说法听起来总是感觉怪怪的,因为"无法遵守"表达的事实层面的"能不能"的问题,法之邪恶很难说一定构成事实上遵守的障碍。但这种说法绝非无意的疏忽所致,法律实证主义者基于对道德价值因素的本能排斥,只好如此表达。在笔者看来,如果能抛却褊狭的学派之见,将事实层面"能不能"的问题转换为价值规范层面的"应不应"的问题,将"守法义务"概念加诸其中,表述可能更确切:恶法虽然仍然是法,但它太过邪恶,因此不存在遵守或服从的义务。

二、法哲学从静态向动态的跃迁——守法义务肯定论与守法义务否定论

完整的法哲学理论应当且必然包括动态的"守法"环节。如果说表达法律与道德关系的"恶法命题"代表法哲学中抽象、静态的一极,那么守法问题则涵盖了法哲学中现实、动态的一极。作为一种社会事实,守法是有人的自由意志参与其中的行为,必然蕴含道德价值因素,因此以"义务"概念表达、刻画守法行为是恰当的。将"义务"概念与"守法"对接起来意味着,道德或道德性并不是作为静态规则的法律文本所独有的评价尺度、衡量标准,作为"活法"的守法环节在某种意义上更具有道德意义、更需要道德评价。"守法义务"代表了动态的守法的道德性。正像静态法哲学中出现了"恶法非法""恶法亦法"的不同观点,在动态法哲学中也出现了守法义务肯定论和守法义务否定论并存的局面。而这两者间存在着内在的逻辑联系,解释这种内在联系,才能形成法哲学的系统性理论,而避免把两个恶法命题或两种对立的守法义务理论简单对立起来。

守法义务理论出现了复杂化的局面——传统自然法哲学视作理所当然的守法义务肯定论独撑天下的局面被打破,守法义务否定论从实质内容上说又包含了"部分服从理论""公民不服从理论",见下表4.2。

表4.2 守法义务命题及其逻辑形式

含义或推理类型	守法义务肯定论(SAP)	守法义务否定论(SEP)	部分服从理论(SIP)	部分服从理论(SOP)
含义	守法义务是绝对、严格、无条件的	守法义务不是绝对、严格、无条件的	有的守法义务存在	有的守法义务不存在("公民不服从理论")

续表

含义或推理类型	守法义务肯定论（SAP）	守法义务否定论（SEP）	部分服从理论（SIP）	部分服从理论（SOP）
反对关系推理	SAP→¬SEP	SEP→¬SAP	¬SIP→SOP（下反对关系推理）	¬SOP→SIP（下反对关系推理）
差等关系推理	SAP→SIP	SEP→SOP	¬SIP→¬SAP	¬SOP→¬SEP
矛盾关系推理	SAP→¬SOP	SEP→¬SIP	SIP→¬SEP	SOP→¬SAP

（一）守法义务理论形成的背景与根源

从根本上说，守法义务理论的复杂化源于正当性观念的转变。[1] 随着近代哲学世界观的"祛魅"化，19世纪之后的西方思想出现了明显的实证主义转向，绝对的、形上的、实质的"正当性"被相对的、形下的、形式的"合法性"取代。正当性观念一经弱化，守法义务的绝对性就土崩瓦解。原来那种非此即彼的正当与非正当的绝对对立，被相对的、量化的、程度的概念所代替："不服从是否能被证明为正当的问题依赖于法律和制度不正义的程度。"[2] 守法义务理论的复杂化顺应了法哲学思潮的转向，也表征着这种转向。由于守法义务理论实现、呼应、证成着恶法命题，守法义务理论在法哲学中不可或缺的理论地位渐次清晰地显露出来。具体来说，三种守法

---

[1] 正当性观念的转变，可以涵盖或表征法哲学思潮的流变，这一认识可参见刘杨：《法律正当性观念的转变——以近代西方两大法学派为中心的研究》，北京大学出版社2008年版。

[2] [美] 罗尔斯：《正义论》（修订版），何怀宏等译，中国社会科学出版社2009年版，第276页。

义务理论分别对应了不同的恶法命题，传统自然法学说"恶法非法"的主张内在地决定了"守法义务肯定论"的结论；实证主义"恶法亦法"的主张合逻辑地要求着"守法义务否定论"[1]的呼应；现代法哲学（这里指现代自然法学和实证主义），在静态法哲学部分不再简单地以"恶法"为思考对象，而是更复杂地考虑到两个因素：一是在"恶法"的判断上，存在法律整体与个别法律的区分；二是"恶"是有程度之分的，只有"恶"到极端不正义的程度，剥夺其法律资格才是适宜的（拉德布鲁赫公式）。相应地，在动态法哲学部分，现代法哲学也避免了守法义务肯定论与否定论简单的二分法，而趋向于"部分服从理论"，如下表4.3所示。

表4.3 传统法哲学与现代法哲学的对比

法学流派	静态法哲学的核心命题	动态法哲学的核心命题
传统自然法学	恶法非法	守法义务肯定论
实证主义法学	恶法亦法	守法义务否定论
折中派	法律整体与个别法律之区分 "恶"的程度	部分服从理论

在上表中，以两大法学派一定程度的融合、折中为背景的部分服从理论，在上游并没有明确的恶法命题相对应。可以这样解释守法义务理论与恶法命题的不完全对应现象：由于恶法命题与法律实践关系的间接性、疏离性，除了"恶法非法"（SEP）和"恶法亦法"（SAP）这两个表面上极端对立的命题之外，恶法命题精细化（SIP、SOP）的要求并未被提出。面对生生不息的法律实践，恶法是不是法的判断也

---

[1] 特别需要注意的是，"恶法亦法"合逻辑地要求着"守法义务否定论"，而不是"守法否定论"。相反，"恶法亦法"的本义之一可以说正是要求人们遵守。"守法义务否定论"更为深层的意涵是，基于法律实证主义的基本立场，回避用"义务"概念解释"守法"问题。

许无关宏旨或并非必要,但恶法要不要遵守或应不应遵守的问题却不容回避和耽搁。现代人似乎无暇再做关于"恶法"的概念游戏,直接把问题提给了守法理论,部分服从理论正是被现实逼出来的理论。

(二)守法义务否定论的积极意义

守法义务理论的复杂化以守法义务否定论的出现为标志,虽然并不意味着守法义务肯定论的销声匿迹,一如近现代以来西方法哲学中法律实证主义与自然法学说双峰并置的场景,但显然守法义务否定论的意义需要加以特别的阐明。我们认为,以守法义务否定论为标志的守法义务理论的复杂化,就理论效果和实践功能而言,所带来的非但不是混乱和消极,反而可能是清晰、自觉和积极,这体现在以下几个方面:

第一,守法义务否定论深刻揭示了自然法学说的缺陷。在法律实证主义看来,自然法的正当性推导链是不完善或可置疑的,因为没有一个上帝式的"人物"能保证法律的绝对正当性,不能直接由法律的正当性简单地推导出守法义务。

第二,守法义务否定论是对"恶法亦法"命题的有力辩护。守法义务否定论打破了无论法律好坏都必须遵守的教条,同时也突破了把所有违法行为都视为道德错误的简单认识,将"合法性"与"守法义务"分隔开,是对"恶法亦法"命题的最有力辩护,正如登特列夫所说:凯尔森的著名表述"法律规则可以包含一切内容"也可以据此解释和正当化。[1]换言之,守法义务否定论使"恶法亦法"命题能自圆其说。

第三,守法义务否定论及部分服从理论有助于形成和说明民主宪政体制正常的自我纠错机制和社会稳定机制。守法义务否定论与

---

[1] [意]登特列夫:《自然法:法律哲学导论》,李日章译,新星出版社2008年版,第261页。

"分离命题"一脉相承，剥离了法律的道德光环，认识到对法律进行价值判断的复杂性，法律之正当与否往往是模糊的、相对的、充满争议的，所以不允许任何人或制度以"君临天下"的姿态宣布自己占有"绝对真理"、拥有"绝对权威"，任何现实制度都是有限的、可错的，因而都是可质疑、可讨论、可反思、可改进的。这必然要求否定绝对的守法义务，彰显"部分服从"的真谛。在特定条件、方式、程度的限定下，服从"不正义"法律的义务和不服从"正义"法律的权利（即"良性违法"），可为弥补、纠正现存法律的缺陷提供必要的渠道、机制；反之，一概拒绝公民不服从，不仅可能丧失改进、完善法律的契机，而且可能导致整个社会万马齐喑、麻木不仁，最终可能加剧社会的不满和冲突。在这里，法律实证主义常用的将个别法律规范与整体法律制度区别对待的方法，实际上也被罗尔斯采用，构成了"部分服从理论"的最重要的适用条件：在法律制度基本正义或接近正义的条件下，服从不正义的个别法律可以有正当理由；公民不服从也才可能是一种有效的、合理的抗议形式。

第四，守法义务理论复杂化提示我们，法学理论[1]具有与"科学"不同的实践品格。自然科学预设了"主—客"两分的认识框架，

---

[1]"法学理论"一词在目前我国法学界使用得不尽合理，根据现行的《授予博士、硕士学位和培养研究生的学科、专业目录》（教育部1997年颁布），"法学理论"（代码030101）主要指法理学或法哲学，但这样一来，它似乎是说部门法学的研究不是"法学理论"，这里较有危害的潜台词是："法学理论"无关乎"应用"，而关乎"应用"的部门法学又不是理论，这是对法哲学和部门法的双重误解。在现行的国家标准《学科分类与代码》（GB/T 13745—2009）中，没有出现"法学理论"一词而代之以"理论法学"（代码82010）。无论是"法学理论"还是"理论法学"都包含法理学、法哲学、法社会学、比较法学、法律逻辑学等众多性质不同的三级学科，笔者认为，以研究对象作为学科划分的标准并无不可，但按照研究方式、思维方式的不同区分法学研究的类型更有启发意义，在此意义上，只有两种法学：注释法学和反思法学（法理学或法哲学），实际上多数法学文献是二者不同程度的混合。这里所言"法学理论"主要是指具有法理学或法哲学意义、性质的法学研究。

主体的认识必须符合客观"原型";而人文社会科学则以人之关系构成的社会为研究对象,这意味着人既是认识的主体,又是认识的客体(对象),"主—客"两分框架在此失灵了。不仅如此,如果说科学是关于物的世界的知识,那么哲学(从而法哲学)就是关于人的世界的思想,它不仅具有认识和解释的功能,而且具有实践意义上的批判、引导、塑造、规范功能。守法义务理论正如恶法命题一样,并非存在论层面的真假—事实判断,而是实践论层面的价值—理论选择。"实践性构成了法学的学问性格……法学的判断也不是真与假的判断。"[1]法学的实践品格可借助哲学上的真理"融贯论"甚至"实用论"加以解释,正如杜威深刻指出的:"所有概念、学说、系统,不管它们怎样精致,怎样坚实,必须视为假设……它们是工具,和一切工具同样,它们的价值不在它们本身,而在于它们所能造就的结果中显示出来的功效。"[2]

  从实践效果上说,守法义务肯定论有助于强化人们的守法意识和守法行为,但可能疏于对恶法的防范和矫正;守法义务否定论也绝非鼓励人们不遵守法律,而是强调强调守法并非绝对的义务,这有助于保持对法的可谬性的警觉,也提醒我们良性违法的可能性及其宪政意义。在"法律至上""法律权威"之类的吁求甚嚣尘上之际,保留一份对法律的道德批判的可能性至关重要;同样,在道德意识形态以种种名义损害"法律至上"、干涉"法律权威"的情势下,强调"法不容情"的独立性也不容忽视。因此就实践效果而言,正如我们对"恶法命题"的辩证分析一样,主要为法律实证主义者所主张的守法义务否定论与主要为自然法论者所主张的守法义务肯定论有异曲同工之

---

[1] 舒国滢:《寻访法学的问题立场》,载《法学研究》2005年第3期,第10页。
[2] [美]杜威:《哲学的改造》,许崇清译,商务印书馆1958年版,第78页。

妙。为此，我们应当走出那种"在绝对不相容的对立中思维"[1]的状态，从实践出发看待守法义务理论的作用和意义。

（三）守法义务的理论自觉与法哲学理论结构的重构

对守法义务概念的理论意义的充分自觉，意味着法哲学理论结构的重构，这种重构只有在法律实证主义时代才是可能的。在古希腊到19世纪中叶的自然法哲学背景下，"守法义务"虽然也经常被提到（从苏格拉底开始直到近代以前，历代西方思想家基本都把守法义务视作当然，即持有守法义务肯定论），但实际上并未认识到守法义务在法哲学的理论结构中的意义，而只是自发水平上的一种道德直觉。其内在逻辑是：由于"法律"具有道德性，便能够顺理成章地推导出守法义务肯定论。这种"想当然"的推论意味着，守法义务肯定论仅仅是以法律—道德为核心的自然法哲学的一个当然的、附带的结论而已。[2]现代法律实证主义为克服传统自然法学说的诸多困难而提出了"分离命题"，实际上动摇守法义务肯定论的理论前设——法皆道德上的善法。这一理论处境要求法律实证主义在"守法义务"环节上做出相应的处理：既然分析实证主义法学所界定的"法律"已不再有道德意涵，再去要求普遍的守法义务，就是不合逻辑的，在实践上则可能沦为屈从恶法、纵容专制的帮凶，因而必然主张守法义务否定论。

综上，我们有理由认为，守法义务理论是在法律实证主义产生之后的法哲学理论中才获得了完全的意义：守法义务成为法哲学理论的不可或缺的理论支点之一，法哲学有可能自觉地形成道德—法

---

[1] 中共中央马克思恩格斯列宁斯大林著作编译局编译：《马克思恩格斯选集》（第3卷），人民出版社2012年版，第396页。

[2] 由此可以解释，伟大如苏格拉底者也无法在坚持"恶法亦法"的前提下，对守法义务抱持二心，因而只有慷慨赴死一条路可走。如果苏格拉底有现代的守法义务相对论观念，就不至于在依恶法所作的死刑判决面前束手无策了。

律—守法义务之间的系统性理论。所谓"系统性"就体现在,"恶法命题"在理论体系的上游合逻辑地隐含着特定的守法义务理论,而下游的"守法命题"又配合、呼应、证成着"恶法命题"。

三、法哲学的理论结构及两大法学派的关系

(一)法哲学的理论结构:两大法学派的命题组

以下图表直观地表达了我们阐述的两大法学派各自的道德—法律—守法义务之间的系统性理论。这种理论的系统性是通过两大法学派的各自"命题组"实现的(见图4.3)。

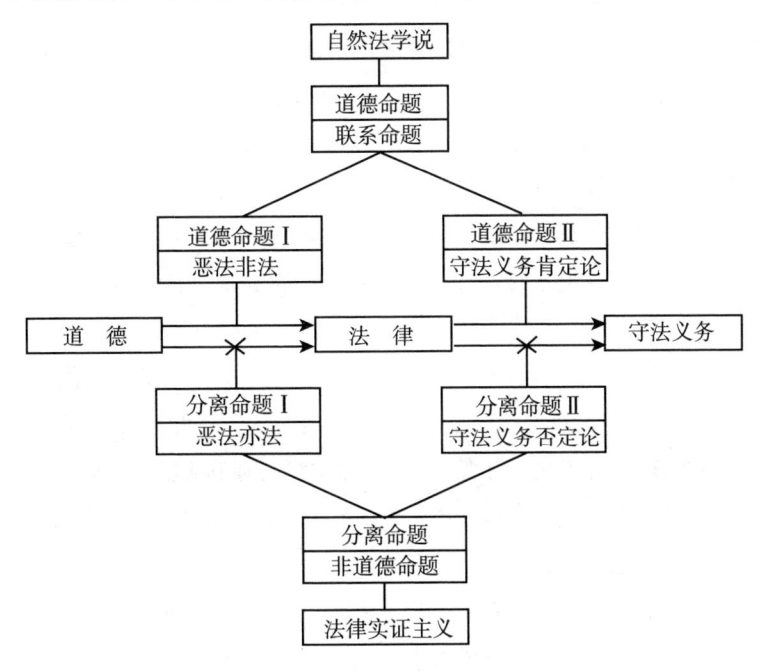

图4.3 两大法学派的各自"命题组"

1. 自然法学的"命题组":"道德命题Ⅰ"与"道德命题Ⅱ"

自然法学以"正当性"为"有效性""合法性"的前提和根基,换言之,在正当性——有效性(合法性)——守法义务之间存在逻辑关联性,正当性作为最终的、最高的保障决定着后来的一切环节:正当性不仅导致法的有效性,而且与法的有效性一起决定绝对的守法义务。如上表所示,"道德命题Ⅰ"即自然法学派的基本命题:法律与道德之间有必然联系,或更简洁地表达为"恶法非法"。"道德命题Ⅱ"是"道德命题Ⅰ"所蕴含的一个推论:法律与守法义务之间有必然联系,或更简洁地表达为"守法义务肯定论"。"道德命题Ⅱ"的反面表达式即违反法律必然意味着违反道德。

两个内在关联的"道德命题",共同构成了自然法学的"道德—法律—守法义务之间的系统性理论",表达了自然法哲学的完整结构和基本观点。"道德命题Ⅰ"决定了"道德命题Ⅱ","道德命题Ⅱ"(即"守法义务肯定论")照应了"道德命题Ⅰ",舍弃"道德命题Ⅱ"的自然法哲学是不完整的。

两个"道德命题"就实质内容来说都是肯定性命题("恶法非法"在语句形式上是否定性的,但在理论的实质内容上是对法律的道德正当性与法律的"合法性"之间必然联系的肯定;以下"恶法亦法"同理),凭借两个肯定性命题,自然法学说建立了"道德—法律—守法义务"之间的线性联系,在实践功能上以相对简单而直接的方式实现了对正义、自由、民主、法治的支撑和维护。

2. 分析法学的"命题组":"分离命题Ⅰ"与"分离命题Ⅱ"

分析实证主义法学以"分离命题"切断了法律与道德之间的必然联系,道德正当性的传导链在"道德—法律"之间既已不复存在,在"法律—守法义务"之间没有必然联系就是顺理成章的。守法义务否定论实际上是法律实证主义经典的"分离命题"在守法环节的扩展、延伸和应用,二者是一般与特殊的关系,不同之处仅在于:分离命题切断的是法律与一般道德之间的必然联系,守法义务否定论切断的是法律与作为一种特殊道德的"守法义务"之间的必然联系。为对应起见,我们把法律实证主义经典的分离命题称为"分离命题Ⅰ",把守法义务否定论称为"分离命题Ⅱ"。"分离命题Ⅱ"依其实质内涵可以有多种不同的表述:①法律与守法义务之间没有必然联系;②法律的有效性(合法性)与守法义务之间没有必然联系;③并非存在普遍的守法义务;④守法义务是相对的,而非绝对的、普遍的;⑤否定守法义务并不意味着否定法律的正义性;⑥违法并不必然意味着"缺德"。其中⑤和⑥是"分离命题Ⅱ"的反面表达式。

两个内在关联的"分离命题",共同构成了法律实证主义的"道德—法律—守法义务之间的系统性理论",表达了实证主义法哲学的完整结构和基本观点。"分离命题Ⅰ"决定了"分离命题Ⅱ","分离命题Ⅱ"回应、补充、配合了"分离命题Ⅰ",这是形成"道德—法律—守法义务之间的系统性理论"的关键所在。

两个"分离命题"就实质内容来说都是否定性命题,凭借两个"分离命题",法律实证主义完成了一个否定之否定的循环:鉴于法律与道德正当性没有必然联系,也就不便要求"守法义务"。在实践功能上,法律实证主义借助这一双重否定,可以实现与自然法学说相同的价值目标:对正义、自由、民主、法治的支撑和维护。

3. 法哲学的理论结构:恶法命题与守法义务命题的耦合关系

法哲学实践功能的统一性,奠基于法哲学理论的系统性;法哲学理论的系统性,特别地依赖于"守法义务"概念和理论而得到透彻的说明。因此,作为两个第二命题实质内容的守法义务理论,尽管从逻辑上说可以理解为两个第一命题(恶法命题)的合理推论,但这并不影响其在法哲学的理论体系中具有独立的理论支点意义。守法义务概念将法之"本体论"与"运行论"相连,将立法与守法对接,将规范与事实沟通,实现了静态法哲学向动态法哲学的跃迁,凸显了法哲学完整的理论结构。不同于以道德—法律为轴心的自然法哲学,在这种以法律(立法)—守法(广义)为轴心的法哲学中,"道德"不再是主要作为一种"客观价值"而是作为评判立法和守法两种实践的根据、尺度和标准而存在。"守法义务"使"道德"超越了静态法评判标准的单一角色而坐落于动态的"守法"环节,使"道德"摆脱了抽象的存在而附着于某种社会事实,还原了道德概念的本相。

具体来说,法哲学理论的系统性是通过恶法命题与守法义务命题之间的"耦合"[1]作用实现的。首先,在两大法学派不同的法律观预设下,作为第二命题的守法义务命题与作为第一命题的恶法命题相互配合,可以形成不同的、系统而自洽的法哲学理论,它们都能为法哲学实践功能的趋同性、一致性提供清晰的解释,尤其是作为"分离命题Ⅱ"的"守法义务否定论"恰到好处地为饱受诟病的"恶法亦法"命题解了围,理论意义更加突出。其次,守法义务命题与恶法命题(亦即两个道德命题或两个分离命题)相互配合,可以很好地解释"守法负担平衡"现象。自然法学的两个"道德命题"可谓"严进宽出":"法"之定义是严格的、狭义的善法,守法义务则是绝对的、普遍的肯定论,因此传统自然法观点虽然要求"严格服从",但并未因此加重守法、服从的负担,也未减少不服从的概率

---

[1] "耦合"作为一个物理学概念,指两个或两个以上的体系或两种运动形式之间通过相互作用而彼此影响以至联合起来的现象。我们借用这一概念形象地表达两个道德命题或两个分离命题之间相互配合而达成某种理论的系统性和实践效果的统一性。

和可能；法律实证主义的两个"分离命题"可谓"宽进严出"：法之定义是宽泛的、广义的，守法义务则是相对的、非普遍的否定论，换言之，法律实证主义在采用了广义的法律概念的同时，从"严格服从"的立场上退却到否定守法义务，也同样不影响守法负担的增减。

凡此种种均表明，两大法学派的相关命题不仅不能简单、孤立、直接地理解为对立，而且必须在"道德—法律—守法义务"三个支点构成的理论系统内加以解释。借助这一理论系统，貌似南辕北辙的"恶法非法"与"恶法亦法"，"守法义务肯定论"与"守法义务否定论"命题，在理论效果和实践功能上却殊途同归。两大法学派方法、手段相异，目的、目标甚至效果相同。

（二）趋同、差异与优劣

我们阐述的"道德—法律—守法义务之间的系统性理论"呈现了法哲学理论结构、内容的简单、对称之美。但必须指出，这一理论的解释对象应当限定在传统而典型的自然法学说和法律实证主义上。这里所使用的"传统"主要并非时间概念，而是一个理论概念，即传统法哲学的不同流派尽管在恶法命题、守法义务理论上持有不同的观点，却一致认可在道德—法律—守法（或守法义务）之间的线性联系和简单对应关系，即"恶法非法—守法义务肯定论"的对应和"恶法亦法—守法义务否定论"的对应。而现代法哲学（无论是现代自然法学还是实证主义法学），则深刻认识到对法律的道德评判的复杂性，尤其是这种评判在实践功能上可能具有的积极意义，并对法律制度整体与个别法律规范做了精细的区分，具有不同思想倾向的现代法哲学家、政治哲学家们分享了这一共识，全面揭示了法律与守法、规范与事实、效力与实效之间的两种可能关系：在不同约束条件下的相互可推导和相互不可推导。现代法哲学在守法问题上淡化了派别对立色彩,更多地走向了折中、妥协、融合。在现代法哲学的视野下,"法律—守法"之间之呈现为犬牙交错的复杂对应关系,如图4.4所示。

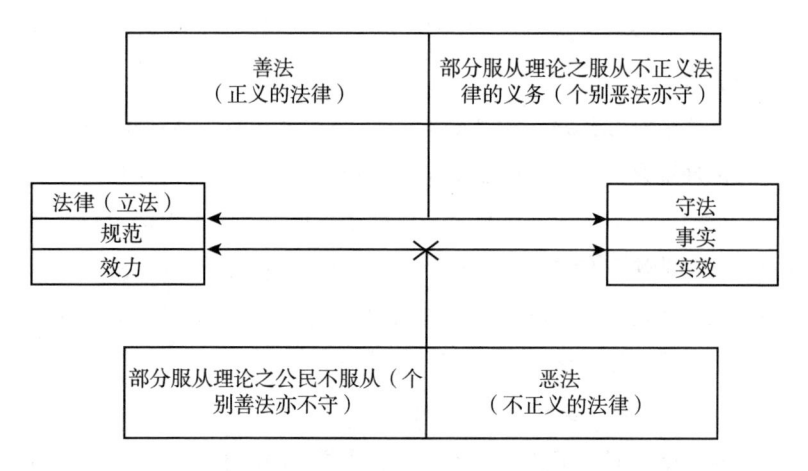

善法 (正义的法律)	部分服从理论之服从不正义法律的义务(个别恶法亦守)
法律(立法) 规范 效力 ⟷ ✕ ⟷	守法 事实 实效
部分服从理论之公民不服从(个别善法亦不守)	恶法 (不正义的法律)

图4.4 "法律—守法"之间的复杂对应关系

由此可见,现代法哲学的派别之分趋于淡化,更准确地说,现代法哲学从传统、典型、极端的学派立场上妥协、退却了。法哲学思想的古今之别大于派别之争。首要的分歧存在于现代法哲学与传统法哲学之间,其次才存在于传统或现代法哲学内部不同流派之间。在一定意义上,现代法律实证主义比传统自然法更接近于现代自然法,换言之现代自然法与法律实证主义之间的区别可能小于它与传统自然法的区别。

派别之分的淡化源于现代法哲学更加迫切地需要解释和处理复杂的现实问题。本来,凡法必守,天经地义,无论古今,无论学派,否则就违背了法律的基本天性。不仅传统自然法学说持有绝对的守法义务论,而且法律实证主义也有名言:"严格地遵守,自由地批判",这是"恶法亦法"论的初衷。然而,以法律实证主义产生为标志的现代法哲学实际上导致了法律与服从（遵守）一体化关系的松动，"守法"与否始成"问题"。法有善恶之分，善法当守，应无疑义，疑点和难点落在"恶法"是否应当遵守的问题上。现代自然法学说弱化了绝对主义的道德正当性观念，阐发了"部分服从理论"；法律实证主义本能地拒斥"义务"概念，将守法问题彻底实证化，也设计了"严格服从"和"不服从"两种方案。[1]在现代法哲学的视野中，守法义务不再是理所当然的，而是需要一定的条件或证成，是否有必要设计"不服从"的理论和制度，又如何解释"不服从"的正当性，是真正引人瞩目的焦点。两大法学派的守法理论手段虽异，效果趋同，都是解决应对复杂现实问题的需要。凡法必守是有条件，把这一点揭示出来，是现代法哲学重要的贡献之一。

尽管现代法哲学趋于折中和融合，但两大法学派的守法理论仍保持着基本立场之区别：现代自然法的守法理论直接地体现为"守法义务"理论，而实证主义法学的守法理论无须借助"义务"概念而直接诉诸实证的"守法"概念。这使我们有必要对法律实证主义的"守法义务否定论"作进一步精确的解释。如前所述，在与"守法义务肯定论"对立的意义上，"守法义务否定论"是指绝对的严格的普遍的无条件的守法义务是不存在；在另一种意义上，基于法律实证主义对道德（义务）的本能排斥，"守法义务否定论"是指"守法义务"概念根本就不能成立，守法根本不是一个义务问题，遑论"肯定"或"否定"！尽管我们曾以拉兹为代表在前一种意义上

---

[1] 这里有必要区分不同类型的法律实证主义。只有在传统的法律实证主义者那里，"恶法亦法"与"恶法亦守"才可能画等号。"没有一个现代的、理性的法律实证主义者主张说，每个恶法，仅仅因为它由国家以法律的形式颁布并因此成为适用的法律，所以就值得受众遵守。"参见[德]诺贝特·赫斯特：《法律实证主义辩护》，袁志杰译，载《比较法研究》2009年第2期，第55页。

谈及"守法义务否定论",但必须看到,第二种意义上的"否定论"可能更符合法律实证主义的本意。对实证主义来说,通过"义务"去说明守法问题是不恰当的,守法是一个事实问题、社会实效问题,它最终来源于由实证主义的"承认规则"所表述的某种规范性实践。

效果趋同的两大法学派的理论究竟何者更具优势,恐怕只能是瑕瑜互见,各有利弊得失。法律实证主义的确指出了自然法学说在概念处理或逻辑上的缺陷,正如诺贝特·赫斯特精辟指出的:与"法(recht)"相对的概念绝不必然是"恶法(unrecht)",而更多的是"不是法(nicht-recht)"。这表明,一个规范虽然不可能同时是法和不是法,但是显然可以同时是法和恶法。反实证主义者那样的语言用法从根本上说只能导致混乱。[1]从实践的角度来说,自然法学说关于"非法"或"亦法"之类法律资格的判定对解决服从与不服从问题是多余的步骤;过于断然、绝对地否定了"恶法"之法律资格,可能冒损害法律的权威性和安定性之危险。法律实证主义绕过了这一中间步骤,直接将法之善恶与服从与否联系起来:恶法因其恶而无法服从,无须通过推导其"非法"就可以解决不服从的正当性问题。同样是得出"不服从"的结论,两大法学派却有不同的论证理由,可列表对比如下表4.4。

表4.4 两大法学派守法义务理论论证要点

学派	论证要点
传统自然法学	恶法非法,因"非法",不服从,法必守(狭义的法)
实证主义法学	恶法亦法,因"恶",不服从,法不必守(广义的法)

但从另一方面看,自然法学也有法律实证主义所不具备的优势:

---

[1] [德]诺贝特·赫斯特:《法律实证主义辩护》,袁志杰译,载《比较法研究》2009年第2期,第155~156页。

①舍弃"义务"概念的实证主义守法理论对"恶法"与"不服从"之间的关联性的解释较为牵强,在理论和逻辑上说服力是不足的。②实证主义直接将守法问题的解答与法之善恶联系起来,"不服从"仍以"恶法"为必要前提,可见,一向排斥道德、价值概念的法律实证主义,最终在处理守法与否的问题上,甚至比自然法学更直接依赖于对法之善恶的判断。实际上哈特也直言不讳:"在极端的情况下必须对于不同的恶作出选择时,我们也不会把其中的道德难题掩盖起来。"[1]这足以说明道德判断、价值因素是任何真正的法哲学都无法从根本上回避掉的。

道德—法律—守法义务之间的系统性理论,从内在机理上解释、说明了自然法学说与法律实证主义具有根本立场、价值目的的一致性,而所谓对立、分歧都是手段性、方法性的。自然法学说与法律实证主义是奔涌于同一河道上的思想之流。洞悉这一点,有助于法哲学思考的重心转向更广阔、深刻而有意义的问题领域。

---

[1] [英] H. L. A. 哈特:《法律的概念》(第3版),许家馨、李冠宜译,法律出版社2018年版,第278页。

第五章
法律规范的逻辑结构

　　法律规范的逻辑结构理论是法学规范理论中的一个亮点，也是牵涉面极广的一个法哲学基础理论问题。法学的科学性在很大程度上体现在这一类具有较强技术性的理论上。这就更要求此类理论本身具有经得住推敲的科学性，进而具有较强的应用性。以这样的要求反观现有的法律规范的逻辑结构理论，我们会发现存在许多的混乱和不明之处。对此做出深入研究和必要的澄清，有助于促进法理学与部门法学的良性互动和法理学科学性品质的提升。实际上，这一理论恰恰在热衷于"宏大叙事"的学术氛围中被长久忽略。法学需要"宏大叙事"，也需要"雕虫小技"。以下将在分析"法律规范"概念的基础上，梳理归纳多种流行的法律规范逻辑结构理论，并对其利弊得失给予简要的分析评判，最后在上述工作的基础上，提出本书对法律规范逻辑结构的理解。

一、"法律规范"的准确界定

法律规范的界定，是法律规范的逻辑结构理论的前提。[1]没有对法律规范概念的清晰、准确的界定，所谓的逻辑结构分析就没有明确的对象，从而无法进行有效的学术讨论，也就不可能得出确切的和有益的结论。但是复杂之处在于，对法律规范的界定实际上是以对其功能作用的考量及其与相近概念（如"法律规定""法条""规整"等）的关系的考量为基础和前提的，正如凯尔森所说："我们对自己智力工作中想当作工具的那些术语，可以随意界定。唯一的问题是它们是否将符合我们打算达到的理论目的。"[2]因此，作为一个重要的法学术语，法律规范的科学含义的确定，在某种意义上是一种"反思的平衡"[3]的结果。这一过程可能是较为复杂的，思考这一过程带给我们的启示是：法律规范作为一个基本的法律概念，是根据需要"建构"起来的，所谓需要，在这里就是我们确立一个概念的目的，即是让它发挥何种功能或作用。因此，准确地界定法律规范的概念，需要克服的第一个理论障碍就是突破对概念的实体

---

[1] 我国法学界一般不区分法律规范与法律规则，这里采"法律规范"范畴，主要源于分析法学特别是"纯粹法学"认为：法律规范是规定性的（prescriptive），法律规则却是叙述性的（descriptive），参见［奥］凯尔森：《法与国家的一般理论》，沈宗灵译，中国大百科全书出版社1996年版，第49页。

[2] ［奥］凯尔森：《法与国家的一般理论》，沈宗灵译，中国大百科全书出版社1996年版，第5页。

[3] 这里借用罗尔斯的"反思的平衡"的概念，说明"法律规范"概念是一个在动态的试错过程中建构起来的概念。此概念的解释见［美］罗尔斯：《正义论》，何怀宏等译，中国社会科学出版社1988年版，第18页。

论的理解,而代之以"功能论"的理解。

(一) 概念理论:从实体论到功能论

对概念本质的理解是贯穿哲学史古今的一大课题,其突出的表现是中世纪唯实论与唯名论的争执,近现代以来随着哲学的"语言学转向",概念的本质问题成为分析哲学的重要课题。唯实论认为,"在人类思想的世界与外部现实的世界之间存在着一种严格的对应。人们形成的一般概念,亦即人们对外部客体和现象所做的思想表述,乃是同现实世界中那种外在于精神的、客观的对应物相符合的。因此,真理、美德、正义、人性等诸如此类的一般观念,并非只是人之心智的建构,而且也是客观现实的实在之物之本身,它们独立存在于它们在经验世界的具体表现形式之外……唯名论者却否定一般概念的实在性……人们用以描述外部世界的一般概括和分类,只是一种名称,亦即称谓。这些称谓在客观自然界并没有直接的、忠实的复本和对应物。在现实世界中,只有正义之举而不可能有正义,只有具体活着的人而不可能有人类……任何一种一般的、抽象的描述都不可能妥切地反映一个以特殊性为支配原则的世界。"[1]概念的实体论与唯实论的思想相一致,溯其源流,它以柏拉图的理念论为始端,至黑格尔哲学而登峰造极。概念实体论的基本观点即认为概念本身不仅仅是认识或思维形式,而且是与外部世界有对应关系的实体,有固定的所指和确定的含义。而概念的功能论则与唯名论的根本主张一致,认为概念并不是一种的实体,它仅仅是在具体的语境的使用中才能确定一个认识、交流工具。站在今天后现代主义的视角看,概念的功能论实际是一种反本质主义思路的体现,现代西

---

[1] [美] E·博登海默:《法理学:法律哲学与法律方法》,邓正来译,中国政法大学出版社1999年版,第32页。

方分析哲学、语言哲学的研究和洞见为深刻理解"概念"的本质提供了令人耳目一新的视野。维特根斯坦曾明言:"一个词的意义就是它在语言中的使用。"[1]"法律术语的意义是以这些术语被使用的语境、使用这些术语的人以及运用这些术语的目的来确定的。"[2]在研究法律概念时,不要问某概念的本质是什么?而应问这个概念的功能是什么?[3]概念功能论的思想是富有启发性的。以此为基础,我们说法律规范是一个"建构性"的概念。法学"建构"这一概念的核心目的,在于使"法律规范"承担起法律分析的基本单元的作用,正如"商品"是马克思主义政治经济学的基本概念一样,"法律规范"至少对分析实证主义法学承担着这种功能。分析法学在概念或规范分析上的卓有成效的建树及由此体现出的方法论上的优势,在整个法学理论中具有基础作用和地位。

(二)法律规范的界定

以概念的功能论为基础,我们把法律规范定义为:作为法律的基本要素,具有严密逻辑结构的、能够发挥法律的规整[4]功能的相对独立的最小单元。根据这一界定,法律规范的概念包括如下要点:第一,法律规范是法律要素之一,与通常所说的法律原则、法律概

---

[1] [奥]维特根斯坦:《哲学研究》,李步楼译,商务印书馆1996年版,第31页。
[2] [美] E·博登海默:《法理学:法律哲学与法律方法》,邓正来译,中国政法大学出版社1999年版,第186页。
[3] 王涌:《民法中权利设定的几个基本问题》,载《金陵法律评论》2001年春季卷,第138页。
[4] "规整"一词见于拉伦茨著《法学方法论》(陈爱娥译,商务印书馆2004年版),按龙卫球的解释,"那种最低的规范单元,即法律中能发挥规定功能的最小单位,我们称为法律规定,拉伦茨称为'规整'"。参见龙卫球《民法总论》,中国法制出版社2002年版,第37页。"规整"无非是规范、调整之意,笔者认为这一略显生疏的词经过消化理解,可以作为基本概念使用。

念共同构成完整的法律要素。[1]第二，法律规范在实定法中占有最大比重，是构成法律的主要成分，这一点可从绝大多数法律都以权利或义务性的规定为主要内容得到证明，而"是否授予权利或设定义务是检验一个法条是不是法律规范的标准"[2]。第三，法律规范具有严密的逻辑结构，这正是本书要论述的内容。第四，法律规范是能相对独立地发挥法律的规整功能的最小单元，具体可说明如下：①法律的根本目的或作用在于发挥对社会生活的规范、调整作用，因而法律规范作为法律的主要构成要素当仁不让地承担这一功能；②任何法律规范都是在一个法律体系中存在的，都必须在与整个法律体系及其所蕴含的立法目的等价值因素协调一致的基础上，才能发挥其调整作用，在这个意义上没有绝对独立地发挥规整功能的"单元"，因而是"相对独立"；③之所以是"最小单元"，是基于理论上确立一个概念的目的就是用这一概念能够较为方便地建构或有效地解释整个的知识体系，因此研究者必然寻求各种意义上的"最小单元"，正如生物学把"细胞"、马克思把"商品"作为其相关研究的"最小单位"一样。

中国法理学对法律规范已有丰富的研究成果。通说将法律规范定义为"法律上的权利、义务、责任的准则、标准，或是赋予某种事实状态以法律意义的指示、规定"[3]。法律规范即通过法律条文表达的、由条件假设和后果归结两项要素构成的具有严密逻辑结构

---

[1] 这一说法是以目前法理学的"概念、规则、原则"三要素通说为基础的，超出这一限制条件，比如原则是否是与规则并列的法律要素在现代法哲学中尚存疑问。

[2] 张文显：《对法律规范的再认识》，载《吉林大学社会科学学报》2003年第1期，第2页。

[3] 张文显主编：《法理学》（第5版），高等教育出版社2018年版，第116页；张文显主编：《马克思主义法理学——理论、方法和前沿》，高等教育出版社2003年版，第53页。

的行为规则。[1]法律规则是规定法律上的权利、义务、职责的准则，或者赋予某种事实状态以法律意义的指示。[2]这些定义或解释有如下共同点：第一，都强调法律规范是关于法律上的权利、义务、责任的规定；第二，都蕴含着法律规范的逻辑结构。但是，这些定义都忽视了对法律规范是"能够相对独立地发挥法律调整功能的最小单元"这一要点的强调。如果不强调"最小单元"这一要点，所谓"法律规范"的逻辑结构分析就变成了对一个可大可小的对象的分析，可以大到数个有内在关联的法条，大到单个法律文本，最大可以大到整个法律体系。这样一个伸缩性极大的概念，必然造成法律规范逻辑结构理论的误差。我们认为法律规范概念从功能要求上说，应当是构成法律部门的细胞，"相对独立""最小单元"应是其题中应有之意。

二、现行法律规范逻辑结构理论的分析

法律规范的逻辑结构理论核心，是对各种具体的法律规范的构成进行抽象、分析、分解，进而得出所有法律规范共性的"构成要素"，因此，这是一种通过抽象分析的方法得出的适用于所有法律规范的"逻辑构成要素"及其关系（即结构）的理论。以下本书对我国法学理论中关于法律规范的逻辑结构的代表性观点作简要述评。

（一）法律规则（规范）＝假定＋处理＋制裁

这是来自苏联法学著作的观点。按这一观点，法律规范是由三部

---

[1] 孙笑侠、夏立安主编：《法理学导论》，高等教育出版社2004年版，第50页。
[2] 刘星：《法理学导论》，法律出版社2005年版，第75页。

分组成的：假定、处理和制裁。按通常解释，假定是规定一定行为准则适用的条件的那一部分；处理是法律规范中反映行为规范本身的那一部分，也就是法律规范中规定允许、禁止或要求人们行为的那一部分。制裁是规定强制实施法律规范的可能性或违反这一规范所招致的法律后果的那一部分。

这一理论曾是苏联和我国的法学理论中的通行观点，尽管现在已为"通说"所摒弃，但是在抛弃此说的理由即对其缺陷的指证上，本书与学界已有的分析不尽相同。第一，正如这一理论本身所解释的那样，"处理就是行为规则本身，也就是法律规范中指出的允许做什么，禁止做什么或者要求做什么哪一部分。这是法律规范的最基础部分。"[1]既然"处理"本身即行为规则，那么它怎么又同时是自身的构成要素呢？要素总是相对于系统或一定的结构而言的，但如果一个系统只有一个要素（即其自身），显然是不能称其为系统的，因为这并未对系统进行"分析"，所谓的"要素"其实是换了一个称呼的"系统"。法律规范的构成要素作为法律规范下位概念，至少需有两个才能成立。第二，如果上述对"处理"含义的解释是正确的，那么说"处理"是"法律规范的最基础部分"就是不正确的，正确的说法是："处理"是法律（规范性法律文件）的最基础部分。第三，如果不对"处理"进行特别定义，"处理"和"制裁"在语义上很可能是重叠的：所谓"制裁"不过是一种特殊的"处理"，即违背了法定义务而导致法律责任时的一种"处理"，那么"处理"和"制裁"并列为法律规范的要素就是不合逻辑的。第四，并非所有的法律规范都有相应的"制裁"性规定（尽管这一点常常被指为法律规定空白或欠缺），更非所有的法律规范都是"制裁"性的。第五，在这一理论中，

---

[1] 沈宗灵：《法理学》，北京大学出版社2001年版，第33页。

"假定"似乎只是法律规范的附属部分,甚至是在法律规范之外独立存在的部分,这意味着"假设"在法律规范的逻辑结构中没有适当的位置。综上,我们认为法律规则的"假定、处理、制裁"三要素说不能成立。

(二)法律规则(规范)=假定+处理

这是来自西方学者的观点。假定指出了规范适用的条件,处理则是一个规范性规定。以"不满10周岁的未成年人无行为能力"这一法律规范为例,其"假定"部分是:如果一个人是不满10周岁的未成年人,其"处理"部分是:此人无法律能力。

这一理论模型是对前述三要素说的局部修正,取消了"制裁"这一要素,克服了一个简单的逻辑缺陷,即在法律规范的逻辑结构中"制裁"并非一个必备要素,大量的法律规范没有"制裁"的内容。正如王涌教授指出的:"所谓法律规范就是一个完整的独立的规范性陈述,它只包含假定与处理两个部分,制裁并不是一个独立的法律规范的必要因素。而其中'假定'就是对事实情境的设定,而'处理'就是对特定的事实情境中的法律关系的规定。"[1]但是这一法律规范的逻辑结构理论同样是把"处理"理解成规范本身,三要素说的缺陷仍未完全克服。

(三)法律规则(规范)=行为模式(权利、义务的规定)+法律后果的归结

这是我国法理学界的通说。该说分析了前述观点的缺陷,择其要点包括:第一,西方学者的两分法明显地忽略了合于或违反法律规范的后果这一不可缺少的构成因素。第二,苏联学者的三分法只注意到

---

[1] 王涌:《民法中权利设定的几个基本问题》,载《金陵法律评论》2001年春季卷,第139页。

否定式法律后果,而忽视了肯定式法律后果。肯定式法律后果是合法行为的后果,否定式法律后果是违法行为的后果。第三,"假定"不是构成法律规范逻辑结构的独立要素。因为如果"假定"指规定该规范适用的条件和情况的那一部分,它就不是法律规范的内在构成因素;如果"假定"是指法律规范中规定权利之行使条件和方式或义务之履行的条件和限度,那它已包含在权利和义务的规定中。权利和义务的规定与其适用的条件、方式、限度是不可分开的。人为地将它们分割开,有关权利和义务的规定就成为不可思议的东西。例如,原《中华人民共和国经济合同法》第5条规定:"订立经济合同,必须贯彻平等互利、协商一致、等价有偿的原则。"如果把"订立经济合同"(所谓的"假定")与后半句分开,后半句的规定就是莫明其妙的东西。基于上述缺陷的分析,张文显教授提出,任何法律规范都是由如下两部分构成的:①权利和义务的规定,②法律后果的归结。法律后果分为否定式法律后果和肯定式法律后果两种。否定式法律后果是国家对违反该法律规范的行为所抱的不赞许态度,对这一违法行为的否定和责罚,主要的责罚形式有民事制裁、行政制裁和刑事制裁;肯定式法律后果是国家对于合于该法律规范的行为所抱的赞许态度,对合法行为的肯定和保护,具体形式包括对一定状态的确认(如认定合同、婚姻有效),对一定行为的奖励(如对发明创造的肯定和奖赏,批准专利申请等),对不法侵害的恢复(如支持当事人的执行申请等)。[1]

张文显教授所代表的法理学通说认识到西方的二要素说和苏联的三要素说的缺陷,特别是提出"肯定性的法律后果"这一新的法律规

---

[1] 张文显:《对法律规范的再认识》,载《吉林大学社会科学学报》2003年第1期,第3页。

范逻辑结构要素,反映了权利本位时期法律的主要功能不一定是处分、惩罚,而是更多地倾向于权利的确认和保护这一新特征,在理论上具有重要贡献,但我认为在指证缺陷的具体所在上有欠精准,具体体现在如下几方面:

第一,依据两要素说没有"制裁"而断定这一理论模式欠缺"法律后果",失之简单,并不公允。如前文所述,"处理"本身无论在语义上还是在实际上都可以包含"制裁"这一"法律后果"。造成这种认识误区的原因在于"处理""法律后果"等概念的确切含义有待澄清。我认为这两个概念用词不同,却有同等的意义。"法律后果"的概念,既如张文显教授所认识到的那样不仅包括否定性的法律后果,也包括肯定性的法律后果,那么"肯定性的法律后果"的进一步分析表明,它并不限于或主要不是"奖励性"的、如同法律责任那样单独列出的一种法律规范。张文显教授指出,对合法行为的确认、肯定、保护本身就是一种"法律后果",也就是一种"处理"。例如,《中华人民共和国民法典》第543条规定:"当事人协商一致,可以变更合同。"其中"处理"和"法律后果"完全是不可分的。再如《中华人民共和国公司法》第213条规定:"利用公司名义从事危害国家安全、社会公共利益的严重违法行为的,吊销营业执照。"其中的"吊销营业执照"既是"处理",又是"法律后果"。对具体法律规范的分析表明,"处理"与"法律后果"(或"法律效果")是一个东西。

第二,张文显教授敏锐指出了"肯定性法律后果"的存在,补充了以往对法律后果的片面认识,但不得不承认,由于提出这一理论模型的背景和旨趣在于通过与否定性的法律后果(即通常易见的"法律责任""法律制裁")的比较而构造全面、准确的"法律后果"概念,由于它关注和侧重的是上述宏观层面的问题,在"肯定性法律后果"的存在形态上,这一理论并未作具体的探讨。人们对此也很少作进一步的追问,往往想当然地把"肯定性的法律后果"简单地理解为与惩罚性法律后果相对应的"奖励性法律后果"。照此理解,笔者发现包含所谓"肯定性的法律后果"的法律规范寥寥无几。[1]这与以权利为本位的现代法律的特征相当不吻合。症结何在?把肯定性法律后果理解为"奖励性"法律后果的误导所致。在进一步的思考中,笔者发现"肯定性法律后果"的存在不应作如此狭隘的理解,它的存在形态之多样和广泛,远超过法律责任(制裁、惩罚)型的法律规范。所有权利性规范都可以看作是具有肯定性后果的法律规范。同时,我们还应看到"肯定性"与"否定性"作为一种价值判断有较为复杂的意义:①"肯定"和"否定"是相对而言的,并非泾渭分明的两种类型,一个救济性法条(比如在一个侵权案件中作"恢复原状"的处理)既是对侵权人的"否定",同时是对受害人权利的"肯定"。"肯定"和"否定"完全取决于对何种主体而言。②现有理论对"肯定"和"否定"的理解仅限于对当事人来说代表利益还是负担(或惩罚),但作为一般的法学理论,不能仅仅着眼于任何一方当事人来使用法律概念,还应着眼于立法目的,从公共利益的角度判断"肯定"抑或

---

[1] 笔者按照对"肯定性法律规范"的最初理解,在为数众多的法律法规中只找到为数不多的几个实例。原《中华人民共和国民法通则》第79条第1款规定:"所有人不明的埋藏物、隐藏物,归国家所有。接收单位应当对上缴的单位或者个人,给予表扬或者物质奖励。"《中华人民共和国法官法》第44条规定:"法官在审判工作中有显著成绩和贡献的,或者有其他突出事迹的,应当给予奖励。"《中华人民共和国会计法》第6条规定:"对认真执行本法,忠于职守,坚持原则,做出显著成绩的会计人员,给予精神的或者物质的奖励。"《中华人民共和国税收征收管理法实施细则》第7条规定:"税务机关根据检举人的贡献大小给予相应的奖励,奖励所需资金列入税务部门年度预算,单项核定。奖励资金具体使用办法以及奖励标准,由国家税务总局会同财政部制定。"如果仅仅因为这为数不多的"奖励性"条文而提出"肯定性法律后果",虽然从逻辑上说有意义,但重要性会大打折扣。这里提示给我们的是:应对"肯定性法律规范"进行深入的、广义的理解,所有对权利的确认、保护都是"肯定性"的。

"否定"。

第三,把"假定"融入"权利义务性规定"而不把它作为单独的法律规范构成要素,论证清晰有力,结论正确。但笔者注意到,在张文显2001年再版的《法哲学范畴研究》一书中(前述主张见1999年版的《法理学》教材),又把这一结论改了回去,即法律规范的逻辑结构"包括假定(行为发生的时间、各种条件等实施状态的预设)、行为模式(权利和义务规定)和'法律后果'(含否定式后果和肯定式后果)三部分"[1]。这说明关于法律规范逻辑结构的分析仍存不明之处。

第四,把"权利义务性规定"(行为模式)作为法律规范的逻辑结构的要素之一,与"法律后果"一起构成完整的法律规范逻辑结构,这一观点存在逻辑上的问题。如前述,法律规范是能够发挥法律的规整功能的最小单元,而法律恰恰是通过"权利或义务性规定"发挥这种功能的,但是权利义务性规定本身就是完整的法律规范,而不应当是它的一个要素!因此在其逻辑结构分析中再加上"法律后果"就成为多余,权利义务规定本身就包含着"法律后果"。如果把"法律后果"与"权利义务性规定"放在一起作为法律规范的要素,是画蛇添足;如果只剩"权利义务性"规定作为"要素",是同语反复,理由如前述:只有一个要素就不成其为要素。

第五,"行为模式+法律后果"的法律规范逻辑结构模式,无法解释刑法规范。刑法规范主要是法律责任性规范、惩罚性规范。例如,《中华人民共和国刑法》第258条规定"有配偶而重婚的,或者明知他人有配偶而与之结婚的,处二年以下有期徒刑或者拘役"。在

---

[1] 张文显:《法哲学范畴研究》(修订版),中国政法大学出版社2001年版,第49页。

这一刑法规范中没有"行为模式",即没有关于权利义务的规范,只有对某种事实状态赋予一定的法律后果。固然我们可以依据法律责任是第二性义务的理论,把责任性规范还原为义务性规范,以此来间接地解释法律规范逻辑结构也适用于刑法规范,但面对刑法规范毕竟难以直接应用现有理论给出便捷的解释。更重要的是,依据本书对法律规范的界定,把一个责任性规范还原为一个义务性或权利性规范,这前后已经是彼此独立的两个规范,其逻辑结构的分析应当分别进行。因此本书认为以"还原法"来解释刑法规范的逻辑结构不能成立。刑法是一大重要法律部门,如果法律规范的逻辑结构理论不能涵盖、解释刑法规范,显然其理论说服力将大打折扣。

总之,目前法理学界的通说一方面把先前的"两要素说"收回到"处理"中的"制裁",经过修改完善(补充了"肯定性后果")以"法律后果"之名重新释放出来;另一方面把"假定"从先前的"两要素说""三要素说"中收回来——融入一个新的概念:行为模式(权利义务性规定),形式有所变换,但以往法律规范逻辑结构的根本缺陷仍未被凸现和纠正。这一缺陷使法律规范逻辑结构理论仅仅存活于法理学的范围内,稍微深入到部门法的规范分析,就捉襟见肘。以较为得到公认的通说为例,我们在部门法的诸多规范中,可以直观到"权利性规范""义务性规范"("权力性规范""职责、职权性规范"可以通过还原法归结到权利或义务性规范)、"责任性规范",但是,除了在"责任性规范"中我们能看到符合我们想象的"法律后果",在权利性、义务性规范中"法律后果"在哪呢?我们说这些规定本身就是对权利、义务的确认、肯定,也就是所谓的"法律后果"。这与人们通常所理解的"法律后果"确实有出入。以《中华人民共和国公司法》第138条"股东持有的股份可以依法转让"为例,这一权利性规定本身已经是一种"法律后果",并不需要在这一规定之后再加上一个单独的"法律后果",如"股东依法转让股份,受法律保护"等。更为要紧的是,即使现实迫切需要一个与之相关的责任性规定,比如"设置障碍限制股东股份依法转让的,应到受到处罚",并且在制定法中列入了这样一条规定,但这已经是另一个法律规范了,尽管它与前者有关联——这种关联应当被视为是法律规范之间的关联(或结构),而不是法律规范"内部"的"结构"。

这里必须明确的是,讨论法律规范的逻辑结构只能在"一个"规范的限定下来谈,而不能将其混同为法律规范之间的逻辑结构。如果把这种从反面规定违法责任的规范与原规范联系起来讨论其"逻辑结构",那就进入了另外一个研究领域:法律规范之间的逻辑关系或逻辑结构。前述把"制裁""法律后果"作为法律规范的结构要素的诸说,共同性的失当在于混淆了"法律规范的逻辑结构"与"法律规范间的逻辑结构"的区别。申言之,作为一种简化的法律规范的模型:

"如果 A,则 B""如果非 A,则 C",按本书的界定,这里已经呈现了两个法律规范,而不能因为二者的关联性就把二者视为一个法律规范。把"法律后果"作为要素,恰恰是把 A 当作"假定",B 当作"处理",C 当作"制裁"(法律后果)了。

举例来说,《中华人民共和国公司法》第 171 条规定:"公司除法定的会计账簿外,不得另立会计账簿。对公司资产,不得以任何个人名义开立账户存储。"第 201 条规定:"公司违反本法规定,在法定的会计账簿以外另立会计账簿的,由县级以上人民政府财政部门责令改正,处以五万元以上五十万元以下的罚款。"这两个法条是各自独立的两个法律规范,应当分别进行逻辑结构分析。而现行的法律规范逻辑结构理论把前条(171 条)当作了"行为模式",把后条(201 条)当作"法律后果"。

这一模型其实是对法律规范之间的逻辑结构进行的分析。造成这种误差的根源在于忽略了法律规范的相对独立的"最小单元"的性质,而错误地把两个有关联的法律规范当成了一个法律规范。本书认为,不宜按这种理解进行法律规范的逻辑结构分析。原因在于:第一,如果按此种理解,则我们对法律规范的逻辑结构的分析可以无限制地扩展下去,进入法律规范间关系的分析领域,而有关联关系的法律规范不仅存在于同一个规范性法律文件中,还可能存在于多个不同的规范性法律文件中,以致此种分析完全可能是"跨文本"的。这已经根本不同于限定在"内部"分析的法律规范逻辑结构理论了。第二,并非所有关于权利义务性的规定都有相应的责任性规定,在此情形下,按照通行的法律规范逻辑结构理论会得出结论:相当多的"法律规范"由于缺少"法律后果",因而不是真正意义上的法律规范,这与法律规范是占主要成分的法律要素的事实和共识不符,是不妥当的。其实把没有责任性规定视为法律的缺陷是法律"命令说"的观点,"奥斯丁认为,不完善的法律,例如没有制裁规定的法律,是有缺陷的,是不具有命令特点的法律。"[1]"命令说"对法律的理解不仅为自然法传统所不能接受,也为奥斯丁之后的法律实证主义所批判,足见强调责任性规范为法律逻辑结构的必需组成部分的观点有片面性。

三、法律规范的逻辑结构新论

其实,对于现行的法律规范逻辑结构理论存在的问题,已经有不

---

〔1〕[英]拉兹:《法律体系的概念》,朱峰译,法律出版社2005年版,第15页。

少论著注意到，并给予了一定的纠正。例如，孙笑侠、夏立安教授主编的《法理学导论》就明确指出："事实上行为模式是法律规范本身。任何一个法律规范都是一个行为模式。""过去的理论把行为模式与法律规范的关系说成是从属关系，这是不正确的，事实上他们是重叠关系、同一关系。"[1]刘星教授也认为，行为模式就是关于权利、义务的规定。[2]这些论断明确地告诉我们：不宜把"行为模式"当作法律规范的一个要素，因为它本身就是法律规范。据此，孙著得出法律规范的逻辑结构是：条件假设+后果归结。"条件假设是对实际生活中可能出现违反或符合行为模式的具体行为或事件的概括……后果归结是指法律规范中所规定的针对条件假设的否定式或肯定式的处理措施。"这与本书的观点在实质上趋于一致。遗憾的是孙著并没有在接下来的阐述中一以贯之地坚持这一概括，该书的其他部分又出现了如下表述："法律规范的逻辑结构分为行为模式、条件假设和后果归结这三部分""一个完整的法律规范，一般包括假定、处理和法律后果三个部分，三者缺一不可"。[3]这其实是把法律规范之间的逻辑结构误当作（一个）法律规范本身的逻辑结构。此种现象并非偶然，连同前述张文显教授在两要素说与三要素说之间的反复，都说明论者并没有敏感到发现"逻辑结构"分析所反映的对"法律规范"这一基础概念的准确界定的问题。法律规范的本性被遮蔽了，其中的原因，我认为又是对法学中的"行为模式"概念缺乏深入理解和准确把握造成的。沈宗灵主编的法理学教材中有这样的表述："行为模式并不是实

---

〔1〕 孙笑侠、夏立安主编：《法理学导论》，高等教育出版社2004年版，第47页。

〔2〕 刘星：《法理学导论》，法律出版社2005年版，第44~45页。

〔3〕 孙笑侠、夏立安主编：《法理学导论》，高等教育出版社2004年版，第155页、196页。

际的行为本身，它并没有实际行为中的具体细节。"[1]以笔者之见，前半句毫无疑问是正确的，但行为模式之所以不是实际行为，原因并不在于行为模式"没有实际行为中的具体细节"，而在于"行为模式"与"行为"这两个貌似雷同的概念其实有着根本的区别："行为"是事实性、描述性的概念，而"行为模式"是规范性的概念。以上观点表明我国法学界对"行为模式"的"规范"性质既有所认识，又缺少充分、自觉地运用。因此，加深对"行为模式"概念的理解和阐释，是理解法律规范的性质的一个关键之点。笔者认为，正如许多概念在法律上的意义不同于其在一般语境中的意义一样，法学意义上的"行为模式"与一般意义上的"行为模式"有着根本的区别。"行为模式"在一般意义上，是指行为或行为习惯的规律性，比如说在生物学上说某类动物（或某个特定的人群）是昼伏夜出的动物（群体）；也可以指部分人的行为的某种基本的特征和倾向，比如某些人争强好胜、富于攻击性，另一些人则隐忍、有耐心等，这种意义上的"行为模式"都是对事实特征的描述。但是在法学语境里，"行为模式"则与此完全不同，它是规范意义上的"应当"，具体说就是权利、义务（包括权力、责任等）的规定。法律或法学中的"行为模式"本身就是一个规范语句，而不是描述性语句。明确了这一点，我们就不会把行为模式当作法律规范的要素之一来理解了。

综合对上述法律规范逻辑结构理论的分析，这里提出本书的观点：法律规范的逻辑结构（构成）＝法律事实＋规范模态词＋法律效果（后果）。

本书之所以用"法律事实"取代"条件假设"，用"法律后果"取代"后果归结"，并增加"规范模态词"作为法律规范逻辑结构的

---

[1] 沈宗灵：《法理学》，北京大学出版社2001年版，第32页。

构成要素，基于如下考虑：

第一，"法律事实"概念的用法符合现行教材通行的对"法律事实"的定义，即由法律规定的、能引起法律关系形成、变更或消灭的客观情况或状态，因而不但不会妨碍人们的理解，还有利于对法律规范逻辑结构的理解。尽管这是狭义的、抽象的、特定意义上的"法律事实"，但却是学界习惯了的用法。

第二，法律规范其实是对一定的法律事实赋予一定的法律效果（后果）。法律事实不同于生活事实本身，都是经法律规范"处理"即经过选择、抽象化、典型化的结果。在此意义上都具有假设性。"条件假设"一语虽然与后面的"后果归结"有对应关系，但本身语义并不明朗、直观，其实质是经过立法者抽象的特定法律事实，也就是法律所概括的具有法律意义的典型事实，以"法律事实"对法律规范的这一要素进行概括，直观、准确、易于理解。

第三，"后果归结"一语有叠床架屋之嫌，不够简明，以"法律效果（或后果）"概括法律规范的逻辑结构的第二个要素不仅简明、易于理解，而且符合人们通常的理解。

第四，"规范模态词"反映了法律规范的本质属性——规范性，有必要作为法律规范逻辑结构的组成要素列出。[1]"规范模态词"在逻辑学中是与"真值模态词"相对而言的。"模态"是"modal"的音译，含有情态、方式、样式等意思。在思维中，凡包含有"必然""可能""必须""允许""禁止"等语词的判断，都称为模态判断。

---

[1] 把规范模态词作为法律规范逻辑结构的组成部分，笔者首见于龙卫球：《民法总论》，中国法制出版社2002年版，第40~42页。他认为法律规范的逻辑结构包括法律构成要件、法律效果和规范模态词。笔者认为，"法律构成要件"一词仍然是个"形式性"的概念，并且从语义上有涵盖"法律效果"的可能，因此将其改造为本书的"法律事实"；同时把规范模态词放在第二项，更能体现它作为"法律事实"与"法律效果"之间联系词的角色。

模态判断中包含的"必然""可能"等语词,叫作真值模态词;模态判断中包含的"必须""允许""禁止"等语词,叫作规范模态词。由此可见,所有的法律规范从逻辑的角度看都是含有规范模态词的语句,具体说包括:可以、允许、应当、必须、不得、严禁等。需要指出的是,并非所有的法律规范都直接出现上述规范模态词,例如,"合伙经营积累的财产,归合伙人所有"。这一法律规范没有出现"应当"等规范模态词,但这不应影响我们对法律规范语句(而非描述性语句)性质的判断。相当多的法律规范省略了规范模态词,把这一被省略的要素提取出来并视为法律规范逻辑结构的一个组成部分,符合"逻辑分析"的本质要求——"逻辑分析"本身就是一种抽象方法,同时又能够凸显法律规范的"规范"本质。

规范模态词在法律规范逻辑结构中地位的凸显,直接的理论意义在于它为法律规范的分类提供了最直观的根据。权利性法律规范是以"可以""允许"等规范模态词表征的;义务性法律规范则以"必须""应当""应该"或"不得""不许""禁止"等规范模态词表征,其中前者可称为命令性法律规范,后者则是禁止性法律规范。这里不宜混淆表征命令性义务的"必须"意义上"应当"与作为规范模态词总代表的"应当"。后者是广义的,所有规范包括权利规范都具有广义的"应当"性质。

以分析法学的思想和方法,重构法律规范的逻辑结构理论,不仅有助于提升法理学的科学品位,而且有助于法理学与部门法学相衔接,使之从抽象理论走向具体法律规范的分析。法律规范的逻辑结构这一法理学中颇具技术品格的理论不应当在宏大叙事的掩映下满足于"貌似正确",而应当力求其精确化,以使其经受得住推敲并具有可应用性,否则理论难逃束之高阁的命运。

第六章
基本法律概念理论

作为两个重要的基本法律概念,权利和权力[1]通常被解读为私权利和公权力,这种约定俗成的区分可以满足一般理论话语的需要,但也割裂了权利和权力的同源性、统一性,[2]遮蔽了权利—权力关系可能蕴含的深刻法理意义。法学中一系列基础性难点疑点问题的解决[3],均系

---

[1] 权利有狭义、广义之分,在本书中可视语境确定,在容易引起歧义的地方,采用"(广义)权利"的方式表达;权力在本书所引译文中有时也表达为"权能""授权",是对 power、Kompetenz 的不同译法。

[2] 边沁指出了权利和权力的统一性:"公共权力与私人受托权力的差异仅仅存在于它们可以行使的范围方面,在更高层次上,它们是可以行使的同一种权力。"Jeremy Bentham, Of the Limits of the Penal Branch of Jurisprudence, Oxford University Press, 2010, p. 108.

[3] 诸如法律调控社会生活的两种基本方式、法律评价的两种基本尺度(合法性与有效性)、权利概念论、权利类型论、法律责任理论等问题。

于一种科学、合理的基本法律概念理论及以此为基础的权利与权力关系原理。在当代中国法学话语体系中,权利与义务作为法哲学的中心范畴得到了深入研究,而权利与权力的关系的探讨尚有不及,基本法律概念理论亦未得到系统构建。本书拟从形式化推导和实质性构建两方面,对基本法律概念理论进行逻辑重构和理论诠释,并在法律观理论基础上阐发权利与权力关系原理及其实践基础。

一、基本法律概念的形式化推导

纵观中外法学理论,关于基本法律概念的探讨集中于霍菲尔德的相关理论。霍氏的基本法律概念理论亦即权利分析理论,不仅在法学学术领域被认为是权威学说,而且在立法领域产生影响。[1]尽管霍菲尔德并非第一个注意到存在多种权利类型的法学家,但是他的论述却是"最为严谨而精确的,纵使有缺陷,迄今为止仍是大多数人(不限于法学家们)回视的思想资源"[2]。霍氏理论形成于英美法系国家,但对其他法系的法律实践和理论同样具有借鉴意义。这是"由于将各种错综复杂的法律关系都归结为权利—义务的概念这种推定,在各国法学中相当普遍,因此霍菲尔德的学说有助于人们认识到这种推定的缺点"[3]。基本法律概念的形式化推导,需检讨霍菲尔德理论,重拾并推进其中被现代英美分析法学主流所忽视的

---

[1] G. W. Paton, A Text-Book of Jurisprudence, Oxford University Press, 1946, p. 213.

[2] M. D. A. Freeman, Lloyd's Introduction to Jurisprudence, 7th ed., Sweet & Maxwell Limited, 2001, p. 356.

[3] 沈宗灵:《现代西方法理学》,北京大学出版社2001年版,第119页。

逻辑主义和概念主义因素。[1]

(一) 基本法律概念的霍菲尔德版本：检讨与重述

基本法律概念的分析，发端于近代功利主义的创始人边沁，而霍菲尔德的权利分析一直被视为经典之作。在英美法学传统中，霍氏理论一直不乏拥趸，许多后世学者致力于这一理论的批评、改进或借鉴、发展。[2]

---

[1] "霍菲尔德著作的价值或许尤为体现出一种概念主义和经验主义的有限调和……这种进路的危险是这种原创性的概念与实际的现实法律推理相去甚远……哈特显然试图打破之前分析法学中的这种倾向，并且借用新的资源来建构一种更加现实的法律概念分析。"参见[英]罗杰·科特瑞尔：《法理学的政治分析——法律哲学批判导论》，张笑宇译，北京大学出版社2013年版，第84~85页、第87~88页。

[2] 霍菲尔德以后的学者关于基本法律概念的研究大体有以下几种情形：一是梳理、介绍霍菲尔德理论，如：① Arthur L. Corbin, Legal Analysis and Terminology, Yale Law Journal, vol. 29, no. 2, 1919, pp. 163-173; Jural Relations and Their Classification, Yale Law Journal, vol. 30, no. 3, 1921, pp. 226-238. ② Walter Wheeler Cook, Hohfeld's Contributions to the Science of Law, The Yale Law Journal, vol. 28, no. 8, 1919, pp. 721-738. ③ J. M. Balkin, The Hohfeldian Approach to Law and Semiotics, University of Miami Law Review, vol. 44, no. 5, 1990, pp. 1119-1142。二是运用霍菲尔德理论分析具体法律关系问题，如：①Pierre Schlag, How to Do Things with Hohfeld, Law and Contemporary Problems, vol. 78, no. 1/2, 2015, pp. 185-234. ②Allen Thomas O'Rourke, Refuge from a Jurisprudence of Doubt: Hohfeldian Analysis of Constitutional Law, South Carolina Law Review, vol. 61, no. 1, 2009, pp. 141-170. ③Daniel P. O'Gorman, Contract Law and Fundamental Legal Conceptions: An Application of Hohfeldian Terminology to Contract Doctrine, Mississippi College Law Review, vol. 33, no. 3, 2015, pp. 317-376。三是对霍菲尔德理论进行细化或个别修补，如：① Albert Kocourek, Plurality of Advantage and Disadvantage in Jural Relations, Michigan Law Review, vol. 19, no. 1, 1920, pp. 47-61; "Privilege" and "Immunity" as Used in the Property Restatement, Louisiana Law Review, vol. 1, no. 2, 1939, pp. 255-276. ② Stig Kanger, Rights and Parliamentarism, Ghita Holmström-Hintikka, Sten Lindström and Rysiet Sliwinski, eds., Collected Papers of Stig Kanger with Essays on his Life and Work, vol. 1, The Netherlands: Kluwer Academic Publishers, 2001, pp. 120-145. ③ Julius Stone, The Province and Function of Law: Law as Logic, Justice and Social Control: a Study in Jurisprudence, Sydney: Associated general publications Pty. Ltd., 1946, pp. 115-134。四是批判甚至否定霍菲尔德理论，如：①Andrew Halpin, Hohfeld's Conceptions: From Eight to Two, The Cambridge Law Journal, vol. 44, no. 3, 1985, pp. 435-457; Rights & Law: Analysis & Theory, Oxford, UK: Hart Publishing, 1997; Fundamental Legal Conceptions Reconsidered, Canadian Journal of Law and Jurisprudence, vol. 16, no. 1, 2003, pp. 41-55; ②R. E. Robinson, S. C. Coval and J. C. Smith, The Logic of Rights, The University of Toronto law Journal, vol. 33, no. 3, 1983, pp. 267-278。

但以哈特为代表的现代英美分析实证主义法学对霍菲尔德的成果缺少应有的重视。表面上看，这源于哈特对霍菲尔德的成见；深层地看，是受英美经验主义传统影响，哈特所代表的分析法学迅速转向了所谓"规则的实践理论"[1]。霍菲尔德理论中的逻辑主义和概念主义因素，几乎是在没有充分展开的情况下即被分析法学主流传统所忽略。这种矫枉过正势必埋下理论隐患。我国法学界自沈宗灵1990年首次译介霍菲尔德理论以来，基本停留在对这一理论的描摹、介评、解释、运用的层次，对其本身的批评、改进，进展不大。[2]

霍菲尔德认为，把一切法律关系皆化约为（广义）权利和义务，是"清晰理解、透彻表述以及正确解决法律问题的最大障碍之一"，为避免使用"变色龙般的词语"带来的危害，霍氏将（广

---

[1] 按哈特的解释，规则的实践理论是把社会规则视为由某种形式的社会实践构成，此社会实践包含两部分，即大部分团体成员规律地遵从的行为模式，及对此种行为模式的"接受"的规范性态度。参见［英］H. L. A. 哈特：《法理学与哲学论文集》，支振锋译，法律出版社2005年版，第327页。

[2] 自沈宗灵在《中国社会科学》1990年第1期发表《对霍菲尔德法律概念的比较研究》一文以来，与霍菲尔德研究相关度较大的重要论文包括，王涌：《寻找法律概念的"最小公分母"——霍菲尔德法律概念分析思想研究》，载《比较法研究》1998年第2期，第41~55页；王涌：《法律关系的元形式——分析法学方法论之基础》，见《北大法律评论》（第1卷第2辑），北京大学出版社1995年版，第576~602页；陈裕琨：《分析法学对行为概念的重建》，载《法学研究》2003年第3期，第14~29页；翟小波：《对Hohfeld权利及其类似概念的初步理解》，见《北大法律评论》（第5卷第2辑），法律出版社2004年版，第364~382页；李剑：《对霍菲尔德法律权利概念的分析》，见赵敦华主编：《外国哲学》（第16辑），商务印书馆2004年版，第37页；高鹏程：《权利与权力的关系——从斯宾诺莎、边沁到霍菲尔德》，载《北方论丛》2007年第6期，第119~123页；陈运生：《一个二元性权利的分析体系——对霍菲尔德权利理论的一种解读》，见胡建淼主编：《公法研究》（第6辑），浙江大学出版社2008年版，第335~368页；陈彦宏：《权利类属理论之反思——以霍菲尔德权利分析理论为框架》，载《法制与社会发展》2011年第6期，第69~83页；雷磊：《法律权利的逻辑分析：结构与类型》，载《法制与社会发展》2014年第3期，第54~75页。

第六章 基本法律概念理论

义）权利和义务概念各自一分为四，形成八个基本法律概念：（广义）权利细分为权利、特权、权力、豁免，（广义）义务细分为义务、无权利、责任、无权力。这八个基本法律概念被喻为"法律的最小公分母"。[1]霍菲尔德给（广义）权利的四个细分概念下了定义，[2]但没有给（广义）义务的四个细分概念下定义，而是转向运用逻辑的方法，从概念（命题）之间的必然性关系去说明这些概念。按照霍菲尔德理论，八个基本法律概念间的关系有三种类型：相反（opposites）关系、相关（correlatives）关系、矛盾关系，[3]如表6.1所示。

---

[1] [美]韦斯利·霍菲尔德：《基本法律概念》，张书友编译，中国法制出版社2009年版，第26页、76页。

[2] "权利是某人针对他人的强制性请求，特权则是某人免受他人的权利或请求权约束之自由。同理，权力是对他人对特定法律关系的强制性'支配'，则豁免当然是在特定法律关系中，某人免受他人法律权力或'支配'约束的自由。"霍菲尔德：《基本法律概念》，张书友编译，中国法制出版社2009年版，第70页。

[3] 相反关系和相关关系是霍菲尔德提出的，但他只对相关关系作了详细的讨论。法律上的矛盾关系是G. L. Williams提出，参见Glanville Williams, The Concept of Legal Liberty, Columbia Law Review, vol. 56, no. 8, 1956, p. 1132。opposites、correlatives二词都有不同的译法。opposites的汉译有：①译为"对立"（沈宗灵）；②译为"相反"（翟小波），是在"否定""缺乏""没有""无"意义上的opposites，是完全不同于"矛盾""冲突"的范畴；③译为"相对"（陈运生），以表达一种哲学概念。笔者认为，"对立""相对"概念都过于多义，"相反"更符合本义，也与具有相反关系的两个概念实为"反义词"更为贴近，因此译为"相反"为好。correlatives的汉译有：①译为"相关"或"关联"（沈宗灵、王涌）；②译为"对应"（陈端洪），翟小波认为不妥，因为"相关""关联""对应"的含义极其笼统、多义，几乎无所不包，只相当于说"有关系"，却完全没有说明究竟是什么关系；③译为"相依"（翟小波），即"相互依存"；④译为"相连"（陈运生），因为correlatives有相互联系、统一的意思，译为"相关""相依"都不准确，因为"相关"既包括"对立"也包括"统一"，"相依"只表示"联系"中的一种（哲学中"联系"有"相互依存""相互渗透""相互转化"多种形式）。笔者认为，上述译法单从字面上说都会存在歧义，都得靠适当解释才能准确界定，因此选择较为通用的"相关"为宜。

表6.1 霍氏基本法律概念关系[1]

相关关系		相反关系		矛盾关系	
权利 (right)	义务 (duty)	权利 (right)	无权利 (no-right)	权利 (right)	特权(自由) (privilege)
特权 (自由) (privilege)	无权利 (no-right)	特权 (自由) (privilege)	义务 (duty)	义务 (duty)	无权利 (no-right)
权力 (power)	责任 (liability)	权力 (power)	无权力 (disability)	权力 (power)	豁免 (immunity)
豁免 (immunity)	无权力 (disability)	豁免 (immunity)	责任 (liability)	责任 (liability)	无权力 (disability)

其中，①相关关系是指两个基本法律概念无论在逻辑上还是在经验上都相互依存，有一者就必有另一者。在霍氏理论中，基本法律概念间的相关关系共有四种（权利—义务、特权—无权利、权力—责任、豁免—无权力），都属于具有实证意义的法律关系，表达了法律关系的最简单、基本的形态，学者们称之为"法律关系的元形式"。[2] ②相反关系是指两个基本法律概念在语义或逻辑上相互否定，互为反义词。在霍氏理论中，基本法律概念间的相反关系共有四种（权利—无权利、特权—义务、权力—无权力、豁免—责任），都属于具有解释说明意义的语义或逻辑上的关系。③矛盾关系实际

---

[1] 本表在霍菲尔德的两个图表的基础上改造形成，参见霍菲尔德：《基本法律概念》，张书友编译，中国法制出版社2009年版，第28页、82页。

[2] 王涌：《法律关系的元形式——分析法学方法论之基础》，见《北大法律评论》（第1卷第2辑），北京大学出版社1999年版，第576页。

上是借助前两种关系得到界定的：跟一个概念具有相关关系和相反关系的两个概念之间是矛盾关系。在霍氏理论中，基本法律概念间的矛盾关系共有四种（权利—特权、义务—无权利、权力—豁免、责任—无权力）。

由于在霍菲尔德所处时代，包括道义逻辑在内的现代逻辑还没有发展起来，[1]他对基本法律概念的逻辑化建构无法做到彻底，其理论仅从技术层面说也有诸多疏漏如下：

第一，霍菲尔德没有对基本法律概念间关系的具体所指或性质作任何解释。从实际用法看，其含义有三：一是指某种具有社会实证意义的法律关系，二是指具有推导功能的逻辑学层面的关系，三是指具有解释说明功能的语义学层面的关系。

第二，霍菲尔德关于基本法律概念间关系的概括，有的发生在不同主体之间，有的发生在同一主体之上，[2]但他并没有说明个中缘由。如果以推测的方式还原霍菲尔德的思维过程，不难发现：只

---

[1] 霍菲尔德关于基本法律概念的两篇论文分别发表于1913年和1917年，而道义逻辑一般以冯·赖特的论文《道义逻辑》的发表为标志，产生于1951年。即便追溯作为道义逻辑基础的模态逻辑，其创始人刘易斯1918年第一次将模态语句逻辑公理化，也晚于霍菲尔德的权利分析理论。

[2] 在"两主体间"和"同一主体上"考虑基本法律概念间的关系，已能穷尽所有可能的情况。按霍菲尔德的观点，一切复杂的法律关系都可还原为两个主体之间的关系，这不意味着只考虑了相对权法律关系，而是代表所有法律关系的最基本形式。张恒山设想过"三人社会模式"，意指"任何两人的行为发生相互作用时，都有旁观者——他们是该社会的所有其他人——对此行为进行观察和评判……任何人必然是三人社会中的某一角色或成员"，张恒山：《法理要论》（第3版），北京大学出版社2009年版，第90页。我们认为，二人社会模式仍然是分析社会问题的最基本而有效的模型，因为三人关系模型显然可以还原为数个二人关系的组合，何况在法律所调整的社会关系中，不只有作为第三人的旁观者，还有国家的身影。国家作为法律的制定者在其所调整的法律关系中并非旁观者，而是一个隐身的但却起着重要作用的主体，因此三人模型即使在最简单的法律关系中也缺乏解释力。

有在两主体间设想相关关系、矛盾关系,[1]在同一主体上设想相反关系,才能体现基本法律概念间的关系的上述三种含义;在其他情形下考虑基本法律概念间的关系缺乏实际意义,因而将其剔除。表6.1所示的霍氏概念框架可能是经过取舍和简化的结果。

第三,霍菲尔德基本法律概念之间实际存在分组关系,但却没有给予任何说明。霍氏理论并不是对八个基本法律概念进行全面的排列组合而形成所谓基本法律概念间关系,而是将其分为两组:权利、义务、特权、无权利为一组(本书称之为权利组),权力、责任、豁免、无权力为一组(本书称之为权力组)。[2]然后在"权利组"和"权力组"内部通过基本法律概念间逻辑关系的推导,说明基本法律概念。前述相关、相反、矛盾关系都是在组内进行的。霍氏理论从未逾越"分组"关系而去谈论两个概念(如权利与权力、权利与义务等)之间的关系。在本书看来,正是基本法律概念的分

---

[1] 在同一主体上设想相关关系,则相关的两个基本法律概念则是排斥关系,即对同一内容事项,一主体不能既有权利又有义务、既有特权又无权利、既有权力又有责任、既豁免又无权力。但这并不是否认有的权利(权力)换个角度看也是义务(责任),例如劳动、受教育的权利同时也是义务。一般来说,公权力作为"职权"或"职责"总是权利和义务的复合体。这种身兼二任的现象,是由于权利/义务概念作为利益/负担的规范性表达,具有价值判断的属性,立场、角度不同会导致同一内容有时被当作权利,有时被当作义务;逻辑上的排斥关系强调"在同一立场或角度去看"这一限定条件。

[2] 分组条件下基本法律概念间的关系的数量是6个/组×2组=12个关系(可归类为相反、相关、矛盾三种);如果突破分组限制,在8个基本法律概念之间进行全面的排列组合,则关系的数量是12+4×4=28个(或采用另一种算法:7+6+5+4+3+2+1=28),且其中12个关系(权利与责任、无权力、无责任,义务与权力、无权力、无责任,无权利与权力、责任、无责任,无义务与权力、责任、无权力)无法归类,也缺少意义,徒增烦琐。实际上,分组关系也很难讲是逻辑地位对应的基本法律概念间的关系,"分组"意味着两组概念是分开层次的、不发生一一对应的关系的,是整体而言的。

组关系隐含着具有法律观意义的概念分化。表 6.1 只反映了相反关系、相关关系、矛盾关系，而未能反映和凸显基本法律概念间的"分组"关系这一至关重要的特征。为更准确、直观地反映霍氏理论，本书以方阵的形式凸显分组关系，将表 6.1 改造成图 6.1 所示的霍氏基本法律概念方阵（简称霍氏方阵）。

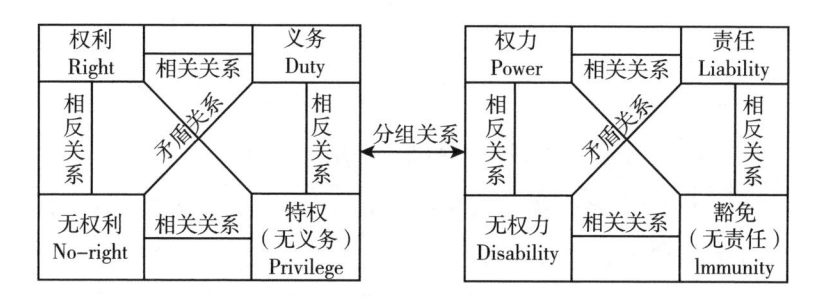

图 6.1 霍氏基本法律概念方阵

（二）霍氏方阵与逻辑方阵的结合

霍氏方阵与逻辑学中的对当关系方阵[1]，存在明显的外观上的相似性。为更直观地展示两个方阵中的对应关系，本书对逻辑方阵略作变形处理：将其中与霍氏方阵的"相反关系"含义相同的"矛盾关系"，由原来的斜线方向表示改为纵向方向表示，也就是把逻辑方阵下方两个概念（命题）位置对调，形成图 6.2。

霍氏方阵（图 6.1）与逻辑方阵（图 6.2）的对接、对应，还需跨越一个理解上的障碍：霍氏方阵体现的是概念之间的关系，而逻辑方阵反映的是命题之间的关系，因此不能直接拿来套用。

---

〔1〕 简称逻辑方阵，也称逻辑正方形、逻辑矩阵，是直观展示不同类型命题之间逻辑推导关系的图表，因其为方形或矩形而得名。陈述逻辑、模态逻辑中都有类似的方阵。

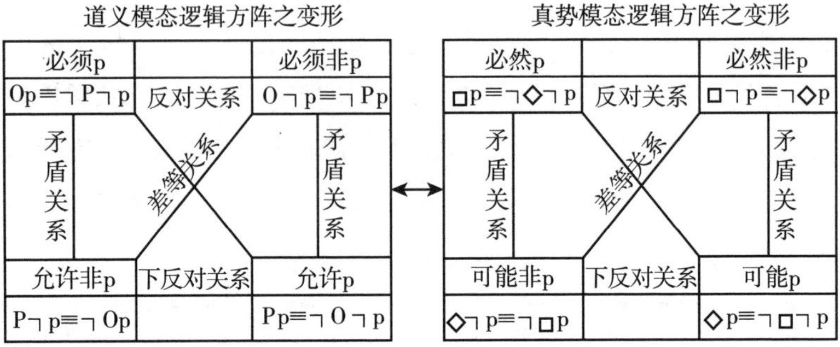

```
道义模态逻辑方阵之变形                    真势模态逻辑方阵之变形
┌─────────┬─────────┐                  ┌─────────┬─────────┐
│ 必须p   │ 必须非p  │                  │ 必然p   │ 必然非p  │
│Op≡┐P┐p │反对关系│O┐p≡┐Pp│          │□p≡┐◇┐p│反对关系│□┐p≡◇┐p│
│ 矛\     │     /矛 │                  │ 矛\     │     /矛 │
│ 盾 \ 差 │ 差 / 盾 │                  │ 盾 \ 差 │ 差 / 盾 │
│ 关  \等 │等/  关  │                  │ 关  \等 │等/  关  │
│ 系   \关│关/   系 │      ←→          │ 系   \关│关/   系 │
│       系│系       │                  │       系│系       │
│ 允许非p │  允许p  │                  │ 可能非p │  可能p  │
│下反对关系│         │                  │下反对关系│         │
│P┐p≡┐Op │Pp≡┐O┐p │                  │◇┐p≡┐□p│◇p≡┐□┐p│
└─────────┴─────────┘                  └─────────┴─────────┘
```

图6.2　变形的逻辑对当关系方阵

通过对基本法律概念的命题化理解可以消除二者的区隔，具体是通过建立或揭示基本法律概念与规范（道义）命题内在一致性实现基本法律概念命题化。其证成思路是：基本法律概念无不是反映、体现立法者就其意欲调整的社会关系所持的意图和目的的规范性概念，在理解规范性概念时实际上我们已经替它添加了主体、客体等命题（语句）的要素，因而实质上是一个规范性语句或命题。其功能也只有在被还原为语句时才能看到。换言之，不同于描述性概念，规范性概念隐含着主体、客体等语句要素。这种把语词放到语境中去解释的方法是分析哲学、实证主义的基本原则和重要传统。分析哲学的创始人之一弗雷格强调"要在句子形成的语境而不是孤立地探求词的意义"[1]，哈特曾明确指出："我们一定不能把这些词汇拆开了、孤立地去看，而应把它们放回到它们的扮演独特角色的句子中去，从而进行一个整体的考量。我们切勿仅仅去考虑词汇'权利

---

[1]　洪谦主编：《现代西方哲学论著选辑》（上册），商务印书馆1993年版，第270页。

(right)'，而应该考虑的是句子'你拥有一项权利'。"[1]对基本法律概念应当还原到语句中去理解，而不宜使用定义法加以说明，根本原因在于："这些词汇并不具有代表或描述任何东西的基本功能，而只是一种独特的功能；这就使得关注边沁的告诫变得至关重要，也即，我们不应像传统下定义的方法那样，将'权利'与'义务'、'国家'或'法人'等词汇从句子中剥离，因为只有在句子中它们的功能才能被全面地看到。"[2]边沁较早的告诫是："一个词，如果可以用释义法来解释，那就不是把该词仅仅转释成另一些词，而是把该词所参与组成的整个句子转释成另一个句子"，[3]因此，我们可以说，基本法律概念只是在形式上是概念，在实质内容和功能上相当于命题。由此便打通了霍菲尔德概念与命题之间的联系，为借助逻辑学知识（主要是模态逻辑对当方阵）将基本法律概念及其关系的界定精细化、科学化奠定了基础。为表示这种相通性，本书将此记作"基本法律概念（命题）"。

两个方阵（图6.1与图6.2）的对接、对应，可按如下步骤进行：①权利组方阵与道义逻辑方阵中的概念（命题）的对应关系，是借助概念（命题）的直接重合和特定的逻辑关系得以建立。所谓直接重合是指两个方阵的某些概念存在定义与被定义的关系：义务＝必须p及与其成反对关系的必须非p，特权（无义务）＝允许非

---

[1] [英] H. L. A. 哈特：《法理学与哲学论文集》，支振锋译，法律出版社2005年版，第29页。

[2] [英] H. L. A. 哈特：《法理学与哲学论文集》，支振锋译，法律出版社2005年版，第35页。

[3] [英] 边沁：《政府片论》，沈叔平等译，商务印书馆1995年版，第229页，注释⑥。

p 及与其成下反对关系的允许 p，相反关系 = 矛盾关系。[1]所谓特定的逻辑关系是指借助基本法律概念（命题）之间的相关关系进入融合后方阵的概念（命题）：权利、无权利，以及再按反对关系和下反对关系推导出的权利（不）、无权利（不），可参见本书图 6.3。②权力组方阵与真势逻辑方阵中的概念（命题）之间的对应关系，是以如下方式证明的：由于权力组方阵与权利组方阵、权利组方阵与道义逻辑方阵、道义逻辑方阵与真势逻辑方阵之间存在两两对应关系，通过这种对应关系的传导，得出权力组方阵与真势逻辑方阵之间存在对应关系。[2]

基本法律概念之间的关系的完整推导可概述如下：首先，分别以权利、义务、权力、责任为原初概念（命题），按逻辑上的否定关系对其进行推导，每个原初概念（命题）一分为四。其次，鉴于权利—义务、权力—责任之间存在相关关系，由这四个基本法律概念推导出的其他基本法律概念，按其在逻辑推导中所处的位置，也存在相关关

---

[1] "允许"能否被还原为"无义务"，存有争议。其关键在"允许"一词是否有强弱两种意义。弱意义的允许仅仅是行为不被禁止（允许 = 不必须 = 无义务 = 特权，即立法者尚未决定对它的态度），在此意义上还原成立。有学者主张存在强意义上的允许，即明令的允许，若其成立，则是一种无法还原新的模态。罗斯对此进行了反驳，认为这种观点预设立法者对某种行为的态度总要通过立法显现出来，要么是命令，要么是禁止，要么是允许，这种预设既无现实生活根据，也有悖于"法不禁止即自由"的基本法理，立法者无须颁布允许性的法律规则。本书赞同罗斯的观点。因此，允许和禁止一同构成了义务的否定式：禁止是命令的内部否定；允许是禁止或命令的外部否定，"通过内部否定与外部否定将禁止与允许还原为命令是严格意义上的还原"。参见［丹麦］阿尔夫·罗斯：《指令与规范》，雷磊译，中国法制出版社 2013 年版，第 152~155 页、278~279 页。

[2] 将道义逻辑化归为真势逻辑，是发展道义逻辑的基本方法之一，但表达应然的价值/规范命题能否适用形式逻辑，道义逻辑的有效性如何，一直是困扰法学和逻辑学的问题。参见舒国滢：《逻辑何以解法律论证之困?》，载《中国政法大学学报》2018 年第 2 期，第 5~27 页。

系。以上也是对权利组、权力组概念内部基本逻辑关系的说明。最后,针对权利组概念与权力组概念之"分组关系",本书提出"相生关系"加以解释。其必要性在于,"分组关系"只是一种现象描述,"相生关系"则是对"分组"的根据、目的和意义的说明和诠释。

(三) 基本法律概念及其"关系"概念的规范化表述

基本法律概念由于理解上的细微差异,在外文文献中存在多种表达式,其中文译法的多样又加剧了这种用词不规范现象。[1]多个同义词或近义词的使用反映的是作者或译者的理解、偏好的不同,并不影响其逻辑上的性质和地位。但基于逻辑化的要求,基本法律概念的文字表述应尽可能直观地体现其逻辑关系,甚至应当以符号化方式进行,为此霍菲尔德概念应有所修正,基本法律概念应统一、规范地表述为:权利(right)、义务(duty)、权力(power)、责任(liability)以及它们的反义词:无权利(no-right)、无义务(no-duty)、无权力(no-power)、无责任(disability)。与霍菲尔德的基本法律概念相比,主要的变化是:以无义务(no-duty)代替特权(privilege),以无责任(disability)代替豁免(immunity),既直观地体现基本法律概念之间的逻辑关系,又可避免"特权""豁免"这两个中文概念在霍菲尔德

---

[1] 例如,对应于霍菲尔德本人的四个(广义)权利概念: right、power、privilege、immunity,四个(广义)义务概念: duty、liability、no-right、disability,菲尼斯用的是: claim-right、power、liberty、immunity 和 duty、liability、no-claim-right、immunity,见 John Finnis, *Natural Law and Natural Rights*, New York: Oxford University Press, 1980, p.199;斯蒂·康格则使用: claim、power、freedom、immunity; counter-claim、counter-power、counter-freedom、counter-immunity,见 Lars Lindahl, *Stig Kanger's Theory of Rights*, Collected Papers of Stig Kanger with Essays on his Life and Work, Netherlands: Kluwer Academic Publishers, 2001, vol.II, pp.153-154. 以上三位作者作品的中译本将上述基本法律概念分别译为:权利、权力、特权、豁免,义务、责任、无权利、无权力;要求权、权力、自由、豁免,义务、责任、无要求权、无权能;主张、权力、自由、豁免,反诉、反制力、反自由、反豁免。

语境和日常语境的差异带来的理解障碍。

对反映基本法律概念之间"关系"的概念，我们作如下处理：①只保留三种有意义的"关系"概念：否定关系（含内部否定和外部否定）、相关关系、分组关系，原霍氏方阵中的矛盾关系、逻辑方阵中的差等关系，缺乏理论或实际意义，故不再体现于图6.4中。②以"外部否定关系"代替原逻辑方阵的"矛盾关系"、霍氏方阵的"相反关系"，因为"矛盾关系"已被使用混乱，在霍氏方阵中它是指经验层面不能共存于同一法律关系，逻辑方阵中的"矛盾关系"则指逻辑上的外部否定关系，且与霍氏方阵的"相反关系"同义。[1]③以"内部否定关系"代替原逻辑方阵的反对关系（含下反对关系）。后两个取代虽然只是术语之别，但有助于消除概念使用的混乱，更清晰、直观地反映基本法律概念之间的逻辑关系。其结果是，原方阵中的"矛盾关系""相反关系""反对关系"，不再作为反映基本法律概念间关系的标准术语使用。

综上，本书关于基本法律概念及其关系的完整理解如图6.3所示。鉴于互为内部否定关系的概念（命题）具有相同的逻辑模态而只是内容（语义学、语用学意义）相反，作为一种逻辑分析，本书旨在凸显逻辑性差异而忽略内容区别，故可将具有内部否定关系的基本法律概念（命题）两两合并。由于合并后的基本法律概念包含了与其呈内部否定关系的概念，精确的符号化的表达方式不再适用，图6.3遂简化为图6.4。

---

[1] 直观地看，"相反关系"等同于逻辑方阵的"矛盾关系"，但更确切地说，由于霍氏理论未考虑到"否定式"的分化带来的丰富性（内部否定和外部否定以及双重否定），它实际上是以"相反关系"笼统地涵盖并混淆了（逻辑方阵中的）反对关系、矛盾关系和差等关系。

第六章 基本法律概念理论

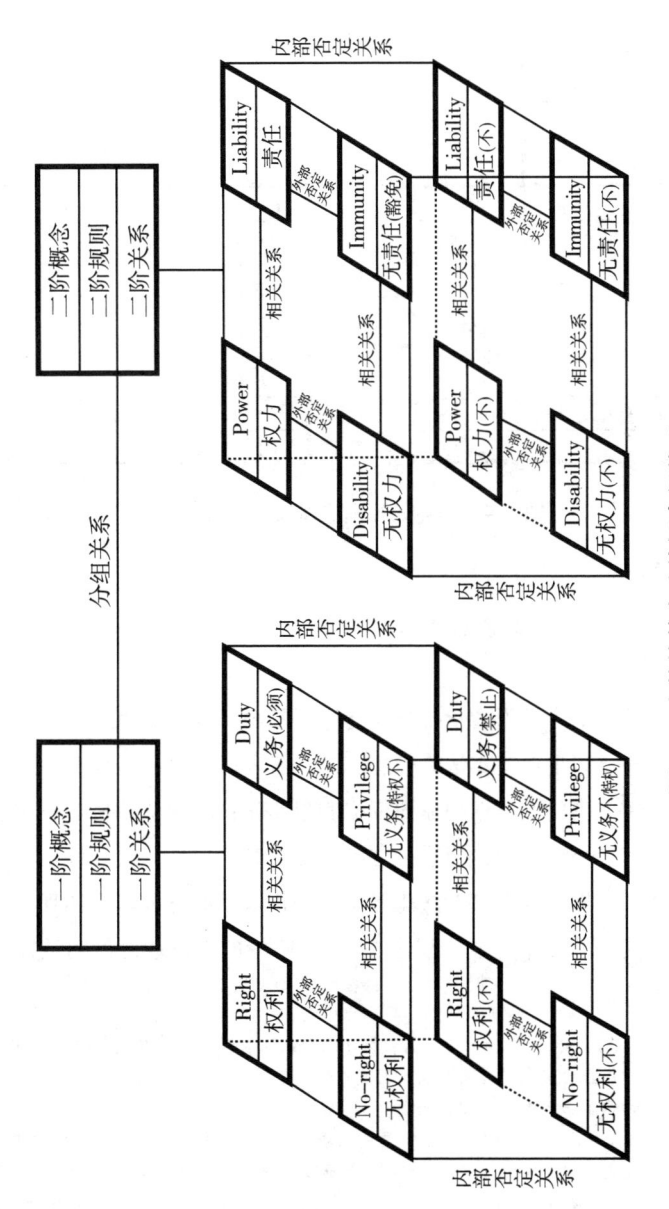

图6.3 完整的基本法律概念间关系

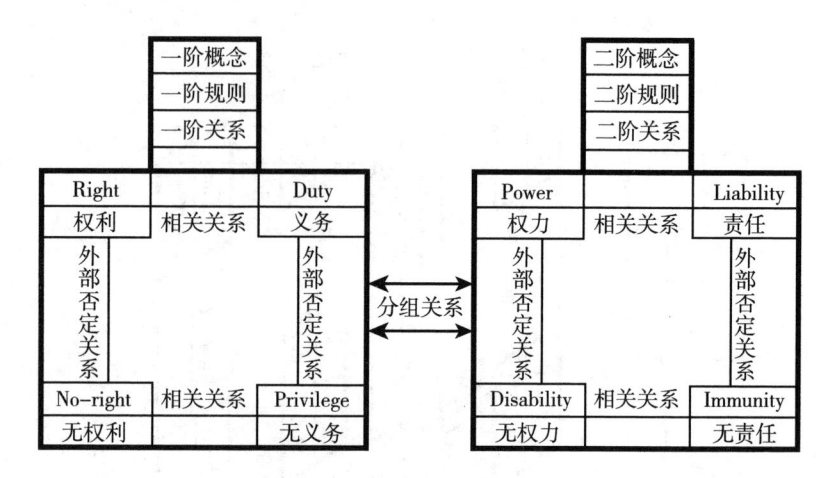

```
┌─────────────┐              ┌─────────────┐
│  一阶概念    │              │  二阶概念    │
│  一阶规则    │              │  二阶规则    │
│  一阶关系    │              │  二阶关系    │
├──────┬──────┤              ├──────┬──────┤
│Right │ Duty │              │Power │Liability│
│权利  相关关系 义务│          │权力  相关关系 责任│
│外部  │外部  │              │外部  │外部  │
│否定  │否定  │  ←分组关系→   │否定  │否定  │
│关系  │关系  │              │关系  │关系  │
│No-right│Privilege│          │Disability│Immunity│
│无权利 相关关系 无义务│      │无权力 相关关系 无责任│
└──────┴──────┘              └──────┴──────┘
```

图 6.4 简化的基本法律概念间关系

二、基本法律概念的实质性构建

基本法律概念的形式化推导仅能证明其内部逻辑关系的完整、完备，但还不足以证成基本法律概念。为此需进一步诉诸某种实质性构建和阐释。本书的实质性构建的依据和思路是：基本法律概念——法律规范[1]——法律观[2]之间具有内在的一致性和对应性，或者说二者是相互蕴含的，即特定的基本法律概念和法律观都必然要求、体现、对应于特定类型的法律规范（反之亦然）；哈特的理论业已阐明法律是

---

[1] 本书法律规范概念采其广义，既不区分法律规范与法律规则，也不采用法律原则与法律规则有实质区别的观点。回避这些有争议的问题，旨在避免讨论的复杂化，同时不影响本书问题的实质性论述。

[2] 法律观即对"法律是什么"这一法理学基本问题的回答，是关于法律的性质、本质的观点，是"使用一个概念来分析归属于这个概念的实体的性质"。参见［美］斯科特·夏皮罗：《合法性》，郑玉双、刘叶深译，中国法制出版社2016年版，第17页。

一阶规则与二阶规则的结合，亦即义务规则与授权规则的结合；假如我们能阐明权利规则、权力规则也是具有法律观意义的一阶规则、二阶规则，那么，权利、权力作为基本法律概念的地位就得到证成，所谓实质性构建即可完成。

上述工作的一个前提是基本法律概念与法律规范的联系。将权利、权力等概念的理解，从人类思想虚构的形上实体转向法律规范乃至法律体系，是近代以来法律实证主义的主张。[1]边沁对权利、权力问题的重要和困难早有认识："没有哪两个词能比它们更需要说明的了……权力和权利以及整个一类这样的虚构体，在其法理学意义上，全都出自关于这样那样行动的立法者意愿的某一表现……构成这种种变体的权力和权利所赖以确立的指令和禁令，具有许多不同形式，因而不可能将有关阐释囊括在单单一段文字内。"[2]他提出了诉诸法律规范这一可实证的载体探讨权利概念的方法。

（一）权利规则、权力规则的区别

1. 权利规则和权力规则具有不同的逻辑特性

这主要通过不同的"模态"[3]来体现。按照萨姆纳的观点，权利

---

〔1〕 例如，凯尔森指出："权利并不是像树那样可以用感官感觉到的……不预定一个调整人的行为的一般规范，关于权利的存在与否的陈述是不可能的。"见[奥]凯尔森：《法与国家的一般理论》，沈宗灵译，中国大百科全书出版社1996年版，第89页。罗斯则从反面指出脱离规范视野的不幸："义务和权利曾被作为形而上的实体……在法律实践问题的处理上产生了不幸的后果。"见[丹麦]阿尔夫·罗斯：《指令与规范》，雷磊译，中国法制出版社2013年版，第166页。

〔2〕 [英]边沁：《道德与立法原理导论》，时殷弘译，商务印书馆2000年版，第268页，注释。

〔3〕 "模态"是个逻辑学概念，含"形态""样式"等意思，是反映事物或人的认识存在、发展的样式、情状、趋势等的词语。在逻辑学上，模态词有存在论、真理论、道义论、认识论、时间论之分。与法律规范有关的模态是道义论和真理论意义上的。含有"必然"或"可能"的命题被称为真值或真势模态命题，亦即狭义模态命题；含有"必须""允许"或"禁止"的命题称为道义或规范模态命题。

规则体现的是道义模态，具体表现为要求、禁止或允许，萨姆纳称之为"道义三体（deontic triad）"；权力规则体现的是真势模态，具体表现为必然、不可能或可能。[1]

在笔者看来，权利规则属于道义模态当无异议，但将权力规则的逻辑特性概括为"真势模态"似有牵强之处，因为①真势模态语句是指含有必然或可能的语句，虽然有学者以"能力"概念解释权力，又将"能力"归属为"可能性"，[2]但作为"能力"属概念的"可能性"不同于真势逻辑中的"可能"，前者有"能力"的意思，后者意为"非必然性"，也不能据此把逻辑方阵中的"可能"当作霍氏方阵中"权力"的对应概念；②这种牵强、不恰当的对应将导致霍氏方阵、逻辑方阵之间对应关系的全面错位。实际上，正像权利、无权利概念与道义逻辑方阵概念不存在直接的对应而是通过相关关系在两个方阵的融合中才体现出来一样，权力、无权力概念与真势逻辑方阵也没有直接的对应关系，只有借助相关关系才能纳入结合后的概念方阵。或许是基于这一缘故，罗斯没有采用"道义模态"和"真势模态"的表述来诠释权利规则和权力规则，而是代之以"行为规范"和"权能规范"（即本书的"权力规范"），并认为"权能是一种'规范性'模态"。笔者认为，以"行为规范模态"和"权能规范模态"定位权利规则和权力规则的逻辑特征更为恰当，它避免了将两类规则的逻辑特征上的区别夸大为对立，看到了二者联系、相通的一面，正如

---

[1] [加] L. W. 萨姆纳：《权利的道德基础》，李茂森译，中国人民大学出版社2011年版，第21页。

[2] "权力的实质是一种创设约束他人之规则（成文法、判决、行政行为）的能力。"[丹麦] 阿尔夫·罗斯：《指令与规范》，雷磊译，中国法制出版社2013年版，第165页。"能力是可能性的一种特殊情形。"[德] 罗伯特·阿列克西：《阿尔夫·罗斯的权能概念》，见[丹麦] 阿尔夫·罗斯：《指令与规范》，雷磊译，中国法制出版社2013年版，第260页。

罗斯所言,"权能规范可以这种方式被还原为行为规范:权能规范施加了依照行为规范来行为的义务,后者是依照权能规范所规定的程序被创设的"[1]。

至于行为规范与权力规范的区别,可以概括为:权利规范是行为规范,即规定行为模式,因为权利规范的模态(必须、禁止或允许)正适合用以评价行为;而权力规范是一种关于行为规范的规范,即"规定新生效和有约束力的规范是如何通过法律行为的实施而得以创设的"[2]。"法律体系不仅包括调整人类行为的规范,也包括那些决定创设这些行为规范之类型和方式的规范。"[3]权能规范具体可包括确立、修改或废除行为规范的规范,执行、适用行为规范的规范以及关于行为主体资格的规范等。

2. 权利规则、权力规则具有不同的规则类型属性

首先,权利规则是调整性规则或构成性规则,权力规则只能是构成性规则。

所谓调整性规则是被调整的行为在逻辑上先于或独立于该规则的规则,实际上是对社会生活进行事后调整的规则;构成性规则是被调整的行为在逻辑上依赖于该规则的规则,实际上是引导、创设行为的规则。按照这样的界定,正像米尔恩所说:"所有调控性规则都是初级规则,所有次级规则都是构成性规则。但是,一项初级规则可能是调控性的或

---

[1] [丹麦]阿尔夫·罗斯:《指令与规范》,雷磊译,中国法制出版社2013年版,第148页。

[2] [丹麦]阿尔夫·罗斯:《指令与规范》,雷磊译,中国法制出版社2013年版,第148页。

[3] 雷磊:《法律体系、法律方法与法治》,中国政法大学出版社2016年版,第33页。

构成性的，一项构成性规则可能是初级的或次级的。"[1]由此，权利规则作为初级规则既可能是调整性的也可能是构成性的，权力规则作为次级规则只能是构成性规则。这里我们应当避免把一阶规则等同于调整性规则，二阶规则等同于构成性规则的误区，充分认识作为二阶规则，权力规则具有"构成性"的特征（尽管这一特征并非其所独享）。构成性规则的特性有助于我们深入理解权力规则及权力的性质。阿列克西将"权能"（即本书的"权力"）界定为：一种规范上确立的、通过和依据表示来创设规范或规范效果的能力，[2]并从四个方面阐述了权能的本质：①可能性。此点旨在强调，权力表达的是由谁来决定的能力或资格，而不是对行为的要求、允许或禁止，正如米尔恩所说："霍菲尔德的权力权授予权利人以作出决定的资格。"[3]②规范性。权能即一种规范上的确立能力，并且，权能始终以对其具有构成性的规范为基础，这将导向法秩序的终极基础问题，也是其区别于权利的重要特征。③处分性。即创设规范或规范效果，这是权能的对象，罗斯认为将其描述为规范或地位的改变更好，"有改变规范与地位之可能就意味着能处分它们"。④宣示性。为区别于其他能改变法律状态的行为（如侵权、犯罪），权能必须是"通过和依据意思如此的表示"来引发的，"当某人通过其行为引发被意欲之法律效果时就存在权力"。[4]有学者从政治学角度解析权利、权力概念，与法学家

---

[1] [美] A. J. M. 米尔恩：《人的权利与人的多样性——人权哲学》，夏勇、张志铭译，中国大百科全书出版社1995年版，第18页。

[2] 参见 [德] 罗伯特·阿列克西：《阿尔夫·罗斯的权能概念》，见 [丹麦] 阿尔夫·罗斯：《指令与规范》，雷磊译，中国法制出版社2013年版，第261~262页。

[3] [美] A. J. M. 米尔恩：《人的权利与人的多样性——人权哲学》，夏勇、张志铭译，中国大百科全书出版社1995年版，第128页。

[4] [德] 罗伯特·阿列克西：《阿尔夫·罗斯的权能概念》，见 [丹麦] 阿尔夫·罗斯：《指令与规范》，雷磊译，中国法制出版社2013年版，第260~267页。

们的解释颇有相通之处:"权利是指主体单方面的行动能力,不具有控制和影响他人的性质;权力是指实现自身意图的控制和影响他人的能力。"[1]这种解释直观、清楚地展示了权利与权力的区别,并且揭示了政治学中"权力即影响力"的经典观点与法学视野中的权力概念的相通之处。

其次,权利规则是静态规则,权力规则是动态规则。

作为一阶规则的权利规则是静态规则,作为二阶规则的权力规则是动态规则。所谓静态规则是就行为方式、内容做出明确规定的规则;动态规则是授权相关主体去创设权利、义务的规则。从以下两个方面去理解静态规则与动态规则的区别可能更为清晰、准确:①权利规则作为静态规则,是非寄生性规则;权力规则作为动态规则,是寄生性规则。"寄生"这一词语的意思是区分如下两者:必须指涉其他规则的规则和内容不以其他规则为条件的规则,任何指涉其他规则的规则都是"二级"规则。[2]②权利规则作为静态规则规范的对象是"人们具体的行为或变动";权力规则作为动态规则,"不只是导致了具体的行为或变动的规则,也产生了责任或义务的创设或改变的规定"。[3]对以上两点,科特瑞尔凝练地概括为:义务性规则和授权性规则的区分既可能是非寄生性规则和寄生性规则的区别,也可能是对涉及的实体运动和改变的行为规则以及其他导致义务创设或变迁的规

---

[1] 蔡益群:《规划性政治:中国国家治理的中轴逻辑》,载《学术界》2016年第1期,第100页。

[2] [英]尼尔·麦考密克:《大师学述:哈特》,刘叶深译,法律出版社2010年版,第196页。

[3] 麦考密克转引哈特的观点。参见[英]H. L. A. 哈特:《法律的概念》(第3版),许家馨、李冠宜译,法律出版社2018年版,第137~138页;[英]尼尔·麦考密克:《大师学述:哈特》,刘叶深译,法律出版社2010年版,第193页。

则之间的区别。[1]

这实际上是调整对象上的区别,对此可以用"自然行为"与"法律行为"更简洁地概括:"行使规范性权力的行为包含了'援引'规则(或者规则中规定的'条件'),所以它们一般都涉及(有时我们称为)'法律行为'或者'法律中的行为'。这些行为的关键在于不仅仅(或者主要不是)带来身体上的变化,而是带来法律后果。因此这种行为与(姑且称之)'自然行为'——如谋杀、袭击——形成了鲜明的对比。即使自然行为带来了法律后果,诸如遭受惩罚,但这些行为本身本质上不是援引规则的行为,或者这些行为的目的不在于带来法律后果,它的目的仅仅是带来身体上的后果……义务规则与授权规则之间的区别等同于调整法律行为的规则与调整自然行为的规则之间的区别。"[2]

(二) 基本法律概念与具有法律观意义的两类规则

权利规则和权力规则不同的逻辑特性,已经说明它们属于不同的规则类型。通常人们只是将规范逻辑作为法律方法,强调其在法律推理中的功能和作用,而鲜有将其与法律规则类型联系起来,进而发掘其法律观意义。实际上,权利规则和权力规则分别属于具有法律观意义的一阶规则和二阶规则,或者说是一阶规则和二阶规则的代表。

根据现代实证主义法学,特别是哈特版本的法律实证主义,法律是由一阶规则和二阶规则结合而成的规则体系,一阶规则是义务规则、二阶规则是授权规则。这一观点被哈特称为真正的"法律科学之

---

[1] [英] 罗杰·科特瑞尔:《法理学的政治分析——法律哲学批判导论》,张笑宇译,北京大学出版社2013年版,第97页。

[2] [英] 尼尔·麦考密克:《大师学述:哈特》,刘叶深译,法律出版社2010年版,第194页。关于自然行为和法律行为的区分,哈特、拉兹、菲尼斯等都做过阐述,可见这一区分在法理学层面的重要性。

关键",哈特之后的法学家对此亦大都予以肯定。[1]哈特对两类规则的解释容易造成对其法律观理解上的误区。因为,无论将授权规则解释为权利规则还是权力规则,都带来两个不能接受的结果:①权力(或权利)规则、责任规则失去体系地位。②权利与义务分属一阶规则、二阶规则两个不同的层次,无法与权利(或权力)—义务(或责任)的相关性原理协调。

1. 对哈特的法律观的误解

首先,当一阶规则被解释为义务规则、二阶规则被解释为授权规则,进而有人将"授权规则"误解为"权利规则",如此,似乎权利性规则与义务性规则在一个平面上的拼盘式结合,就构成了完整的法律图像,权力规则却不知所踪了。这个误解的错误之明显,是由权利和义务的逻辑相关性原理提示给我们的。根据这一原理,权利和义务总是相对应的,凡有义务之处必有权利存在,反之亦然。[2]哈特当然不会不知道这一点,义务规则属于一阶规则,权利规则也必然同属于一阶规则。实际上,从奥斯丁的命令说开始,实证主义法学家们就没有否认权利规则的存在,只是它没有被理解为法律的本质成分。命令说的法律观以"命令"规范为法律的元规范,仅仅是因为以命令为代表的义务性规则在"体系性""美学"或"语用学"的意义上较之权利性规则更具有优先性[3],而绝不

---

[1] 参见[英]H. L. A. 哈特:《法律的概念》(第3版),许家馨、李冠宜译,法律出版社2018年版,第138页;[英]尼尔·麦考密克:《大师学述:哈特》,刘叶深译,法律出版社2010年版,第65页。

[2] 未见到哈特否定权利义务关联性问题的讨论,至少说明他对这一争议问题没有明显倾向性的看法,亦即不会否认在一般情况下权利—义务的相关性。

[3] 参见[德]罗伯特·阿列克西:《阿尔夫·罗斯的权能概念》,见[丹麦]阿尔夫·罗斯:《指令与规范》,雷磊译,中国法制出版社2013年版,第279页,以及[加]L. W. 萨姆纳:《权利的道德基础》,李茂森译,中国人民大学出版社2011年版,第20页。

是否定权利和义务的逻辑相关性。因此，把二阶规则解释为权利规则，使具有关联性的权利和义务分属不同的逻辑层次，是不恰当的。

其次，哈特解释二阶规则使用的"授权规则"即"权力规则"。正像在一阶规则中存在权利—义务的逻辑关联性一样，在二阶规则中存在权力—责任之间的逻辑关联性。[1]哈特本人后来承认二阶规则既可以是授权规则，也可以是义务规则，[2]实际上是对基本法律概念之间的相关关系的承认。但由于未能自觉借鉴霍菲尔德概念框架，导致哈特既用"义务"概念去对应"权利"，又用"义务"对应"权力"，对霍菲尔德的忽视带来的词汇短缺，导致概念使用的混乱。我们知道，在霍菲尔德框架中，"责任"与"义务"是分属二阶规则与一阶规则的、具有对应的逻辑地位因而能有效区分开的概念。

2. 造成误解的根源

造成误解的根源是哈特忽视了对霍菲尔德理论合理成分的借鉴。

---

[1] 这里"责任"一词是笔者根据霍菲尔德概念框架所使用，哈特没有用"责任"这个概念。哈特对霍菲尔德理论似乎也并未做全面的评价，参见［英］H. L. A.哈特：《法理学与哲学论文集》，支振锋译，法律出版社2005年版，第40页、47页。

[2] 麦考密克注意到哈特的矛盾：哈特的表述让人感觉他把"基础规则"与"二级规则"的差别等同于施加义务的规则与授权规则。而在其他关键的地方，他认为，二级规则可以是施加义务的规则……我们不能按照哈特的思想线索，将"二级规则"等同于"授权规则"。所有的授权规则都是二级规则，但并不是所有的二级规则都是授权规则，参见［英］尼尔·麦考密克：《大师学述：哈特》，刘叶深译，法律出版社2010年版，第190页、197页。科特瑞尔也指出："哈特在其后来的著作中实际上承认了，基于不同的视角，承认规则既是义务性也是授权性的。"见［英］罗杰·科特瑞尔：《法理学的政治分析——法律哲学批判导论》，张笑宇译，北京大学出版社2013年版，第97页。瑞典的宾德瑞特对作为重要二阶规则的承认规则做了更为开阔、清楚的解释："承认规则可以被解释为是一种资格规则，也可以被解释为是一种概念规则，还可以被解释为一种义务强加规则。"见［瑞典］宾德瑞特：《为何是基础规范——凯尔森学说的内涵》，李佳译，知识产权出版社2016年版，第70页。

霍氏理论有两个优点值得考虑,一是它对权利义务相关性始终如一的坚持,二是它清晰、丰富的基本法律概念框架。由于哈特明显的厚边沁而薄霍菲尔德倾向,[1]权利义务相关性原理可能如同"孩子和洗澡水一起泼掉",两类规则构成的法律观与霍氏基本法律概念理论未能相互结合。由此,权利规范、责任规范在哈特的法律观中缺少明确的体系地位。正像在一阶规则中存在权利—义务的逻辑关联性一样,在二阶规则中存在权力—责任之间的逻辑关联性。[2]当然,霍氏理论也并非完美,他的基本法律概念理论缺少一种自觉、明确的法律观或法律体系概念作为背景支撑,[3]从而也不可能把规则类型置于法律观层面去阐释。哈特理论则弥补了这一缺陷,两类规则结合的法律观为解释基本法律概念的分组关系提供了有说服力的根据。借助霍菲尔德的概念框架,哈特的两类规则结合的法律观可以获得完整、准确的解释;借助哈特理论,霍氏框架下的权利与权力的分组关系可以在法律观层面上获得清晰、合理的说明。

综上,关于权利、权力规则与具有法律观意义的两类规则的对应关系应完整地表述为:一阶规则包括权利—义务规则以及由基本法律概念的相反关系推导出的无权利—无义务(特权)规则;二阶规则包

---

[1] 哈特认为:"边沁确实预见到了霍菲尔德的大部理论,而且对霍菲尔德在该主题上没有触及的许多重要方面多有论及。" H. L. A. Hart, Legal rights, Essays on Bentham: Studies in Jurisprudence and Political Theory, Oxford: Oxford University Press, 1982, p. 162. 依笔者之见,尽管总体而言边沁在思想史上的地位和贡献非霍菲尔德可比,但在基本法律概念问题上,霍菲尔德理论之系统性、精确性和影响力也是边沁所不及的。

[2] 权力对应的概念不是义务,而是责任或服从。此观点除霍菲尔德外,德国学者伯蒂歇尔在论及形成权时也有过论述,参见申海恩:《私法中的权力:形成权理论之新开展》,北京大学出版社2011年版,第98页、第110~111页。

[3] 参见[英]丹尼斯·劳埃德:《法理学》,许章润译,法律出版社2007年版,第186页;[英]雷蒙德·瓦克斯:《读懂法理学》,杨天江译,广西师范大学出版社2016年版,第398页。

括权力—责任规则以及由基本法律概念的相反关系推导出的无权力—无责任（豁免）规则。

3. 霍菲尔德基本法律概念与哈特法律观的结合及其意义

哈特的两类规则结合的法律观与霍菲尔德基本法律概念分组关系所要表达的想法具有高度的一致性和互补性。霍菲尔德概念框架的重要特点或长处在于它建立在（广义）权利—义务相关性原理的基础上；不足之处在于，没有把规则类型上升到法律观的层面理解。哈特理论则弥补了这一缺陷，两类规则结合的法律观为解释霍氏框架中权利与权力的分组关系提供了有说服力的根据。在我们看来，霍菲尔德框架中权利组概念与权力组概念的划分之所以重要，就在于它们分别对应于具有法律观意义的一阶规则和二阶规则。综上，借助霍菲尔德的概念框架，哈特的两类规则结合的法律观可以获得完整、准确的解释；借助哈特理论，霍氏框架下的权利与权力的分组关系在法律观层面上可以获得清晰、合理的说明。

还需指出的是，哈特在权利组和权力组概念中各取一个（义务和权力），且二者不具有对应的逻辑位置关系，理由在于分组关系的法律概念其实并不要求逻辑地位的对应性，它们仅仅是分组。萨姆纳指出义务、权力概念分别在一阶规则、二阶规则中具有语用学的优先性。[1]但由于这种处理方式忽视了与霍菲尔德框架的衔接，特别是无视权利与义务的逻辑相关性，极容易引起误解。我们代之以具有相同逻辑地位的权利和权力，并以权利规则和权力规则去解读、诠释一阶规则和二阶规则，似更为合理。

(三) 具有法律观意义的两类规则的多样性及其客观基础

具有法律观意义的两类规则，其实不限于哈特给出的解释，多种

---

[1] 参见［加］L. W. 萨姆纳：《权利的道德基础》，李茂森译，中国人民大学出版社 2011 年版，第 27 页。

意义上的两类规则都与权利规则、权力规则有内在的一致和对应：①调整性规则、构成性规则；②静态规则、动态规则。一方面，这两种分类都能穷尽相关标准下的所有法律规范，因而具有法律观意义；另一方面，按其含义，权利规则是调整性规则、静态规则，权力规则是构成性规则、动态规则。[1]可见，具有法律观意义的两类规则是相通的。其中，权利规则和权力规则既具有法律观意义，又是基本法律概念的载体，这本身是对作为基本法律概念的权利、权力的"基础性"的证立。

具有法律观意义的两类规则，不仅是一种理论阐释，而且具有客观基础和实践根据。这里以调整性规则与构成性规则为例，依次说明两类规则之客观基础的相关问题：①两类规则划分的客观基础与两类规则的区分标准，是同一个问题的不同表述，说清了区分标准也就阐明了两类规则的客观基础。②两类规则划分之客观基础/区分标准，不宜诉诸调整对象的区分加以说明。因为，如果（事实上往往如此）把调整性规则所规范的对象定义为自然行为，把构成性规则所规范的对象定义为法律行为，那么上述"两类规则"与"两类调整对象"是循环定义的。对两类规则而言，行为在先、规则调整在后之规则即调整性规则，规则在先、行为根据规则创设之规则即构成性规则；对

---

[1] 有的观点认为，权利规则既可以是调整性规则也可以是构成性规则（参见[美] A. J. M. 米尔恩：《人的权利与人的多样性——人权哲学》，夏勇、张志铭译，中国大百科全书出版社1995年版，第18页），其与本书观点的差异大体可通过调整性规则与构成性规则区别的相对性得到解释。对静态规则与动态规则的区别，学者们亦从非寄生性规则与寄生性规则、关于具体的行为或变动的规则与同时也产生了责任或义务的创设或改变的规定等方面去描述。参见[英] H. L. A. 哈特：《法律的概念》（第3版），许家馨、李冠宜译，法律出版社2018年版，第137~138页；[英] 尼尔·麦考密克：《大师学述：哈特》，刘叶深译，法律出版社2010年版，第193页、第196页；[英] 罗杰·科特瑞尔：《法理学的政治分析——法律哲学批判导论》，张笑宇译，北京大学出版社2013年版，第97页。

两类调整对象来说,独立于法律规则而存在的行为即自然行为,依赖于法律规则而发生的行为即法律行为。这里的"先后性"和"依赖性/独立性"作为判断标准是内在一致的。两类规则与两类调整对象区分标准的一致性,意味着不能在两者之间形成纵深解释,只能依靠两者共同的区分标准去说明它们存在的客观基础。③两类规则/两类调整对象,都是以法律规则与其所规范的法律事实(主要是行为)的关系为标准做出的分类。法律规范发挥调整社会生活的功能,不外乎事后调整和事先创设两途。调整(性)与构成(性)完整体现了规范(性)的两层含义,可以合理说明两类规则划分的客观基础。④除了区分标准的明确性,似乎也不应低估自然行为与法律行为、调整性规则与构成性规则这些词汇所包含的朴素的甚至直觉的差异。这虽然是一个弱的区分标准,但在多数情况下仍能据此做出有效且恰当的区分,例如,没有人会把谋杀、袭击之类的行为当作法律行为,尽管谋杀之类行为的认定及其法律后果的赋予最终都必然取向于法律规定;也不会有人把行政行为或司法行为当作自然行为,尽管它们也可能在缺少明确法律规则的情况下被实施;可能存在争议的是意思表示(狭义法律行为),如果依据意思表示在相关法律出现之前就存在而认定其为自然行为,这似乎颇有道理,但本书不赞同这一观点,因为意思表示是依赖于法律规则的制度建构物,在这一点上它与行政行为并无二致。⑤同时也应承认两类规则/两类调整对象之区分的相对性。这体现在,第一,法律规则与它所规范的对象(行为)总是相互渗透的:如果不从法律的观点看,自然行为如何成为有法律意义的行为?如果不是有某种社会需要和现实萌芽,法律行为赖以成立的构成性规则的来源如何解释?有何必要被制定?第二,自然行为与法律行为常常是相互转化的:自然行为经过法律的调整就成为法律行为,法律行为如果脱去法律的外衣不过就是自然行为,两者的区分在很大程度上是个观察角度的问题。

综上，规范（性）内含调整（性）与构成（性）两层含义的客观性，决定了两类规则划分的客观性。从哲学上说，强调"调整性"，是对规范做了经验主义的解释，认为行为或社会关系是第一性的、先于法律而存在的；强调"构成性"，则是对规范做了理性主义的解释，认为不存在单纯的行为或社会关系，任何行为和社会关系都是作为主体的人依据一定规范建构起来的。作为同一概念的下位概念，调整性与构成性的界限本来就不是绝对的，但区分的相对性不能否定也不应影响在一般情况下二者的基本区分。因此，具有法律观意义的两类规则之划分的客观基础是存在的。

三、基本法律概念间关系的反思与诠释

基本法律概念间关系的构建，除了搭建起上述概念框架，还需对原有的基本法律概念及其关系进行检视、反省，对其中的疑问作出合理的解释、说明。

（一）单薄的相反关系及其逻辑化重构

之所以说霍氏理论中的相反关系是单薄的，是因为在道义逻辑尚未成熟的条件下，命题的内部否定式和外部否定式尚未分化，相反关系的实际所指只能是外部否定关系。前文图6.3已经运用内部否定关系和外部否定关系的区分，但对其中的缘由并未深究。

1. 两种命题与两种否定式

按照逻辑理论，一个命题有两种否定式：外部否定式和内部否定式。在陈述逻辑中，一个命题的外部否定式与内部否定式是等值的，没有区分的必要；但是在道义逻辑中，"外部否定式与内部否定式是

不等值的"。[1] "这一区分构成了建构道义逻辑的基石。"[2] 造成道义逻辑中内部否定与外部否定不等值的根源在于：两者并不享有相同的真值表。[3] 以下仿照罗斯的方式，假设原道义命题为 p = d（T），并以"某人有义务待在家里"为例句，那么我们以图表的方式对道义命题（即罗斯所称的"指令"）的两种否定式的含义说明如下见[4]表 6.2。

表 6.2　道义命题的两种否定式含义

比较项	外部否定式	内部否定式
道义命题（例句）及其符号化	某人没有义务待在家里（不存在某人待在家里的义务）。即：~p = ~ d（T）	某人有义务不待在家里。即：~p = d（~T）
含义（区别）	对同一个指令该当如何：是对道义（义务）状态的否定、否认，因而是二阶命题。或者说：指令的外部否定本身不是一个指令，单独来看它是一个空语句	对某个指令及其互补式（一个命题与其内部否定命题互为"互补式"）该当如何：并非对义务状态本身的否定、否认，而是对相反义务的肯定

---

[1]　其根源在于：二者并不享有相同的真值表，"这一区分构成了建构道义逻辑的基石"。参见 [丹麦] 阿尔夫·罗斯：《指令与规范》，雷磊译，中国法制出版社 2013 年版，第 31、32 节。

[2]　[丹麦] 阿尔夫·罗斯：《指令与规范》，雷磊译，中国法制出版社 2013 年版，第 187 页、192 页。

[3]　参见 [丹麦] 阿尔夫·罗斯：《指令与规范》，雷磊译，中国法制出版社 2013 年版，第 31、32 节，其中的"指令"是罗斯定义法律的属概念，在这里可当作法律的同义词理解。

[4]　图表中的说明文字基于罗斯《指令与规范》一书第 32、33 节的文字归纳、整理而成。

续表

比较项	外部否定式	内部否定式
与 p＝d（T）的真值关系	不可同时有效，也不可同时无效	不可同时有效，但可同时无效
含义（本体论解释）	可以接受：道义全域（或义务的全域）要么处于某种状态，要么不处于某种状态	不能接受：道义全域要么处于某种状态，要么处于其互补状态
原则（认识论解释）	对同一指令，人们不得：①同时接受和拒绝某个指令；②既不接受它也不拒绝它；人们必须：③要么接受它要么拒绝它（以上道义逻辑原则与陈述逻辑原则一致）	对某一指令及其互补式，人们不得：①同时接受该指令与其互补式；（与陈述逻辑一致）但可以：②既不接受该指令也不接受其互补式，或者③要么接受该指令，要么接受其互补式（与陈述逻辑不同）
结论	基于不同的真值表，道义逻辑中的外部否定式与内部否定式是不等值的	

规范命题的内部否定式与外部否定式对基本法律概念（命题）来说意味着，权利（不）≠无权利，义务（不）≠无义务，权力（不）≠无权力，责任（不）≠无责任。这种不等值说明，前文图6.3将基本法律概念由8个展开、重构为16个是有逻辑根据的。至于这种不等值的意义，罗斯做过形象的解读："我有待在家里的义务吗？"并得到否定的回答，那么我没有收到任何关于我的义务是什么的信息，尤其不是这一信息，即外出是我的义务。[1]换言之，道义

---

[1] ［丹麦］阿尔夫·罗斯：《指令与规范》，雷磊译，中国法制出版社2013年版，第192～193页。

语句的外部否定式没有表达出一个指令，没有"应当""义务"的信息。萨姆纳明确把这一状态指向"特权"（自由）："在我没有义务去做，也没有义务不做的情况下，我有全部自由。"[1]

2. 作为内部否定关系的反对关系的缺失

霍氏理论中的相反关系只是"否定式"的一种，即外部否定。既然道义逻辑中的内部否定式与外部否定式是不等值的，那么作为外部否定关系的相反关系就未能穷尽基于否定式的基本法律概念之间关系的全部可能。实际上，在逻辑方阵中，一个命题有三种否定式：①内部否定式，由此形成基本法律概念间的反对关系、下反对关系；②外部否定式，由此形成基本法律概念间的相反关系（逻辑方阵中的矛盾关系）；③双重否定式（内部否定式的外部否定式或外部否定式的内部否定式），由此形成基本法律概念间的差等关系（亦称从属关系）。可见，霍氏理论未能反映道义逻辑丰富多样的否定关系，只采用了"相反关系"这一简化版本。

霍氏方阵对内部否定关系及双重否定关系的忽视，不仅在逻辑上是有缺陷的，而且在具体问题的解释上带来困扰。一个明显的例子是霍氏理论及其阐释者对特权概念的奇怪解释：理论上将"特权（自由）＝无义务"，实际运用时却将"特权（自由）＝无义务（不）"，即总是在以无义务解释特权时添加一个否定词"不"：汤姆有使用其电脑的特权，即他无义务不使用它。霍菲尔德已经意识到这一问题："称某特权不过是对义务之否定时，当然表明此义务之内容或指向恰与上述特权相反。"[2] 为解决这一问题，威廉姆斯曾提出对

---

[1] [加] L. W. 萨姆纳：《权利的道德基础》，李茂森译，中国人民大学出版社 2011 年版，第 25 页。

[2] [美] 霍菲尔德：《基本法律概念》，张书友编译，中国法制出版社 2009 年版，第 33 页。

霍氏概念作如下修改:"特权不"(privilege not)是"义务"(duty)的相反方,或"特权"(privilege)是"义务不"(duty not)的相反方。[1]但这种修补只是解决了解释上的瑕疵,却没有揭示瑕疵产生的系统性、逻辑性根源。只有如图6.3那样,以逻辑方法扩展基本法律概念,使无义务和无义务(不)都找到相应的逻辑位置,才能看清特权概念的奇怪解释的症结所在。

(二)相关关系之基础的争论

借助(广义)权利—义务相关性原理,权利—义务、无权利—无义务(特权)、权力—责任、无权力—无责任(豁免)之间的相关关系均可得到说明。然而,有争议的正是这一原理本身:所谓相关性是必然的吗?它究竟是一个逻辑原理还是经验原理?其成立的现实基础和真实意义是什么?

所谓权利和义务的相关性,是指两个主体间的权利、义务是否互为条件地关联在一起的问题。[2]必须看到,反对权利和义务相关性的观点常常具有相当强的说服力,特别是在道德领域,例如,行乞权并不对应施舍的义务,乘车给老年人让座的义务也不对应其要求让座的权利,见义勇为的义务也不意味着被害者有要求他这样做的权利。在法律领域情况似乎也是如此。然而,法律人通常假定权利和义务是相关的。无可否认,单从经验角度看,支持和反对权利义务相关性的观点同样都能得到部分支持。本书认为,在权利—义务的相关性问题上,与其经验性地肯定或否定,不如从法律的目的出发,理论

---

[1] Glanville Williams, The Concept of Legal Liberty, Columbia Law Review, vol. 56, no. 8, 1956, p. 1138.

[2] 这通常被称为权利义务的逻辑相关性。还有所谓权利义务的道德相关性:同一主体享有权利是否必须与承担义务互为条件。本书讨论前者,且省略逻辑二字。因为,如果把逻辑理解为与经验相对的领域,那么逻辑相关性问题无论给予肯定还是否定的回答,都可在经验层面提出反例,这有违逻辑与经验统一性原则。

性地确认和建构。哈里斯从法律诉讼的角度为权利义务的相关性作过一个辩护:"在实践中,诉讼会产生相互对立的双方——严格地说,即使这里的被告对原告并不负有一项义务……必须有人提起诉讼或者被诉。相关性似乎是一个描述原告起诉和被告行为之间关系的方便方式。"[1]雅维茨从社会功能的角度指出:"只有当社会关系主体的权利成为或者可能成为对具有法律义务的人提出的请求时,它才是法律上的权利;法律义务也是在有人有权利请求履行它们时,才成为法律义务。"[2]马克思在1864年就概括说:"没有无义务的权利,也没有无权利的义务。"[3]权利与义务的相关性是生产社会化的必然要求,概括地说,法律生活从而也是社会生活的需要,决定了权利—义务的相关性。

一种合理的权利概念理论,无论是出自"利益说"还是"意志说",必定能将那些不具有相关性的所谓"权利"或"义务"排除。就此来说,边沁曾提到过的两种无对应权利的"义务"(一种是只对义务承担者造成伤害的"涉己义务",如禁止自杀的义务、禁止私下猥亵、乱伦、懒惰、游戏以及其他种类挥霍的义务,另一种是所谓"未果义务",如立法者无视功利的支配创制出无人获益的义务),其实是对权利、义务概念的误用,因为这些用法既不符合"利益说"也不符合"意志说"。彼彻姆区分了"完全责任的义务"和"不完全责任的义务",旨在限定权利义务概念,维护二者的相关性。"不完全责任的义务是供我们选择的责任行为,如行善的义务;完全责任的义务

---

[1] 转引自[英]雷蒙德·瓦克斯:《读懂法理学》,杨天江译,广西师范大学出版社2016年版,第397页。

[2] [苏联]雅维茨:《法的一般理论——哲学和社会问题》,朱景文译,辽宁人民出版社1986年版,第143页。

[3] 中共中央马克思恩格斯列宁斯大林著作编译局编译:《马克思恩格斯全集》(第21卷),人民出版社1956年版,第17页。

则赋予他人享有相关的权利。两种义务的根源不同，完全责任的义务的根源是正义，不完全责任的义务的根源是其他道德原则（如行善原则）。只有完全责任的义务才与权利相关联。"[1] 这些处理方式表明，逻辑相关性原理所受到的质疑，归根到底指向权利、义务的概念，通过恰当地界定和使用概念，权利与义务的逻辑相关性能够维持和确认。而只要权利—义务的逻辑相关性得到确认和肯定，我们便证明了两组基本法律概念内部关系的逻辑必然性和完备性。

（三）分组关系的诠释及其不足

基本法律概念的分组关系是隐含于霍氏理论中的，霍菲尔德既没有挑明基本法律概念的分组关系，更不可能对此做出任何说明。对此只能以推测的方式加以解释。王涌教授在自然状态假设的基础上指出：权利组和权力组概念是基于法律直接和间接调整社会生活的两种方式而产生的，具体是基于法律对"自然自由"的两种限制方式而产生的。一种是直接限制的方式，即法律直接规定权利、义务，并且二者以一种具有相关性的方式存在，即权利—义务关系；未加直接规定的剩余的自然自由就成为法律状态下的无权利—无义务。另一种是间接限制的方式，即法律授权某些主体去创设、决定具体的权利义务，获得这种授权的主体拥有权力，承受这一被创设的法律关系的主体承担责任，二者构成具有相关性的权力—责任关系；未获得法律授权创设的自然自由就被保留下来，成为无权力—无责任。[2] 这一理论设想具有很强的解释力，但仍存在如下不足：①把权利和权力解释为限制自然自由的两种并列的方式——法定和授权，这种理解强调了权利和

---

[1] [美] 汤姆·L. 彼彻姆：《哲学的伦理学——道德哲学引论》，雷克勤等译，中国社会科学出版社1990年版，第301页。

[2] 参见王涌：《法律关系的元形式——分析法学方法论之基础》，见《北大法律评论》（第1卷第2辑），北京大学出版社1999年版，第578~581页。

权力的区别,未能揭示二者联系,未能指明所有以法定方式所确定的权利之处都有一个"权力"存在;②把权力解释为权利的一个来源,则权力本身的来源成为新的问题,以无穷倒退的方式追问下去,并非解决问题之道。因此,基本法律概念的分组关系有待更为深入、合理的解释。实际上,我们不应将权利与权力的关系置于类似"先有鸡还是先有蛋"问题的境地。单向度的权力决定权利、权力产生权利的理解是片面的,无法提供一种有解释力和启发意义的权利与权力关系的法哲学原理。

上述两个缺陷的存在,要求我们对作为相关关系、相反关系的前提和基础的"分组"关系成立的理由、根据给予更透彻的说明。我们拟以"相生"关系对基本法律概念间的"分组"根据作出解释和说明。在笔者看来,正是这种相生关系蕴含着深刻的法理意义。鉴于权利组和权力组概念在其内部都能以逻辑方式推导出来,我们将把分组关系问题简化为权利与权力的关系问题,以减轻论证负担,也凸显权利—权力关系这一重要的法哲学问题。

第七章
权利与权力

一、作为基本法律概念的权利与权力的关系

探讨权利与权力的关系,既需要从权利规则、权力规则的法律观意义着手,亦应寻求更有实证性的工具,以期对二者的关系作更透彻的说明。在构成权利的诸要素中,权利客体具有明显的现实实在性。借助权利客体理论,权利与权力的区分可从内容上得到更清晰的刻画,权利与权力关系的讨论也可获得坚实的基础。

(一)区分权利、权力的客体标准

权利实际上是一种法律关系,因此权利客体

也就是法律关系客体。[1]苏联学者在二十世纪八九十年代对法律关系客体有深入的探讨,将法律关系客体总体性概括为"物质福利和精神福利",类型化为:物质世界之物(东西)、智力创造成果、人们的行为、个人的非财产性福利或其他社会性福利。[2]我国法理学通说采用列举的方式不断添加权利客体的清单,权利客体清单越拉越长,却始终缺少对不同权利客体的类型化处理,也未能对不同类型权利客体之间的关系作出合理的说明。

在权利客体理论更精致的版本中,民法学家洞察到一般的权利客体与权利作为权利客体的本质区别,"无体的权利客体是权利;权利也是法律上支配的对象"。[3]拉伦茨以两个顺位的权利客体加以说明:"我们把法律规定之外的,但是事实存在的,而且只要它们存在就可以作为支配权的客体的客体,作为第一顺位的权利客体,而把只能在法律上才成为'客体'的权利客体称为第二顺位的权利客体。"[4]遗憾的是,这一深刻洞见并没有在法理层面上得到足够的重

---

[1] 据权利—义务相关性原理,权利即意味着权利义务关系,而我国法理学通说又将法律关系界定为权利义务关系,因此将权利与法律关系看作同一概念应可成立,细微差别仅在于,权利(或义务)只是描述法律关系的一个角度或特定方面。但在法哲学史上,权利与法律关系以及相关联的权利客体与法律关系客体是否应被看作同一概念,中外学者持有不同观点。外国学者一般主张它们是不同的概念,我国学者多将二者视为同一概念。可参见[加]L. W. 萨姆纳:《权利的道德基础》,李茂森译,中国人民大学出版社2011年版,第185~186页;[苏]雅维茨等:《法的一般理论——哲学和社会问题》,朱景文译,辽宁人民出版社1986年版,第185页;张文显:《法哲学通论》,辽宁人民出版社2009年版,第251~252页、第262页;孙国华、朱景文主编:《法理学》,中国人民大学出版社2015年版,第145页。

[2] [苏联]马尔琴科:《国家与法的理论》,徐晓晴译,中国政法大学出版社2010年版,第436页。

[3] [德]哈里·韦斯特曼:《德国民法基本概念》(第16版),张定军等译,中国人民大学出版社2013年版,第36页。

[4] 参见[德]卡尔·拉伦茨:《德国民法通论》,王晓晔等译,法律出版社2013年版,第404页。本书在相同意义上使用层次与顺位概念。

视,具体有如下不足:第一,未能站在法理学的高度阐明。具有根本意义的权利及其客体的层次之分是在第一层次与第二层次(及以后层次)之间,第二层次及其以后层次具有同质性,因此第三层次及以后的权利及权利客体的分类在法理学层面的意义不大。第二,未意识到权利这一新型客体的出现带来的问题的复杂性。权利作为第二层的权利客体,可能与第一层次权利客体中的"行为"存在某种程度的重叠。第三,未能借助权利客体理论来讨论权利与权力的关系,因而也就不可能发现权利、权力与法律观理论的联系。正如马俊驹教授所指出:"以法律关系为客体的形成权的发现,即验证了法律关系得作为权利指向对象的法哲学原理。对于形成权之发现所折射出的这一增进我们对于权利认识的巨大贡献,当代的法学家们并未给予足够的重视。"[1]一权利(法律关系)得成为另一权利(法律关系)之客体,本身已经蕴含着重要的法理意义。

权利客体两个层次(顺位)的划分,借助哲学的概念框架,可追溯到客体内部的自然与人为、客观与主观之分。基于客体一词与物的天然亲缘性,客体可统称为广义的物。那么,第一层次权利客体是不依赖于法律的自然物,其外延不仅包括有体物、无体物,而且包括自然行为、人身、人格、智慧成果、信息等;第二层次权利客体是法律的建构物,其外延包括权利或义务。自然物与建构物区分的关键,是它们与相关法律(规则或制度)的关系:自然物具有对法律规则的独立性,是不依赖于法律规则而事实上就存在的客体;建构物具有对法律规则的依赖性,是根据法律规则而建构出来的客体。

以权利客体为标准,权利和权力概念可作如下区分和界定:权

---

[1] 马俊驹、申海恩:《关于私权类型体系的思考——从形成权的发现出发》,载《法学评论》2007年第3期,第10页。

利和权力分别是以具有法律观意义的一阶规则和二阶规则为载体、以自然物和法律建构物为客体的法律上的利益（广义权利）。

(二) 客体标准下的权利—权力关系

权利客体的二层次划分，为解析权利—权力关系提供了清晰可靠的理论工具。综合考虑"关系"概念的丰富含义，本书对权利与权力的关系概括如下：

结构上的嵌套关系。由于权利可以成为权利的客体，权力可定义为以权利为客体的权利，此时便呈现出权利—权力的嵌套结构：权力中有权利，权利上有权力；权力以权利为客体，权利以自然物为客体，因此权力即二阶权利。

性质上的矛盾关系。权利与权力的矛盾关系即对立统一，对立性体现在：权利与权力以客体类型为标准存在根本区别，因而相互排斥、相互制约；统一性体现在：权利与权力相互依存、相互作用、相互生成，这是由权利—权力的嵌套结构所决定的，可表现为彼此之间的创设、处分、生成等多种形态。这种相依相生关系表明，权利—权力的嵌套结构实际上是一种权利发生装置，这种装置也是任何一种治理方式之微观生成机制。

功能上的目的手段关系。在权利与权力的关系中，权利是目的，权力是手段。因为权利以物为客体，此乃所有法律关系的终极目的；权力以权利为客体，乃是间接地以物为客体，因为"以权利为客体的权利，它的价值的最终实现还是要以第一层次权利的客体作为根据……具有终极意义的权利客体是第一层次的权利客体，即客观存在的事物，第二层次及以后的权利客体只是制度上的建构。"[1]

---

[1] 方新军：《权利客体的概念及层次》，载《法学研究》2010年第2期，第41页。

第七章 权利与权力

数量上的等值关系。在以客体标准区分权利与权力的语境下，权利与权力具有数量上的等值关系。这是权利与权力的嵌套结构、矛盾关系、目的手段关系的题中应有之义。既然权利与权力是嵌套为一体的治理机制发生装置，并且二者相互依存、相互生成，那么必然意味着二者在数量上的等值关系。这不同于主体标准下的私权利与公权力在数量上的反比关系。

逻辑上的互为优先关系。仿照哲学上一般关系原理的提问模式，权利与权力关系原理的基本问题可表述为：权利和权力何者为第一性。这是个令无数学者困惑不已的问题，我们经常在学者的议论中看到这种纠结："倘若合法要求后面没有一个实际的权力作后盾，那么我们关于享有权利的谈论就纯属空谈……无权力的权利似乎是一种幻觉。但是，完全以权力对权利进行分析终究是不充分的，因为我们完全可以在缺乏权力的情况下享有权利。无辜的人有权不受刑罚，但他们可能没有权力阻止强加给他们的刑罚。从这方面看，权利似乎无须权力的保障。"[1]对此问题，基于不同的思维角度可以得出不同的结论：从（广义）权利的层次的角度说，先有权利，后有权力，权利是权力的前提和基础，权力是权利的派生；从（广义）权利的来源看，先有权力，后有权利，权力是权利的产生机制，权利是权力创设、行使或处分的对象和归宿。这种对优先性的不同判断，根源在于作为规范性概念的权利、权力及其关系问题不是个事实，是一个解释性问题。借用哲学方法或有助于消解结论的僵硬对立：权利之于权力的优先性，是一种概念先在性；权力之于权利的优先性，是一种

---

[1]［美］汤姆·L. 彼彻姆：《哲学的伦理学——道德哲学引论》，雷克勤等译，中国社会科学出版社1990年版，第291页。

事实先在性。[1]

  作为权利与权力相依相生关系基础的权利规范、权力规范，构成了两个层次的法律体系结构，这应当被理解为一种逻辑上的抽象，它借助于理论的单纯性帮助我们把握法概念或法律体系结构的本质，因此被学者称为"法律体系的理想结构"，与之相对应的是"法律体系的现实结构"[2]。众所周知，在任何一个法律体系的现实结构中，法律规范都是以多层次（超过两个）的形式存在的。法律体系以多层次规范的形式存在，意味着权利规范与权力规范的区分并不是截然分明的。这可借助阿道夫·默克尔的"法的两面性"原理予以说明。在基于默克尔设想的法律体系中，法律规范以三阶层的方式存在：纯粹的法律创设的规范即基础规范（起源规范）、纯粹的法律适用即实施行为，以及处于二者中间、兼具规范创设和规范适用性质的规范/行为。这个中间阶层之所以被标为"规范/行为"，是因为"与作为纯粹的法律创设的起源规范与作为纯粹法律适用的实施行为不同，它们同时呈现出法律创设与法律适用的面向，这即是默克尔所谓的'法的两面性'"[3]。通俗地说，一个法律体系的中间层次，既是立法（法律创设），也是法律实施（法律适用）。由此，立法与司法、行政之间的区分被相对化了，法律规范与（法律上的）行为的区分被相对化了，同时，权利规范与权力规范的区分也被相对化了。在法律体系的实存状况中，一条规范是权利规范还是权力规范，

---

  [1] 概念先在性和事实先在性（或称经验先在性、时间先在性）是源自德国古典哲学的概念和思考方法，有一个形象的例子可助理解：是先有汽车还是先有车轮？回答是：在事实上先有车轮后有汽车，但在概念上先有汽车后有车轮。
  [2] 雷磊：《法律体系、法律方法与法治》，中国政法大学出版社2016年版，第25页、29页。
  [3] 雷磊：《法律体系、法律方法与法治》，中国政法大学出版社2016年版，第31~32页。

取决于它相对谁而言：相对于创设它的上一层次的权力规范来说，该规范是权利规范；相对于下一层次它所创设的权利规范来说，该规范是权力规范。因此，权利规范与权力规范的区分是相对的。但是，正像我们所看到的，深谙这种"法的两面性"和区分的相对性的阿道夫·默克尔却明确地区分了权能规范（授权规范）与行为规范（命令规范和禁止规范),[1]因此有理由相信：权利规则与权力规则在法律体系的现实结构中的混同，并不影响我们在逻辑上抽象出权利规则和权力规则，并以之为构成法律体系的两类根本规范。

（三）权利、权力之分的主体标准与客体标准的异同

权利与权力之分，如果采用主体标准，则权利＝私权利，权力＝公权力；如果采用客体标准，则权利≠私权利，权力≠公权力。学界通说采主体标准，本书采客体标准。因此在理解上应避免将权利与私权利、权力与公权力概念等同。

理解这种分类标准和分类结果的不等同，需注意几个问题：第一，客体标准的分类不是否定主体标准分类的意义和价值，比如可由此阐发出极有法理意义的权利推定原则和权力法定原则。第二，主体标准的分类也无法否认客体标准分类的意义和价值，例如，它反映并揭示了私法中有权力、公法中也有权利这一重要现象,[2]也从内容、结构上说明了权利和权力的区别（主体标准只是从外在形式、主体上区分了权利和权力）。第三，分类标准和分类结果的"不等同"，不意味着分类结果必然对立或排斥，事实上二者存在重要的交叉、重叠，也就是说，作为不同标准下的分类结果的权利与私权

---

[1] 雷磊：《法律体系、法律方法与法治》，中国政法大学出版社2016年版，第28页。

[2] 哈特明确谈过公共权力与私人权力的类型，前者如裁判或立法的权力，后者如创设或改变法律关系的权力。见哈特：《法律的概念》（第3版），许家馨、李冠宜译，法律出版社2018年版，第136~137页。

力、权力与公权力之间仍保持着许多共同点：权利以物（利益）为客体，其操作的、处理的对象是属物的，主要存在于私法中，遵循契约自由原则，因而大部分权利为私权利；权力以权利为客体，本质上是对法律关系的支配，其处分或行使的对象是属人的，多存在于公法中，具有单方面决定、改变某种法律关系的能力，因而大部分权力为公权力。综上，权利与私权利、权力与公权力尽管源于不同的分类标准，但也有理由被视为近义词。

坚持客体标准的权利、权力之分，还需特别注意避免把权利、权力与约定（意定）权利、法定权力概念混淆。这种混淆原因有二：其一是把权利混同于私权利、权力混同于公权力的结果，由于这种混同，在私法中的权利推定原则，公法中的权力法定原则，倒因为果地成为定义权利、权力的根据，这显然是逻辑的混乱；其二是当我们将权力定义为一种单方面创设权利义务关系的资格或能力时，权力意味着一种授权主义的调整方式，相应地权利意味着法定主义的调整方式，但其实，这里的"授权主义"显然不是指私法主体可依意思自治原则自由地约定权利义务关系，"法定主义"也不是说权利皆为法定，毋宁说，授权主义、法定主义在这里仅是对其调整对象的抽象程度不同做的一个不准确的、容易让人误解的区分，其对应的仍然是权利客体的两个层次。

（四）逻辑方法的优越性

与通常的"概念先行"的语言学方法不同，我们在讨论权利、权力的类型、概念本质之前，先探究权利与权力的关系。这种"关系先行""结构先行"的方法是一种逻辑方法，有其独到的优势。

首先，是对语言学方法之弊端的反省。语言学方法包括语义学和语用学方法。前者侧重从语言结构本身探寻词语的意义，强调含义决定用法；后者主要从语境中寻找词语的意义，认为用法决定含义。语言学方法最常见的体现即"定义法",即通过属加种差的方法给概念下定义。定义法的根本缺陷在于它没有说明定义的根据或目的,容易使定义本身陷于盲目、偶然和随意。我们经常看到一个概念的定义五花八门、众说纷纭的现象,这些定义各怀目的、各有道理,却谁也说服不了谁,无法产生一个权威的共识。权利、权力概念的讨论也是如此。受现实目的或价值立场的影响,人们在使用文字时会自觉或不自觉地采用不同的标准含义去界定概念,以至于同一词语具有不同意义,最终导致各说各话的处境,德沃金曾以"语义学之刺"[1]概括语言学方法的弊端。尽管如此,语言学方法仍然是通常人们最擅长也被最广泛使用的方法,以至于重视逻辑方法的霍菲尔德也在有些地方使用了这种方法,例如,他将权利定义为一种针对他人的强制性请求,权力则是一种对特定法律关系的强制性支配,[2]这就把解释的重心放在了"请求"和"支配"等字样上,[3]最终无法避免语言学方法的局限。这说明霍菲尔德对逻辑方法的运用并不彻底。如果停留在语义学或语用学层面去解释或界定概念,难以真正有效地区分权利和权力,权利与权力的法律观意义更无从彰显。因此我们转向逻辑方法。

其次,是对逻辑方法的优越性的说明。这里我所谓的逻辑方法是广义的,包括形式逻辑、道义逻辑、辩证逻辑,甚至在一定程度

---

[1] 参见[美]罗纳德·德沃金:《法律帝国》,徐杨勇译,上海三联书店2016年版,第一章。

[2] [美]霍菲尔德:《基本法律概念》,张书友编译,中国法制出版社2009年版,第70页。

[3] 以请求权、支配权、形成权、抗辩权去诠释霍菲尔德的权利、特权、权力、豁免,就体现了这种语义学方法。参见王涌:《法律关系的元形式——分析法学方法论之基础》,见《北大法律评论》(第1卷第2辑),北京大学出版社1999年版,第591页以下。

上借鉴了作为理解和解释技术的诠释学方法[1]。这些方法有一个共同特点，即立足于某种整体论或系统论的思维，从概念之间的关系或功能目的的角度来定位、解释概念。阿列克西曾论及用这种方法分析权力概念的必然性："权能概念内在地与其他基本法律概念，如规范、效力、义务、主观法（权利）、权威以及自治联系在一起。因而对权能概念的分析就必然是对一个概念网络的分析，而由于所有这些概念都是基本法律概念，权能理论就包含着法律本质理论的根本要素。"[2]如此定义的概念，一方面满足了概念系统的融贯性要求，另一方面使其得出的概念定义或结论具有必然性，这正是对通常采用的语言学方法缺陷的弥补。霍菲尔德主要以逻辑方法分析基本法律概念，值得充分肯定并应予以借鉴。从概念的关系系统中理解概念，实际上是在深层次上发掘概念的理论意义或实践功能，其合理性可借用黑格尔的话加以说明："一个定义的意义和它的必然证明只在于它的发展里，这就是说，定义只是从发展过程里产生出来的结果。"[3]

二、权利类型理论

建立在客体标准上的权利—权力关系原理，有助于权利类型论、法概念与本质论等基础理论的深化与完善。

---

[1]"诠释学"译自德文 hermeneutik，英文 hermeneutics，也常被译作"解释学""释义学""阐释学"。洪汉鼎采用"诠释学"的译法。参见洪汉鼎：《译后记》，见[德]加达默尔：《真理与方法》（修订译本），洪汉鼎译，商务印书馆2010年版，第852~853页。

[2][德]罗伯特·阿列克西：《阿尔夫·罗斯的权能概念》，见[丹麦]阿尔夫·罗斯《指令与规范》，雷磊译，中国法制出版社2013年版，第258~259页。

[3][德]黑格尔：《小逻辑》，贺麟译，商务印书馆1980年版，第7~8页。

（一）请求权、支配权、形成权、抗辩权的分类基础

法学理论中有多种权利类型的划分，多半基于助人理解或经验实用的考量，而每每陷于分类标准的不清晰或分类结果的不确定，以民法中的四种基本权利类型的划分最为典型。民法将权利分为请求权、支配权、形成权、抗辩权，在逻辑上并不严谨，这体现在不但其分类标准没有统一的表述，[1]而且分类结果也颇多异见。[2]在基本法律概念理论视野下，民法中四种基本权利类型划分的主要缺陷是：①夸大了请求权与支配权的区别。按照德国学者冯·图尔的理论，支配权应作广义的解释，"支配的对象或者是另一个人格或者

---

[1] 其分类标准，多数民法教材认为是法上之力，也有的表述为实现方式、作用方式、权利的作用形式或功能、权利效力、自由意志，无论表述为何，这些分类标准本身都有待解释。

[2] 在民法的基本权利分类中，不同的分类标准可以导致相同的分类结果，而同一分类标准之下却可以得出不同的分类结果。我国大陆和台湾的多数民法学家支持支配权、请求权、形成权、抗辩权的四分法通说，参见史尚宽：《民法总论》，中国政法大学出版社2000年版，第25页；王伯琦：《民法总则》，正中书局1979年版，第26页；刘得宽：《民法总则》，中国政法大学出版社2006年版，第36页以下；李宜琛：《民法总则》，中国方正出版社2004年版，第40页；王泽鉴：《民法总则》，中国政法大学出版社2001年版，第85页；马俊驹、余延满编：《民法原论》（第4版），法律出版社2010年版，第58页；王利明主编：《民法》（第5版），中国人民大学出版社2010年版，第88页；魏振瀛主编：《民法》（第5版），北京大学出版社2013年版，第122页；徐国栋：《民法总论》，高等教育出版社2007年版，第168页；朱庆育：《民法总论》（第2版），北京大学出版社2016年版，第514页。另外一些著名学者则有不同观点，如胡长清的分类结果是三项：支配权、请求权、形成权，参见胡长清：《中国民法总论》，中国政法大学出版社1997年版，第40页；梅仲协的分类结果是支配权和形成权两项，参见梅仲协：《民法要义》，中国政法大学出版社1998年版，第35页；郑玉波、梁慧星的分类结果是三项：支配权、请求权、变动权，变动权下又分为形成权和可能权（郑玉波）或形成权和抗辩权（梁慧星），参见郑玉波：《民法总则》，中国政法大学出版社2003年版，第64页，梁慧星：《民法总论》（第4版），法律出版社2011年版，第72页以下；龙卫球的分类结果为六项：支配权、形成权、请求权、抗辩权、排除权、保留权，参见龙卫球：《民法总论》，中国法制出版社2002年版，第124页以下。

是一个物",也就是说,广义的支配权可以把请求权包含进来。[1]从权利客体角度看,请求权客体与支配权客体都是第一层权利客体,在这一点上并无本质区别,以此为据,将其归为广义的支配权不无道理。②未能凸显广义支配权与形成权之间具有重要法理意义的区别。根据权利客体理论,广义支配权以第一层次权利客体为支配对象,形成权以第二层次权利客体为塑造对象,二者是有重大原则区别的分类,但在四分法的权利分类中体现不出这一区分的特殊意义。③抗辩权的解释偏于狭窄,与其他三种权利的逻辑关系不清楚。在民法四种基本权利的分类中,抗辩权一般被解释为对抗请求权之权利,即使将请求权与支配权合称为广义支配权,对形成权的抗辩在这一分类中也没有体系地位。实际上抗辩权可作广义的解释,不仅指对抗他人请求权的权利,而且包含对形成权的抗辩;[2]从基本法律概念理论的角度即,抗辩权有对抗权利和权力的双重属性,[3]此时相当于抗辩权人主张对方无权利或无权力,而己方无义务(自由)或无责任(豁免)。综上,经重新解释和适当改造,原本疏于逻辑考量的民法中四种基本权利的分类,实际上恰好隐含着四种法律利益,即(广义)权利细分的四个基本法律概念:支配权、请求权合二为一,相当于权利;形成权即权力;抗辩权一分为二,相当于无义务(特权)和无责任(豁免)。只是受限于经验性视野,民法中基本权利的四分法未能呈现出符合逻辑的基本权利的应有形态。

(二)原生权利与衍生权利

我国法理学有原有权利与救济权利之分,这是从因果关系的角

---

[1] 参见申海恩:《私法中的权力:形成权理论之新开展》,北京大学出版社2011年版,第15页。

[2] 参见龙卫球:《民法总论》,中国法制出版社2002年版,第128页。

[3] 严格来讲,对抗请求权之抗辩权只有在延期抗辩时对抗的才是权利,在排除抗辩时对抗的是权力。

度对权利的分类。依本书权利—权力关系原理,将权利区分为"原生权利"与"衍生权利"更为合理。因其以权利客体类型为标准,在更基础的层面上揭示了两种类型权利的相依相生关系。原生权利和衍生权利为部门法学者所提倡,按其定义,衍生权利"指赋予其持有者为自己或者他人设定、变更、废止一项原生权利之权限"[1],故衍生权利即权力,其处分对象即原生"权利"。两相比较,"救济权利"较之"衍生权利"含义偏于狭窄,因此以后者替代前者,以原生权利为第一性权利,衍生权利为第二性权利,更具说服力。

三、权利概念和本质理论

权利与权力的关系问题归根到底是指向权利概念理论及更深层面的权利本质理论。在这一领域,意志论和利益论各自根植于深厚的哲学基础而争论不休。作为基本法律概念的权利—权力关系理论,在权利本质问题上有如下两点启发。

第一,在权利的意志论、利益论争执不休且各有局限的情况下,关系优先的概念分析或许是突破内容视角的权利本质理论的有益尝试。无论是意志论还是利益论都是将权利作为实体性概念,从内容的角度探寻权利的本质;本书将权利理解为关系性概念,借鉴道义逻辑从基本法律概念之间关系中揭示权利的本质。这里呈现了权利本质问题的两个方面及相应的两种研究思路。"实体性"思路会致力于探讨权利的结构(系统—要素),于是有三要素说、四要素说等;

---

[1] 申海恩:《私法中的权力:形成权理论之新开展》,北京大学出版社2011年版,第235页。

"关系性"思路则会致力于开放结构—关系分析,正如阿列克西在论及权力(权能)概念时所说:"对权能概念的分析就必然是对一个概念网络的分析,而由于所有这些概念都是基本法律概念,权能理论就包含着法律本质理论的根本要素。"[1]

第二,权利的利益论和意志论之所以各有缺陷和困境,源于(广义)权利概念的复杂性。贪大求全的权利概念理论难免顾此失彼;霍菲尔德式的分析细化了权利概念,利益论和意志论可能适合于不同类型权利本质的解释:利益论适合于狭义权利概念的解释,因为属物客体作为一阶权利客体与利益概念完全契合,属物客体的抽象表达即利益;[2]意志论适合于权力概念的解释,因为属人客体作为二阶权利客体正是赋予了意志以特别的法律意义,即属人客体或以法律意志为基础建构,或在法律授权下按当事人意志自由创设。由此,在权利—权力二分的基础上,利益论和意志论都可以找到各自合理的存在空间。而借助客体的层次之分,利益—权利—权力之间层层递进的关系也得到了清晰的说明:利益是权利客体,而权利又是权力的客体。

四、权利、权力概念的实践基础

基本法律概念理论如果满足于经验性的归纳,则难以摆脱偶然性的缺陷;如果滞留于逻辑性的构建,则难以克服形式化、抽象化的弊端。马克思主义的实践观点和方法,超越了这种局限,为基本

---

[1] [德]阿列克西:《阿尔夫·罗斯的权能概念》,见[丹麦]阿尔夫·罗斯:《指令与规范》,雷磊译,中国法制出版社2013年版,第258~259页。

[2] 参见张文显:《法哲学通论》,辽宁人民出版社2009年版,第266页。

法律概念理论提供了实践基础。

（一）逻辑构建的实践基础

在当代中国法学理论中，鲜有直接论及"基本法律概念理论"的著述[1]，对何为基本法律概念，学者们所见不一。主流观点认为，权利和义务是法学的基本范畴、中心范畴、核心范畴，[2]"权利与义务这对范畴，在法学的范畴体系中处于中轴的地位";[3]有的学者主张，"权利与权力是法学的基础和核心范畴",[4]"法律上最重要的现象是权利和权力，最基本的矛盾是权利与权力的矛盾"。[5]

这些论断有两个特点值得注意：第一，都是从权利、义务或权力在法律体系中存在的普遍性或使用的广泛性概括而得出其为基本范畴、核心范畴、中心范畴的结论。然而，经验归纳尚不足以得出必然性的结论，本书的前述论述旨在从逻辑方面说明基本法律概念的基本性。第二，无论是权利、义务作为法学基本范畴的论证，还是权利、权力作为法律核心概念的提出，均相对集中地发生在20世纪80年代末至21世纪初。这正是中国改革开放取得重要进展和突破的时期，先后经历了社会主义商品经济、社会主义市场经济体制的确立和完善、中国特色社会主义法律体系形成等重要阶段。1993年《中共中央关于建立社会主义市场经济体制若干问题的决定》出台，正式确立了社会主义市场经济在我国经

---

[1] 在笔者所见范围内，对"基本法律概念"作专章阐述的法理学教材只有周永坤所著《法理学——全球视野》（法律出版社2016年版，第十二章）。

[2] 参见张文显：《法哲学范畴研究》（修订版），中国政法大学出版社2001年版，第324页。

[3] 参见郑成良：《权利本位论——兼与封曰贤同志商榷》，载《中国法学》1991年第1期，第30~31页。

[4] 吕世伦、宋光明：《权利与权力关系研究》，载《学习与探索》2007年第4期，第49页。

[5] 童之伟：《再论法理学的更新》，载《法学研究》1999年第2期，第3页。

济体制中的基础地位和主导作用。经济结构的调整成为法律发展的动力,也为权利意识兴起提供了土壤,正如马克思所指出的:"每一历史时代的经济生产以及必然由此产生的社会结构,是该时代政治的和精神的历史的基础。"[1]正是在改革开放这一宏伟实践的基础上,"为权利而斗争""认真对待权利"的论述和呼求成为当代中国富有时代特色的强音,"权利本位论"堪称是这一"权利时代的理论景象"。[2]

在权利—义务之相关性已得到普遍认同的情况下,以权利—权力为轴心构建基本法律概念及其关系体系,更具有理论上的必要性。一则权利、权力规则能完好地体现两类规则结合的法律观,二则客体标准的权利、权力之分有助于克服主体标准下对私法中的权力现象、公法中的权利现象无法言说的窘境。

(二) 法律观的实践论诠释

对法概念、法体系或法秩序的阶层构造或阶层化理解,是现代法理学的核心洞见之一。基本法律概念理论及以此为基础的权利—权力关系原理,是对这一洞见的诠释。这种诠释说到底是指向法律实践的。但作为现代西方的主流法学理论,法律实证主义关于法律本质的学说总体而言并不令人满意。马克思主义法学将实践聚焦、落实为物质生活的生产方式这一社会实践活动,实践论构成关于人的存在的本体论,马克思主义的实践转向实现了前所未有的哲学革命。根据实践的观点去探求法律阶层化解释的基础,既要求寻找其客观依据,也要求说明其主观目的,说到底,是通

---

[1] 中共中央马克思恩格斯列宁斯大林著作编译局编译:《马克思恩格斯选集》(第1卷),人民出版社2012年版,第380页。

[2] 张文显、姚建宗:《权利时代的理论景象》,载《法制与社会发展》2005年第5期,第5页。

过诠释实现合规律性与合目的性的统一。其一，在人类社会物质生活条件尚未达到对法律的需要时，当然不可能有权利义务等基本法律概念的分化，正像马克思所说："在氏族制度内部，还没有权利和义务的分别；参与公共事务，实行血族复仇或为此接受赎罪，究竟是权利还是义务这种问题，对印第安人来说是不存在的；在印第安人看来，这种问题正如吃饭、睡觉、打猎究竟是权利还是义务的问题一样荒谬。"[1]其二，在社会的经济结构没有发展到比较复杂、精致的程度时，它对法律的要求也相对简单，不存在二阶性诠释的必要，"权利决不能超出社会的经济结构以及由经济结构制约的社会的文化发展"。[2]其三，在社会的经济结构发展到比较复杂、精致的程度的情况下，法律调整对象趋于复杂化，法律调整的目标需要精细化，这必然最终体现在对一种更为复杂、精致的法律观理论的要求。法律上一系列二阶元素的构造，是对这一要求的理论回应，同时也是法律理论作为社会意识形式对复杂经济结构的理性把握、规范和塑造。因而这是一个理性诠释的过程，其目的在于为法律实践问题的解释和解决提供回旋的空间和有力的概念框架。

以权利和权力为中枢的基本法律概念，不仅诠释了现代法理学关于法概念、法体系、法秩序的二阶层构造，而且涵盖了所有治理的微观机制基础。"诠释"的观念消解了反映与建构、描述与规范之间的僵硬对立，它一方面力求理解或符合法律实践，另一方面力图有助于改进或推动法律实践。归根到底，实践构成一切理解和解释

---

[1] 中共中央马克思恩格斯列宁斯大林著作编译局编译：《马克思恩格斯选集》（第4卷），人民出版社2012年版，第175页。

[2] 中共中央马克思恩格斯列宁斯大林著作编译局编译：《马克思恩格斯选集》（第3卷），人民出版社2012年版，第364页。

活动的本体论基础和前提。马克思主义的卓越之处"正在于从'经济—政治维度'出发,开辟出理解和解释一切文本的新通道,而正是这一维度构成了此在在世的根本内涵"。[1]以实践为基础构建的权利—权力关系原理,或可为法学理论中一些疑难问题的解释或解决带来启发。

---

[1] 俞吾金:《实践与自由》,上海人民出版社2016年版,第298页。

第八章
法治与公正

公正是含义丰富的政治哲学、社会哲学、法哲学概念，从语义上可以涵盖公平和正义两个义项。公平正义是发源最早的道德概念，它可以用于个人行为和社会制度两大类主题。在古代，公平正义原则主要是由义务论的道德金规则阐发和表达，是个人行为的公正原理；在现代，公平正义的主题愈加集中地指向社会，罗尔斯的两个正义原则是社会基本结构的公正原理。公平正义的实现，有赖于社会公正和行为公正的良性互动，而社会基本结构的公正具有决定性地位。尽管罗尔斯的正义理论从普遍主义退却到主要适用于西方社会，但其对非西方社会的启发意义值得重视。

作为重要而基础的道德概念，公正也是在任何社会都事关公民的幸福感和社会持续稳定发展的重大主题。作为道德概念,公平正义不限于个人行为的道德,而且包含社会制度的道德。因此,公平正义不仅是一般伦理学的研究对象,也是政治法律哲学研究的对象。特别是当我们的兴趣集中在分配公正时,表征社会制度的法律是绕不开的研究对象,正如亚里士多德所说:"公正只存在于其相互关系可由法律来调节的人们之间……因为法律的运作就是以对公正与不公正的区分为基础的。"[1]我们首先从历史发展的视角追寻公平正义这一美德的基本含义,然后以道德金规则为对象阐明个人行为的公正原理,最后将公平正义的主题从个人转向社会制度,通过罗尔斯的两个正义原则,说明作为个人行为基础的社会基本结构之公平正义的合理标准和实现途径。

一、作为道德概念的公平正义

公平正义作为人类最古老、最重要的道德概念,在相当大程度上是道德的代名词,[2]说一种行为是公正的,往往与说它是道德的同义,当我们把公平正义的主题用于社会制度时尤其如此。公平正义即制度的道德。中国传统文化典籍鲜有直接谈论"正义"观念的内容,对中国古代社会影响最大的儒道两家分别以"仁"和"道"

---

[1] [古希腊] 亚里士多德:《尼各马可伦理学》,廖申白译,商务印书馆2003年版,第148页。

[2] 亚里士多德曾说,公正是德性之首、一切德性的总括,德性与公正的区别在于,"作为相对他人的品质,它是公正;作为一种品质本身,它是德性"。见亚里士多德:《尼各马可伦理学》,廖申白译,商务印书馆2003年版,第121~130页。又说,"公正即是共同生活中的德性,凡具备这种德性,其他的所有德性就会随之而来"。见亚里士多德:《政治学》,颜一、秦典华译,中国人民大学出版社2003年版,第98页。

为核心建立其思想体系,正义观念只是间接地隐含于这些概念中。西方思想家则自古希腊起就直接、正面地阐述了正义观念。"正义概念在西方是表明着道德最初发源的观念。"[1]从某种意义上说,公平正义观念在当今我国社会受到极大关注,既根植于中国文化传统,更与中西思想文化交流密不可分。我们从这一观念的产生、演变的历程,我们可以得到公平正义的基本含义。

(一) 古代西方的公正观念

在古代希腊,正义一词来源于女神狄刻的名字。一般认为,第一个阐释正义含义的是梭伦:正义即"应得"。"梭伦清醒地意识到,无论倾向于富人一边还是倾向于穷人一边,正义与和平都是无法实现的;要做到正义,只有在富人和穷人之间不偏不倚……应得可以说是正义概念中的那个正。正就是本体、本身、真实、正确和正当。"[2]"应得"观念有两层含义:既包括赏也包括罚。赏或罚是由于一个人自身的行为而属于他自身的。正义即应得的思想由梭伦阐述后,在西方思想中产生了长久而深远的影响,以至于这一概念在西方虽历经诸多变化,但应得始终是其中的基本含义。近代以来得到充分发展的权利、自由等概念的最早的起源均能在"应得"意义的正义中找到踪影。

古希腊三哲之一的柏拉图明确地讨论了国家正义和个人正义的标准。国家的正义在于各种人各尽本分、各司其职而互不僭越;个人的正义在于自身的各种品质各起各的作用,具体而言是理性、欲望、激情三者相互协调,达到心灵的自主、和谐而不混淆、迷失,

---

[1] 廖申白:《西方正义观念:嬗变中的综合》,载《哲学研究》2002年第11期,第60页。

[2] 廖申白:《西方正义观念:嬗变中的综合》,载《哲学研究》2002年第11期,第60页。

并且，柏拉图认为二者是一致的："我们以什么为根据承认国家是正义的，我们也将以同样的根据承认个人是正义的。"[1]与梭伦的不同在于，柏拉图认为正义是总体的善德。"应得"观念之所以只能包含善而不能包含恶，是因为：①"人受了伤害便变得更不正义"，正义的人不能用它的正义使人变得不正义；②"伤害任何人无论如何总不是正义的"。[2]由此，柏拉图强调正义"善"的性质，排除了以恶报恶意义上的"应得"，实际上提出了更高标准的"正义"概念。柏拉图的这一思想对古希腊罗马直至基督教的思想都产生了深远影响。另一位古希腊思想巨人亚里士多德认为，公正即德性的总体，而"出于总体的德性的行为基本上就是法律要求的行为"，因此公正即守法。亚里士多德详细讨论了三种具体的公正：分配的公正、矫正的公正、回报的公正，其核心都是"适度的比例"。[3]分配的公正是适度或成比例的公正；矫正的公正就是得与失之间的适度；回报的公正，亚里士多德明确肯定了"以善报善是一种美好的品质"。至于"以恶报恶"，亚氏似将其划归"矫正的公正"，解释为"它是使交易之后所得相等于交易之前所具有的"，因而是正义的。可见，亚里士多德重新解释了"以恶报恶"，一方面延续了梭伦的应得的正义概念，另一方面又维护了柏拉图关于正义德性只同善相关的观点，从而使这两种对立的观念达到一定程度的综合，体现了一个正—反—合的思想发展过程。

---

[1] [古希腊]柏拉图：《理想国》，郭斌和、张竹明译，商务印书馆1986年版，第169页。

[2] [古希腊]柏拉图：《理想国》，郭斌和、张竹明译，商务印书馆1986年版，第13~15页。

[3] [古希腊]亚里士多德：《尼各马可伦理学》，廖申白译，商务印书馆2003年版，第134~147页。

（二）西方中世纪的公正观念

西方的中世纪，古希腊的正义观念都被置于神学教义中，并且，它更多地继承、发扬了柏拉图的传统。在基督教的教义里面，应得与法律是不足够的。一个人做的好事应当得到奖赏，但是不应当索取奖赏；敌人加恶于我，但是我不应当以恶报恶，相反，对陌生人、敌人都应当报以爱。另外，基督教强调在上帝面前人人平等，经过千余年的实践，人的平等观念在西方已积淀为一种普遍的文化心理结构，这为近代以后西方政治法律制度的发展奠定了极其重要的观念基础。

近代启蒙运动以来，走出神学统治的历史需要，一方面复活了自然法和人本主义，另一方面，功利主义作为现代形态的目的论获得了充分发展的历史条件。如果说，在正义概念上从古希腊到中世纪一直纠结于以恶报恶的正当性问题，那么，在启蒙运动的时代，自然法理论从社会契约论中找到了新的解释：一个人如果伤害另一个人，就违反了自然法，从而授予被伤害者以报复来惩罚的权利，而当通过社会契约进入法律社会后，个人报复即被国家以法律的名义实施惩罚所代替，法律对恶行的惩罚是正义的要求，没有增加新的恶，也不会使恶无限循环下去，因为法律是中立的裁判者，又以国家强制力为后盾，一般不会导致受惩罚者的报复。

（三）近现代西方的公正概念

19世纪以后，伴随着实证主义思潮的兴起，权利观念产生，公平正义即权利的观念逐渐占据主导地位。这一潮流孕育了自由主义的政治哲学。自由主义的正义概念肇端于这个基本理解：正义在于应得，而应得首先是个人持有其财产的权利，而财产来源于劳动，早期自由主义的代表人物洛克，着力阐述了作为财产权的道德理由的最初劳动或占有行动，劳动是应得的权利的概念获得了明确的意义。在后来的发展中，财产权是优先权利的观念逐渐淡化，伯林的"消极自由"的概念中越来越成为自由主义传统中的核心：一个人在法律确定的界限之内不受政府和任何他人干涉地支配他自身的行为，是自由或权利体系的本质。由于对权利概念的不同理解，主流的自由主义以"自由说"去解释权利的本质，而近代功利主义以"利益说"去解释权利的本质，从而形成了功利主义的自由主义。马克思主义认为，财产最终是由于投入于其中的劳动才在道德上是应得的，社会正义的合理依据不是财产权而是劳动。劳动的本质是实践的即现实地进行的劳动活动，以资本形式存在的物化劳动对活劳动的支配是不合理的。这一认识比自由主义更深入一层。同时，它反对天资（天赋才能）的特权，因为承认天资的特权，就必然要承认由它引起的社会和经济的不平等。以天资的特权为基础的社会将产生与财产权社会同样的社会和经济的不平等。天资作为自然的偶然性的东西，并非人们道德上的应得。可见，马克思提出了更彻底的平等正义观。

20世纪的正义观以罗尔斯的正义理论为最著名。罗尔斯的正义论梳理、批判和集成了此前众多流派的思想和理论成果，其中主要是康德的义务论伦理学和作为目的论的现代形态的功利主义，而在对"平等"价值的强调上与马克思主义有一致之处，即他们都反对把天资作为经济社会不平等的合理基础。罗尔斯以严谨、细密的论证而得出两个正义原则，批判和压制了功利主义的锋芒，恢复并弘扬了义务论的传统，是当代最重要的政治哲学成果，也是此后讨论公平正义问题绕不过去的一座山峰。

站在21世纪的起点回望西方道德哲学史，有两点可以清楚地看到：一是众说纷纭的道德公正概念，要么属于以"善"（价值）为独立和优先概念的目的论（其现代形态即功功利主义），要么属于以

"正当"(对)为独立和优先概念的义务论(道义论);二是作为道德概念的公平正义的主题经历了从个人行为到社会制度的扩展和转换。作为个人行为准则的公平正义,主要是由传统义务论的"金规则"阐发的;作为基本社会制度的道德评判标准,主要是由罗尔斯的两个正义原则诠释的。

二、个人行为的公正原理:道德金规则

公平正义的主题(对象)常被用于个人行为或人际关系,是个人行为的道德标准,在古代社会尤其如此。究其原因,恐怕在于公平正义作为一个表达对社会关系的道德评价的概念,实际上难免是对个人行为的评价。长期以来占统治地位的个人行为的道德标准是由"金规则"来表达的。所谓金规则是指世界各大文明体在各自相对独立的历史发展中不约而同地产生、形成的一条人类社会最基本的伦理道德原则,也被称为道德的"金科玉律"。道德金规则作为个人行为的公正原理在学理上是属于"义务论"传统的代表性成果。据考察,世界各大文明体中都有"金规则",而且这些在历史中各自独立地自发生成并且以不同方式表述出来的金规则在含义上惊人地相似。为此,1993年芝加哥召开的国际全球伦理大会正式把全球各大文明、不同文化的伦理道德、宗教信仰中共同存在的一条普适的基本规则,定名为"金规则"。金规则在各大文明体中惊人地相似,但有不同的版本。

(一)金规则的中国表达式——儒家版的金规则

儒家版本的金规则可由《论语》中的一句话代表:"己所不欲,

勿施于人。"[1]这是金规则的否定式的表达,其肯定、积极的表达式是:"己欲立而立人,己欲达而达人。"[2]一般认为,积极表达式理论上风险更大,故多采用消极、否定的表达式。金规则体现了孔子所倡导的"恕道","恕"即"如心",将心比心、推己及人之意,"恕道"实为"仁"的实践途径与方法。据说,犹太教的金规则与儒教的金规则表达是一样的,在犹太教徒劝导非教徒信教时,非教徒要求"能否在我单腿直立的这段时间里把犹太教经典概括起来告诉我",回答就是这句金规则。"己所不欲,勿施于人"这一金规则说起来简单明了,实际上却是人类社会生活的根本法则,做起来并非易事,做不好它堪称一切纷乱的根源,做得好便成为一切秩序的秘诀。金规则更通俗地说不过是表达了要想自己好必须也让人好,"大家好才是好"这样一个社会生活的根本道理。

（二）金规则的西方表达式——基督教版本的金规则

金规则的西方表达式体现在基督教中,《圣经·马太福音·第七章·求之则得》有一句话:"无论何事,你们愿意人怎么待你们,你们也要怎样待人。"被称为基督教版的金规则。从中不难看出,其实质含义与中国儒家版的金规则是完全一致的,只是语言表达式不同。

基督教版本的金规则在西方有一个学术化的表达式,即德国大哲学家康德的"绝对命令"。康德在《实践理性批判》结语第一句

---

[1] 语出《论语·颜渊第十二》。此外在古代典籍中还有多处相同或类似表述。如《论语·卫灵公第十五》,"子贡问曰:'有一言而可以终身行之者乎?'子曰:'其恕乎!己所不欲,勿施于人。'"《礼记·中庸》:"施诸己而不愿,亦勿施于人。"《管子·小问》:"非其所欲,勿施于人,仁也。"

[2] 语出《论语·雍也第六》,孔子答子贡问仁曰:"夫仁者,己欲立而立人,己欲达而达人,能近取譬,可谓仁之方也已。"此外在古代典籍中亦有多处类似表述。朱熹《论语集注》:"以己及人,仁者之心也,于此观之,可以见天理之周流而无闲矣。"阮元《研经室集》:"为之不厌,己立己达也;诲人不倦,立人达人也。立者,如'三十而立'之立;达者,如'在邦必达,在家必达'之达。"

话说：有两样东西，人们越是经常持久地对之凝神思索，它们就越是使内心充满常新而日增的惊奇和敬畏：我头上的星空和我心中的道德律。康德的金规则即他的"绝对命令"，绝对命令是康德道德哲学的核心命题，它表述了一条适用于所有人行为原则："要这样行动，使得你的意志的准则任何时候都能同时被看作一个普遍立法的原则。"[1]

（三）中西不同文化语境下金规则的同中之异

儒家版的金规则和基督教版的金规则分别代表了中国和西方伦理规则的元定理，二者的异同反映了中西方文化中关于个人行为准则的有趣对比。它们的共同点是：①有相同的语义要素，以儒家版金规则为例分析，其语义要素包括：其一，主体概念："己""人"；其二，行为概念："所不欲""欲立""欲达"；其三，隐含的客体、对象概念："所不欲"或"所欲"的东西。②相同的适用方法，即将心比心、推己及人，以己度人。尽管金规则的逻辑语义一致，但在不同的历史文化背景对其进行了不同的解读和发挥，因而呈现出不同的面貌。

（1）"主体"——人的概念不同，导致金规则在适用范围上的中西之别。从理论上说，金规则要求如下的适用条件：以一般的、抽象的、普遍的、共同的人、人性或人心作为前提预设，并在"人同此心"的基础上，要求"心同此理"，即社会成员具有大体共同的

---

[1] ［德］康德：《实践理性批判》，邓晓芒译，杨祖陶校，人民出版社2003年版，第39页。这条"绝对命令"在康德的著作中有多处表述，《道德形而上学原理》（苗力田译，上海人民出版社2005年版，第39页）中的表述是："要只按照你同时认为也能成为普遍规律的准则去行动。"《法的形而上学原理》（沈叔平译，商务印书馆1991年版，第29页）称之为"道德学科的最高原则"："依照一个能够像一项普遍法则那样有效的法则去行动。"这几个表述只是译文上的出入。"绝对命令"的英文表述：Act only on that maxim through which you can at the same time will that it should become a universal law。

价值观。然而，在儒家文化背景下，人以群分，人有差等，主体概念"己""人"是以"身份"来定义的，包括家庭亲属关系中的身份和社会关系中的身份。以"身份"定义"人"，亦即中国人是在"关系"中被定义的，"无君无父禽兽也"。在这种文化氛围中，缺少抽象的、普遍的、一般的"人"的观念，只有各种伦理角色：君臣、父子、夫妻等。儒家文化长期的统治地位，形成了中国特有的伦理秩序、熟人社会、关系社会，奉行家族本位主义，至今对中国人的生活有深刻影响。倘若作为主体的人是以身份、关系来定义，就可能导致金规则的适用就出现问题。因为在具体、现实的层面上常常是"人心不同"，所谓"人各有志"，所以不得不考虑，"己所不欲"如果与人"所不欲"不同怎么办。在这里就出现了一个可怕的思路："非我族类，其心必异"（《左传·成公四年》），把与我不同的都视为"另类""非人"，于是金规则不能适用于他们。这样金规则的适用范围就大打折扣，不是"普适性"的规则了。把金规则限定在一个特定群体之中，所谓"人以群分"，超出"自己人"这个圈子，中国传统文化倾向于将其打入另册，熟人以外不是人。中国人的"圈子文化"可谓根深蒂固、影响深远。这里蕴含着封建特权和专制主义的思想因素，也不利于在规则面前人人平等的现代公平正义观念的形成和实现。

基督教文化则不同。基督教思想中有一种"宽容"的因素[1]，

---

[1]《圣经》多处体现了宽容的思想：①《圣经·马太福音·第五章·论起誓》，"你们听见有话说：以眼还眼，以牙还牙。只是我告诉你们：不要与恶人作对。有人打你的右脸，连左脸也转过来由他打。有人想要告你，要拿走你的里衣，连外衣也由他拿去。"②《圣经·马太福音·第五章·论爱仇敌》："要爱你们的仇敌，为那逼迫你们的祷告。"③《圣经·马太福音·第六章·主训人的祷告》："你们饶恕人的过犯，你们的天父也必饶恕你们的过犯；你们不饶恕人的过犯，你们的天父也必不饶恕你们的过犯。"

自己"所欲"而别人不愿意的,不要施加于人;自己"不欲"而别人愿意的,要宽容。宽容原则的深层根源在于它有抽象的、一般的"人"的观念。你和你的敌人唯一的一个共同点是:都是人,所以"爱你的敌人"原则中包含了要爱一般的人的观念。西方自古希腊斯多葛学派就确立了一般人的概念,认为奴隶和奴隶主在一般人的意义上没有区别,自然本性没有区别,区别只是身份、职业的区别。后来基督教延续、发展了斯多葛学派的这一思想,通过人与人在上帝面前一律平等观念的确立,为近现代西方的平等观打下了坚实的基础。客观上,这有助于现代公平正义观念的形成和实现。

(2)"以恶报恶"的正当性上产生分歧。"以恶报恶"符合"对等"的正义观,但在更高的标准下,"以恶报恶"本身也是一种恶,毕竟它与"以善报善"的对等应当有所区别。因此在西方文化中,"以恶报恶"的正当性是存在争议的问题。亚里士多德以及近代以来的功利主义认为"以恶报恶"是正当的、正义的,并借助自然法学和功利主义加以解释;柏拉图和基督教思想认为"以恶报恶"本身也是一种恶,是不正当、不正义的。

与之形成对比的是,中国传统文化的主流一致主张"以直报怨"[1],据《论语·宪问第十四》,或曰:"以德报怨,何如?"子曰:"何以报德?以直报怨,以德报德。"儒家经典的这一反问是颇有力度的。以德报怨,何以报德?总不能以怨报德吧?还是以怨报怨、以德报德为好。按字面意思,"直道"是"以善报善""以恶报恶""以怨报怨"的中国式表达,"恕道"是"以善报恶""以德报怨"的中国式表达,《老子》第六十三章有"报怨以德"

---

[1] 这里的"直",通"值",即对等的东西,以直报怨,即以怨报怨。

之说。但实际上，中国传统文化中"恕道"并不具有"以德报怨"的宽容意识，因为它是在"人同此心，心同此理"的前提下的"恕"，是对与自己相同的人的宽容，而真正的宽容是对异己者的宽容。

在我看来，中西文化分别强调了具体层面的人的差异性和抽象层面的人的共同性，却没有调和好这一矛盾。中国传统文化是以人性的具体性、特殊性，限制、否定了抽象、普遍、一般的人性，因此，把金规则的适用范围缩减到由社会身份划定的"自己人"的狭小圈子内，大大降低了金规则的普适性，与金规则作为道德根本原理的地位不相匹配；同时，把不同于自己的人打入另册，进而为无视人性、践踏人权埋下伏笔。西方文化以抽象、一般、普遍的人、人性，掩饰、遮蔽了现实人、人性的差异，因此，表面上虽然满足了金规则适用范围的普遍性要求，但无法解释不同价值观的人之间的行为规则问题。当"己"和"人"的价值观不同的时候，以己度人、将心比心就成了好心办坏事，推己及人就成了强人所难。特别是在当今世界，不同文化之间的价值观念、意识形态的冲突几乎尖锐到无法调和的程度，现实的差异使得理想化的西方金规则在现实问题的解释力上陷入困难，从而实际上也限制了金规则的适用。为了修补金规则的缺陷，赵汀阳提出了一个金规则的修订版："人所不欲勿施于人"，认为它至少具有两个在理论上的优势：①它不需要以价值共识作为必要条件，因此可以良好地适用于今天社会的价值多元情况，是克服由于价值多元而产生的文化冲突的一个有效原则；②尤其在纯粹理论上看，"人所不欲勿施于人"原则能够满足严格意义上的普遍有效性要求，而"己所不欲勿施于人"原则只是新版金规则所蕴含的一个特例，假如一个社会碰巧具有价值共识，"人所不欲勿施于人"与"己所不欲勿施于人"意义等值。[1]

道德金规则作为个人行为的公正原理提醒我们,社会人际关系是一个互利共赢的有机体,要想自己好,也必须让别人好,人不能自己独好,不能以损人利己的方式谋取私利,否则终究会导致互损双输。这对于市场规则随时可能滑向丛林法则,功利主义极易导致极端利己主义的当今时代,具有深刻启示意义。

三、基本社会结构的公正原理:两个正义原则

(一)公正的主题:从个人行为到国家制度

公正的主题一头连着个人,一头连着国家或社会,二者不仅相通而且正义国家具有某种优先性。这一点早在柏拉图那里就已看得相当清楚而深刻:"如果我们找到了一个具有正义的大东西并在其中看到了正义,我们就能比较容易地看出正义在个人身上是个什么样子的。"这个所谓"大东西"就是个人生活于其中的国家,"好的国家里才会有正义"。[2]但就古代世界总体而言,公平正义仍然是侧重于从个人行为;公平正义的主体转向作为共同体的社会或国家,进而成为一个重要的政治哲学的概念,在当代主要得益于美国政治哲学家罗尔斯的理论成就。他在《正义论》开篇就说:"正义是社会制度的首要德性,正像真理是思想体系的首要德性一样。""正义在此的首要主题是社会的基本结构,或更准确地说,是社会主要制度分

---

[1] 赵汀阳:《道德金规则的最佳可能方案》,载《中国社会科学》2005年第3期,第75页。
[2] [古希腊]柏拉图:《理想国》,郭斌和、张竹明译,商务印书馆1986年版,第156页。

配基本权利和义务,决定由社会合作产生的利益之划分方式。所谓主要制度,我的理解是政治宪法和主要的经济和社会安排。"[1]

正义的主题为何由个人行为转向基本社会制度?在个人行为和社会制度这两个正义的主题(对象)之间有怎样的关系?至少可作两点说明:第一,维护"背景正义"的需要。任何个人行为都是在关于基本结构的"背景正义"的条件下才能进行和得到实现。对社会制度的初次选择的正义,不能保证也无法代替此后具体选择的正义,所以背景正义必须精心维护;第二,源于社会基本结构对生活在其制度下的人们所产生的广泛而深刻的影响。诚如罗尔斯所说,社会对于公民而言"只能是生而入其内,死而出其外"。[2]社会基本结构包含着不同的社会地位,出生于不同地位的人们有着不同的生活前景,社会制度不仅涉及面广,而且影响到人们在生活中的最初机会。在罗尔斯看来,一种完整的正当理论,既包括对制度的原则也包括对个人的原则,而且社会制度的公正具有对个人道德的优先或决定性的地位,"一个人的职责和义务预先假定了一种对制度的道德观,因此,在对个人的要求能够提出之前,必须确定正义制度的内容"。[3]

(二)公正的两个原则

罗尔斯正义理论最重要的结论性成果是提出了两个正义原则。我们以罗尔斯本人最晚近的表述为标准版本,两个正义原则即[4]:

---

[1] [美]罗尔斯:《正义论》(修订版),何怀宏等译,中国社会科学出版社2009年版,第3页、6页。

[2] [美]罗尔斯:《作为公平的正义——正义新论》,姚大志译,上海三联书店2002年版,第88页。

[3] 罗尔斯引用布拉德雷语,见[美]罗尔斯:《正义论》(修订版),何怀宏等译,中国社会科学出版社2009年版,第83~85页。

[4] [美]罗尔斯:《作为公平的正义——正义新论》,姚大志译,上海三联书店2002年版,第70页。在此前的《正义论》第11节、39节、46节,亦有对正义二原则的表述,与这里所引版本有细微差别。

①每一个人对于一种平等的基本自由之完全适当体制（scheme）都拥有相同的不可剥夺的权利，而这种体制与适于所有人的同样自由体制是相容的；②社会和经济的不平等应该满足两个条件：第一，它们所从属的公职和职位应该在公平的机会平等条件下对所有人开放；第二，它们应该有利于社会之最不利成员的最大利益（差别原则）。这里的①即正义第一原则，也叫最大均等自由原则、自由优先性原则，②即正义第二原则，它包括两项原则，一是公平的机会平等原则，二是即差别原则。罗尔斯不仅提出和论证了正义二原则，而且对正义二原则排出了优先顺序：第一个原则优先于第二个原则；在第二个原则中，公平的机会平等优先于差别原则。这里的"优先"意味着，在使用一个原则（或者针对试验样本来检验它）的时候，我们假定在先的原则应该被充分地满足。

两个正义原则确立了"正义"在政治哲学中的核心地位，而正义又总是意味着平等（第一个原则处理的是平等的自由，第二个原则处理的是平等的分配），因此罗尔斯的正义论是以平等主义为特征的。这正是罗尔斯的贡献和价值所在。因为"启蒙时代的政治哲学家仅仅解决了自由的问题，而没有解决平等的问题"。[1]平等和自由一样，是人类社会共有的美好价值，但如果分配正义意味着平等，而完全的平等在任何社会都是无法做到的，那么分配正义的问题就变成了：什么样的不平等分配是能够被容许和接受的从而称为正义的？因此，罗尔斯在将平等的自由置于第一个正义原则之后，在第二原则中处理的问题是：如果不平等的是不可避免的，那么不平等可以被允许和被接受的限定条件是什么。

---

[1] 姚大志：《何谓正义：当代西方政治哲学研究》，人民出版社2007年版，第2页。

罗尔斯提出在机会平等和有利于最少受惠者这两个条件下，社会和经济的不平等可以被接受和容许。这样，罗尔斯就最大限度地协调了自由与平等这两个重要价值的矛盾和冲突，既避免因平等问题难以解决而无所作为，也避免因正义意味着平等而去追求完全的绝对的平等。

（三）公正原理与中国法治进程

毋庸讳言，罗尔斯本人在后期已经注意到正义理论的局限性，在一定程度上放弃了普遍主义的正义论。但罗尔斯正义论所探讨的社会公平正义的主题，却是任何社会都存在的重大问题，因而对此做过深入、系统、缜密的思考和论证的罗尔斯正义理论，对非西方社会的启发意义仍然具有不容忽视的意义。以两个正义原则检视我国改革开放的发展历程，也不无收获和启迪。

就平等的自由原则来说，在改革开放的进程中，我国以人权观念建设为核心极大地改善了中国人民的自由和权利状况。截至2018年，中国先后批准或加入26项国际人权文书。[1]其中，两个最重要的国际人权公约——《经济、社会及文化权利国际公约》和《公民权利和政治权利国际公约》，我国政府于1997年10月27日和1998年10月5日先后签署，并且前者已获全国人大常委会批准，于2001年6月27日在中国生效。中国政府继2009年制定发布我国第一个以人权为主题的国家规划《国家人权行动计划（2009—2010年）》之后，于2012年又发布了《国家人权行动计划（2012—2015年）》。2013年年底停止执行了已经运行50余年的劳动教养制度。这些举措都极大地推动了"最大平等自由"的制度化、法律化。当

---

[1] 中华人民共和国国务院新闻办公室：《为人民谋幸福：新中国人权事业发展70年》，人民出版社2019年版，第49页。

然，这些改善和发展仍处于进行时而非完成时。应当看到，在废除或慎用死刑、禁止刑讯逼供等方面，需要根据国情和改革的进程逐步加以推进。

在第二个正义原则中，就机会平等原则而言，尽管已经有不少相关的制度安排，如高考制度、公务员统一考试制度等，但一方面这些制度设计本身仍存在会导致不公平正义的缺陷，另一方面必须看到，在我们这样一个伦理传统、关系社会、人情社会的文化背景下，即便制度制定得完好，在操作中也往往受到干扰而走样。社会舆论中流行的"官二代""富二代""拼爹"等词汇，说明了传统身份社会的影响何其强大。就差别原则而言，反映居民收入差距的基尼系数持续走高，2000年，国家统计局曾公布中国基尼系数为0.412。之后的十年间未见官方数据发布。西南财经大学中国家庭金融调查与研究中心发布的报告显示，2010年中国家庭的基尼系数为0.61，大大高于0.44的全球平均水平。[1]据2012年国家统计局公布的数据，2003—2012年我国居民基尼系数大体在0.47~0.49，以2008年的0.491为最高点，此后逐年回落。[2]这些数据尽管有出入，但仍可以看出收入差距拉大、贫富两极分化问题的存在。20世纪80年代中期，邓小平提出"让一部分人先富起来"，但人们似乎忘记了，这句话后边紧跟着的是"逐步达到共同富裕""大原则是共同富裕"。换言之，让一部分人先富起来，不能以另一部分人穷下去为代

---

[1] 刘武、张诗雨：《基尼系数疑团》，载《瞭望东方周刊》2013年第4期，第55页。西南财经大学中国家庭金融调查与研究中心：《中国家庭收入差距报告》，载"西南财经大学网站"，https://chfs.swufe.edu.cn/Upload/中国家庭收入差距报告.pdf，访问日期：2020年8月15日。

[2]《去年基尼系数0.474 收入分配改革愈发紧迫》，载"中国新闻网"，http://finance.chinanews.com/cj/2013/01-18/4500444.shtml，访问日期：2014年6月8日。

价。这与差别原则所要求的完全一致。

无论是关于个人行为的公正原理,还是关于社会基本结构的公正原理,都发源于义务论传统,归根到底都体现了康德的"人是目的"这一绝对命令的核心内核。这与以人为本的科学发展观是内在贯通的。

四、以法治的方式实现公正

(一)公正原则法律化的检验方法

正义原则不限于抽象的理论,而且是运用于社会制度的标准。罗尔斯提出了从正义原则的选择到运用于社会生活的四阶段顺序:"在第一个阶段,当事人在无知之幕的后面接受了正义原则。对当事人所能够得到的知识的限制在以后三个阶段中是逐渐放松的:第二个是立宪大会阶段,第三个是按照宪法所容许的和正义原则所要求和准许的那样来制定法律的立法阶段,最后是应用阶段,在这个阶段中,法则为行政人员所运用,也普遍地为公民所遵守,而宪法和法律则由司法人员来加以解释。"[1]

这一四阶段顺序实际上就是正义原则法律化的方式、方法,需注意:①不能把四阶段序列理解为对实际政治过程或法律化过程的描述或解释,它只是运用正义原则——将抽象的道德正义实现为法律之内的正义的一种方法。更确切地说,是运用正义原则进行制度设计或对制度进行反思、检验、评估、判断的标准和方法。②我们置身于其中的制度也不是哲学家的理论创造的制度化,而是由社会

---

[1] [美]罗尔斯:《作为公平的正义——正义新论》,姚大志译,上海三联书店2002年版,第77页。

历史传承下来,在一般情况下,基本社会制度对公民来说是给定的,四阶段顺序并不是要我们总是另起炉灶去制定一部新的宪法及重造整个既存的法律体系,而是反思、改进它们,正如罗尔斯所说,"一旦我们把四阶段顺序看作是一种代表设置中用以规范作为公民的我们之政治判断的框架,许多疑问也就烟消云散了"[1]。

(二)法治:法律之内的公正

如果对以上"四个阶段序列"加以进一步提炼,除选择和接受正义原则外,它包含两个环节:静态的立法(法律规范)和动态的守法(法律实施)。通过这些环节,道德的、理论上的正义就变成了法律之内的正义。

道德哲学的公平正义之转换为法律的公平正义,或者说通过法治实现公平正义。一方面,这是基于道德层面的公平正义永远争论不休的弱点,道德价值一般具有极其复杂的面相,总会因时因地因人而异,尤其是现代社会道德价值的多元化已成不争的事实,在这种情况下"以德治国"若成为主要的治国方略,无异于将人们带入多元的价值观、世界观的纷争之中,不仅难有结论、没有效率,而且,即使有结论也没有执行的强制力。另一方面,这也是基于法律正义的某些不可替代的品质。法律之内的正义即是一种制度伦理,与个人伦理不同,制度伦理具有非个人性、基础性、最低限度的道德性、可操作性和强制性的特点。[2]这些优点可说是"法律的内在道德",具有单纯的道德正义不可替代的功能。

---

[1] [美]罗尔斯:《政治自由主义》,万俊人译,译林出版社2000年版,第430页。
[2] 参见郑成良:《法律之内的正义:一个关于司法公正的法律实证主义解读》,法律出版社2002年版,第80~86页。

制度伦理与个人伦理的差异，意味着法律的正义并非道德正义的简单法律化，由此带来的重大问题是"形式正义"与"实质正义"的关系问题。法律正义本质上是一种形式正义，即无论实质正义为何而对法律的不折不扣的执行、遵守；相应地，道德正义则是一种实质正义。形式正义和实质正义的关系可有两方面的解读：①形式正义是对实质正义缺陷的克服，是对实质正义的扬弃、代替，因而形式正义具有对实质正义的独立性、优先性；②形式正义是实现实质正义的手段，实质正义是形式正义的目的，因而形式正义是手段性、从属性的。这两个方面时常是纠结、矛盾着的。公允地说，形式正义与实质正义是互依互补的关系，其根源在于道德正义与法律正义各有优长同时各有软肋。富争议、低效率、无强制力是道德正义之短，但道德担负着为法律正义提供最终的根据和基础的重任，这一点是不可替代的；可操作性强、有强制力保障是法律正义之所长，但存在背离实质正义之目的的可能性。在法哲学内部，实证主义法学强调形式正义对实质正义的超越性、优先性，自然法学强调实质正义的目的性、优先性。两大法学派的理论单从学理上看，也是各具利弊得失，并最终都为一个民主法治体系提供着理论基础。[1]

制度伦理、形式正义的实质是要求通过法治实现正义，具体应当注意以下环节：①在立法环节，在历史和国情允许的范围内，最大限度地通过立法确认全体公民的平等的自由和权利。这里，一方面是对自由和权利的强调，另一方面是对平等的强调。这两个方面不可偏废。自由的最大化可以通过加入或参与国际人权公

---

〔1〕 参见刘杨：《道德、法律、守法义务之间的系统性理论——自然法学和法律实证主义关系透视》，载《法学研究》2010年第2期，第10页。

约及国家人权行动计划的实施为主轴，逐步推进。平等强调的是所有公民对国家事务、公共决策及个人机会的平等参与。平等的参与权是现实社会更为急迫和突出的问题。总之，应强化立法的民主化、科学化、现代化，并及时修改法律以适应司法、执法的需要。②在守法（包括司法、执法以及公民的守法）环节，应当将形式正义置于优先于实质正义的地位。尽管对形式正义的强调是过去三四十年我国法学教育、法治宣传中的老生常谈，但在中国伦理秩序、道德至上的文化传统中，实质正义有着坚实而深厚的理论支撑和现实土壤。人们常常会搬出实质正义与形式正义是目的与手段的关系作理由，在二者冲突时简单地使形式正义让位于实质正义。不仅个案中道德审判屡见不鲜，而且近些年整个司法系统曾经对"能动司法"的倡导和推行，以法律效果与社会效果的统一之名，用社会效果压倒甚至取消了法律效果，其本质也是以实质正义取代形式正义。其带来的现实效果是陷入"越维越不稳"的恶性循环，其理论效果是违背立法与司法的关系原理，造成法律运行的理论逻辑混乱。在坚持形式正义的同时，要求建立从司法到立法的及时反馈机制，以便一方面维护法律的权威，另一方面保障法律本身合理、得当。

通过法治实现公平正义是与法治中国的历史进程密不可分的。在推助法治中国的进程中，法律实证主义的精义应当得到更深入的弘扬。因为，现实中国社会的秩序类型本质上是自然法式的，其基本特征是道德理想主义或政治意识形态占据主导地位，国人对法律的理解是工具主义的，多数人对法治的理解也远未达到法律实证主义的水平，"法律至上"的口号下实际操作的是道德至上。自然法学强调良法之治，实际上是滑向了道德之治。拉兹曾精辟地指证了自然法学的这一缺陷:"如果法治是良法之治,那么揭示其本质就是要提倡一种完整的社会哲学。"[1]因此我们有理由说,法律实证主义所理解的法治更接近于法治的真义,也对现实中国社会的法治进程和困境有更强的针对性和推助作用。

---

[1] [英]约瑟夫·拉兹:《法律的权威——法律与道德论文集》,朱峰译,法律出版社2005年版,第34页。

第九章
法治的制度基础

一、制度安排和人性论预设

(一) 国家权力与政治人

国家意志的形成和实现需要借助于具体的人。掌握国家权力，形成或实现国家意志的人可以称之为政治人。权力的公共性要求政治人具有不同于一般社会人的特殊政治人格，以实现国家的整体目标和社会的共同福祉，这要求政治人不能凭借权力谋取自身或某一集团的特殊利益。但政治人在具有公共人格的同时，他们的私人人格仍然存在，这便形成了政治人的双重人格。公共人格的公共性决定了政治人的服务性、利他性，而私人人格决定了政治人在行使国家权力时，随时可能运用权力谋求自身或所处集团的特殊利益。政治人的内心存在两个自我，一个是代表公共人格的"公我",一个是表达自身特殊利益的"私我"。怎样处理"公我"和"私我"的关系以及两者发生冲突时,怎样选择和取舍成为了政治人面临的重要问题。政治人人格的双重性使得国家权力随时面临异化的风险。因此,建立符合人性的规则体系以防止国家权力的异化成为国家制度安排的重要内容。

从应然角度看,成为国家公职人员,意味着要把"公我"凌驾于"私我"之上,两者不应发生冲突。但是,应然要求和现实状况存在巨大落差,主要原因在于:第一,政治人生活于"私域"和"公域"的交织之中,家庭关系、经济关系仍然是他们生活的基本方面,在一定意义上,政治人还是以公职为职业,依此满足自身和家庭的生活所需,公职是实现私人生活的手段。第二,人具有的对自身利益关切的强烈性。亚里士多德说:"一件事物为愈多的人所共有,则人们对它的关心也愈少。任何人主要考虑的是他自己,对公共利益几乎很少顾及,如果顾及那也是仅仅只是在其与他人利益相关时。"[1]政治人从事公益时,无法摆脱私利的纠缠,个人及其所处集团的特殊利益会成为政治人行使权力时不可摆脱的考虑因素,从而影响到公共事务的决策。第三,人的理性和意志力的有限性。人的理性能力受制于人的成长环境、教育背景和生活经历,在公共利益和私人利益、近期利益和长远利益、物质利益和精神利益、整体利益和局部利益、显性利益和隐性利益的交织中,人往往陷于迷惑,不能作出明智和正确的判断。即使在一些情况下,人的理性能够作出明智和正确的判断,但由于意志的脆弱性,也往往难以抵御私欲的诱惑,从而铤而走险,背离理性的要求。同样,政治人也会因为

---

[1] [古希腊]亚里士多德:《政治学》,颜一、秦典华译,中国人民大学出版社2003年版,第33页。

理性和意志力的有限性而颠倒"私我"和"公我"的应有关系而让权力成为谋取特殊利益的工具。

怎样避免政治人"公我"和"私我"的错位，保证权力的正当行使，一直是国家制度安排的基础性问题。柏拉图在他的理想国里，把人分为护国者、卫国者和生产者三个等级，作为行使国家权力的护国者和卫国者实行共产、共妻、共子制度，希望通过完全的公有制度消除政治人的"私我"而形成完全的"公我"。从这一极端设计，可以看出他对"私我"的不信任，而他的学生亚里士多德认为，"恶"来自于人性本身，公有制度不能消除政治人的"恶"，"让一个个人来统治，这就在政治中混入了兽性的因素"，因此他提出法律才是"最优良的统治者"。我国历史上以周代为典型，曾实行公域和私域相互混合的"家国一体"制度，这一制度下，统治者的"公我"和"私我"不分，国家属于统治者私人所有，统治者对国家利益的损害同时也是对自身利益的损害。从应然上看，统治者的私利同时也是社会的公利，作为政治人的统治者出于自己或所处集团"江山永固"的考虑也可能会正当行使国家权力。但是，这一制度建立在分封形成的邦国林立的基础之上，众多统治者利益的差别和更大的统治欲望造成统治集团内斗不息，战争频繁，到后来连基本稳定的社会秩序也难以维持。秦之后，国家实行郡县制度，主要凭借选拔制度形成的官僚集团进行统治，除皇帝之外，国家权力开始由"公我"和"私我"双重人格并存的各级官吏行使。

既然柏拉图的设计只是"理想"，人类历史上试图消灭私有制的尝试也以失败告终。而采取"公"和"私"混同的方式会形成等级森严的不平等秩序，不但背离人类文明发展趋势，更会造成人类社会更大的失序。因此，尊重政治人的双重人格，成为国家制度安排的前提。从整体看，对政治人"公我"和"私我"两种人格的不同处理方式也形成了国家治理的人治模式和法治模式。

（二）人治与性善论

古代社会的统治者为论证等级制度的正当性，往往把人的本性分为不同类型，认为统治者的本性为"善"，而被统治者的本性劣于统治者的本性，与统治者本性"善"相对应，被统治者的本性为"恶"。古代印度的婆罗门教认为，原始巨人普鲁沙死后，婆罗门、刹帝利、吠舍和首陀罗四个种性分别由他的嘴、手、腿和脚四个部位形成，这样，不同等级的人便具有不同的本性。统治者之所以成为统治者是因为他们本性的"优质"。柏拉图的理想国是哲学王成为国王的人治国家。柏拉图把人的本性分为金质、银质和铜铁质三类。哲学王为首的治国者的本性是"金"，卫国者的本性是"银"，农人和工匠的本性则为"铜"或"铁"。我国古代的思想家为论证封建等级的合理性，也提出了类似的学说。具有代表性的是由董仲舒提出，韩愈加以系统化的"性三品"说。"性之品有上、中、下三。上焉者，至善而已矣；中焉者，可导而上下也；下焉者，恶焉而已矣。"[1]较为典型的还有"血统论"。统治者把自身的血统追溯到某个"神"，用血统的高贵来论证自身优越的"本性"。这种人性观的特点在于，认为人没有统一的本性，由于本性不同，人在社会中的等级地位也不同。从历史来看，任何等级社会的统治者为维护自身的有利地位，也总是采用本性差异理论来论证自身统治的正当性。近代以来，科学昌明，采用神话或者臆想的方式进行论证已经没有说服力，统治者也需要寻找新的论证方式。进化论出现后，人类社会从低级向高级发展得到普遍接受，新的论证方式开始和社会发展规律、先进生产力和有效率的生产方式结合起来，这增加了言说的

---

[1]《韩昌黎文集·原性》。

科学性，也具有更强的说服力。

另一种人治模式下的性善论以人性平等观为基础。孟子说："今人乍见孺子将入于井，皆有怵惕恻隐之心……无恻隐之心，非人也……"[1] 从人皆有恻隐之心，孟子还说："仁义礼智，非由外铄我也，我固有之也。"[2] 教以人伦，人们能够"父子有亲，君臣有义，夫妇有别，长幼有序，朋友有信"。孟子所说的性善是指人的本性中具有善端，通过后天的培养教育能够发扬光大，以至于"人皆可以为尧舜"。依据这种理论可以把人分为两类，一类是本性中的善端充分发展的人；另一类是善端仍然处于混沌不化状态的人。前一类人成"仁"成"圣"，具有统治后一类人的正当性。"善"端相同，发展有异，确立的仍是等级化的人治模式，只有少数人才具有治理国家的资格，这仍然是为专制集权进行论证的理论。柏拉图在《普罗泰戈拉》篇，借普罗泰戈拉之口用神话的形式讲述了雅典人的另一种人性观。人类被诸神造好之后，因为缺乏政治美德，形成了彼此为害、相互吞食的社会状态。宙斯担心人类因此毁灭，就派赫尔墨斯把尊敬和正义带给人类，依此建立文明秩序。赫尔墨斯询问宙斯是否像让少数人成为训练有素的医生，然后让他们服务许多人那样，也把这些政治美德赋予少数人。宙斯说："分给所有人。让他们每人都有一份。如果只有少数人分享道德，就像分享技艺那样，那么城市就决不能存在。此外，你必须替我立下一条法律，如果有人不能获得这两种美德，那么应当把他处死，因为这种人是国家的祸害。"[3] 这种人人具有尊敬和正义的政治美德的"性善论"是雅典

---

[1]《孟子·公孙丑章句上》。
[2]《孟子·告子章句上》。
[3][古希腊]柏拉图：《柏拉图全集》（第1卷），王晓朝译，人民出版社2002年版，第443页。

民主政治的人性基础。需要指出的是，现代意义上的法治必然意味着民主，但多数人之治的民主不意味着必然形成法治。古代雅典的政治决策主要通过公民投票，而不是依循法律的治理，因而这是一种多数人的"人治"，而不是法治。对于雅典民众来说，他们认为政治才能人人拥有，不需要通过特殊的学习来获得，因此，每个公民天然具有参与国家事务管理的资格。对于苏格拉底来说，宙斯分配的政治美德是人性具有的潜质，获得政治才能仍然需要接受教育，就像具有音乐天赋的人，要成为音乐家仍然需要学习和训练一样。因此，他对雅典的民主政治充满敌意，认为城邦应该由经过特殊训练，具有政治技艺的人进行统治。这种观念上的差别，应该是苏格拉底被雅典民众法庭判处死刑的根本原因。柏拉图在老师苏格拉底思想的基础上，进一步提出了"哲学王"的统治。可以说，雅典民主是多数人的人治，苏格拉底主张少数人的人治，而柏拉图的"哲学王"则是一人之治了。从根本上说，后来的基督教的人性观中也有性善论的成分，只不过亚当和夏娃因为偷吃禁果，本性遭到破坏，人类继承了原罪，善的本性受到了污染。在善与恶的关系上，善处于更根本的位置，而恶则没有独立的地位，只是善的缺乏。由于人的本性被原罪败坏了，人性中善良的因素虽未泯灭，但却十分脆弱，容易受到邪恶的诱惑。圣保罗说："没有法律的外邦人，若顺着本性行法律上的事，他们虽然没有律法，自己就是自己的律法。"[1]奥古斯丁的上帝之城是仰赖神的恩慈结合起来的共同体，在那里，人们爱上帝，憎一己。奥古斯丁指出，人进入上帝之城的途径是"内省"，通过"反求诸己"，人最深处的灵魂能够同终极的上帝连接起来。他把法律分为永恒法、自然法和人为法，自然法刻画在人类的

---

[1]《圣经·新约·罗马书》第二章。

心坎之上,也即是自然的道德律。可见,他的上帝之城的人性基础仍然是人性中没有被原罪完全败坏掉的"善"。

实行人治,必须要求人治之"人"掌握国家权力后,不会败坏堕落,能够胜任国家治理。这就要求政治人具有把"公我"凌驾于"私我"的道德情操和思想品质。这一"公我"在人性上的依据只能是性善论,这是因为人性如果是恶,在恶的人性之上自然也难以产生政治人的善。这样,人治和性善论具有了内在联系,"善端""金质""神的血统""神性""生产力"等也成为性善论的基点。要论证作为统治者的人靠得住,必然寻求统治者值得信任的人性,其结果只能是各种对性"善"的不同论证。

(三) 法治与性恶论

在法治国家,最高权威是法律而不是人,这一命题的背后隐含着对人的不信任。柏拉图在晚年的《法律篇》说:"极为重要的是,人们必须为他们自己制定法律并在生活中遵循它们,否则他们会无异于最野蛮的野兽。"[1]即使是极具天赋才能的人一旦获得绝对控制国家的职位,他就目空一切了。"他绝不会把他的私人利益摆在公共利益之后的第二位。他的人性总是驱使他注意到他自己的利益和他自己的钱袋。一种非理性的去苦趋乐的心理将统治着他的性格,使他把这两个目的放在更为正义和更好的东西之前。自我施压的盲目性最终引导人的整个生命和整个国家走向罪恶的泥潭。"[2]对于人的理性,他说:"理性,如果它是真实的并真正具有天然的自由,那么他就应该拥有普遍的力量:把它置于某种别的事物(仿佛它是某种

---

[1] [古希腊]柏拉图:《法律篇》,张智仁、何勤华译,上海人民出版社2001年版,第309页。

[2] [古希腊]柏拉图:《法律篇》,张智仁、何勤华译,上海人民出版社2001年版,第309页。

奴隶)的控制之下是不对的。但在事实上,这种情况在任何地方都找不到,有的只是随处可见的点滴暗示罢了。"[1]从这些论述,我们看到晚年的柏拉图对人性的绝望,对理性的无奈,因此他主张实行法治这一次优方案代替哲学王的统治。亚里士多德认为人是趋向于城邦生活的"政治动物",只有到了城邦这个"终点",人的本性才真正显现。他主张人具有向善的本性。而对于由人作为统治者,他又表现出对人性的怀疑。在论述法治时,他说:"不受激情支配的统治者总的说来比易于感情用事的统治者强。而法律绝不会听任激情支配,但一切人的灵魂或心灵难免会受激情的影响。"[2]针对王制,他提出如果国王的后裔才德平平,就会危及城邦社稷。他还说:"宣扬君主制的人大概会说君王也可以不把王权传给自己的子嗣。然而这种事毕竟是令人难以置信的,而且对人的本性也实在是一种奢求。"[3]这种对人作为统治者的不信任,是他提出法治优于人治的人性基础。这种不信任,也体现在古代希腊人和罗马人的政体循环论和混合政体论上。波利比阿在吸收前人政体理论的基础上,认为君主制蜕变为暴君制、贵族制蜕变为寡头制、平民制蜕变为暴民制具有必然性。当暴君制、寡头制、暴民制堕落到一定程度又会被新的君主制、贵族制和平民制所取代。这里,不管是单个的君主、少数的贵族还是多数的平民一旦掌握国家权力都会走向腐朽败坏,因此最好的政体是把君主制、贵族制和民主制结合起来的混合政体。在混合政体中,君主、贵族和平民的力量相互限制平衡,以防止政体

---

[1] [古希腊]柏拉图:《法律篇》,张智仁、何勤华译,上海人民出版社2001年版,第309~310页。

[2] [古希腊]亚里士多德:《政治学》,颜一、秦典华译,中国人民大学出版社2003年版,第106页。

[3] [古希腊]亚里士多德:《政治学》,颜一、秦典华译,中国人民大学出版社2003年版,第108页。

的腐败。

这种对人性的不信任奠定了后来的西方思想家对待人性的基本色调。奥古斯丁认为,人的本性被原罪败坏以后,黄金时代爱的秩序被人的色欲、贪欲、激情和权欲所淹没,国家和法律本身是罪恶的产物。阿奎那虽然认为国家来自于上帝的设计,但仍然认为,必须接受神法的指引,否则人没有能力依靠世俗的人法达到所追求的福祉。马基雅弗利直接断定"人性是恶劣的"。他说:"关于人类,一般地可以这样说:他们是忘恩负义、容易变心的,是伪装者、冒牌货,是逃避危难,追逐利益的。"[1]既然人性如此,那么作为同样具有人性的君主也只能兼具狮子和狐狸的品格了。休谟说:"在设计任何政府体制和确定该体制中的若干制约、监控机构时,必须把每个成员都设想为无赖之徒,并设想他的一切作为都是为了谋求私利,别无其他目标……因此,必须把每个人都设想为无赖之徒确实是条正确的政治格言。"[2]汉密尔顿说:"人的利益必然是与当地的法定权利相联系。用这种种方法来控制政府的弊端,可能是对人性的一种耻辱。但政府本身若不是对人性的最大耻辱,又是什么呢?……如果是天使统治人,就不需要对政府有任何外来的或内在的控制了。"[3]

性恶论和法治具有内在联系。既然任何人掌握国家权力都不可靠,依靠自身任何人都不能把"公我"凌驾于"私我"之上,那么在安排国家制度时就需要寻找别的出路了。柏拉图找到的是次优的

---

[1] [意]尼科洛·马基雅弗利:《君主论》,潘汉典译,商务印书馆1985年版,第80页。

[2] [英]休谟:《休谟政治论文选》,张若衡译,商务印书馆1993年版,第27页。

[3] [美]汉密尔顿等:《联邦党人文集》,程逢如、在汉、舒逊译,商务印书馆1980年版,第264页。

"法治",波利比阿给出的答案是混合政体,阿奎那给出的是人类接受永恒法、自然法和神法的指引等。以后,思想家们又提出了权力分立、人权保障、代议制、人民主权等理论,并逐步形成了现代完整的法治理论。需要指出的是,性恶论作为法治的人性基础,不意味着认为人性中没有善的因素,就奥古斯丁来说,他认为恶是"善的缺失","恶"的出现只是使善的本性受到了伤害,因此"恶"不具有实体性。事实上,许多思想家在论述人性恶的同时,也论述了人性善。作为国家制度基础的性恶预设和人在本质上是"恶"的动物不是一个概念。在国家制度层面,更多的是指政治人拥有权力时,依靠他们自身的"善"来把"公我"凌驾于"私我"之上没有可能性,就如柏拉图认为的,"现在找不到这样的人,即使有也非常之少"[1]。因此,我们应放弃对政治人"善"的幻想,去寻求法治之治。

还应看到,主张人性恶不意味着必然导致法治论。我国古代的荀子是主张性恶论的代表,他在《性恶》篇中的第一句话就是"人之性恶,其善者,伪也"。他认为恶是人的本性,而善是后天人为的结果。他不但主张人性恶,而且认为任何人的本性都是一样,"尧、舜之与桀、跖,其性一也;君子之于小人,其性一也"[2]。但他却认为,通过人为的后天学习,有些人能够成为圣人。"古者圣人以人之性恶,以为偏险而不正,悖乱而不治,故为之立君上之势以临之,明礼仪以化之,起法正以治之,重刑罚以禁之,使天下皆出于治,合于善也。"[3]因为人性恶,为达到"天下皆出于治"的目的,才

---

[1] 西方法律思想史编写组:《西方法律思想史资料选编》,北京大学出版社1983年版,第27页。
[2] 《荀子·性恶》。
[3] 《荀子·性恶》。

需要君主的统治,这里人性恶成为他论证君主专制的人性基础了。作为法家的代表人物,商鞅和韩非都是性恶论的主张者。商鞅认为"好利恶害"是人的本性,他说:"民之性,饥而求食,劳而求佚,苦则索乐,辱则求荣,此民之情也。"[1]韩非多处提到"好利恶害,夫人之所有也"[2]"夫安利者就之,危害者去之,此人之情也"[3]。正因为每个人天生"皆挟自为之心",无法得到改造。依靠道德教化,仁义道德也不会起到作用,因此只能尊重人的"好利恶害"的本性,制定赏罚分明的法律,才能有效治理国家。荀子和法家都主张性恶论,区别在于:荀子认为人可以通过教化获得"善"而成为圣人,由圣人通过礼仪教化可以达到国家的大治。而法家认为人的恶性无法改变,只有利用人的本性,实行赏罚分明的法律才能进行有效的统治。法家的法治其实质仍然是人治,和儒家的区别在于君主治理国家的手段不同。儒家主张依靠礼仪道德,法家则主张凭借以赏罚为内容的法律。对于君主或统治者统治国家的正当性问题,则不为法家所重视,他们关心的是采用怎样的方法维护君主权威,达到富国强兵的目的。建立在性恶论基础上的西方法治传统,关注的是怎样制约权力,实现国家的公共福祉。西方法治传统认为,由于任何人或集团做统治者都不能克服人性之恶,就需要实行法治,而不能把国家的命运交给任何人。法家则认为既然性恶不可克服,就需要顺应人们"恶"的本性,制定"赏"和"罚"的法律进行统治。前者关注的是怎样控制统治者的私欲,而后者关注的是采用哪种方法更能有效地实现统治者的私欲。这种不同,应是法家的性"恶"论与现代法治观念无缘的重要原因所在。

---

[1]《商君书·算地》。
[2]《韩非子·难二》。
[3]《韩非子·奸劫弑臣》。

二、以权利限制权力——作为法治经济基础的市场经济

(一) 法与生产方式

作为谋取物质资料的基本形式,生产方式对人们的生产、生活具有深刻影响。马克思说:"物质生活的生产方式制约着整个社会生活、政治生活和精神生活的过程。"[1]依据基本生产方式的不同,马克思曾把人类社会区分为原始社会、奴隶社会、封建社会、资本主义社会和共产主义社会五种社会形态。以人们在生产中结合方式的不同,可以把生产方式分为三种:自然血缘型、权力支配型和平等契约型。

自然血缘型生产方式是以血缘关系组织起来的氏族和家庭为基本单元从事经济活动的模式。与较低的生产力水平相适应,这种方式主要表现为渔猎、采集、游牧和农耕等生产活动。由于低下的生产力发展水平限制了生产规模,劳动生产和产品交换也主要在于满足生产者及其家庭的生活消费。封建制下,土地大量集中于地主或封建主所有,并由农民或农奴以家庭为单位进行耕作;手工业则以家庭或师徒结合的方式进行生产,不管是家庭成员间还是师徒之间都存在人身依附关系。地主或封建主对土地的控制,也造成农民或农奴对他们的人身依附。由于生活在稳定、狭小的"熟人"社会,人们交往的形式也比较固定、简单,基于身份关系形成的伦理、道德成为调整人们关系的基本规范。自然血缘型的生产方式对法的数量需求较少,主要限于刑事领域。我国封建时期的社会关系基于宗

---

[1] 中共中央马克思恩格斯列宁斯大林著作编译局编译:《马克思恩格斯选集》(第2卷),人民出版社2012年版,第2页。

法伦理和人身依附形成，法律也具有伦理性，并以维护纲常礼教为核心的等级秩序为宗旨。分散的家庭生产方式难以形成制约国家权力的社会力量，这为集权专制和权力崇拜的制度和文化奠定了物质基础。自然血缘型的生产方式不可能孕育普遍的自由、平等、人权等观念，现代意义上的法治也无从生根。当今发达资本主义国家的大农场制农业生产中，以家庭成员和农业工人组成的生产组织与自然血缘型的组织方式在形式上具有类似之处，但大农场的农业生产是市场经济下的商品生产，农业工人和农场主之间也是契约型的平等关系，在性质上和自然血缘型组织方式完全不同。我国现阶段的农业生产实行家庭承包制，由于每个家庭承包的土地较少，商品化程度低，因此传统的身份等级和权力文化仍然具有生产方式的基础，再加上传统文化的巨大惯性，这为我国的法治建设带来了一定的消极影响。

权力支配型生产方式是以国家权力组织经济活动的模式。这种方式在古代社会已经出现，国家权力产生后便产生了以国家权力组织经济活动的现象。在我国封建社会，政府曾组织大量人力、物力进行大型水利工程建设。但是，这种方式在以私有制为基础的古代社会并不处于支配地位，对整个经济、政治生活还不能发生根本制度上的影响。在20世纪，一些国家实行计划经济体制，这一方式在这些国家的经济生活中具有了绝对的支配地位。在经济活动中，产品的生产者和经营者不是独立的经济主体，他们之间的经济联系不是在自愿、平等基础上达成的契约，而是取决于上级的指令。国家权力成为经济的决定因素，政府成为经济运转的中枢。生产资料、劳动力、信息等生产要素都处于权力的支配之下，经济的良好发展寄托于经济计划的完善性、科学性和政府组织经济活动的有效性。理论上，这种组织方式可以避免市场的盲目性带来的经济失序，还能够集中资源实现大规模的经济规划。但是,计划的制定、落实和生产的组织、管理需要借助于庞大的官僚群体,官员政治角色和经济角色的混淆造成了权力对资源的绝对控制,"单位"代替了家庭,权力代替了"血缘",权力的等级性和人们对权力的依附性形成了不平等的身份制度,一个人所处的社会地位主要取决于官员的挑选,人们因身份的不同享有的利益也不相同。这样,对权力的服从成了基本要求,对权力的忠诚成为社会的基本道德观念。结果是差异性、多样性遭到遏制,自由没有了空间。另一方面,权力行使者并不是生产资料的所有者,除了权力,他们没有别的生存手段,一旦失去权力和基于权力获得的特殊身份,也失去了所享有的特殊利益。为维护自身利益,普通民众和官员相互轮换的途径受到限制,官员们也固化为具有特殊利益的群体。在这种生产方式中,从生产、分配、流通到消费的整个过程都建立在计划、政策和行政命令之上,我们很难找到法律的存身之地,法治更无从谈起了。

平等契约型的生产方式是建立在自由市场和平等契约之上的经济模式,与发达的商品生产具有内在联系。"商品生产越是发达,人们越是相互依赖,商品交换的规模越大,频率越高,法律规则的数量就越多,覆盖面就越广;商品生产和交换萎缩,权利和义务趋于简单,法律规则的数量就相应地减少。"[1]商品生产让生产者摆脱了土地的束缚,能够集中于城市,不但提升了效率,还造成了人与人之间关系的根本改变。近代以来,随着资本主义大工业的出现和发展,以血缘纽带为中心的人际关系被打破,人们的劳动分工需要通过契约组织起来,独立平等的关系取代了原来的等级依附关系,整

---

[1] 张文显主编:《马克思主义法理学——理论、方法和前沿》,高等教育出版社2003年版,第363页。

个社会形成了新型的"有机连带关系"。当血缘、等级、特权已经无法组织生产,生产和市场的扩大产生了许多新型的社会关系,统一的市场更需要统一、普遍的规则,传统的伦理、道德、习俗等规则都无法适应经济发展的需要,大量的立法活动开始了。随着生产的发展,当平等契约型的生产方式占据主导地位时,整个社会的经济形态也进入市场经济,法律成为经济社会生活的主要调整手段,法治也有了经济的根基。

(二) 法与市场经济

市场经济的运行需要两个基本因素:一是独立的经济主体;二是公平有序的市场。

经济主体的独立包括独立的财产和独立的人格两个方面,两者具有内在关联,独立财产是独立人格的基础和保证,独立人格是独立财产的依归和目的。为实现市场主体的财产独立和人格独立,依靠契约、习俗等自发的社会规则难以实现,体系化的法律制度成为应然要求。这些法律制度包括有关主体的法律,主要包括公司法、合伙企业法、外资企业法、私营企业法、破产法等。依靠法律确立各主体的投资人和企业之间、企业管理人与企业之间的关系,形成权、责、利相统一的市场主体制度。亚当·斯密提出了"经济人"假设,认为作为市场主体的经济人为获取自身利益的最大化,具有足够的动力从事和组织商品的生产和交换,每个经济人都是自身利益的最佳判断者,他们越自由,也越有可能获得最大的利益。与当事人自己决定自己的事务相比,任何外在的干预都造成效率低下。市场主体的独立人格存在于市场之中,和传统社会中的人伦人格具有极大不同。传统自然经济条件下,一个人的生活场景和经济场景不分,耕种、狩猎、纺织既是生产活动也是生活行为,生产的单位基本上也是生活的团体。市场经济条件下,除依据法律组织起来的企业法人外，自然人作为经济主体的市场人格也从生活场景中的伦理人格区分开来，具有了"经济人"的属性。"经济人"角色可以说是市场主体独立人格的特性和表现。这种人格不可能从自发的伦理和民间规则中产生出来，这需要凭借专门的立法才能形成。可以说，离开体系化的法律，独立的市场主体就不能形成。

公平有序的市场主要包括两个方面的关系：一是市场主体相互之间的关系；二是政府和市场的关系。平等的市场主体在追求自身利益的过程中彼此合作或竞争，具有自身的特点。"市场经济是一种特殊的经济，其特点不在于或不仅在于有市场、人们有追求利润的动机和愿望、利用货币、价值规律起作用或大规模生产，而在于或而且在于市场经济的参与者以特定的思维方式和行为方式获得利润。"[1]这种特定的思维方式和行为方式是市场主体对未来预期利润的精细、周密计算。马克斯·韦伯称之为"理性资本主义"，只有"形式合理"的法才能为市场主体提供可计算和可预期的稳定规范。由于生产技术的进步和市场的扩大，经济活动更为复杂，传统民法中的产权、契约、担保制度等已经不能满足市场主体的需要，于是商法作为一门独立的法律部门开始形成，证券、票据、保险等法律逐步完善，这些法律具有较强的技术性、人为性，它们为市场主体确立了新的行为模式。这些法律扩大了市场主体的行为空间，大量构成性法律规则的出现也强化了市场主体对法律的依赖。市场主体追求的自身利益会与社会利益、公共利益发生矛盾，这些矛盾可能由于客观原因所产生，像生产中不可避免的废水、废气、废渣等造成的环境污染；也可能是有意造成的，如市场欺诈、不正当竞争、

---

[1] 苏力：《法治及其本土资源》（第3版），北京大学出版社2015年版，第81页。

假冒伪劣商品、侵害职工合法权益等。这些矛盾的解决不能依靠市场主体的自律,而需要国家权力的介入,政府监管市场、维护市场秩序成为市场经济良好运转的条件。但政府介入市场纠正市场之"恶"时,也会带来权力之"恶"。"大量事实表明:有些政府官员不分大小会利用市场经济搞腐败,行贿索贿,不给好处不办事,搞官商勾结、权钱交易、寻租谋私。"[1]当官商勾结,市场之"恶"叠加权力之"恶"时,市场经济会沦为权贵经济,公平、公正不复存在。避免这种情况发生的唯一途径是经济和权力的法治化。我国法学界在社会主义市场经济体制确立之初,就指出市场经济本质上是法治经济,十八届四中全会重申了这一重要命题,强调要以法治实现"保护产权、维护契约、统一市场、平等交换、公平竞争、有效监管"。法治的核心是治官、治权,"把权力关在笼子里,就是要给政府开出一份权力清单,政府只有在权力清单规定的范围内用权才是合法的权力,超出了权力清单范围的政府行为,都是违法的"。[2]在权力法治化的前提下,对于市场主体的违法行为,依法监管和责任追究必须具有法律的依据,市场主体的违法行为得不到追究要追查政府管理者的失职责任。离开法治的保障,国家权力和市场主体的权利没有了清晰界限,必然造成权力的专横和权利的滥用。因此,"如果市场经济不是法治经济,那么它本身也就不可能是真正的市场经济"。[3]

市场经济的成熟和完善会进一步促进法治的实现。市场经济条

---

[1] 卫兴华:《社会主义市场经济与法治》,载《经济研究》2015年第1期,第12页。

[2] 江平:《市场经济应该是法治经济》,载《理论视野》2014年第8期,第35~36页。

[3] 江平:《市场经济应该是法治经济》,载《理论视野》2014年第8期,第34页。

件下，社会资源的占有分散化，所有制形式多元化，国有、集体所有、私有、外国资本以及混合所有制并存，国家权力支配的资本比例缩小，意味着权力的限缩和社会权利的扩展；择业自由、迁徙自由和私有财产让个人摆脱了对权力的依附，培育了公民的自由独立人格；社会利益的多元推动了价值观念的多元以及多样化、世俗化和个性化的蓬勃兴起都成为法治生成的动力和前提。

（三）法律与经济全球化

"从总体上说，在前资本主义历史阶段，人们的物质生产活动和社会生活仍然是地域性的，只有在资本主义生产方式产生之后，商品生产和市场经济才成为社会物质变换的普遍形式，由于商品货币关系内在的'世界主义性质'，特别是资本追逐剩余价值的贪欲和竞争的外在压力，人类的经济关系和社会联系才得以不断发展，最终形成全球性的经济关系和社会联系。"[1]特别是20世纪70年代之后，信息技术迅猛发展，互联网普及极大地促进了经济全球化。国际货币基金组织曾在《世界经济展望1997年》中指出，经济全球化是指"二战"后全球物质、劳务和资本构成的国际市场的融合。当前，经济全球化主要表现为贸易全球化、资本全球化和劳动要素配置的全球化。经济全球化对于法律的发展和人们的法律观念产生了深刻影响。

自19世纪中期以来，以国家为中心的法律观占据主导地位，认为法律是一套系统的规范体系，这套规范系统可以由社会渊源加以确定，而社会渊源的内容则可以归结于官员，特别是法官的行为，这样便把法律和国家主权联系起来。奥斯丁认为，严格意义上的法

---

[1] 吕世荣：《马克思经济全球化思想的哲学阐释逻辑》，载《中国社会科学》2015年第4期，第18页。

律是指人类制定的法律，是独立政治社会中主权者对臣民发布的具有强制力的命令。凯尔森认为，法律是国家为了建立和维持和平而垄断和使用武力的特定技术，是一种强制性的社会秩序。在这种法律观之下，民族国家是法律的来源，只有国家制定的规范才能称为法律，也不存在民族国家之外的政治权威。经济的全球化形成了统一的世界市场，使得以国家为中心的国内立法和国际条约、协定难以满足世界经济秩序的需要，这必然带来法律的全球化。法律的全球化表现在多个方面：一是国际法的国内化。这种情况表现为国际组织的条约、规章被民族国家所接受，转变为本国具有法律效力的规则。例如，世界贸易组织成立于1995年，有"经济联合国"之称，拥有160多个成员国，成员国贸易总额达到全球的97%。《建立世界贸易组织的协定》要求所有成员都有义务使本国的法律与该协定一致。"这就使该协议不仅限于国际贸易法律领域，而且涉及'国界背后'的国内经济法律的结构。"[1]二是国内法的国际化。这种形式的法律全球化表现为在一国或一个地区范围内通行的法律制度被普遍接受而在全球流行。例如，20世纪90年代，在第三世界，特别是东欧国家出现了以市场为导向的法律改革潮流。这些国家为保证资本的跨国界流动，制定或修改了合同法、公司法、贸易法、投资法、金融法、知识产权法、诉讼法、律师法等，为的是和国际普遍通行的做法"接轨"。三是"商人法"的全球发展。它们包括国际行业组织的规则、跨国公司的内部规则、标准化合同和国际仲裁组织的仲裁等。按照新自由经济学的理论，经济全球化已经不再是民族国家调控世界经济的模式，而是效益与福利最大化的新模式。跨

---

[1] 朱景文：《法律全球化：法理基础和社会内容》，见公丕祥主编、南京师范大学法制现代化研究中心编：《法制现代化研究》（第6卷），南京师范大学出版社2000年版，第346页。

国市场取消了经济边界，推动了资源的全球化配置，提高了经济增长率，创造了更多的财富。各国也获得基于比较优势的国际分工带来的更大利益。当然，这种理想状态的实现无疑面临很多困难，但以经济全球化带动法律的全球化，以促进世界经济发展的效率和总量的增长则确定无疑。

经济全球化带来的法律全球化主要发生在经济领域。从整体上说，民族国家作为法律的中心仍然没有改变，各国经济、政治、文化以及意识形态的不同，使得各国的国内法仍然存在较大差别。对于发展中国家来说，实现法制现代化仍然是法律改革的重要任务。对于我国来说，存在传统与现代、国家本位和个人自由等不同的法律发展观，对于法制现代化的路径和样态也存在不同的观点，但发展生产力、促进经济发展、实现国富民强则是普遍的共识，因此，经济因素或经济发展对法治现代化的促进作用尤其显著。经济全球化的过程也是我国进入世界市场，参与竞争的过程，中国在对世界文化做出贡献的同时，也会形成更开阔的视野，吸收他国优秀法治文化，从而促进我国的法制现代化。党的十八届三中全会提出："加快形成企业自主经营、公平竞争，消费者自由选择、自主消费，商品和要素自由流动、平等交换的现代市场体系，着力清除市场壁垒，提高资源配置效率和公平性。"经济全球化是我国现代市场体系形成的重要动力，现代市场体系无疑是和经济全球化的要求相一致的市场体系，与经济全球化相一致的法律全球化就成为我国法制现代化的重要内容，这会带动我国法制体系整体上的现代化转型，形成与现代市场经济、民主政治和理性文化相呼应的现代法治体系。同时还要看到，经济的全球化不意味着各国经济的完全一体化，与经济全球化伴随的法制现代化也不排斥法律的本土化。法律本土化不是要否定法律的普遍性，而是将普遍的法律结合到本土之中。因此，法律本土化可以看作是法律全球化的一个阶段，是全球化过程中的暂时状态。"法律本土化的最终结果是在全球形成同一个本土，逐渐消解各地方之间的差异，从而与法律全球化相衔接。"[1]

三、以社会制约国家——作为法治社会基础的公民社会与民间自治

（一）国家与社会的关系

对于国家和社会的关系，在18—19世纪便存在多种观点。其中，具有较大影响的有三种：①个人本位论。这种理论认为社会是个人的集合，国家权力的实质是个人让渡的个人权利。社会和国家之间是基于契约的信托关系，国家是实现和保障个人自由的工具，不能任意干涉人们的社会生活，当国家违背了社会的信任，社会有权重塑国家。18世纪的启蒙思想家依据这一理论提出了天赋人权、主权在民、法律至上、分权制衡等思想。②国家本位论。这一理论以黑格尔为代表。黑格尔认为"国家是伦理理念的现实性"。[2]国家反映并代表普遍利益，能够克服市民社会的缺陷，将社会中的特殊利益整合进一个代表普遍利益的政治体之中。在他看来，国家具有自身的目的，个人和社会都为国家而存在，尽管他的国家理论不反对制约国家权力、保障公民权利的法治思想，但在国家和社会的关系上，无疑主张国家高于社会的原则。③马克思的国家与社会关系

---

[1] 付子堂主编：《法理学进阶》，法律出版社2010年版，第301页。
[2] [德]黑格尔：《法哲学原理》，邓安庆译，商务印书馆2016年版，第382页。

理论。19世纪中叶,马克思提出了国家与社会之间具有对立性、又有统一性的论断。这一理论认为国家是社会发展到一定阶段从社会中分离出来的产物,从根本上说是社会决定国家。"政治国家没有家庭的天然基础和市民社会的人为基础就不可能存在"[1]。随着社会的发展成熟,国家会逐渐走向消亡,实现与社会的统一。另一方面,国家产生后便成为凌驾于社会之上的力量而具有独立性。与启蒙思想家一样,马克思也认为应发展社会组织,加强社会力量实现国家权力逐步向社会回归,以社会权力制约国家权力。两者的区别在于"马克思是从国家利益、公共利益的角度出发,强调限制国家权力的过度膨胀,以确保国家和政府权力的行使能够最大限度地实现全社会的公共利益;而西方学者则是从个人利益出发,认为限制政府权力的目的在于保护个人权利"[2]。

进入20世纪,社会本位论发展成为多元主义国家理论,对于国家和社会的关系,"多元主义将社会视为先于国家产生、外在于国家、具有不受外界影响的独特运行逻辑的一个自主和独立的领域"[3]。与此相对应,则产生了回归国家学派,强调国家的独立性、自主性,社会沦为了国家权力的承受对象。由于"市场失灵"和"政府失灵"的出现,两种理论都难以解释社会结构的复杂变化,则出现了公民社会理论和国家限度理论。公民社会理论仍然坚持个人主义的取向,认为"公民社会的结构基础在于利益的普遍分化和私人领域的兴盛,其价值原则就是个人主义、世俗主义、理性主义、多元主义和规则

---

[1] 中共中央马克思恩格斯列宁斯大林著作编译局编译:《马克思恩格斯全集》(第1卷),人民出版社1956年版,第252页。

[2] 王建生:《西方国家与社会关系理论流变》,载《河南大学学报(社会科学版)》2010年第6期,第72页。

[3] 刘安:《市民主义?法团主义?海外中国学关于改革后中国国家与社会关系研究述评》,载《文史哲》2009年第5期,第163页。

主义，其核心导向无疑是反抗专断权力、主张自由和权力、倡导社会自我管理和自主自律。"[1]但这一理论也同时承认国家的主动性，并提出了公民社会的自我限制问题。国家限度理论坚持以国家为中心分析国家和社会的关系，承认国家在这一关系中的主动性，同时又主张社会力量对国家权力的限制，认为国家权力的自主性、对社会干预的深度和国家拥有的权威都存在必要的限度。20世纪70年代以来，为适应福利国家引起的公域和私域的界限模糊，在国家和社会的关系上出现了以善治和治理为主流的治理理论。治理理论强调多行为主体的合作管理过程。政府虽然担当重要的角色，但不再是社会管理的唯一主体，非政府组织、非营利组织、社区组织、公民自助组织等同政府一起承担公共事务管理的责任。该模式下，"不再是中央集权，而是权力分散；不再是由国家进行再分配，而是根据市场原则进行管理和分配；不再是由国家'指导'，而是由国家和私营部门合作"。[2]各治理主体通过协商、合作实现管理，权力向度具有多元性，国家和社会步入分工、合作、制衡的状态，形成新型的国家和社会关系。

国家和社会的二元分析框架预设"国家"和"社会"都具有内在的统一性以及外在的自主性和独立性，两者形成二元基础上的既对立又依赖的互动模式，而独立、自主的公民组织能够对国家权力进行制度性的制约。这种对国家和社会的理解也受到了一定的批评。例如，米格戴尔指出，实践中的国家权力并没有明确的边界、统一的系统，而是以碎片化的方式存在，内部也缺乏协调性。国家和家庭、宗族、政党、跨国公司等不同社会组织之间的关系和斗争逻辑

---

[1] 马长山主编：《法理学》，中国人民大学出版社2009年版，第237~238页。
[2] 俞可平：《治理和善治》，社会科学文献出版社2000年版，第6页。

并不一样,既有一致、重叠,也有冲突。因此,国家和社会并没有可以划分的界限,而是"国家处在社会中"。[1]同样,亚历山大认为,社会在现实中具有复杂性、多元性,既包括追求普遍原则的公民领域,也包括经济、宗教、家庭等等难以摆脱特殊主义影子的非公民领域,甚至于前者必须通过后者才能在一定程度上实现。[2]由于"社会"本身的复杂性、甚至在一定历史阶段的破碎性,抽象地套用"国家与社会"可能遮蔽"社会"的丰富形态及其内部的复杂构成,也提示我们应该关注"社会"形塑的过程性。因此,有学者认为应放弃"国家—社会"的分析框架来研究中国的现状,并提出了"过程—事件""结构、制度""多元话语分析""国家、科层以及乡村三重逻辑""制度与生成"等多种分析框架。[3]这些观点虽然有一定道理,能够说明某些问题,但是公域和私域、公权和私权、政府和非政府组织之间毕竟存在可以分辨的界限,"国家"和"社会"的复杂性不能动摇两者各自具有的整体性,不管国家怎样存在于社会之中,权力运行的区域应该存在清楚的界限,否则,权力就会吞噬社会、法治会无从立基,公民的权利和自由难以得到保障。不管从西方法治生成和演变的过程,还是我国法治建设的现实,都可以看到"国家和社会的二元分化和多元社会权利对国家权力的分割分解,构成了法治的基础和界限。而没有分割制约的独霸权力和宣称唯一通行天下的准则原则只能是导致专制。"[4]

---

[1] Joel S. Migdal, State in Society, Cambridge University Press, 2004.

[2] Jeffrey C. Alexander, The Civil Sphere, Oxford University Press, 2006, p.196.

[3] 这些分析框架由孙立平、张静、谢立申、周雪光等学者提出,肖瑛教授曾有综述,参见肖瑛:《从"国家与社会"到"制度与生活":中国社会变迁研究的视角转换》,载《中国社会科学》2014年第9期,第91页。

[4] 马长山:《法治的社会维度与现代性视界》,中国社会科学出版社2008年版,第7页。

（二）公民社会与民间组织

英文词汇"civil society"通常翻译为"市民社会"或"公民社会"。一般意义上这两种译法有着同样含义，是指独立于政治国家的具有自主性的社会领域。随着研究的深入，两者在用法上也出现一定程度的差异。市民社会强调私人利益和个人自由，注重"消极自由"、私有经济和对国家权力的对抗；公民社会不但强调个人的利益和权利，也强调群体的利益和权利，注重公民行动、民主治理，主张与国家的良性互动、维持相互的制约与平衡。可以说，公民社会是对市民社会理论的进一步发展，"主要是20世纪70、80年代之后开始复兴的概念运用，是Civil Society的当代形态"。[1]与传统的市民社会包括家庭和经济领域不同，为彰显公民行动和民主治理，我们把公民社会界定为独立于政治国家的民间公共领域，而构成公民社会的主体是各种类型的民间组织。"作为公民社会主体的民间组织，指的是有着共同利益追求的公民自愿组成的非营利性社团。"[2]它具有非政府性、非营利性、自愿性和相对的独立性等特征，是公民行动的主要组织形式。公民社会处于私域和公域之间，是法治运行和发展的社会根基。

（1）公民社会孕育理性的规则秩序。公民社会伴生于市场经济，而市场主体的竞争需要稳定的秩序为其理性的计算提供预期的利益。市场主体的多样性、利益的差异性不仅衍生了抑制独断权力的平衡机制，也形成了公民社会尊重差异，宽容共存，自主自律的理性诉求。市场主体的细密分工让各个主体通过契约相互依赖，任一主体利益的实现需要其他主体利益的满足，相互的平等和同业间的竞争

---

[1] 马长山主编：《法理学》，中国人民大学出版社2009年版，第232页。
[2] 俞可平：《中国公民社会：概念、分类与制度环境》，载《中国社会科学》2006年第1期，第11页。

让任何恣意、专横、自我标榜和强制都无法存在，专制集团依赖的固化特权也无法形成，这能为理性规则秩序的生成奠定基础。市场主体的理性秩序诉求会通过各种民间组织表达出来，各种组织表达出的不再是个体的特殊利益，而是某一类群体或整个社会的共同利益，是对个体特殊利益的整合，具有了公共性。民间组织能够对冲突的个体利益加以规制以实现社会认同、社会整合，这有利于形成理性规则秩序。黑格尔认为，市民社会是私人性和特殊性的利益总和，充满纠纷和冲突，依靠自身无法形成有效秩序，只有依赖外部国家的强制力量才能建立秩序，因此市民社会应从属于国家，要服从国家的普遍原则。应该看到，离开了公民社会的中介，分散的个人特殊利益不可能形成制约国家的力量。为实现最大化的利益，市场主体所谋求的最有效措施便是获得权力的支持，这种条件下，社会中的利益集团会竭力以国家权力稳固、扩大自身利益，这样，各利益集团就会围绕国家权力展开斗争，结果让国家权力在利益的分配中处于重要地位，市场的力量弱化，平等、自由的理性秩序便无法形成，法治也缺失了社会内生规则基础。法治所依赖的理性规则秩序离不开成熟的公民社会。

（2）公民社会对公共权力的分享弱化、分解了部分国家权力，让权力更容易受到控制。法治要求"治人"者和"治于人"者都要服从共同的法律，这需要实现对权力的有效控制，为国家政治生活的民主化提供空间。要控制国家权力，有两种路径：一是对权力进行分割，让不同的权力属于不同的部门，通过权力对权力的制衡来遏制权力的专横；二是让权力的总量变小。如果国家权力本身十分庞大，对社会的控制能力很强，权力分割后的每个部分仍然强大，每个部分都可能具有凌驾于社会的力量。权力的分立不能避免掌权者基于共同利益的合谋让权力间的制衡失去作用，也不能避免某一社会势力同时控制多部分权力形成集权专制。这需要扩大社会民主，由社会组织分享部分公共权力，让国家权力在总量上缩小，从而易于控制。从历史上来看，专制者也总是竭力取消国家和个体之间的各种中间势力，这样可以直接面对力量微弱的分散个体。个体失去了组织化的形式来制衡国家，统治者便有力量把利益的触角伸向社会的每个角落。公民社会的存在，让公民自由和权利的实现不再仅仅依靠于国家权力的保障，而具有了通过公民行动组织社会自身力量加以实现的可能。另一方面，由于国家权力限缩而让渡出来的权力也不会直接转化为公民个体的自由，而是分散于公民社会，由各类民间组织享有，这避免了私人权利的膨胀和特殊利益的冲突可能造成的社会失序，让弱化后的国家权力仍然能够实现对社会的有效管理。

（3）国家、公民社会和私域的平衡，要求确立法律的至上权威。法律同无政府状态和专制政治都存在冲突。"为了防止为数众多的意志相互抵触的无政府状态，法律限制私人权力。为了防止一个专制政府的暴政，法律控制了统治当局的权力。"[1]无政府状态是私域膨胀以至于吞并了国家的社会状态。欧洲中世纪初期，由于没有国家的制衡，私欲的泛滥造成权力的分散和家族化，形成了等级森严的等级制度和人们的经济依附关系。相反，国家对私域的侵蚀会形成专制政府的出现，垄断国家权力的集团为维持特权地位，仍然会确立等级和特权制度。理想的状态是实现国家和社会，公域和私域的平衡，相互之间的关系由法律加以确认。但是，"徒法不足以自行"，作为法治之"法"要居于统治地位，而不被谋求特殊集团利益的政

---

[1] [美] E·博登海默：《法理学：法律哲学与法律方法》，邓正来译，中国政法大学出版社1999年版，第233页。

治势力所僭越，这就需要有多元权力的妥协、平衡，不能出现一元独大的局面。因为任何集团的势力一旦处于支配地位，具有了让法律失效的力量，那么在法律与该集团的利益发生激烈冲突时，失败的一定是法律。还要看到，如果没有公民社会的制约，国家权力会和市场中的某些经济集团相互勾结，彼此利用，形成官僚资本或官商集团以谋求特殊利益，从而破坏法律秩序。当市场中的经济主体无法通过对抗国家，以制约权力的滥用时，寻求和权力的结合会成为必然选择。因此，如果没有公民社会的出现和发展，国家和纯粹私域构成的"市民社会"之间很难达到均衡状态。公民社会由众多的民间组织组成，这些民间组织作为公民参与公共生活的组织形式，具有独立于私域的公共目标，一方面可以制约私权的泛滥，另一方面和私人权利一起抗衡国家权力，形成社会组织的多元组织结构。当代民主理论家达尔认为，人类社会结构对权力具有天然的制约作用，由各种自主、独立的社团构成的多元社会，可以对权力形成制衡。这种强调独立的社会团体或特殊利益集团在民主制度中的重要性的理论被称为"社会团体政治学"。[1]国家、公民社会和私域三方形成的国家利益、社会利益和私人利益的多元冲突与协调，造成动态的均衡，这种动态的均衡状态需要法律的界定，任何一方都难以摆脱其他两方的制约，结果是大家都没有僭越法律的力量，只能按照法律规则行事，共同接受法律的统治，"法律至上"的原则能够被确立。

（4）公民社会塑造公民品质，为法治提供健全的公民人格。"除非和人民性格和生活方式相搭配，没有一部宪法能够贯彻，要有民

---

[1] [美]达尔：《民主理论的前言》，顾昕译，生活·读书·新知三联书店1999年版，第226页。

主,就要有民主的人及民主的生活方式。"[1]同样,法治的实现及其运行也需要以健全的公民人格为基础。现代国家的公民,不仅要生活于私域之中,从事自由自主的私人活动,还要在公共领域以民间组织为形式从事各项公共活动,民间组织成为塑造公民人格的重要组织形式。在家庭和经济等私人领域,人们关注的是与自身利益密切相关的人伦关系和经济利益,特别是市场主体精于利益计算,以在竞争中获得利益的最大化。特殊利益的追求为公民社会的多元利益和法律的理性秩序提供了经济的基础,但是法治要求的以公共利益和社会福祉为目标的公民人格不足以在私人领域中形成。民间组织反映了公民的特殊利益诉求,但这种特殊利益是对多数特殊利益的整合、协调,具有了一定的普遍性。事实上,民间组织也只有反映具有普遍性的要求才能和其他民间组织以及政府进行对话。民间组织间以及民间组织和政府间的多重对话、彼此协调,才能逐渐达成社会共识。公民在积极地参与中,非理性的暴民倾向得以消除,民主技能得以锻炼,独立思考的理性精神得到培养。在民间组织的积极活动中,具有领导才能和优良品质的领导人物就会产生并逐渐得到公民的普遍认可,这就能通过民主机制为政治国家输送政府官员。同样,经济领域的市场主体也需要支持公益组织获得声誉。离开民间组织,不管是家庭领域的日常伦理、经济领域的逐利竞争,还是政府科层制度下的命令服从都难以培养出健全的公民人格。

(5)公民社会的公共舆论和价值判断,是法律得以实现的最终标准。不同国家机关行使着立法、执法和司法等权力,对某一行为是否合乎法律发生争议时,这些机关成为裁决者。但整个政府行为

---

[1] 张福建:《参与和公民精神的养成》,见许纪霖主编:《公共性与公民观》,江苏人民出版社2006年版,第249页。

的合法性却不能由政府充当自身的法官作出判断,最终的判断者应是全体公民。"一切社会制度若要得到民众最大的支持,必须拥有为全社会所接受的、行使社会权威的道德正当性。"[1]公民和民间组织在公共领域进行公开、自由的讨论、评判、建议、商议,形成公共舆论。如果说国家的合法性取决于公众的认同,那么公共舆论则是公众评判政府的基本方式。如果没有公民社会相对于国家的独立地位,并形成评判、制约政府的公共舆论,那么政府则可以凭借自身拥有的宣传手段或教育措施对公民进行训化,自己成为自身行为合法性的判断者,这会为破坏法治留下可能。法治的实现必然要求独立于政府的公共舆论和价值判断作为政府合法性的最终判断标准,如果国家权力的运行严重背离民众的价值判断,则会引起社会的不满和抗议,甚至于引发政权危机。在政府官员和民意代表的选举中,公民社会的舆论和价值判断也发挥重要作用。民意和选举机制让公民社会对国家的制约具有了现实的运作机制,成为制约政府,实现法治的重要一环。

(三) 我国民间组织归类的困惑与发展

按照"私域—公民社会—国家"三分法,各种组织可以分别归入这三个领域。家庭和企业是私域的主要组织形式;公民社会的组织形式是各类民间组织;行使国家权力的组织主要是各类国家机关。但当我们用公民社会的理论观察中国的民间组织时,不管是用国家与公民社会之间的对抗、制衡模式还是公民参与的监督模式都很难作出合理解释。我国的民间组织在一定意义上是执政党和政府权力在社会中的延伸形式,是落实执政党的方针、政策,协助政府进行

---

[1] [美]丹尼尔·贝尔:《资本主义文化矛盾》,赵一凡译,生活·读书·新知三联书店1992年版,第124~125页。

社会控制的手段。为此，有人提出用"法团"理论来解释中国的民间组织，认为法团主义模式下的民间组织理论更适合于我国的现状。

法团主义是在"二战"期间出现的政治学概念，20世纪70年代后被用于研究国家与社会的关系。菲利普·史密特定义了法团的六个特征：①社会中社团组织的数量有限；②社团组织形成非竞争性的格局；③社团一般以等级方式组织起来；④社团机构具有功能分化的特征；⑤社团要么由国家直接组建，要么获得国家认可而具有代表地位的垄断性；⑥国家在利益表达、领袖选择、组织支持等方面对这些社团组织行使一定的控制。[1]法团主义认为社会团体具有国家认可的法定地位，是国家授予分享某一领域公共权力的垄断性自治组织。我国的工会、共青团、妇联等群众团体和消费者协会等的存在都需要用法团理论进行解释。不但如此，慈善领域的红十字会、商业领域的行业协会以及像法学会、律师协会这样的学术团体或职业团体的官方色彩也极为浓厚，而民间色彩却较为淡薄。从这些组织的生成逻辑来看，它们不是公民或市场组织为有效实现自身权利自发形成，也不是出于市场经济的内在要求，以整合私人利益、制约国家权力为目的形成的公共性组织，而是为了实现国家对社会更有效的控制而安排的基本制度。法团主义者关注的主要问题是"社会不同利益如何得到有序的集中、传输、协调和组织，并用各方同意的方式进入体制，以便使决策过程常规性地吸收社会需求，将社会冲突降低到保持整合的限度"。[2]法团主义者在处理国家和社会的关系上，坚持的是国家中心主义立场，为避免公民社会对国家

---

[1] 陆春萍、邓伟志：《民间组织研究的多维理论视角析评》，载《社会学研究》2007年第7期，第96页、101页。

[2] 张静：《"法团主义"模式下的工会角色》，载《工会理论与实践》2001年第1期，第4页。

造成社会压力,把社团组织作为协调社会矛盾,向政府反映社会诉求的组织。社团理论可以对我国民间组织的现状作出现实的理论解读,而这种现状是1949年以来,强国家主义"苏联模式"所形成的社会结构形态的延续,这种社会结构形态和我国的市场经济和法治体系建设不相适应。从我国全面深化改革的现实出发,应该进一步培育民间组织,让民间组织脱离国家权力的"庇护",回归其自主自立的本位。对于培育我国民间组织的措施可以归为下述方面。

(1) 理顺政府和企业、政府和民间组织的关系,增强国有企业和民间组织的自主地位。由于国有企业控制着我国经济的命脉,而民间组织利益诉求的基础存在于经济领域,政府与国有企业的管理关系也会对民间组织的发展发生影响。2015年8月中共中央、国务院发布《关于深化国有企业改革的指导意见》,提出推进国有企业改革,将国有企业分为商业类和公益类,并提出健全公司法人治理结构,"要切实落实和维护董事会依法行使重大决策、选人用人、薪酬分配等权利,保障经理层经营自主权,法无授权任何政府部门和机构不得干预"。这一改革会逐渐消除国有企业对政府的依赖地位,其利益诉求也会更大程度上通过公民社会反映出来,这无疑会有利于民间组织的发展。民政部、国家发展改革委员会在2015年7月中共中央办公厅、国务院办公厅印发了《行业协会商会与行政机关脱钩总体方案》,提出:"取消行政机关(包括下属单位)与行业协会商会的主办、主管、联系和挂靠关系。行业协会商会依法直接登记和独立运行。"这些改革措施虽然还不够全面,但总的方向是让市场的回归市场,让社会的回归社会,随着政府权力的逐步退缩,会为民间组织的发展提供更大的空间。

(2) 完善市场经济体制,促进更加多元利益群体和公民阶层的形成。市场经济的发展形成了多样化的市场主体和社会利益分化,这为民间组织的发展奠定了一定的基础条件。但是，也出现了阻碍民间组织发展的因素，主要表现在社会利益的分化造成了社会的"撕裂"，整个社会分裂为相互差异巨大的上层社会和底层社会，而中间阶层的发育不足。这种社会的"撕裂"造成利益冲突的加剧，民间组织对多元利益的整合变得困难，为实现社会的秩序化，需要国家权力的介入，国家中心主义的观念自然难以消除。近几年，我国社会阶层间的流动减弱，社会分层定型化、凝固化趋势明显，这些现象的出现在思想观念上会强化社会上层的等级观念和封建意识，而社会的等级化却是民间组织的天敌。要克服这些现象，根本的途径是完善市场经济体制，让更多的公民在市场中获得独立自主的经济地位和平等人格，壮大中间阶层力量，打破社会层级的凝滞和固化。

（3）完善立法，加强法治保障。以民间组织为主体的公民社会构成法治的社会之基，但是，民间组织的健康发展也离不开法治的保障。从南美、非洲一些国家的经验看，"公民社会并不会自动变得民主，许多团体可能会利用公民社会的相对自由来追求反民主的目标"。[1]公民社会处于私域和国家之间，是利益冲突、整合的战场，经济领域和政治领域的各种利益冲突都会在不同的民间组织中表现出来，各种利益和势力的整合过程必然伴随激烈的冲突，这需要完善的立法，没有公民社会和民间组织的法治化，一旦利益冲突不能通过法治的途径解决，国家权力的强行介入，会使公民社会受制于国家，权力的专断也会悄然形成。

---

[1] ［美］戈兰·海登：《公民社会、社会资本和发展》，周红云译，见何增科主编：《公民社会与第三部门》，社会科学文献出版社2000年版，第102页。

四、以权利决定权力——作为法治社会基础的民主政治

(一) 法律与政治的关系

法律与政治的关系有一个发展变化的过程。古代社会，法被认为是源于远古的传统或神的创造，法不仅不受政治左右，还是政治的正当性依据。"法的实证化对当代的法与政治的关系具有决定性的影响。"[1]当法能够基于人的决定而生效时，政治具有了对于法的决定力量。随着民主政治和法治的发展，又需要实现法律对政治的有效制约、树立法律至上的权威，这形成了法律和政治互为基础，既有相互协调又有彼此制约的复杂关系。

1. 作为法律基础的政治

政治的核心内容是国家权力的分配和行使。作为体系化的规范系统，法律从制定经实施再到实现的整个运行过程都离不开国家机关行使相应的国家权力。奥斯丁认为，每一项实在法律都是一项命令，发出命令的主权者必然凌驾于法律之上，法律处于政治的支配之下。凯尔森把法律理解为一个由基本规范、一般规范和个别规范构成的层级体系，下级规范的效力来自于上级规范。而对于基本规范，按照一般法律实证主义的思维，认为不是通过立法产生，而是产生于建国或革命的事实。哈特的理论中，作为法律体系基础的承认规则的存在也是一项事实。由于法律在效力上的这种非自足性，让法律和政治之间建立了联系，也为政治支配法律留下了缺口。卢曼为解决法律的非自足性问题，认为法律体系不再由处于不同等级

---

[1] [德] 迪特·格林：《政治与法》，杨登杰译，见郑永流主编：《法哲学与法社会学论丛》(六)，中国政法大学出版社2003年版，第120页。

的规范构成，而是一个建立在自身基础上的自我参照、自我生产的系统。法律体系的各要素之间彼此互动，法律通过自己设定的程序自我修改，具有封闭、循环和自主的特性。为了避免法律的僵化，确保法律能够应对偶发事件，卢曼又把法律视为"认知上的开放系统"。"由此看，卢曼所谓的法律系统认知上的开放性其实与基本规范或承认规则一样，最终仍然没有彻底封闭法律自主体系的政治缺口。"[1]不管是集权政治还是民主政治，政治都构成法律的重要基础。这主要表现在以下方面。

首先，权力是法律产生和实施的直接依靠。从实在法的角度看，法律的人为性意味着立法者的存在，在集权政治制度下，立法者是掌握国家权力的君主或贵族团体，而在民主制度下，立法者是享有立法权的代议机关或公民全体。没有国家立法权的行使法律无从产生；法律要得以实现，还需要专门的国家机关或官员的执法和司法。离开国家权力，法律会混同于民间规约或社会道德，不但失去国家的强制性，也会失去应有的权威。当一个国家处于政治腐朽、官吏腐败的境况，立法行为可能成为权贵集团分赃的手段，即使是制定得良好的法律也会偏离自身的立法目的，沦为官吏谋私的工具。亚里士多德十分重视政体的地位，并认为："法律的制定应该与政体相适应，而且所有的法律也都是这样制定的，却不能说政体的创立应与法律相适应。"[2]亚里士多德的政体指的是最高统治机构和政权的安排，是国家权力的组织方式，可以说是政治的集中体现，政体对法律的作用反映出权力的不同政治安排对法律的影响。法律的执行

---

[1] 夏勇主编：《法理讲义——关于法律的道理与学问》（上），北京大学出版社2010年版，第84页。
[2] [古希腊] 亚里士多德：《政治学》，颜一、秦典华译，中国人民大学出版社2003年版，第117页。

和实施的过程同时是国家权力行使的过程,对执政党、立法机关、行政机关和司法机关在国家权力体系中的不同安排直接影响着法律的地位和实施的效果。

其次,法律表达了政治主体的政治意志和相互之间的力量对比。政治主体可以包括政党、国家机关、官员、民间组织和公民个人等。不同历史时期、不同政治制度下,法律表达了不同政治主体的意志并体现出不同的力量对比。在古希腊的民主政体之下,所有公民处于平等地位,法律以体现城邦的公共福祉为价值目标;近代之后,法律普遍确立了私产神圣、契约自由、市场经济、民主法治等原则或制度,这集中体现了掌握国家政权的资产阶级的利益和需要。在我国的封建社会,法律主要体现了君主、官僚集团和土地所有者的意志。帝制终结之后,政党开始进入国家政治生活的舞台,执政党的政策、方针和执政理念等政治意愿直接影响甚至决定法律的存在和实施状况。总的来说,"法律要么是一个政治主体意志的表达,要么是多个政治主体不同意志综合碰撞的产物"。[1]当某一政治集团对国家权力的控制处于绝对地位时,该集团可能会凭借政治权力实现对法律的控制,法律会沦为政治的奴仆,相反,当社会各政治集团的势力处于彼此制约,形成相对均衡的多元平衡状态时,法律的至上地位更容易确立。由于掌权者把权力的边界推向极致的本性,我们很难想象,在单极的国家权力格局下,法治能够得到真正的确立。

最后,国家"非常状态"的存在,让权力具有了支配法律的可能。德国学者施密特认为,国家的"非常状态"无法预知,不能制定预先处置方案,因而不能纳入现有法律制度中的极端危险状态。非常状态的首要特征是不受限制的权威,它意味着终止整个现有秩

---

[1] 卓泽渊:《法政治学研究》,法律出版社2001年版,第47页。

序。他说："在非常状态下国家是根据自我保存的权利终止法律。"[1]法律的有效运行需要以国家生活的"常态"为条件，而对于任何社会来说，都有出现"非常状态"的可能性。一般来说，国家最高权力机关有权判断并宣布"非常状态"的存在，甚至于有作出搁置宪法的决定等措施。当法律的效力暂时中止时，当权者的"决断"成为处理各项事务的依据。不仅如此，在国家的某些特定时期，即使不是处于"非常状态"，政治权力也可能会因为特殊的历史状况抛弃法律而按照自身的逻辑实现国家的治理。从中华人民共和国成立之后到实行改革开放的这一历史时期，我国主要依靠执政党政策依然实现了国家的有效控制。由此，我们也可以看出政治对于法律的基础地位。

2. 作为政治基础的法律

首先，法律为政治提供存在的依据。政治领域最核心的概念是国家主权，法律与国家主权间的关系演变集中反映了政治法律化的过程。博丹认为，主权是共同体所有的绝对且永久的权力，他说："赋予君主的主权，如果还要受若干条件和义务的限制，那么这样的主权就不是真正意义上的主权。"[2]既然主权具有绝对性，主权不但不会受到法律的限制，还对法律具有绝对的支配地位。之后，人们对主权的思考发展为主权的配置和范围。卢梭虽然仍然认为主权具有绝对性、神圣性，但他还认为主权"不会超出，也不能超出公共约定的界限；并且人人都可以任意处置这种约定留给自己的财富和

---

[1] [德] 卡尔·施密特：《政治的神学》，刘宗坤等译，上海人民出版社2015年版，第29页。

[2] [法] 博丹：《主权论》，李卫海、钱俊文译，北京大学出版社2008年版，第37页。

自由"。[1]既然卢梭认为主权通过社会契约形成,那么约定的界限会成为政治权力和私人自由的界限,如果接下来追问如何确定这一界限,这便为法律制约主权留下了可能。不管是洛克立法权、执行权和对外权的分权设计,还是孟德斯鸠立法、行政、司法的三权分立和制衡理论,都是对主权分解的基础上构成一个权力运行的固定结构,这一权力运行结构的构建自然离不开法律。美国的建国者们,不但接受了洛克、孟德斯鸠的分权理论,还进一步提出了中央和地方的分权,他们通过制定宪法,让权力的基础建立在宪法之上,任何权力都来自法律的授予而不是自我赋权。潘恩说:"英国议会通过授权自己任期七年,此举表明英国没有宪法。"[2]虽然制宪者们制定宪法的行为属于政治行为,但宪法一旦生效,制宪者也受到宪法的制约,这样做到了法律对权力的最大控制。随着法治在各国的渐次确立,"法无授权皆禁止"成为国家权力行使的重要原则,不论宏观上的国家主权还是具体的国家权力都必须具有法律的依据,法律成为政治的基础。

其次,法律规范政治行为。政治行为分为政党的政治行为、国家机关及其工作人员的政治行为和公民的政治行为。法治之法的普遍性要求把政党的政治行为,特别是执政党的执政行为纳入法律的调整范围。中共十八届四中全会的《决定》提出建设中国特色社会主义法治体系的目标,社会主义法治体系的内容,包括"党内法规体系",并要求"坚持依法治国、依法执政、依法行政共同推进"。这为实现我国执政党执政行为的法律化指明了方向。可以看出,我国执政党执政行为的法律调整主要不是通过国家权力机关制定并颁布政党法的方式,而是通过党内"法规体系"划清党和政府的权力

---

[1] [法] 卢梭:《社会契约论》,何兆武译,商务印书馆1990年版,第44页。
[2] [美] 托马斯·潘恩:《潘恩选集》,马清槐等译,商务印书馆1981年版,第147页。

界限以及强化执政责任的方式加以实现。法律对国家机关及其工作人员政治行为的规范化不但包括法律规定国家机构的权限和职责范围，还包括国家权力的行为模式和法律后果。赋予公民各种政治权利，是现代民主政治的特点，相比于政党、国家机关及其个人，公民政治权利的实现更需要法律的保障和规范。各国宪法普遍确认了公民享有的言论、出版、集会、结社、游行、示威等政治权利，这些政治权利的实现需要法律给予科学、具体的确认，并规定具有操作性、真实性的程序给予保障。

最后，法律可以解决各种政治问题。政治问题的解决方法可以分为暴力方法和和平方法。暴力方法指通过政治革命或政治斗争，一方取得压倒另一方的绝对优势以解决政治矛盾或政治争议。和平方法是政治文明的应然要求，也是法治的内在要求，当一国的政治问题不能摆脱暴力解决时，法治也不可能完全确立。以和平方法解决政治问题，需要把政治问题的解决纳入法治化的轨道。政治问题能够依据法律程序和平解决是政治文明的重要内容。政治问题的法律解决方法主要有两种：一是政治问题的民主化解决方法。这种解决方法是对于一些重大的政治问题由法律设定民主程序，通过全民公决或者议会表决的方式作出决定。哪些问题通过全民公决，哪些问题由议会表决由法律作出规定，法律保障表决前不同的观点应得到充分且平等的陈述和辩论，表决的结论具有绝对的法律效力，任何以暴力阻止表决程序或不执行表决结果的行为都要承担法律责任。二是司法的方法。司法的方法是通过法院解决政治问题。托克维尔曾说："在美国几乎所有政治问题迟早都要变成司法问题。"[1]把政

---

[1] [法]托克维尔：《论美国的民主》，董果良译，商务印书馆1988年版，第320页。

治权力的体系和运作过程纳入宪法的框架和规制之下,当发生政治问题时,把政治问题转化为宪法问题,由宪法法院或最高法院以违宪审查或审理宪法争议的方式进行解决是司法解决方式的主要内容。

(二)法治与民主的关系

1. 法治是民主的必然要求

作为社会管理体制的一种方式,民主与专制相对。专制体制下,国家权力由君主个人或特权集团所垄断,他们垄断权力的目的在于谋求更大的个人或集团利益。由于专制体制是君主或少数人对多数人的统治,为维持特权利益,必然需要统治者设立等级化的社会秩序。在等级秩序下,通过上位者对下位者层级化的直接管理和控制实现社会的有效控制。这种统治方式也可能存在较为体系化的法律,但这种法律也以维护等级化的秩序为主要目的,法律成为统治者维护统治的工具。因为统治者垄断制定、实施法律的权力,法律不可能形成对权力的有效控制。可以说,专制下的社会管理体制只能是人治。而民主体制与之不同。民主是人民的统治,是众人之治,民主体制之下,每个人都是独立自由的主体,人与人通过平等性的契约相互结合,彼此协作,任何人都没有独断地支配他人的身份地位。既然每个人都是自由平等的,那么国家权力则为全体社会成员所共有,任何人或任何集团都不享有优越于他人的特权。在民主体制下,平等自由秩序不能依靠人治的方式加以实现,与之相适应的社会治理方式必然是法治。只有在法治之下,每个人依据法律实现自身权利,追求自身利益,法律不但划定人们之间利益的边界,还成为解决相互之间纠纷的依据,这样就摆脱了人对人的依赖和依附关系。人与人的平等还要求"每一个掌权者都至少要受到另一个掌权者的制约,并且在必要的时候被另一个掌权者通过法律的程序剥夺权力"。[1]这只有在法治方式下才能实现。离开法治,"众人之治"只能是多数人的恣意和专断,要么沦为专制体制,要么社会分裂失序。民主的实现必然要求法治,法治是实现民主的唯一途径。

古代希腊、罗马的思想家普遍按照统治者的人数区分各种政体。柏拉图把多数人统治的政体称为民主政体,认为民主政体中,极端自由的结果只能带来极端的奴役,某些具有野心、擅长鼓动的人将会控制轻信的民众,从而窃取国家权力,使国家演变为专制政体。亚里士多德把城邦的政体形式分为正宗政体和变态政体。其中,执政者为多数人的正宗政体是共和政体,共和政体如果偏离为全体公民谋取福祉的目标,而为多数的穷人谋求私利则会成为变态的平民政体。波里比阿和西塞罗都主张政体循环论的思想,认为多数人直接参与的民主制之下,富人们会用小恩小惠腐化人民,而煽动他们作为首领,最后导致民主制向平民制的堕落,直至沦为专制君主政体。在这些思想家中,柏拉图认为哲学家作为国王的贤人政体最好,波里比阿和西塞罗认为理想的政体是包含君主制、贵族制和民主制三种元素的混合政体。不管是贤人政体还是混合政体所建立的都是等级制的国家秩序,这种秩序和民主要求的平等相违背,要么无法得以现实存在,要么仍然沦为君主或贵族的专制。亚里士多德认为,多数人统治的共和政体最好,但对于避免共和政体沦为变态的平民政体的方式,他说:"共和政体的维持无须借助外力,完全凭靠自身,就凭自身力量而言,也不能唯大多数人的意愿是从——因为多数人的意愿也可能支持一个邪恶的政体,而应当是总的说来城邦的

---

[1] 李绍猛:《没有法治的民主和没有民主的法治》,载《理论视野》2011年第4期,第32页。

诸分子或成员中无一具有组建另一个政体的意愿。"[1]对于共和政体和法律的关系,他说道:"适于共和政治的地方,其群众自然地造就出一种人,他们在共和政治中既能胜任统治,又能受人统治,这种统治以法律为依据,处境优裕的人们根据各自的才德分享各种官职。"[2]很明显,虽然亚里士多德提出了法治和轮番为治的思想,但他仍然把防止共和政体异化的力量寄托在"处境优裕"的中产者身上,认为中产者在本性上较少野心,更愿意遵守法律,固守现有秩序。近代以来,为保证民主体制不被破坏,思想家们进一步发展了法治和轮番为治思想,提出了代议制、两院制、竞争制、分权制衡制等思想。这些制度充实了法治理论,成为民主机制有效运行的保障,这样民主就和法治结合在一起,要实现民主,必须实行法治。

2. 民主是法治的力量之源

首先,民主是制定良法的保障。在一个人人平等的社会,"没有一个人或有限的一群人是十分聪敏和十分良善,以至于无须别人的同意就去统治别人"。[3]立法中,民主的保障在于民主的程序,通过民主的程序,被立法所影响的一切人都有参与和表达的机会,人们通过协商、争辩、说服、妥协获得对相关问题的最全面、最深入的探讨,人的理性局限性得到最大程度的克服,从而可能得出最科学的结论。在民主程序中,每个集团或阶层都没有特殊的地位,这避免了体现特殊利益的独断权力对立法的控制,让法律成为各集团或阶层利益平衡的工具,能够更好地反映经济社会的发展状况。如果

---

[1] [古希腊]亚里士多德:《政治学》,颜一、秦典华译,中国人民大学出版社2003年版,第135~136页。

[2] [古希腊]亚里士多德:《政治学》,颜一、秦典华译,中国人民大学出版社2003年版,第113页。

[3] [美]约翰·杜威:《人的问题》,傅统先、邱椿译,上海人民出版社2014年版,第44页。

没有民主的程序，某个人或有限的一群人垄断了立法权，不但会产生特权，而且法律会因为制定者的偏狭、私利而违背正义。民主对立法的参与还体现在民众的生产、生活实践是法律的重要渊源。民众实践中的试错、探索和经验决定着法律对社会的适宜性，是法律可适用性的基本条件。如果说法治是良法之治，那么民主则是产生出良法的关键。

其次，民主促进法治的发展。民主和法治相伴而行决定了民主的发展也会促进法治的发展，民主成为法治发展的重要动力。从民主和法治的关系看，民主也是法治的目标和归宿。在推进民主的过程中，也需要不断完善法律，促使法治的实现。从历史的发展看，不管是民主的广度还是民主的深度都有一个不断发展的过程。从广度来说，民主的范围有一个从少数人到多数人再到全体国民的逐渐扩大过程；从深度来说，有一个从形式参与到实质参与的过程。为了保障自由我们需要法治，而民主正是自由的核心价值和魂魄。

再次，民主有助于约束国家权力，督促政府依法办事。民主不仅排除极端的专制，还排除任何形式的"为民做主"，或任何形式的强行"服务"。要实现民主，需要划定公权和私权的界限，为民众实现自治，以各种形式进行自我管理提供充分空间。民主条件下，公民作为独立的社会主体，积极参与公共生活、参政议政，不但可以直接制约国家权力，还可以形成社会舆论，为国家权力的运行提供良好的价值指向。

最后，民主促进公民的权利和责任意识，培育其守法精神。公民权利和责任意识需要在民主过程中形成和提高。选举、竞选、结社、批评、监督的行为既是民主行为，又是公民权利的行使。公民在民主活动中，公民意识得以激发，并学会以适当的方式行使权利、争取权利、捍卫权利，为权利而斗争。民主的自我决策，也意味着公民责任，公民在民主实践中，会认识到各种决策的后果和风险，这会促进公民抛弃决策的恣意，形成民主的理性，强化自律意识，形成守法精神。

五、以权力制约权力——作为法治政治基础的分权制衡制度

（一）从混合政体到分权：以权力制约权力

混合政体是包含君主、贵族和民主三种政体中的两类或三类成分的政体。单一的政体容易衰败，混合政体更为稳定是西方古典时期思想家们的共识。亚里士多德曾讨论过混合政体，他说："有些人就说过，最好的政体是结合了所有形式的政体，他们推崇斯巴达的政体，是因为这种政体包含了寡头政体、君主政体和平民政体的因素。国王代表君主政体，长老会代表寡头政体，而监察官则代表平民政体；因为监察官是从人民中选举出来的。"[1]波里比阿说："主导罗马的宪政的成分有三……以至于对罗马人来说，要他们清楚宣布整个系统究竟是贵族政治，或是民主政治，或是王权政治，甚至是不可能的。"[2]这是因为执政官代表了王政的因素，元老院代表了贵族政治，而如果把注意力集中在人民的权利，似乎是民主政治的范例。三种成分形成"合作或牵制"的关系，当三者联手时，其强大足以抵挡所有的紧急状况，而任一成分变得野心过度，容易侵犯其他时，能够被其他两个成分所约束。"没有成分能完全独立，而是

---

[1] ［古希腊］亚里士多德：《政治学》，颜一、秦典华译，中国人民大学出版社2003年版，第45页。

[2] ［古罗马］波里比阿：《罗马帝国的崛起》，翁嘉声译，社会科学文献出版社2013年版，第404页。

任何一个的计划都有可能会被其他的妨碍或阻止,结果是没人可以主宰或以轻蔑态度来对待其他。"[1]西塞罗也认为三种因素混合起来的政府比任何单独的一种都更为优越。他说:"一个国家是通过不同因素之间协调而获得和谐的,其方法是把上、中、下三层阶级(似乎他们就是音乐中的音调)公正且合乎情理地混合在一起。"[2]混合政体主张君主、贵族和平民等阶级、阶层分别产生机构共享权力,相互的制约主要表现为相互的否决权。"除非各个部分一致,否则政府无法行动,这种安排使得政治事物的争论凸显于表面,古典混合政体易陷于僵局当中而比较脆弱,高度依赖于公民的美德。"[3]混合政体不同于现今的权力分立,混合政体理论以阶级集团为基础,让不同的阶级集团参与政府管理,目的在于防止任何一个集团拥有绝对的统治权力,并把自身意志强加在其他集团之上,而分权理论是将国家的权力分为不同的职能,并由不同的机关行使,相互之间形成分权制约关系。

西欧封建社会存在神权、王权、贵族权、市民权等多种权力的并存和斗争,并产生了不同的国家权力理论。中世纪占主导地位的权力理论是政教二元化的权力观。在《圣经》中,耶稣说:"我的国不属于这个世界""凯撒的物当归给凯撒,神的物当归给神"。以后的基督教思想家发展了这一思想,先后提出"双城论""双剑论""日月论"等来解释教会和国家的关系。"由于在单一的基督教国家里,教会和国家是分别作为统治精神权力和世俗权力的机能而存在

---

[1] [古罗马]波里比阿:《罗马帝国的崛起》,翁嘉声译,社会科学文献出版社2013年版,第410页。

[2] [古罗马]西塞罗:《国家篇 法律篇》,沈叔平、苏力译,商务印书馆1999年版,第88~90页。

[3] 夏勇主编:《法理讲义:关于法律的道理与学问》(上),北京大学出版社2010年版,第414页。

的，因此在一般情况下肯定这种状态的权力分割论占主导地位。"[1]按照神学家们的解释，在世俗权力之上还有一个神圣的上帝存在，皇帝的权威具有一定的限度，人们对其服从的义务也并非绝对。1075年教皇格列高利七世宣布，教会在政治上和法律上完全独立，他对基督教世界所有教士享有最高的政治和法律权威。对此，德国学者卡尔西说："在中世纪的思想中，国王的神圣权力的原则，总是受到某些基本界限的制约。"[2]这种限制权力的思想，也体现在教会内部对教皇的限制上。在教会内，教皇是最高统治者，享有"完整的权力"。然而，教皇的任意专断却受到宗教人文主义者和宗教会议的支持者们的反对。他们认为，教会的权力分为圣职权和管辖权，圣职权是神的恩典的神圣体现，管辖权需要依照法律行使。教皇的权力属于管辖权，要受到法律的限制，教皇本人是依据教皇这一职位而不是依据个人享有权力。因此，教皇对神意的解释也不是任意和绝对的。实践中，教会通过等级和官僚体系的职能划分，给教皇的专制统治加以限制。

中世纪后期，王权在与贵族权和教权的斗争中日益强化，民族国家也日益凸显。由于封建制度对自由市场的限制阻碍了商业和资本主义生产的发展，新兴的市民阶级和君主结成了联盟，君主们从市民阶级获得财政支持，市民阶级则从王国建立的统一法律秩序中获得利益。这时，表达君权独立，主张国家高于教会的君权学说也开始出现。当君主在市民阶级的协助下摧毁教权和贵族权后，也就日益集权，并出现君主专制制度。市民阶级为摆脱王室对赋税日益增加、对商业和宗教自由的种种限制转而反对国王，要求建立起符

---

[1] 吕世伦主编：《西方法律思想史论》，商务印书馆2006年版，第59页。
[2] [德]恩斯特·卡尔西：《国家的神话》，范进等译，华夏出版社1990年版，第124页。

合自由主义意识形态的法律制度。代表市民阶级利益的思想家们在思考如何限制国家权力时,传统的混合政体理论和政教二元的权力观无疑是重要的思想资源,但是混合政体的实质是不同的社会等级集团共同参与国家的治理,以避免任何一个等级集团凭借国家权力侵害其他集团的利益。政教二元论是以教会和国家两大权力集权的对立斗争为基础,这和市民阶级要求的平等自由观不相适应。既然每个人都是自由平等的,每个人天生享有一系列自然权利,而国家权力来自通过社会契约的公民权利的转让,那么为避免国家权力侵犯公民自由,国家权力的分立制衡自然成为必然的选择。洛克说:"统治者在野心和奢侈的怂恿下,想要保持和扩大权力,不去做人们当初授权给他时要他办的事情,加之谄媚逢迎使君主认为具有与其人民截然不同的利益,于是人们发觉有必要更加审慎地考察政权的起源和权利,并找出办法来限制专横和防止滥用权利。"[1] 孟德斯鸠提出分权思想的目的在于保障公民自由。他说:"一个公民的政治自由是一种心境的平安状态。这种心境的平安是从人人都认为他本身是安全的这个看法产生的。要享有这种自由,就必须建立一种政府,在它的统治下一个公民不惧怕另一公民。"[2] 这就需要政府不能拥有超越法律的强迫力量,要达到这一点,则需要分权制衡的制度了。

(二) 分权机制:职权划分与制衡

经典的分权理论是三权分立学说,其基本主张可以表述为:为保障公民的政治自由,政府的职能可以划分为立法、行政和司法三种,每种职能由相互独立的不同部门的人员分别行使。每个部门仅

---

[1] [英] 洛克:《政府论》(下篇),叶启芳、瞿菊农译,商务印书馆1964年版,第70页。
[2] [法] 孟德斯鸠:《论法的精神》(上册),张雁深译,商务印书馆1963年版,第155~156页。

限于行使自己的职能而不能侵蚀其他部门的职能事项。相互独立的三个部门之间形成彼此制约，以保障没有任何人或集团能够控制整个国家权力。这一学说包含四个要素，一是信奉"政治自由"或排除"专断权力"；二是政府的职能和机构分立，即政府区分为立法、行政和司法三种职能，并由相应的三个机关分别行使；三是人员分离。每个部门由相互分离的不同人群组成，而且成员身份没有重叠；四是每个部门都限于行使自己的职能，并构成对其他部门行使专断权力的制约。[1]实践中虽然很少有人主张这种彻底或极端的分权学说，但现代民主政治都能够以这一"理想型"作为分析的基础和参照。

从历史上看，亚里士多德曾认为一切政体都有三个要素，即议事、行政和审判三种机能。如果三要素组织得良好，整个政体就能健全。雅典政治的原则是一切公民都应直接参与政府的全部职能，亚里士多德并不主张不同的职能分配给不同的人员行使，也不主张人员分离，这和三权分立学说存在根本不同。阿奎那曾区分了统治者的制定法律和管理政治性社区两种职能。14世纪帕多瓦的马西利乌斯明确提出了立法职能和执行职能的概念，认为立法权属于人民，法律即人民的命令，同时拒绝实在法必须符合更高法律的自然法观念。这样立法权变成了真正制定法律的权力，而不是传统意义上立法只是对既存神意的发现。"马西利乌斯事实上提出了对国家职能的分类，这一分类一直到孟德斯鸠的时代都无本质的更动。"[2]近代的权力分立学说产生并发展于英国内战时期，"大约在洛克的《政府

---

[1] [英] M. J. C 维尔：《宪政与分权》，苏力译，生活·读书·新知三联书店1997年版，第13~16页。

[2] [英] M. J. C 维尔：《宪政与分权》，苏力译，生活·读书·新知三联书店1997年版，第25~26页。

论》（下篇）出版之前大约三十年，权力分立学说已经演化为对英国内战和克伦威尔共和国的问题的一个回答，并且以其17世纪的表述而达到一个很高的发展程度"。[1]克伦威尔时期制定的《政府文书》建立了具有自身职能并具有一定独立性的立法机关和行政部门，国会掌握立法职能，护国公行使行政权，在立法中护国公仅限于20天的暂时性否决权。在为《政府文书》辩护的一本著作中提到，把立法和行政权置于同样一些人手中是腐败和暴政的重大人口，自由的奥秘是保持两者分离，并在不同的渠道流通。将这两种权力合并于一人手中就足够暴虐，但当两种权力处在一个议会的手中时，后果就更为危险，因为这样一批人能够更容易地逃脱责任。[2]

作为自由主义的奠基人，洛克把分权看作控制政府权力，防止专制和暴政的必要手段。他沿袭了立法权和行政权二分的观点，详细说明了立法权和行政权的分权。立法权是制定和公布法律的权力，由民选的议会行使，行政权由君主根据议会的决定行使。与已有观点不同的是洛克从行政权中分出对外权，这是进行诸如宣战、缔约、媾和的外交权力，外交权与行政权联合在一起，都应由君主行使。但不难看出，立法权和行政权的分立才是实质性的。洛克认为立法权处于最高的地位，他说："当立法机关把执行他们所制定的法律的权力交给别人之后，他们认为有必要时仍有权加以收回和处罚任何违法的不良行政。对外权的情况也是这样，它和执行权同是辅助和隶属于立法权的恶，而立法权，正是如前述，在一个有组织的国家

---

[1] [英] M. J. C 维尔：《宪政与分权》，苏力译，生活·读书·新知三联书店1997年版，第47~48页。
[2] [英] M. J. C 维尔：《宪政与分权》，苏力译，生活·读书·新知三联书店1997年版，第45页。

里，是最高的权力。"[1]洛克的理论体现了分权学说的精华，他对政府基本职能的区分很明确，国王不能立法，而只能同意立法；国会监督法律的执行，但自身不能执行。"现在应当清楚了，在一定程度上，洛克也是可以称之为'美国宪法之父'。从根本上看，这种职能的部分分割就是确立美国总统和美国国会之间关系的理论基础。"[2]孟德斯鸠对政府职能的论述中，从执行权的已有用法中发展出了新的"裁判权"。裁判权不同于对法律的执行，成为新的政府职能。他将裁判权和立法权、执行权并立，确立了立法、行政和司法的三权分立体制。对于孟德斯鸠来说，分权不是目的，目的在于通过分权，以权力制约权力，防止专制和腐化。他论述道："从事物的性质说，要防止滥用权力，就必须以权力约束权力。""如果行政权没有制止立法机关越权行为的权利，立法机关将要变成专制；因为它会把它能想象到的一切权力都授予自己，而把其余两权毁灭。"[3]因此，行政权应当拥有否决立法的权力，召集立法机构并确定会议期限的权力也应由行政机关行使。同样，立法权也应制约行政权，立法机关应拥有审查它制定的法律实施情况的权力，对于国王的大臣，立法机关行使弹劾权，由下院控诉，上院审理。他说："这就是英格兰的基本政制：立法机关由两部分组成，它们通过相互的反对彼此钳制，二者全都受行政权的约束，行政权又受立法权的约束。"[4]在美国，

---

[1] [英]洛克：《政府论》（下篇），叶启芳、瞿菊农译，商务印书馆1964年版，第94页。

[2] [英] M. J. C 维尔：《宪政与分权》，苏力译，生活·读书·新知三联书店1997年版，第61页。

[3] [法]孟德斯鸠：《论法的精神》（上册），张雁深译，商务印书馆1963年版，第156页、161页。

[4] [法]孟德斯鸠：《论法的精神》（上册），张雁深译，商务印书馆1963年版，第163~164页。

汉密尔顿极力主张建立分权制衡的民主政体，在洛克、孟德斯鸠等人的基础上，进一步完善了制衡理论。汉密尔顿认为，"野心必须用野心来对抗"，为了相互制约，各部门需要具有相互抵制、大体平衡的法定职能："行政部门对于立法部门的法案，能够断然或有力地予以否决。""如果全部立法权力尽皆委托给单一的代表机构，比之要求一切公众立法均需分别由不同之机构所认可，其危险性显然是更大的。"[1]为提高司法权以保持它同立法权和行政权的平衡，汉密尔顿提出了两项措施，一是法官职位固定，实行终身任职，法官的薪俸由法律规定；二是法院有解释法律、宣布国会制定的法律是否违反宪法的权力。

分权制衡理论在不同国家的法治实践中有不同表现，在违宪审查制度中，美国和日本采用司法机关审查模式，德国设立独立的宪法法院进行审查，而法国采用宪法委员会与行政法院并行的复合审查模式。不管实践中存在怎样的差异，分权确实是法治国家的一项共同原则，这种分权不一定采用任何特定国家的分权模式，但至少是某种形式的权力分立。这要求整个权力架构建立若干相对分散的权力中心，而避免集权。"任何政府都具有立法、执法与司法三大主要职能。因此，把这三个机构分开并保证其相应的独立地位，是法治的一个基本条件。"[2]

（三）分权制衡与法律程序

法律程序，尤其是法律正当程序思想的核心是，只有在遵循法律规定和接受司法审查的前提下，公权力对公民权利的限制或剥夺才是许可的和可接受的。法律对权力的程序性限制和分权制衡制度

---

〔1〕 ［美］汉密尔顿等：《联邦党人文集》，程逢如、在汉、舒逊译，商务印书馆1980年版，第322页、337页。

〔2〕 张千帆：《宪法学导论》，法律出版社2008年版，第51页。

一样,其根本意义在于保障公民的自由和权利。从两者的关系看,分权制衡制度要得到良好地运转,还需要法律程序的制约。

首先,法律程序增强了对权力的控制,有利于权力的制衡。现代社会,权力对经济、社会的介入日益加深,自由裁量权扩大,特别是行政权不断扩张,有向立法和司法领域扩展的趋势,这让传统的分权制约模式难以适应新的状况,程序控权和分权模式一起成为控制权力的重要方式。要把权力关进牢笼,最基本的要求是实现权力的程序性控制,程序通过时间、空间因素的配置和权力主体内部的分工能够克服权力行使的随意性和随机性,让重大决策建立在充分协商的基础之上,让背离法律的行为及时暴露,而不能采取政治性的"权谋"损害法治。例如,立法程序一般要经过立法规划、提出法案、审议法案、表决通过和公布多个阶段,这一程序可以吸纳公众、专家、立法机关、行政机关、司法机关和公布机关等众多主体的意志,让法律体现出社会的公共理性,抑制单一主体的恣意和偏私。权力的偏激、暴戾和恣意会因为程序的制约而大大弱化,让权力本身变得更为"文明",这能够更好地实现权力的分立制衡。如果权力处于极端野蛮的权术和阴谋之中,那么权力的分立可能造成无底线的权力争斗,社会的稳定最终只能实现于其中一种权力对于其他权力的绝对控制。权力的分立制衡需要权力处在一定程度的文明化基础之上,而要实现权力的文明化,程序起着重要的作用。

其次,法律程序让权力的相互制约规则化。权力的相互制约涉及的是国家的重大事务,事关国家稳定,这让权力制约过程的规则化、法律化显得尤其重要。从现实来看,任何国家也不可能实行纯粹的权力分立,立法、行政和司法三者存在一定的职能混合是普遍的常态,这增加了权力制约的复杂性。如果没有制约过程的程序化支持,权力的制衡可能变为无休止的纷争。这需要规定出权力制约

第九章 法治的制度基础

的类型、形式、方法，离开法律规定方式的制约，权力的行使不但无效，而且行为人还要承担不利的法律后果。美国的三权分立模式中，总统可以任命法官，并享有行政裁判权和罪犯赦免权，但法院也有制约总统的力量，法官一经任命便终身任职，法官可以不依附于总统，甚至于在"水门"事件等案件中，作出对总统不利的判决。

最后，法律程序为权力之外的力量参与权力制衡提供了条件。由于权力的拥有者存在共同和一致的利益，简单的分权难以避免权力合谋以获取官僚集团的整体利益，这需要通过法律程序让权力之外的力量参与权力的制衡。由于对程序性问题的监督较为清晰明了、易于判断，社会力量的参与主要体现在对权力行使的程序合法性的监督。立法机关会议的公开、行政机关对重大事项的听证和司法审判的公开是实现社会力量制约权力的前提，这需要法律程序的保障。为避免某一权力的膨胀，法律应规定公民表达意愿的方式，让公民能够通过法定程序行使选举权来决定执政者或官员的去留，这是实现权力制衡最为根本的力量。

第十章
法治下的能动司法

能动司法或司法能动主义，可被理解为司法克制主义这一主题衍生出来的问题。司法克制主义主要体现为司法的被动性、中立性、终局性、权威性等一系列司法活动的根本原则和特征，是司法规律的体现。但是，僵化的绝对的克制主义也会存在弊端，如完全被动性的司法有时会与社会生活脱节。因此无论在理论上还是实践上，也无论在中国还是在西方，都有司法能动主义的主张或能动司法的实践。然而，司法克制主义之利弊，主次有分；克制主义之理论缺陷不能在实践中放大；西方背景和中国土壤更是判然有别，基于同样理论初衷的司法能动主义，在中西方不同的制度环境下可能产生完全不同的实践效果。为避免罔顾国情的能动司法的理论和实践，有必要从理论逻辑深层辨明其含义和功能、条件与作用等基本问题。

第十章 法治下的能动司法

一、能动司法的多义性与选择性

理论与实践总是处在互动的关系中。有时是理论孕育了实践,有时是实践激发了理论。在当代中国的司法实践中,大约从2009年开始,能动司法在最高人民法院的倡导下,不仅为我国司法实务界所大力践行,而且激活了丰富的理论话语资源,成为法学学术界讨论的热点之一。围绕司法能动主义的争论,既针对中国当下的司法实践,也援引了西方的理论资源,可以说引发了一次法学理论界与司法实务界空前强烈的共鸣。其中各种理论观点纷纷呈现,有的分歧针锋相对,凸显了深层的理论—实践问题,值得认真总结、深刻反思。

(一)我国能动司法的背景与实践

我国以"三个至上"为司法指导思想,以"为大局服务,为人民司法"为司法工作主题,在此背景下,最高司法机关提出能动司法并将其作为解决社会矛盾和纠纷的重要机制付诸司法实践。能动司法具体表现为这样一些要求和做法:司法的群众路线;法律效果与社会效果的统一(案结事了,怨随案清);宽严相济;调判结合,调解优先;多元化纠纷解决机制;司法机关积极主动地介入案件、主导案件的处理,采取多种司法便民、利民、惠民措施,高效、主动地进行司法工作。这样一种司法工作思路被形象地概括为:息事就是本事、宁人就是能人、摆平就是水平、搞定就是稳定,或:能压下就有两下、摆平就是水平、搞定就是稳定、妥协就是和谐。如此"能动司法"是否能切中能动司法的本意,是否会导致某种偏离甚至背反,需要认真梳理、分析和反思。

当代中国的能动司法最早是作为应对金融危机的一个举措而提出的。在这一特定背景趋于淡化、逐渐消失之后，司法界和一些学者力图把能动司法常态化，以解决中国社会的实际问题。无可否认，目前中国社会矛盾趋于激化，各种纠纷、冲突剧增，涉诉上访数量众多以及案件执行难的现象屡见不鲜，社会矛盾纠纷处于易发、多发、频发、群发状态，对社会建设、法制建设、改革开放的推进影响很大；与此并行的是司法资源相对薄弱，不足以应对纠纷矛盾剧增的社会现实。于是，能动司法的理念有了施展空间和用武之地。通过能动司法，转变司法方式成为司法工作的新选项。时任首席大法官王胜俊阐述道："我们所讲的能动司法，简而言之，就是发挥司法的主观能动性，积极主动地为大局服务，为经济社会发展服务。""服务性、主动性、高效性，是能动司法的三个显著特征。"[1]法理学家苏力认为，所谓能动司法，是指法官不应仅仅消极地坐堂办案、不考虑后果地适用法律，而是在尚未真正形成的制度限制内，充分发挥个人的积极性智慧，通过审判以及由司法操作的替代纠纷解决方法，来有效解决案件和纠纷，实现法律效果与社会效果的统一。[2]顾培东教授概括了司法能动主义的三层含义[3]：①违宪审查意义上的司法能动主义；②实用主义或现实主义意义上的司法能动主义；③混合意义上的司法能动主义。实用主义意义上的司法能动主义有四个较为明显的特征：①在司法的目的上，把社会目标的实现作为司法的根本追求，主张司法的一切活动都必须从属于社会目标的实

---

[1] 转引自公丕祥：《能动司法：当代中国司法的基本取向（下）》，载《光明日报》2010年7月1日，第9版。

[2] 苏力：《能动司法与大调解》，载《中国法学》2010年第1期，第5页。

[3] 顾培东：《能动司法若干问题研究》，载《中国法学》2010年第4期，第7页。

现。②在司法的依据上,不把法条或先例当然地作为唯一的规范依据,而是充分考量案件所关涉的多种价值、规则及利益,在各种价值、规则及利益中寻求平衡和妥协。③在司法的方式上,不是机械地拘泥于某些形式,而是灵便地适用各种方式和方法。④在司法的姿态上,法官不是完全被动、消极地面对各项系争事务,而是从有效处理案件出发,自为地实施相关裁判行为。

总结这些关于能动司法的概括,笔者认为,对能动司法的理解须把握以下几点:第一,从学理上应当肯定能动司法有存在的合理空间。这是因为,规范主义、形式主义、法条主义的法律观固有的局限,决定司法不能是、也不应当是简单、机械、僵化、被动地适用法律。第二,能动司法是建立在法律的规范主义、形式主义、法条主义的基础上的,是对后者缺陷的修补、完善,但绝不是否定。换言之,离开形式法治的基础,能动司法有可能走形、异化,变成与代表人民意志的立法相违背的东西。第三,能动司法具有多样性,学者出身的大法官江必新认为:"由于历史发展、文化传统和政治体制的不同,不同国家司法能动的作用方向和领域各有侧重。大体上有三种情况:一是以美国为代表的英美法系国家,能动司法更多强调司法机关在国家公共政策的形成以及参与社会治理和国家政治体系中的功能和作用。如美国的司法能动主义比较强调法官造法,通过判例确定规则和完善法律规范,甚至通过行使违宪审查,确保良法之治。二是以法国、德国为代表的大陆法系,能动司法强调司法机关在司法程序中的能动性,强化法官在司法过程发挥主导作用,主动引导司法程序,程序不能完全由当事人支配和主导。三是中国法院主张的能动司法,强调人民法院要积极主动地为大局服务、为人民司法。这三种情况,都是能动司法发挥作用的可能空间和领域。"[1]笔者认为,可以把能动司法的多样性概括为有两个基本的面相,一是面向社会的能动司法或向下的能动司法,二是面向政治的能动司法或向上的能动司法。向下的能动司法重点在最大限度地发挥司法对社会生活、社会矛盾的调节、处理功能;向上的能动司法重点则在监督、制约、平衡、处理公权力之间的关系。不难看出,向下的能动司法是所有社会都有的一种形态,向上的能动司法只有在强调权力制衡的法治社会才存在。我国近年实行的能动司法实际上是面向社会的能动司法,强调司法的社会管理功能。但是,如果忽视对政府(含司法主体)作为社会管理者行为的管理和规范,能动司法就可能溢出法治的轨道,这是观察我国能动司法时应当注意到的。

(二) 西方能动司法的含义与目的

在西方的理论和实践中,司法权在一定意义上是为克服以民主为根本原则的立法权的缺陷而存在的。在这种观点下,司法具有能动性是理所当然的。沃尔夫指出:"要想描绘司法能动主义,最重要的因素可能就是法官对多数规则以及'政治部门'(即立法和行政部门)所持的基本态度。如果一个法官坚信多数规则以及政治部门的代表性,那么通常的结果就是采用司法克制。然而,如果一个法官对多数规则以及政治部门的代表性持怀疑态度,那么就更可能采用司法能动主义,而能动的程度则可能取决于对司法能与不能问题的怀疑程度。"[2]在西方法治国家,"能动司法"直接表达为"司法能动主义",其重要的制度体现就是司法审查制度。"司法审查制度的

---

[1] 江必新:《能动司法:依据、空间和限度》,载《光明日报》2010年2月4日,第9版。

[2] [美]沃尔夫:《司法能动主义——自由的保障还是安全的威胁?》(修订版),黄金荣译,中国政法大学出版社2004年版,第7页。

第十章 法治下的能动司法

本质,是对民主的不信任。因为不信任民主,因为要防范多数人的暴政,所以才建立法官审查议会立法的制度,所以才形成了司法权、立法权、行政权之间的分立与制衡。"[1]民主的局限性,可以说是现代形式法治缺陷的深层根源。以三权分立、司法审查制度为标志的司法能动主义,实际是面向政治的能动司法。这与当前中国面向社会的能动司法可谓南辕北辙、相去甚远,虽然二者都是能动司法的题中之意。

我们注意到在界定能动司法时措辞上的差异:司法能动主义(judicial activism)、能动司法、司法的能动性。我认为可以借用这三个概念,区分能动司法的三层含义:①司法的能动性,是在一般意义上说的,即司法工作如同其他工作一样是由人动用大脑、发挥主观能动性、调动法律知识储备来完成的,而不是一个机械的工作,这一概念仅仅是强调不要把司法简单地理解为绝对刻板僵化的活动。这是一种最弱意义上的能动司法。②司法能动主义,是司法审查意义上的能动司法,它是西方在三权分立的框架下,赋予司法对立法、行政的制约权力,从而最大限度地实现司法的政治功能,因而是一种最高程度、最强意义的能动司法。③我国司法界倡导、践行的"能动司法",既不同于一般意义的"司法能动性",也不同于舶来于西方的"司法能动主义",在能动性的程度上,它介于"司法能动性"和"司法能动主义"之间,它不是违宪审查意义上的司法能动主义,而是实用主义或现实主义意义上的司法能动主义。因为,司法能动性意义上的能动司法,完全不需要强调,它一直就"在场",并且永远都"在场";司法审查意义上的能动司法,在我国立法层面上还不具备基础,司法无以"能动"。唯独这个中间层面的实用意义

---

[1] 喻中:《中国法治观念》,中国政法大学出版社2011年版,第279页。

上的能动司法,体现了我国持有的能动司法的理念和实践。但它显然有局限性,即只包括了司法的社会管理功能而不触及对待另外两种公权力——立法权和行政权——的制约功能。而后者显然是法治更为本真的要求。

二、能动司法的理论基础

由于能动司法的多义性及中国当下能动司法的特殊性,所谓能动司法的理论基础难以一概而论。总体而言,我认为,西方能动司法的理论基础应当在法社会学和规范法学之间去寻找;中国能动司法治的理论背景,虽然与法社会学、规范法学有一定关联,但更适于在法社会学与法政治学,甚至传统的"政法理论"中加以解释。我们不妨仔细分辨一下此中微妙而重要的差别。

(一)从规范法学到法社会学

早期法律实证主义被指为一种封闭的形式主义法学、概念法学,其理论的基本要点认为,法律是一个规范体系,构成这一规范体系的要素是法律规则,司法的职能仅仅是不折不扣地执行、适用有立法者制定的法律规则,因而司法是被动的、克制的,唯法是守、执法必严、违法必究的"法条主义"是这种司法哲学的必然结果。以哈特为代表的法律实证主义否定了概念法学,却坚持规则论的法律观。德沃金在与这种实证主义的争论中,提出"原则论",认为原则和规则都是法律的要素,其理论效果和真实意义在于否定封闭的规范主义法律观,将法律理解为一个开放体系。这实际上是突破了规范法学对法律体系、法律与道德关系的理解,在一定程度上回归了自然法学的传统,在更大程度上进入到法社会学的理论视野中。法社会学与自然法学在当代存在某种接轨的迹象,即不外乎是把传统自然法理解的抽象的、形而上学的"价值"概念,坐落于某种现实的社会存在基础上。当世学者已经深刻洞察到法哲学与某种社会理论之间的蕴含关系:"如果法理学要探究的是有关法的概念或法的性质之理论,那法理学就必须尝试透过其哲学的分析,来将此一任务与社会理论衔接起来。亦即,法理学理论必定拥有其社会理论的蕴含。"[1]

法社会学为能动司法提供了理论支持。不容否认的是,能动司法的本质就是在某种程度上不受既定法律条文或判例的限制。法社会学对规范法学的超越,从理论上证成了这种做法的合理性、正当性。具体来说,法社会学提供了一种不同于自然法学规范法学的法律观:任何一种法律观实质都是对"法是什么"这一基本问题的回答。传统法学预设了"法即规范"的前提,然后以该给定的"法"为对象而对其进行道德评判形成了"恶法非法""恶法亦法"两个核心命题。其特点是:每一个命题中的"法"的含义是相同的,但两个命题中的"法"是不同的。亦即,自然法学和分析法学在自己的核心命题中保持了概念的同一性,但二学派所定义的"法"却是不同的:自然法学之"法"是狭义的"善法",分析法学之"法"是广义的"善法"加"恶法"。自然法学的回答是对法律做了"减法"——恶法非法,分析法学则不加不减。法社会学的重要突破是,不仅否定了像自然法那样以对法律的道德评价来决定法的效力的做法,也超越了分析法学以规范诠释法律的前提假设,由对"法律为何"的关注转到对"何为法律"的关注,着眼于从社会实证性上说

―――――――――
〔1〕 颜厥安:《语行行动与法规范的效力化》,见张文显、徐显明主编:《全球化背景下东亚的法治与和谐——第七届东亚法哲学大会学术文集》(下卷),山东人民出版社2009年版,第837页。

明法律。法社会学的基本观点被概括为"社会事实命题",即法律是个社会事实的概念。法社会学突破了"规范"的视野,似可从以下两个方面诠释:①非法亦法——非规范性的"法"可以是真正意义上的"法";②法亦非法——规范意义上的"法"可能并非真正意义上的"法"。以规范法学的角度观之,法社会学的法律观难免陷于"法无定法"的境地。这就为能动司法提供了空间和可能。

(二)从法社会学到政法理论

当代中国的能动司法实践,难以在来自于西方的法社会学理论框架下做出完全的解释,充其量只能找到部分的理论支持。这部分支持,来自于法社会学工具主义的法律观,来自于法社会学对"社会效果"的强调。官方的权威性文件(《社会主义法治理念学习提纲》)中多处文字体现了类似于法社会学的理论主张,如:"现代社会中的法治实践,绝不是一项孤立的社会活动,法律的具体实施或适用,也绝不简单是一种封闭、机械的技术操作行为。""法治工作对大局历史性的适应,着重要克服和解决法律固有的稳定性以及由此而带来的法律的相对滞后性与社会发展变化之间的矛盾。""把法治的常规运行与阶段时期的工作重点恰当地结合起来,特别是根据党和国家的中心任务,及时制定法律实施和适用的具体政策……把党和国家的政策作为法律适用中的重要参考依据……综合考量法律和政策的要求,特别是在法律、法规的规定不完备、不明确或不够具体的情况下,更应充分发挥政策对于法律的补充作用;要结合党和国家的大政方针,理解法律条文的现实含义,对法律条文作出符合社会发展现实的合理解释,增强法律条文的实用性和适应性。""服务大局必须高度重视法治实践活动的社会效果……坚持法律效果与社会效果的高度统一。""不能仅仅满足于对是非作出判断和评价,更要追求矛盾纠纷的实际化解,切实做到案结事了,怨随案清。"

值得注意的是,这些话语一方面与法社会学理论暗合,另一方面又与我国传统的政法理论相通。熟悉历史的人都会从这些文字中嗅出某种似曾相识的味道,而历史的反思也已提示过其中蕴含的风险。例如,司法工作的群众路线,其实践效果可能是以司法的大众性压倒司法的专业性;以社会效果之名,不顾法律效果,把本来应当统一的东西对立起来;以提高调解率之名,罔顾法律;以息事宁人、案结事了之名,损害法律权威。在中国现实语境下,这些话语与其说是属于法社会学理论,不如说是革命传统下政法理论的某种形式的回归。这些做法与法治的基本原则颇多抵牾,与改革开放以来我国法学教育倡导的主流法治理念相背离。之所以出现这种情况,是因为作为能动司法理论基础的法社会学理论,虽然源生于西方,但从逻辑上说与我国传统的政法理论有相通之处,以至于法社会学一旦脱离西方语境或规范法学理论的基础,就可能与政法理论相结合。

西方的法社会学理论是生长于形式主义的规范法学的基础上的。从历史发展脉络上说,法社会学以及受其影响而持相似理论观点的法学流派(如现实主义法学、实用工具主义法学等),是对形式主义规范法学的缺陷的弥补、矫正,而不是根本否定。有学者认为,"在西方法哲学史上,崇尚能动主义的社会法学、现实主义及实用主义法学,与奉行法条主义的分析实证主义法学或规范法学构成了近现代以来法哲学领域内根本对立、无法融合的两大阵营"。[1]这种概括可能并不准确,从实践效果上说也可能带来危害。法社会学与规范主义法学固然有对立的一面,但无论从历史发展脉络还是实际社

---

[1] 顾培东:《能动司法若干问题研究》,载《中国法学》2010年第4期,第9页。

效果来说，二者又是一脉相承、互依互补的关系。正是这种相承、互补关系，确保了法社会学以及相应的司法能动主义，在西方始终在法治的框架下展开。离开这种相承、互补关系，将其理解为完全对立、相互否定的关系，由此形成对法社会学及能动司法的理解，极有可能溢出法治的轨道，成为实行人治、回归"专政"的借口。将法治的西方资源分隔开——早期的自由主义、启蒙主义法治理论和以霍姆斯、卡多佐、庞德等为代表的现实主义、实用主义、法社会学的法治理论，否定了前者的普适性，强调后者的真理性，这既不符合西方法治理论的历史逻辑，也不符合其理论逻辑。把法社会学以及实用工具主义法学理论与其生长的土壤——自由主义法治理论——分隔开来，移植、借鉴到中国的法治建设，作为当下能动司法的理论支持，极有可能会变形、走样，导致脱离法治的轨道、回归人治老路的实践效果。

三、能动司法的语境与限度

（一）能动司法须限定在法治框架下进行

在其本来的意义上，能动司法是在法治的框架下，针对司法克制、法条主义这一传统司法理念可能带来的弊端的微调。然而，中国近年来的能动司法实践，则具有十分不同的土壤、语境。当下中国正处在向法治社会迈进和转型的过程中，在此背景下我国司法所奉行的原则其实既不是严格的克制主义，也不是完全能动主义，而是颇具中国特色的。这体现在中国司法在政治性功能上是克制主义的，在打击违法犯罪等社会功能上又是能动主义的。而且，这两方面在我国传统司法中是毫无矛盾的，因为它们都是在人治主义的秩序类型和理论范式下的"克制"和"能动"。现在,我们面临的是在全面依法治国理念下如何正确理解和处理司法的克制性与能动性的关系问题,这与人治背景下的司法理念有了本质的区别。已有学者看到这种本质区别:"我国的司法能动本质上是国际金融危机下的传统司法,与西方司法审查语境中的司法能动根本不可相提并论。"[1]这种原则区分,提醒我们必须分清人治下的能动司法与法治下的能动司法。这既是极为重要的理论原则问题,也是有重大现实意义的实践问题。需要格外警惕以能动司法之名行"人治"之实,毕竟历史的经验值得汲取。要法治,不要人治,是当代中国走上改革开放道路的一个基本共识,假如我们仍然信守而不是怀疑或要推翻这一基本共识,"能动司法"的限度、界限就需要特别加以注意。

(二)警惕法社会学的两面性

能动司法提出的学理背景,是规范法学向法社会学的转变。这样一种演变路径在西方近现代乃至当代,可以说是一种顺理成章的发展。规范分析法学的统治地位在西方持续了差不多一个世纪,无论在理论还是实践领域都推助、塑造了根深蒂固的形式法治传统,在此基础上发展出来的法社会学及其对司法能动主义的强调,起到的作用大体是拾遗补阙、相互补强而非矫枉过正。反观中国法律实践的历史背景和现实基础,从1978年改革开放元年算起,法治的探索和实践总共不过40余年,在此之前是漫长的人治历史。人治秩序与法社会学有着某种内在联系,因此在人治传统中接受规范法学的思想总是阻力重重,但接受法社会学的观念却总是顺风顺水。从西方学习、借鉴来的法社会学理论,与它在西方法治国家的境遇发生

---

[1] 刘练军:《比较法视野下的司法能动》,载《法商研究》2011年第3期,第29页。

了至关重要的变化：法社会学在西方是经过规范法学、形式主义法治观充分展开并确立稳固地位的条件下，作为一种补充、矫正性的理论而出现的；在中国，由于规范法学、形式主义法治观既未得到充分发展，更未稳固立足，法社会学越过了这一重要的发展阶段，而直接与中国传统中既有的人治理论资源结合在一起，因此，法社会学由西方语境下的法治理论资源，一变而成为中国语境下的人治理论支撑，至少就其理论效果来看是如此。这也就是说，法社会学与规范法学结合可以互补互强，促进法治；法社会学如果与人治社会的政法理论结合，则可能变形、走样，严重破坏法治。

改革开放40余年来，我国法学教育提供的主流司法理念，是司法克制主义。它其实是法治观念在司法上的具体体现。我们必须警惕的是，在"司法克制"尚未"坐稳"的情况下，人治的某些做法借能动司法之名回潮。推展开来，规范法学在中国尚未充分立足，法条主义的功课还没有做好，就急于转向法社会学视野下的能动司法，是否会冲击好不容易才建立起来的规则意识、形式法治观念萌芽？令人欣慰的是，在这波由官方倡导的能动司法运动中，许多法律学者和学者出身的司法官员清醒地看到了能动司法蕴藏的危险，及时指出、纠正了可能出现的偏差。如龙宗智教授指出："我国与发达国家面临着不同的法治任务。我们正处于传统社会向现代社会转型的过程，没有规则需要建立规则；而有些后现代国家已经在长期的法治建设过程中建立了规则，现在的任务是让规则更加符合社会的需要，更加符合人情事理，因此需要适当软化某些规则。不同国家社会背景不同，社会需要与社会任务不同，不可一概而论。"[1]这

---

[1] 龙宗智：《关于"大调解"和"能动司法"的思考》，载《政法论坛》2010年第4期，第101页。

些认识说明法治理念已经越来越深入人心，能动司法必须在法治的框架下进行探索。

（三）在法治框架下追求社会效果与法律效果的统一

追求法律效果与社会效果的统一，是能动司法理论和实践中经常被倡导和践行的核心命题之一。所谓法律效果，是指制定或适用法律规范所期待达到的治理效果；所谓社会效果，是指通过法律或其他手段所实际达到的治理效果。以法的作用理论来解释，法律效果说的是法的规范作用，社会效果说的是法的社会效果。就二者的关系而言，法的规范作用是为社会作用服务的，从而法律效果应当服务于社会效果。但这是一种过于简单的说法，只有在终极的意义上这种说法才是恰当的。法律作为一套庞大、复杂的制度安排和治理机制，其本身在相当大程度上已成为社会的组成部分，法律的作用和权威、法律的实施效果本身已称为必须珍视和维护的价值。能动司法运动中对法律效果与社会效果统一的强调，本身隐含着把法律效果与社会效果对立起来的思想前提。经验表明，以社会效果超越法律效果，其最终效果往往不是秩序，而是失序和混乱。一旦离开法律去强调司法的社会效果，司法工作就成了"堵枪眼""救火队"，在危机四伏、矛盾一触即发的社会状况下，头疼医头，脚疼医脚，最终只能手忙脚乱，加剧危机。所谓"小闹小解决，大闹大解决，不闹不解决"，虽然可能暂时取得局面的安定，但从根本上会破坏法律的权威和人们对法治的信任。要取得最终的社会效果，必须打破这种恶性循环，坚守法治才是根本的办法。因此，尽管强调社会效果表面上看是不错的，但由于这里隐含着把法律效果与社会效果对立起来的思想意识，其对法治的危害是特别值得重视的。对此，陈金钊教授曾给予当头棒喝：法律人，你不能昏天黑地地倡导"能动司法"！不附条件的能动司法理念抛出以后，谁也不知道全国人民代表大会及其常委会制定的法律该放到什么位置……我们不能忘记的是：法律是根据共产党的政策制定的，它既是人民意志的体现，也是执政党政策的规范化、法律化。我们不能用党的个别意志代替党的规范意志和整体意志。不尊重法律的能动司法，危害的是党的长远利益和根本利益……社会效果是一个极其危险的概念，不是说社会效果不好，而是社会效果的确认是由谁来进行的，是如何确定的，社会效果的标准是什么？比如说现在很多人认为，只要判决后不上访就是社会效果好。但是法律人早就看清了，上访制度的存在是对法治的极大破坏，这实际上就是用减少上访率来干预司法。我们不能忘记一个问题，党的领导主要是政策的领导，法律规范也是在党的领导下制定的，法律是规范化、制度化了的党的政策。文本性法律体现党的集体意志、规范意志和整体意志，如果我们把党领导人民制定的法律放弃了，那才是真的不讲政治和没有大局意识。[1]

在法治框架下追求社会效果与法律效果的统一，先要看到法律效果本身就是一种极其重要的社会效果，因此不能把法律效果与社会效果对立起来，更不能以社会效果为名压制、反对法律效果；在绝大多数常态状况下，法律效果必须得到遵守和尊重，抛弃法律效果去追求所谓的社会效果，往往适得其反；最极端情况下，法律效果的实现可能意味着不好的社会效果，但一般来说法律体系有足够矫正机制，如通过法律解释方法或法律原则的方式选择法律规范的适

---

[1] 陈金钊：《司法意识形态：能动与克制的反思》，载《现代法学》2010年第5期，第18页。

用，避免明显社会效果不良的法律结果出现。应当避免简单、直接地以社会效果之名否定法律效果。法律的安定性、权威性不仅是法律体系的重要品性，而且是整个社会的重大利益，以一时一事的利害得失去决定代表人民根本利益的法律的取舍，是对能动司法的误解误用。

第十一章
中国传统法治思想

一、中国传统法治思想概观

(一) 中国传统法治思想的含义

探寻我国古代的传统法治思想时，首先遇到的问题是我国古代有没有法治。词源上，《晏子春秋》中有"修法治"的记载，这是最早出现"法"和"治"结合连用的表达。但这一用法并不普遍。从现有资料看，梁启超在1922年出版的《先秦政治思想史》一书中，提出了"人治主义"和"法治主义"的概念，用来概括古代儒法两家的政治主张。此后，"法治"一词在中国才被广泛使用。[1]如果我们把"法治"这一词

---

[1] 王人博、程燎原：《法治论》，广西师范大学出版社2014年版，第95页。

语拆开,从"法"和"治"两个方面作考察,会发现我国古代的所谓法治和现代法治存在极大区别。

古人所指的法基本上有两种含义:一是在宽泛的意义上使用,指方式、方法或事物运行的规则,通常称为法度、法式或法则。《尔雅·训诂》:"法者,常也。"《释名》:"法,逼也。人莫不欲从其志,逼正使有所限也。"二是专指刑法,也称为法令、法禁等。《说文》:"法,刑也。"《盐铁论·诏圣》:"法者,刑法也,所以禁强御暴也。"法家基本上是在这两种意义上使用"法"。例如,韩非解释"明法"含义时说:"人主使人臣虽有智能,不得背法而专制;虽有贤行,不得逾功而先劳;虽有忠信,不得释法而不禁。此之谓明法。"[1]这里的"法"可以理解为法度、法式或方法。"法者,宪令著于官府,刑罚必于民心,赏存乎慎法,而罚加乎奸令者也。"[2]这里的"法"则为刑法。"战国时代所公布的成文法都是刑法,至今没有任何证据表明当时除刑法之外,还公布过其他任何方面的法律。"[3]李悝的《法经》分为盗、贼、网、捕、杂、具六篇,是典型的刑法典。可见,古代所指的"法"与我们今天所理解的法或法律的含义存在极大不同。虽然法律的概念是近代以来法理学争议的焦点问题之一,各个法学流派学说纷纭,但在一般意义上,法律是指"人定法"。法律要成为法律必须经过国家立法机关或司法机关的制定或认可。依据我国的《立法法》,法律可以作狭义和广义之分。狭义的法律指全国人大及其常委会制定的法律;广义的法律还包括国务院及其各部委、一定范围的地方人大及其政府机关制定的规范性文件。不管采

---

[1] 《韩非子·南面》。
[2] 《韩非子·定法》。
[3] 马作武:《中国古代"法治"质论——兼驳法治的本土资源说》,载《法学评论》1999年第1期,第49页。

用何种理解，所指的法律既不是一般意义上的法度、法式或法则，也不专指刑事法律。从对法律的要求看，现代法治之"法"具有不溯及既往、明确、普遍、稳定、可行等基本要求，由民主的立法机关制定，并由专门的司法机关实施，其重要特点在于依据规则实现对人们行为的有效指引。而中国古代法律则与君权联系在一起，君主言出法随，表现出极大的恣意，且立法、执法和司法不分。古今法律概念的不对应，给中国传统法治的探讨带来困难。

"治"的基本含义有两种：一是治理、管理，如"商君治秦，法令至行"[1]"吕后崩，商疾不治事"[2]。二是惩治、治罪，如"萌牙之时，加恩勿治，上也"[3]。不管采用何种理解，"治"的含义都包括"治"的主体和对象、"治"的方式和方法以及所要实现的目标和价值等多个方面。不管是法家还是儒家，治理或惩治的主体和对象是君主对全民，或者官吏对民众。这是君主或官吏从上至下进行的管理和统治。在治理方式上，法家重视有效控制外在行为，儒家则更重视人们内在的思想、情感。法家为控制人们的行为主要采用罚和赏两种手段，且以罚为主，方式残酷，手段残忍。儒家重视人的内在情感和认知，但后来的儒家对人的忠、孝、仁、义等方面的要求也严苛。"存天理，灭人欲"的教条以及所谓"二十四孝"，对思想的暴政不亚于法家对行为的苛政。从"治"的目的看，不管是法家还是儒家维护的都是君主及其统治集团的特权利益，以建立和维持有利于他们的等级秩序，表现出专制、集权、特权和等级的特点。我们现在所提倡和追求的法治之"治"与此明显不同或存在尖锐对立。现代法治强调法律的普遍之治，重点在于治官、治权。现

---

[1]《战国策·秦策一》。
[2]《汉书·郦商传》。
[3]《汉书·文三王传》。

代法治还是民主的实现方式,是社会和民众控制国家、制约政府的程序和手段,既包括国家、政府从上至下的治理,也包括社会或民众从下对上的监督和控制。现代法治实现的方式体现了政治文明的发展成果,是包括分权制约、代议民主、司法独立、社会自治等在内的完整的制度及其实现体系,追求的不是一家一姓或某一集团的特殊利益,而是社会的公共利益或全体人民的整体福祉,包含民主、自由、平等、人权等价值。

由于现代法治与古代治理方式的巨大差异,对我国古代是否存在法治一直存在巨大争议。如果以现代法治为标准来衡量古代的治理方式,不但不存在所谓的法治,而且存在着和现代法治相对立的一面。一种观点认为,我们思考法治,不能对传统的治理方式采取简单粗暴的态度,不能一味用翻译过来的西方话语和西方理论宰割我国的文化传统和实践。"我们可以讲中国古代的法律传统如何不同于古代罗马法、教会法或日耳曼法传统,但是,我们不能否认,它同样包含着对法治的追求,包含着许多具有自己特色的关于法治的理论和实践。"[1]还有观点认为,"春秋之前,是分封制和宗法制。维护这种分封制和宗法制的是礼治。礼,就是这个时代的法。'别亲疏、殊贵贱'就是这种'法'的核心。"[2]按照这种理解,我们不采用现代法治概念的参照,把社会的普遍性治理规则都理解成"法",把对社会秩序的维护都理解为"治",这样法治就可以理解为是依照普遍性规则进行的社会治理,这样,法治和法制就具有同样的含义。从古至今,既然任何类型的国家都需要一定的规则和制

---

[1] 夏勇主编:《法理讲义:关于法律的道理与学问》(下),北京大学出版社2010年版,第885页。
[2] 李贵连:《法治是什么:从贵族法治到民主法治》,广西师范大学出版社2013年版,第13页。

度,那么任何类型的国家都可以说存在不同程度的法治了。按照这种理解,不但夏商周的"礼"属于法,秦之后的"礼"也属于刑法之外的法。由此,我国古代不但存在法家的法治还存在儒家的法治,这样一来,我国从三代开始就一直是法治国家了。按照这一观念,在古今中外的国家中找出一个非法治国家似乎是件困难的事情。这样,法治这一词汇所具有的文明承载价值就被侵蚀,探讨法治问题就成为在不同法治类型之间进行比较了。虽然如此,从最广义上理解法治,并认为我国古代社会存在法治,这一观点不仅具有学术价值,也有一定的现实意义。毕竟建立现代法治需要从基本的法律制度开始,哪怕这只是简单的刑法之制。但是,法治和法治国家是不同的概念,我们可以说古代存在法治,但不能说古代存在法治国家。只有法治发展到一定程度,被注入了现代价值,才能称得上是法治国家。因此,不管是中国古代还是西方古代的希腊、罗马及中世纪都不存在法治国家。通过40余年的法治建设,我国已经具有向实质法治转型的历史、经济、社会和政治等方面的条件,这种理解有利于法治建设的价值转型。

法治之"法"需要从道德、伦理、神意、理性和自然法则中独立出来,并与它们具有明晰的界限,而法律与这些规则的分离是近代以来发生的现象。法治国家是近代以来适应市场经济和民主政治的需要而产生的社会治理方式。理论上,对法治存在不同认识,总体上可以概括为形式法治和实质法治两类。形式法治建立在奥斯丁以来的分析实证主义对法律的理解之上。由于分析实证主义认为法和道德没有必然联系,他们主张的法治可以归于形式法治。分析实证主义的代表人物拉兹提出的法治的八条原则可以认为是对形式法治的要求。其中包括法律必须公开、明确、稳定、可预期,特定的法律命令或行政指令要依据一般的规则,司法独立,法院有权审查政府其他部门的行为是否符合法律等。"二战"之后,复兴的新自然法学派仍然坚持"恶法非法",因此,他们主张的法治之法与道德具有内在的联系,由于非道德的法律被排除在法律之外,他们主张的法治必然是实质法治。不管是形式法治还是实质法治,都在于保障现代社会的民主、自由、人权、平等、正义等价值。由此可见,我国古代不仅不存在实质法治,也不存在严格的形式法治,存在的是一定程度上的规则之治意义上的法治。我国古代不存在现代意义上的法治,不意味着不存在与现代法治有关的思想。古代思想家在思考法律问题时,他们的一些思考会成为现在法治理论的思想渊源。探索这些思想渊源不但可以更好地理解法治,还可以为我们的法治实践提供有意义的借鉴。因此,我们可以从现代法治的视角,反思古代的法律思想,辨析出与现代法治相关的部分,以作为现代法治建设的传统资源。其中的一些思想不但可以作为正面的借鉴,还可以成为反面的教训。

(二)传统法治思想中的自然法观念

梁启超是最早主张我国古代存在自然法的学者。他认为"自然法"在中国"古而有之",尤其是道家、儒家可以与西方的自然法学派相提并论。在二十世纪三四十年代,持有这一主张的学者很为常见。例如,近代法史学的开山者之一陈顾远就言:"中国法制近于自然法或正义法。"[1]梅汝璈也说,与我国古代的礼在英文中相对应的应是"自然法"。我国台湾地区自二十世纪六十年代开始的中华文化复兴运动中,凡论及中国古代法也基本上沿袭自然法说。在大陆,持这种观点的学者也不在少数。当然,我国古代法与西方的自然法有着各自不同的文化环境。"中国古代法和法思想不是西方法学的东

---

[1] 陈顾远:《中国法制史》,商务印书馆1934年版,第63页。

方分支，它有自己固有的思维方式、价值目标、范畴体系和文化性质及特质。"[1]即使主张我国古代存在自然法，这种自然法也与西方意义上的自然法存在极大的差异，但这并不妨碍我们采用自然法这一概念来认识我国古代法中的相关思想或观念。

昂格尔把西方法治形成的原因归结为多元集团和自然法观念的结合。他说："就自身而言，无论是多元群体还是被超验宗教所论证的恶、对一种更高级法律的信念，都不足以造就一种法律秩序，也不足以把人们的精神扭转到法治理想上来。然而，它们在近代欧洲历史上的结合却能够产生它们各自无力创造的伟业。"[2]自然法的政治意义在于能够提供一套评价国家、政府和实在法律，并用来限制国家权力的标准。自然法观念的存在，有助于树立任何权力都处在法律之下的准则。如果用西方传统的自然法观念与我国传统文化中的"天""自然""道""天理"等加以对照，会发现存在一定的相似之处，正如夏勇教授所言："如果把自然法观念界定为一种关于外在于或超越于人类实在法，但可以通过人类理性去认识和把握的客观法则或永恒法则的理念，那么，在中国古代是有自然法思想的。而且，正是这样的自然法思想，提供并丰富了关于根本法则的认识，使得关于法治的思想和主张，在逻辑上成为可能。"[3]

追溯西方自然法历史时，我们总会提到索福克勒斯的悲剧《安提戈涅》。该剧反映了神的法律和君主的法律之间的冲突。神的法律可以认为是自然法的最早形式。我国古代也存在类似的神法思想。

---

[1] 俞荣根：《儒家法思想通论》，商务印书馆2018年版，第69页。
[2] [美] R. M. 昂格尔：《现代社会中的法律》，吴玉章、周汉华译，译林出版社2008年版，第69页。
[3] 夏勇主编：《法理讲义：关于法律的道理与学问》（下），北京大学出版社2010年版，第890页。

第十一章 中国传统法治思想

夏、商和西周处于神权法时期，法来自于"天"。人的命令受制于"天"是政治生活的基本观念。《尚书·甘誓》记载了夏启讨伐有扈氏时发布的命令："有扈氏威侮五行，怠弃三正，天用剿绝其命，今予恭行天之罚。"夏启声称讨伐有扈氏是承受了"天"的命令。《尚书·商书·盘庚》说："先王有服，克谨天命。罔之天之断命，天其永我命于兹新邑。"《诗经·玄鸟》说："天命玄鸟，降而生商。"可以看出，"天命"在商人社会中所具有的权威。周初，统治者为论证周取代商的合法性，提出了"以德配天"思想。他们认为，"天命靡常"，"天"并不特别眷顾哪个人，而只辅助有"德"之人。殷的先王有"德"，天命归殷，后来的殷王失"德"，便失去了天命。因为殷王失"德"，周王有"德"，所以天命改归于周，周王也成了"天之元子"。这种思想反映出君主的行为需要符合"天"的要求，否则便会受到惩罚。

老子在《道德经》中提出"道法自然"。"道"，"先天地生"，是万物的源头，也是万物应遵循的准则。"道生一，一生二，二生三，三生万物。"[1]"人法地，地法天，天法道，道法自然。"[2]道还具有公正无私的特点。"天道无亲，常与善人。""天之道，其犹张弓欤！高者抑之，下者举之；有余者损之，不足者补之。天之道损有余而补不足。"老子还根据自然对统治者的人定法给予猛烈抨击。"天下多忌讳，而民弥贫；人多利器，国家滋昏；人多伎巧，奇物滋起；法令滋彰，盗贼多有。"[3]"民不畏死，奈何以死惧之？"[4]"道"要求"以正治国""以无事取天下"，而统治者却为谋求私利，

---

[1]《道德经》四十二章。
[2]《道德经》二十五章。
[3]《道德经》五十七章。
[4]《道德经》七十四章。

制定繁多的规章禁令，结果只能是激起民众的不满和反抗。他还说："民之饥，以其上食税之多""民之轻死，以其上求生之厚"。[1]这样，"道"成为评判统治者统治行为的依据。老子不但抨击人定法，还抨击人为的"礼"和"仁"。为何要有"礼"，是因为社会忠信不足，礼不但不能治本，反会引起昏乱。"大道废，有仁义；智慧出，有大伪；六亲不和，有孝慈；国家昏乱，有忠臣。"这对统治者宣扬的忠孝仁义道德观念进行了讽刺。庄子也基于"自然"对人定法和统治者的滥权作出深刻批判。他在批判"窃钩者诛，窃国者为诸侯"的现象时，揭示了统治者的自私和贪婪。"为之斗斛以量之，则并与斗斛而窃之；为之权衡以称之，则并与权衡而窃之；为之符玺以信之，则并与符玺而窃之……为之仁义以矫之，则并与仁义而窃之。"[2]依据"道"，物无贵贱，但统治者却妄自尊大，作威作福，"君独为万乘之主，以苦一国之民，以养耳目鼻口"。[3]庄子还表达了对统治者的极端不信任，对于所谓圣人，他说："圣人生而大盗起。掊击圣人，纵舍盗贼，而天下始治矣。"[4]对包括圣人在内的统治者的不信任是构建法治的重要前提，亚里士多德之所以提出"法治优于一人之治"，便是因为他认为让一个人来统治，就在政治中混入了兽性因素，而法律的统治，就犹如说神祇和理智行使统治。老子和庄子面对残酷的社会现实，找不到让"道"实现的社会制度，所做的也只能是逃避罢了。

墨子提出"以天为法"的天志观。"我有天志，譬若轮人之有规，匠人之有矩。轮匠执其规矩以度天下之方圆，曰中者是也，不

---

[1]《道德经》七十五章。
[2]《庄子·外篇·胠箧》。
[3]《庄子·外篇·徐无鬼》。
[4]《庄子·外篇·胠箧》。

中者非也。"[1]墨子的天不是纯客观的自然之天,而是可以赏善罚恶,处于最高主宰地位的"神"。"天子为善,天能赏之。天之为暴,天能罚之。"[2]天有着自己的意志并对人的行为加以赏和罚,关于赏和罚的标准,墨子说:"顺天意者,兼相爱,交相利,必得赏。反天意者,别相恶,交相贼,必得罚。"[3]可见,天进行赏罚的标准是"兼相爱,交相利"。墨子的"天志"具有最高权威,可以认为是对神权法的进一步阐述。墨子证明"天"有意志并能够赏善罚恶的依据是经验上的推演,"天下有义则生,无义则死;有义则富,无义则贫;有义则治,无义则乱。然则天欲其生而恶其死,欲其富而恶其贫,欲其治而恶其乱。此我所以知天欲义而恶不义也。"[4]这种以现世的富贫生死来论证天意是不充分的,因为相反的事例比比皆是。为解决尘世"德"与"福"不一致的现象,基督教才提出了此岸和彼岸的区分、天堂和地狱的存在以及上帝的最后审判。中世纪的西欧,由于历史的机缘,基督教拥有了制衡世俗权力的力量,并以其完整的理论学说排除了世俗权力对精神世界的控制,再加上世俗权力体系中,君主权和贵族权的对抗,形成了多元权力并存的格局,这就孕育了君主处在上帝和法律之下的观念。我国古代,由血缘权力集团或皇帝官僚集团垄断国家全部权力,产生不出独立的祭师或教会集团发展神权法或"天志"观念以制约国家权力,也难以形成多元权力的社会格局,但以神意制约君主恣意的限权思想则仍然存在。

---

[1]《墨子·天志上》。
[2]《墨子·天志中》。
[3]《墨子·天志上》。
[4]《墨子·天志上》。

如果我们把自然法理解为不由人所决定，能够用来评价人定法的准则，无疑儒家也具有与自然法相关的思想。《礼记》："礼也者，理之不可易者也。""礼者，天地之序也……序，故群物皆别。""礼也者，合于天时，设于地财，顺于鬼神，合于人心，理万物者也。"礼永恒不变，是确立上下尊卑的法则，是判断正确和错误的标准。礼不但是国家政治生活的准则，还是人们日常生活的标准。《论语·泰伯第八》："恭而无礼则劳，慎而无礼则葸，勇而无礼则乱，直而无礼则绞。"礼和人们的日常行为相结合，成为提高人的道德修养的重要方式。荀子说："国无礼则不正。礼之所以正国也，譬之犹衡之于轻重也，犹绳墨之于曲直也，犹规矩之于方圆也，既错之而人莫之能诬也。"[1]礼对于国不可缺少，是万事的根本。"足以为万事则，则是礼也。"[2]孟子还对天与君主的关系作了论述。万章询问孟子是否尧把天下禅让给舜，孟子回答说："否，天子不能以天下与人。"那么舜得天下，谁给他的呢？孟子回答："天与之。""'天与之者，谆谆然命之乎？'曰：'否。天不言，以行与事示之而已矣。'"[3]可见，儒家的"礼"是人事背后的决定者，从国家到个人的各项事务都要合于礼。礼也是评价国家和个人行为的标准。从不为人所左右，并能够作为评定国家和人的行为的标准这一意义上说，礼具有自然法的性质，但也存在明显不同。西方自然法思想中，不管是斯多葛学派的"自然"、中世纪的"神意"、近代的"理性"都具有平等性，人的平等是西方自然法思想的重要价值内涵。与之相反，儒家礼的作用是"别亲疏、殊贵贱"。另一方面，西方自然法传统中的自

---

[1]《荀子·王霸》。
[2]《荀子·礼论》。
[3]《孟子·万章章句上》。

然法是实在法的标准,内容主要表现为实在法应遵循的基本准则。而儒家礼的范围则较为广泛,后来的荀子在论述礼的来源时,则明显具有人定的性质。"礼起于何也?曰:人生而有欲,欲而不得,则不能无求,求而无度量分界,则不能不争;争则乱,乱则穷。先王恶其乱也,故制礼义以分之,以养人之欲,给人之求。"[1]这个意义上的礼和实定法没有大的区别了,以至于有学者认为,礼包含了法。"《礼》云'分争辩讼,非礼不决'。这个'非礼不决'之礼就是法律,故云'礼者君主大炳也','安上治民莫善乎礼'。"[2]需要指出的是,我国古代思想家主张"天人合一",不同于西方的天国和尘世的截然分离,这样作为万物法则的礼和人定的礼也没有明确的界限。总的来说,儒家的礼主要还是为君主专制服务,并为他们所憧憬的明君治理的社会提供合理说明,而作为法治基础的自然法思想的价值主要是限制国家或君主的权力。这种不同,决定了礼被统治者所利用,成为维护君主专制的思想工具,但这不能否定儒家礼治学说中包含的自然法思想的因素。

秦汉之后,我国古代自然法思想主要体现在阴阳五行学说之中。董仲舒继受了"天"的观念,认为人世的"道"来自于"天"。"道之大原出于天,天不变,道亦不变[3]。"在解释天道时,他采用了阴阳五行学说。《天人三策》:"臣闻天者群物之祖也。故遍覆包函而无所殊,建日月风雨以和之,经阴阳寒暑以成之。故圣人法天而立道,亦溥爱而亡私,布德施仁以厚之,设谊立礼以导之。"人道要遵循天道,需要依据天道进行统治。他还认为天与人世之间存在着

---

[1] 《荀子·礼论》。
[2] 萨孟武:《中国政治思想史》,东方出版社2008年版,第3页。
[3] 《汉书·董仲舒传》。

神秘联系。"天有阴阳,人亦有阴阳。天地之阴气起,而人之阴应之而起。人之阴气起,而天地之阴气亦宜应之而起,其道一也。"[1]这便是"天人感应说"。通过此说,他把天象和人的行为联系起来。关于五行,他说:"五行变至,当救之以德,施之天下,则咎除;不救以德,不出三年,天当雨石。""木有变,春凋秋荣,秋木冰,春多雨,此徭役众,赋敛众,百姓贫穷叛去,道多饥人。救之者,省徭役,薄赋敛,出仓谷,振困穷矣。"[2]不论是树木的变化,还是降水异常都是上天的警示,统治者轻徭薄赋、赈济贫困才能逢凶化吉。国家权力产生后,就存在权力异化现象,统治者特别是君主便可能恣意滥权,影响到国家的长治久安。因此,怎样防止皇权为代表的权力异化也成为需要思考的难题,"天人感应说"不失是董仲舒利用阴阳五行学说以达到制约皇帝擅权行为的尝试。由于我国古代农业生产条件比较脆弱,各种天灾频繁,在统治者的苛政与天灾之间建立联系可以促使统治者自省,这也是以"天"为核心的自然法思想的发展。

(三)传统法治思想中对君权合法性的认识

统治者为使统治长久,无一例外都宣称并论证自身拥有的权力具有合法性,以谋求民众的认同。权力合法性是重要的法治问题,通过古代统治者对权力合法性的论证可以看到其中蕴含的法治思想。

夏、商、西周时期形成了以"天命"和"德"为核心的权力合法性理论。《尚书·诏语》有"夏服天命"的记载;《大盂鼎铭》有"殷受天民"的表述。统治者不但宣称受命于天,他们还通过祭祀和占卜的方式和天进行沟通。周在"天命"基础上又提出"德"的概

---

[1] 《春秋繁露·同类相动第五十七》。
[2] 《春秋繁露·五行变救第六十三》。

念，主张"以德配天"，君主有"德"才能得到"天"的青睐，君主失"德"，则会失去统治的资格，失"德"的权力也失去了合法性。周武王在《康诰》中说："惟乃丕显考文王，克明德慎罚，不敢侮鳏寡、庸庸、祗祗、威威、显民……天乃大命文王，殪戎殷，诞受厥命。"这种思想不仅解释了周取代商的正当性，还把合法性和君主的德操联系起来，是天命观的发展。周还利用"礼"对权力进行等级区分，确立了以"亲亲""尊尊"为核心的权力体系合法性理论，宣称礼是"上下之纪，天地之经纬也"。[1]"道德仁义，非礼不成；教训正俗，非礼不备；分争辨讼，非礼不决；君臣上下，父子兄弟，非礼不定；宦学事师，非礼不亲；班朝治军，涖官行法，非礼威严不行；祷祠祭祀，供给鬼神，非礼不诚不庄。"[2]这样，又把权力的合法性和社会的伦理道德联系起来，以伦理的正当性支持权力的合法性。秦之后的统治者也仍然以"天"为核心论证统治的合法性，秦始皇的玉玺上有"受命于天"的铭文，以后的君主也都称自己的统治是"奉天承运"。孔子继受"德"的思想，又加入"仁"的概念。"在孔子看来，'仁'有多方面含义的，'仁'是一个具有多重道德要求的综合性概念，是完善道德的代名词。一个人必须具备人应该具有的所有道德时，才可以被称为仁，才可以被称为'君子'。"[3]因此，孔子的权力合法性路径是君主修德达仁，通过养民、教民以实现内圣外王。孟子重视民众意愿在权力合法性中的地位。他提出"天视自我民视，天听自我民听"，天的意志通过民意来呈

---

[1]《左传·昭公十五年》。
[2]《礼记·曲礼》。
[3] 董长春：《中国古代权力结构的合法性理论的发展及其对中国古代法律的影响》，见公丕祥主编、南京师范大学法制现代化研究中心编：《法制现代化研究》（第7卷），南京师范大学出版社2001年版，第244页。

现。君主在选拔官员时，需要"国人皆曰贤"，断案科刑时，需要"国人皆曰可杀"。荀子对君主应具备的能力进行了论述，君主最重要的品质是能够"善群""能群"，何为"能群"？荀子答："善生养人者也，善班治人者也，善显设人者也，善藩饰人者也……四者统俱而天下归之。夫是之谓能群'。"[1]他还提出，通过个人"化性起伪"的努力，任何人都可以成为官僚统治者。"虽王公士大夫之子孙也，不能属于礼义，则归之庶人。虽庶人之子孙也，积文学，正身行，能属于礼义，则归之卿相士大夫。"[2]这样，完整的道德天命观的权力合法性理论得以形成。

董仲舒引入道家理论和阴阳五行学说，提出"天人感应"论。他说："王者承天意以从事，故任德教而不任刑。"[3]如果君主违反"天"的意志，"天"会降下各种"灾异"进行谴责。"国家之失乃始萌芽，而天出灾害以谴告之；谴告之而不知变，乃见怪异以惊骇之，惊骇之尚不知畏恐，其殃咎乃至。"[4]他还以"天人感应"论证"三纲五常"的正当性。三纲的依据在于天，五常是三纲的具体化。"君臣、父子、夫妇之义，皆取诸阴阳之道。君为阳，臣为阴；父为阳，子为阴；夫为阳，妻为阴。"[5]他在《举贤良对策》中说："道之大原出于天，天不变，道亦不变，是以禹继舜、舜继尧，三圣相受而守一道。"这就把"天"、道德和统治者的行为联系起来，形成天人相通学说。在他的理论中，君主的好坏自有"天"作出评价，而民众自然没有反抗的权利。由于天意取决于统治者的解释，可以

---

[1]《荀子·君道》。
[2]《荀子·王制》。
[3]《汉书·董仲舒传》。
[4]《春秋繁露·必仁且智第三十》。
[5]《春秋繁露·基义第五十三》。

说，他的"屈君而申天"为虚，"屈民而申君"却为实，其实质仍然是为君主集权专制进行合法化论证。清末民初的黄宗羲、顾炎武等人呼吁以"公天下"取代"私天下"，权力的合法性在于能够"兴天下公利"，这具有了初步的民主主义思想，是我国古代权力合法性理论的新发展。

马克斯·韦伯曾把权力的合法性分为三个类型：魅力型、传统型和法理型。在我国古代思想中很难找到与魅力型和法理型相对应的权力合法性论证，但可以找到传统型的权力合法性思想。由于家国一体，国家权力在家族内部传递具有"天命"的正统性。商代前期实行"兄终弟及"到周确立了嫡长子继承制，按照周的"以德配天"和孟子的反暴君论，只有当前代的君主失"德"成为"残贼之人"时，新王朝的君主才有权力的合法性。因此，当旧王朝的君主没有失"德"，新王朝君主的地位会面临合法性质疑，这时新王朝的君主为了化解合法性危机，往往会在历史上寻找别的传统，常见的是"禅让"。尧、舜、禹之间的王位基于禅让而更替，这一传统成为新君主论证取代异姓前代君主合法性的依据。例如，王莽篡汉、汉魏更替、宋取代后周等。

总体而言，中国传统社会是一个君主专制的社会，权力的合法性是自上而下地得到解释的。这与近代以来权力合法性由自下而上的民主制度加以解释的路径形成鲜明对比。主权在民的现代价值观念，导致社会契约论成为近代以后解释国家权力正当性的基本理论。西方国家率先实现了由传统到现代的转型。这一现代化转型在古老的中国社会实现起来更为困难和曲折。"祖宗之法不可变"的说法言犹在耳，权力合法性问题已处于政治制度的核心区域，这是历代改革最为保守和困难的部分。综观中国历史上改革派与保守派的成败记录，就会愈加对改革的艰难有着深切的感触。

二、法家法治思想

(一) 君臣上下贵贱皆从法

自亚里士多德把法治理解为良法之治和法的普遍遵守以来,法的普遍性便属于法治的基本要素。从守法角度,法的普遍性要求法律的普遍遵守,而从社会治理角度,法的普遍性则要求依据普遍性的法律治理国家和社会。不管对法治的含义有多少不同的理解,法治是法的普遍之治应是普遍的共识。这一思想在法家那里表现为"君臣上下贵贱皆从法"。对于我国传统的"差序格局"社会,费孝通认为:"一切普遍的标准并不发生作用,一定要问清了,对象是谁,和自己有什么关系之后,才能决定拿出什么标准来。"[1]我国现今进行法治建设的艰难,也和这种传统文化的制约有一定关系。法家提出法的普遍之治思想,"不别亲疏,不殊贵贱,一断于法"。[2]这是不同于儒家思想的一个重要特点。

身处礼崩乐坏、贵族专横、政出多门、群雄争霸的时代,不同学派提出了不同的救世之策。"道儒墨家三家之学说,既不足以救滔滔日下之人心,其时社会之制裁力全失,而有赖于国家之强制力者正多。"[3]法家主张法律应成为统一官吏、民众行为的共同标准。"明主者,一度量,立表仪,而坚守之,故令下而民从。法者,天下之程式也,万事之仪表也。"[4]法取代礼成为"天下之程式"的原因

---

[1] 费孝通:《乡土中国》,生活·读书·新知三联书店1985年版,第34~35页。
[2] 《史记·太史公自序》。
[3] 王振先:《中国古代法理学》,山西人民出版社2015年版,第21页。
[4] 《管子·明法解》。

是因为社会的发展变化，原来的治理方式已经不能实现有效统治，法律需要因势而立。在上古之世，"德治""礼治"足以治理天下，这是因为"人民少而财有余，故民不争"，而当时的状况是"人民众而财货寡，事力劳而供养薄，故民争"。国家与国家之间是"力多则人朝，力寡则朝于人"。[1]国家要存续、要发展，必须采取有力措施来富国强兵。"彼时清静无为之教，既不足反人心于淳朴。德礼感化之言，复不足入人心于隐微。至于敬天明鬼，见侮不辱，救民之门，禁攻寝兵，救世之战，其为人太多，自为太少。"[2]因而，制定并实施普遍的法律成为必然选择。正如《商君书》所言："法令者，民之命也，为治之本也，所以备民也……为治而去法令，犹欲无饥饿而去食也，欲无寒而去衣也，欲东而西行也，其不几亦明矣。"在法的执行上，法家主张臣民同等，排除特权。商鞅变法之前，法律的适用具有身份差别。"礼不下庶人，刑不上大夫"是最重要的司法原则。《周礼》有八辟规定，对于亲、故、贤、能、功、贵、勤、宾八种人犯罪都要议减刑罚。法家主张"有过不赦、有善不遗"。韩非子则认为法的执行要"不辟亲贵，法行所爱"，《韩非子·有度》说："法不阿贵，绳不挠曲。法之所加，智者弗能辞，勇者弗敢争。刑过不避大臣，赏善不遗匹夫。"法律能否得到好的执行，关键在于怎样处理亲者、贵者和爱者这三类特殊人物，这三类人如果不享有特权，一般平民就更不可能逃脱法律的制裁了。在执法的平等性上，商鞅提出"一刑"主张："所谓一刑者，刑无等级，自卿相将军以至大夫、庶人，有不从王令、犯国禁、乱上制者，罪死不赦。有功于前，有败于后，不为损刑。有善于前，有过于后，不为亏法。忠臣孝子

---

[1]《韩非子·显学》。
[2] 王振先：《中国古代法理学》，山西人民出版社2015年版，第21页。

有过，必以其数断。守法守职之吏有不行王法者，罪死不赦。"[1]

对法的普遍性最大的威胁是君主，商鞅说："法之不行，自上犯之。"[2]《韩非子·诡使》说："世之所以不治者，非下之罪，上失其道也。"因此，法家提出了君主要依据法律进行统治，君主要守法的思想。《管子·法法》说："不为君欲变其令，令尊于君。不为重宝分其威，威重于宝。"有人认为，"令尊于君"的主张是法家主张法律可以约束君主的观点，因而法家主张的法治和现代法治在把法律作为最高行为标准方面具有共同之处。"令尊于君"是否意味着法律高于君主，要从管子的整体思想进行理解。《管子·君臣下》说："为民兴利除害，正民之德，而民师之。是故道术德行，出于贤人……名物处，违是非之分，则赏罚行矣。"君主之所以成为君主是因为君主是智者和贤人，能够"禁强虐""正民之德"，道术和德行出于君主，赏罚也由君主独享。在荀子看来，法律完全来源于君主，并不是凌驾于君主之上的客观存在，作为法治之法并能够制约君主的"客观法"并不存在，也就不存在君主和法律哪个居于上位的问题。"实际上，在管子及整个法家的法治思想和整个法家学派的法治思想中，都没有法令高于君权的主张，而只有君权高于法令的主张。"[3]管子"令尊于君"指的是君主制定法律之后，应该维护法律，君主的欲望和作为"智者"和"贤人"的要求不一致时，应该遵守已定的法律。商鞅说："古者未有君臣上下之时，民乱而不治。是以圣人列贵贱，制爵位，立名号，以别君臣上下之义……民众而

---

[1]《商君书·赏刑》。
[2]《史记·商君列传》。
[3] 刘广安：《法家法治思想的再评说》，载《华东政法学院学报》2006 年第 2 期，第 139 页。

奸邪生，故立法制为度量以禁之。"[1]法出于君主的制定，君主和法在本质上具有一致性、统一性，不存在出于君主之外的法律。因此，法律的执行也要依靠君主，当君主不执行时，则没有让法律一定得到执行的法律，"国皆有法，而无使法必行之法"[2]。因此，法家的法律普遍之治思想是把君主排除在法律之外，但即便如此，我们也应认识到这一思想对我国传统法制文明的积极意义。在等级森严的古代社会，"法不阿贵、绳不挠曲"成为法律正义的重要表现，也成为民众追求法律正义的精神动力。

为实现法的普遍之治，法家主张公布成文法，"以法为教"，让法律的内容为民众知晓。公元前536年，子产在郑国铸"刑鼎"，首次将法公之于众。法的公开性是实现法的普遍性的重要前提。韩非说："是以明主言法，则境内卑贱莫不闻知也，不独'满于堂'。"[3]成文法的公布一方面可以让民众"知所避就"，还可以让官吏不敢"非法遇民""治法明，则官无邪。"[4]成文法公布之前，贵族集团采取"议事以制"的方法审判案件，民众处于"刑不可知，则威不可测"的恐怖之中，成文法的公布实现了法的公开性，打破了"先王议事以制，不为刑辟"的"礼制"传统，这也是限制贵族特权的重要举措。

（二）赏与罚并举

法家把人的本性归结为"好利恶害"，人与人关系的本质是利害关系。韩非认为即使父母和子女之间仍然会以计算之心相互对待。

---

[1]《商君书·君臣》。
[2]《商君书·画策》。
[3]《韩非子·难三》。
[4]《商君书·壹言》。

父母产男相贺，产女杀之，这是"虑其后便，计之长利也"[1]。夫妇之间也是如此，韩非曾举一例：一对夫妇祷告，妻子说："使我无故，得百束布。"丈夫抱怨期望获得的太少，妻子回答："益是，子将以买妾。"[2]君臣之间更不例外，"臣尽死力以与君市，君垂爵禄以与臣市"[3]。既然人的本性如此，治理国家，就要遵循人的本性，用赏和罚才是"治道"。《韩非子·八经》说："凡治天下，必因人情。人情者有好恶，故赏罚可用；赏罚可用则禁令可立，而治道具矣。"管子在提出富国强兵的策略时，提出："设象以为民纪，式权以相应，比缀以度，缚本肇末，劝之以庆赏，纠之以刑罚。"[4]赏的作用在于"劝"，也就是诱导，罚的作用在于纠正人的偏差行为。《商君书·修权》说："凡赏者，文也；刑者，武也。文武者，法之约也。"就赏和罚的地位，商鞅主张少赏多罚，实行"刑九赏一"，原因是，"重刑少赏，上爱民，民死赏。多赏轻刑，上不爱民，民不死赏。"[5]在赏的事项上，重在农战和告奸。"能得甲首一者，赏爵一级，益田一顷，益宅九亩，一除庶子一人，乃得人兵官之吏。"[6]并且"令民为什伍，而相牧司连坐。不告奸者腰斩，告奸者与斩敌首者同赏，匿奸者与降敌同罚。"[7]

法家还主张轻罪重罚，实行君主集权。李悝《法经》说："越城一人则诛，自十人以上夷其乡及族。"《法经》还规定，"群相居一日以上则问，三日四日五日则诛""议国法令者诛，籍其家及其妻

---

[1]《韩非子·六反》。
[2]《韩非子·内储说右下》。
[3]《韩非子·难一》。
[4]《国语·齐语》。
[5]《商君书·靳令》。
[6]《商君书·境内》。
[7]《史记·商君列传》。

氏"[1]。《商君书·赏刑》称："禁奸止过，莫若重刑。"商鞅变法，弃灰于道，就要科处刑罚。他创连坐之法，"令民为什伍，而相牧司连坐，不告奸者腰斩"。《云梦秦简》中的《法律答问》记载："或盗采人桑叶，赃不盈一钱，何论？赀徭三旬。"盗窃还不到值一钱的桑叶，就要处罚三十天苦役。对于"同母异父相与奸"则要弃市。法家还主张严控思想，实行文化专制。《法经》规定："议国法令者诛，籍其家及其妻氏，曰狡禁。"依照秦律，"有敢偶语诗书者弃市。以古非今者族。吏见知不举者与同罪。"[2]商鞅变法，秦民初言令不便者，有来言令便者。鞅曰："'此皆乱化之民也'，尽迁之於边城。其后民莫敢议令。"[3]老百姓开始对法令不满，后来变为赞成，仍然要被流放，简直冷酷到极点。

法家主张严刑峻法与现代法治的人道主义、罚当其罪的原则背离，但不应妨碍我们思考法家赏罚理论中蕴含的法治思想。从逐"利"的角度，我们可以把人的行为动机分为三类：一是利我；二是利他；三是互利。不以利益为内容的社会关系没有必要纳入国家治理的范围，国家治理的手段可以从这三类行为中找到不同的人性立足点。儒家的"礼治""德治""人治"立足于鼓励统治者的利他行为。孔子反对苛政，提倡"仁者爱人"，要求"克己复礼"，提出了一套缓和统治者与被统治者之间矛盾的思想体系和统治方法，其核心在于"宽则得众""惠则足以使人"，他推崇的"礼"仍然是维护宗法贵族集团的特权。孟子从人人皆有"不忍人之心"出发，极力主张"推恩于民"。"推恩足以保四海，不推恩无以保妻子。"[4]他

---

[1]《七国考》引桓谭《新书》。
[2]《史记·秦始皇本纪》。
[3]《史记·商君列传》。
[4]《孟子·梁惠王章句上》。

的"行不忍人之政",要求统治者以怜恤或不忍看民众困苦的心情治理国家,根本目的还是缓和社会矛盾,让"君子"更好地治理"野人"。墨家立足于人的互利性,希望实现一个"天下之人皆相爱"的理想社会。民众"饥者不得食,寒者不得衣,劳者不得息"的原因是"天下之人皆不相爱",只要人们不分亲疏、贵贱、贫富、厚薄,彼此相爱,不"亏人自利"就能实现"强不执弱、众不劫寡、富不侮贫、贵不敖贱、诈不欺愚"的美好社会。法家的人性立足点是人的利己性,国家的治理要充分利用人的"好利恶害"之心进行统治。这和儒墨两家的思想截然不同。例如,孟子认为:"为人臣者,怀利以事其君;为人子者,怀利以事其父;为人弟者,怀利以事其兄:是君臣、父子、兄弟终去仁义,怀利以相接;然而不亡者,未之有也。"[1]从现代法治的视角看,法治不意味着忽视道德的作用,但法治的人性立足点需要建立在人的利己本性之上。在利我、利他和互利三者的关系上,利我处于根本的地位,互利、利他的最终目的则为利己,如果翻转过来,人的本性是利他,自利和互利的最终目的是达到利他,则不但没有法治或法律存在的必要,就是"德治""礼治"也没有存身之地了。现代法治的核心是控制权力,保障社会自由,那么在设计具体法律制度时,则不能寄于官员的道德本性,而要用法家的"计算之心"来约束官员,否则就是"守株待兔"般愚蠢了。当然,理论的预设不意味着官员必然没有善,或者否定官员有成为"圣人"的可能,而是作为法治的要求,法律制度的设计要着眼于防范官员或权力最卑劣的方面。

法家把赏和罚作为实现"法治"的二柄,把国家治理的根本放在利益的分配。赏是以利益诱导的方式进行调整,罚是以不利益进

---

[1]《孟子·告子章句下》。

行禁止。这和现代法治也有相似之处。法治之法以权利和义务为内容，而权利和义务的核心是利益。权利是对利益的现实享有或对将来利益的预期，义务是对权利的满足，是对义务主体的负担。现代法治的实现就是全部社会利益以权利和义务的方式加以良好分配的状态，这种状态要求权利和义务的配置要合理、均衡，符合正义的要求。法家主张轻罪重罚，甚至于惩罚的严酷达到极点，这是需要批判的地方。但是，还要看到，法家思想产生于特定历史时期，在"礼崩乐坏"之后，怎样富国强兵以实现兼并或进行反兼并成为诸侯各国的主要关切。法家的严酷措施是社会异常时期的治乱之术，是基于现实的急迫。正如子产所说："侨不才，不能及子孙，吾以救世也。"也即是，他的才能有限，没有能力为子孙后代做长远打算，他所做的只能是拯救他们这一代罢了。法家对赏和罚配置的不正义，可以说是特殊时期的权宜之计，而我们需要重视的是其中包含的法治意义。从历史和现实看，"乱世用重典"在某些方面也具有一定积极意义，不但乱世，即便在社会稳定时期，当某一方面存在大的乱象时，也有使用重典的必要。当前我国法治建设过程中，既得利益集团的阻挠成为一大阻力，官员的特权和腐败引起人民普遍不满，要解决这些问题，使用儒家和墨家思想中的圣人之教便极不适宜，重视法家思想，"重典治吏"或许是唯一现实的选择。

（三）法源于"理"

法家主张"不法古，不修今""不期修古，不法常可"。要拯救当时的社会，最实用、有效的方法不是"以德"，也不是"无为"，而是要明法用法。《韩非子·饰邪》说："明法者强，慢法者弱。"特别是商鞅，他对礼乐、仁义等道德治国思想进行了彻底否定，称它们为"六虱"，就是六种危害社会的东西。"所谓'六虱'：曰礼乐，曰诗书，曰修善，曰孝弟，曰诚信，曰贞廉，曰仁义，曰非兵，曰羞战。国有十二者，上无使农战，必贫至削。十二者成群，此谓君子治不胜其臣，官之治不胜其民，此谓六虱胜其政也。"[1]不仅如此，商鞅还对人性中"善"和"奸"进行分析，"合而复者，善也；别而规者，奸也。章善则过匿，任奸则罪诛……以良民治，必乱至削；以奸民治，必治至强。"[2]"善"是兼顾他人利益并掩盖他人罪恶，"奸"是只顾自己利益而去监视他人罪恶。张扬"善"，罪恶会被隐藏，利用"奸"，罪恶则会得到惩罚。利用"善"治理国家，国家必然动乱、削弱，利用"奸"治理国家，国家就会安定、强大。既然治理国家的法律不能从人们"善"的方面作为依据，那么就需要有别的依据作为制定法律的基础。这一依据便是"理"，法家主张法源于理。

《说文》："理，治玉也，从玉，里声。"《说文解字系传校勘记》解释说："物之脉理惟玉最密，故从玉。""物之脉理"是物的脉络和纹理，玉的脉理最为细密，理就是按照玉的自然脉理研磨、加工的过程。"理"字最早见于《诗经》，《信南山》："我疆我理，南东其亩。"《江汉》："于疆于理，至于南海。"郑玄注《诗经》："疆，画经界也；理，分地理也。"疆和理的含义接近，指的是对土地的规划整理。这和治玉的含义相近。庄子在《养生主》篇讲述庖丁解牛时说："依乎天理，批大郤，导大窾，因其固然，技经肯綮之未尝，而况大軱乎！""解牛"也和治玉一样需要依据事物的性质和脉络进行。商鞅《开塞》篇中在解释法律产生时说："民众而无制，久而相出为道，则有乱。故圣人承之，作为土地货财男女之分。分定而无制，不可，故立禁。"人口众多但没有制度，总是走超出别人的道

---

[1]《商君书·勒令》。
[2]《商君书·说民》。

·336·

路，社会就会发生混乱。因此，圣人划定土地、财物、男女的界限。有了分界，没有制度也不行，便创制了法律。可以看出，制定法律即是划定人们之间的利益界限，并创设规则保证界限得到遵守。《庄子·天下》评论法家时也说："是故慎到弃知去己，而缘不得已。泠汰于物，以为道理。"慎到弃去智巧，不以臆想的知识限制事物，而是顺应事物的必然，把外物的规律作为行事的方法。班固《汉书·艺文志》说"法家者流，盖出于理官"。理官是负责划定地界的官员。"实际上，法家和'理'关联，就在于依据规则来理定地界，在引申的意义上，就是依据规则来治理具体的社会事务。"[1]荀子说："是故，别交正分之谓理，顺理而不失之谓道，道德定而民有规矣。"[2]"别交"和"正分"称为理，也就是作为区别上下交往和确立等级名分的依据。商鞅说："圣人见本然之政，知必然之理，故其制民也，如以高下制水，如以燥湿制火。"[3]尹文子还对"圣人"之治和"圣法"之治进行了比较。"圣人者，自己出也。圣法者，自理出也。理出于己，己非理也。己能出理，理非己也。故圣人之治，独治者也；圣法之治，则无不治矣。"[4]圣人之治是基于人的意志进行治理，是"独治"，而圣法之治是"理"之治，因而"无不治"。圣人虽然能够发现"理"，但"理"不是圣人本身，因此才说，"理出于己，己非理"。

关于理和法的关系，管子说："是故爵位正而民不怨，民不怨则不乱，然后义可理。理不正则不可以治，而不可不理也。"[5]他还

---

[1] 许建良：《先秦法家的道德世界》，人民出版社2012年版，第35页。
[2] 《管子·君臣上》。
[3] 《商君书·画策》。
[4] 《尹文子·大道下》。
[5] 《管子·乘马》。

说："乘夏方长，审治刑赏；必明经纪，陈义设法，断事以理。"[1]社会的治理需要理正，理不正则不能实现国家稳定。制定法律，要依据理进行取舍。法作为社会治理的方式，自然要遵循理，不然也不能实现社会的有效治理。法家还论述了理和道的关系，"道者，万物之所然也，万理之所稽也。理者，成物之文也；道者，万物之所以成也。"[2]道是理的总汇，理是构成万物的条理，道是万物构成的依据。可以说，理是在具体事物中呈现的道。"凡理者，方圆、短长、粗靡、坚脆之分也，故理定而后可得道。"理让事物有方圆、短长、粗靡、坚脆的区别，理确定之后才能认识事物之所以成为该事物的道。由于"道之可道，非常道也"，道需要通过理得到说明和呈现，君主制定法律要"断事以理"，法才能因为理正而实现社会的治理。这样道、理、法、治之间的关系得到了说明。关于发现理的方法，管子说："是故明君审查事理，慎观终始，为必知其所成，成必知其所用，用必知其所利害。"[3]《韩非子·解老》说："思虑熟则得事理，得事理则必成功。"通过人的"审查""慎观"和"思虑"可以发现理，由于理的正当，法也有了之所以成为法的依据。

儒家也提出了有关"理"的思想。《礼记·乐记》："礼也者，理之不可易者也。"孔颖达《礼记正义》："天地未分之前，已有礼也。"又云："礼理既与大一齐，故而制礼者用至善之大理以为教本，是本于大一也。""大一"也称"太一"，是天地未分，万物还未生成的混沌状态，礼和理都先天地万物而存在，是世界之成为世界的根源，两者具有一致性。《礼记·仲尼燕居》说："礼也者，理也。"

---

[1]《管子·版法解》。
[2]《韩非子·解老》。
[3]《管子·版法解》。

以后的儒家对此多有发挥。朱子说:"礼是那天地自然之理。"[1]应认识到,法家的理和儒家的理具有差异,法家的理没有道德性,因时、因地、因人而异,表现出与特定事物的适宜性。事物不同,理也不同,相应则产生了基于不同事物的法。而儒家的理是不变的法则,目的在于通过理来论证礼的正当性。儒家不借助理,很难说明混沌未开的"太一"怎样才能产生出礼。儒家是以理释礼,说"理"仍然是在论证礼。因此,法家的法源于理的思想和儒家以理释法具有不同旨趣,这是思考法家之理时,需要注意的地方。

三、儒家法治思想

(一)民为邦本

"民惟邦本,本固邦宁"是儒家思想的重要内容。在叙述民本思想时,有两条路径,一是神民关系,二是君民关系。"天"或"神"在古人的思想观念中有着极大权威。《论语·泰伯》说禹"致孝乎鬼神"。《礼记·表记》:"殷人尊神,率民以事神。"商代,国家的诸多事项都要向神禀告,并从神那里获得作出决定的依据。甲骨文的重要内容是通过占卜方式向上帝或祖先询问吉凶而刻在龟甲或兽骨上的卜辞。在神和民的关系上,当时的观念是:"上帝并不直接与下界小民相接触,而要经过王室为下界之总代表,才能将下界小民的吁请与蕲求,经过王室祖先的神灵以传达到上帝之前。"[2]这种对神的顶礼膜拜和王室为民之代表的思想后来发生了变化,在神和人的关系上日益表现出对于人的重视。《尚书·虞夏书·皋陶谟》:"天

---

[1]《朱子语类·卷四一》。
[2] 钱穆:《中国文化史导论》,商务印书馆1994年版,第45页。

矜于民，民之所欲，天必从之。"《左传·僖公十九年》："夫民，神之主也。是以圣王先成民而后致力于神。"《左传·庄公三十二年》："国将兴，听于民；将亡，听于神。神，聪明正直而壹者也，依人而行。"引起这些变化的原因可以归结于历史的经验和经济条件的发展。殷人尊神，商王认为他们的祖先和上帝具有密切关系，能够经常在上帝的左右，甚至直接声称他们的祖先就是上帝的子孙，但仍然避免不了被周取代的命运。按照周人的解释，这是因为他们失"德"，商王失"德"的重要表现便是民心的背离。从经济社会发展状况看，西周之后，生产力发展水平的提高也提升了劳动者的价值，加上后来邦国之间征战频繁，民众作为赋税和士兵的来源对国家强弱所起的作用也日益重要。这样，在神和民的关系上，民的作用也得到凸显。《国语·周语》："民和而后神降之福。"统治者要得到神的赐福，需要从"民之所欲"，致力于"民和"，而不能一味地"事神"。这在君主和神之间放入了"民"，需要君主通过"民"而知晓神意。这也显示出古代的思想家们规劝统治者"敬天保民"的良苦用心。孔子不谈"怪力乱神"，儒家在发展民本思想时，把基于神民关系的论述转入了君民关系，并提出了"民贵君轻"的思想，"民为贵，社稷次之，君为轻"[1]。《荀子·大略》："天之生民，非为君也。天之立君，以为民也。"这把民放在了国家和君主之上，民成了国家和君主存在的目的。贾谊总结秦二世而亡的教训时说："夫民者，万世之本也。"[2]由于民的重要，统治者在统治民众时要心存敬畏。所以孔子说："使民如承大祭。"[3]

对于民本的落实方法，儒家的核心思想是富民和教民。"儒家民

---

[1] 《孟子·尽心章句下》。
[2] 《新书·大政》。
[3] 《论语·颜渊》。

本思想,在价值观念上是'民意'即'天意';在政治理念上是'立君为民';在政策上是保民、养民,人民是国家与社会的主体。"[1]俞荣根认为,儒法两家经济政策的区别在于儒家重在富民,法家重在富国。"富民是儒家民本主义思想的必然,富国是法家君主中心主义的必然。"[2]《论语》:"百姓足,君孰与不足?百姓不足,君孰与足?"百姓富足了,君主才能说是真的富足,这是儒家富民的出发点。对于一般民众来说,他们的希求并不高,也不过正常的年岁一家温饱,荒年不至于饿死罢了。"必使仰足以事父母,俯足以畜妻子,乐岁终身饱,凶年免于死亡。"[3]针对"苛政猛于虎"的现实,儒家主张轻徭薄赋,反对聚敛。当孔子的学生冉求帮助季氏聚敛财富时,孔子说:"非吾徒也。小子鸣鼓而攻之可也。"[4]孟子也说:"易其田畴,薄其税敛,民可使富也。"[5]为维持社会的稳定,需要让民众"明人伦",进行"礼仪之化"。《荀子·大略》提出"立大学,设庠序,修六礼,明七教"。《孟子·梁惠王章句上》也说:"申之以孝悌之义,颁白者不负戴于道路矣。"

根本上说,儒家的民本思想关注的还是统治集团的长治久安,在一定意义上也是给统治者提出的"使民之道"。这一思想面临的问题是,一旦以君主为首的统治者违背民本之道,实行苛政而得不到纠正时应该怎样解决。《论语》记载,子贡曾问孔子:"今之从政者何如?"孔子答:"噫,斗筲之人,何足算也。"对于"圣人不在天之位"的现实,孔子仍然坚持"以道事君,不可则止",并发出感

---

[1] 胡启勇:《先秦儒家法伦理思想研究》,民族出版社2012年版,第325页。
[2] 俞荣根:《儒家法思想通论》,广西人民出版社1998年版,第485页。
[3] 《孟子·梁惠王章句上》。
[4] 《论语·先进》。
[5] 《孟子·尽心章句上》。

叹:"道之将废也与,命也!"对于从政者都是"斗肖之人",君主不能成为君子,君子也变不成君主的现实,孔子做的只是继续"事君",并把现实的无奈归于命该如此。柏拉图在遇到国王不能成为哲学家,而哲学家也成不了国王的状况时,转而提出了"第二好"的法治。亚里士多德在对一人之治和法治进行了对比之后,得出"法治优于一人之治"的结论。孔子没有在思想上完成突破的原因在于在当时历史条件下,除了君主专制,没有产生其他治理方式的条件,坏的君主也能带来秩序,哪怕是坏的秩序也比没有君主的失序和混乱好。孟子认为,如果君王违背民意,则是违背天意,这样废除或杀死暴君便是正当行为。当齐宣王说汤放桀,武王伐纣都是臣弑君的不德行为时,孟子说:"贼仁者谓之贼;贼义者谓之残。残贼之人,谓之一夫。闻诛一夫纣矣,未闻弑君也。"[1]孟子的解决办法被以后的一些学者所接受。例如,隋代王通就主张"废昏举明"。[2]陆九渊直接说:"汤放桀、武王伐纣,即'民为贵,社稷次之,君为轻'之义。"[3]可以说,自秦之后,人们对封建君主的自私和暴虐具有充分认识。唐甄说:"自秦以来,凡为帝王者皆贼也。"[4]黄宗羲对封建专制进行了系统批判。他说"为天下之大害者,君而已矣"。[5]对于君主的"大害",进一步假设:"向使无君,人各得自私也,人各得自利也。"[6]提出没有君主的假设对于黄宗羲来说只能是愤慨之语,现实中,如何避免君主之害,他却提出了君臣共治、学校议政等思想。在《原臣》篇中,他说:"天下之大,非一人之所能治,而

---

[1]《孟子·梁惠王章句下》。
[2]《中通·事君》。
[3]《陆九渊集·荆州日录》。
[4]《潜书·室语》。
[5]《明夷待访录·原君》。
[6]《明夷待访录·原君》。

分治之以群工。"国家这么大，君主一人无法治理，需要君臣共治。在《学校》篇中，他说："学校，所以养士也。然古之圣王，其意不仅此也。必使治天下之具皆出于学校，而后学校之意始备。"学校是知识分子评论国事，谋划并提出治国方案的地方，政治事务应以学校的意见为准。需要注意的是，黄宗羲提出了以"天下之法"取代"一家之法"的思想。他认为秦汉以来的一些措施，都是君主为一己私利所立的法，这种没有"一毫为天下之心"的法，不能称之为"法"，所以他声称"三代以下无法"。

儒家的民本和现代的法治具有一定的距离。联系到儒家主张的"君君、臣臣、父父、子子"的等级观念，更与现代法治的原则不相符合。但我们还是探讨儒家民本理论中的法治思想，这是因为儒家民本所涉及的一些问题也是法治所面临的问题。法治确立的前提是对作为人的执政者的不信任，既然执政者是"斗肖之人"，不值得信任，君子不能成为执政者，那么便需要进一步思考，怎样才能实现民本的主张，怎样产生并实施"天下之法"？儒家面临的无奈和困惑正是现代法治所要解决的问题。儒家的思想家们不可能突破时代的局限提出现代法治的框架，但他们的思考却可以成为我们思考我国现代法治建设的重要智识资源。

(二) 以礼率法

礼起源于祭祀活动，《说文》对礼的解释是："履也，所以事神而致福也。"《礼记·祭统》说："凡治人之道，莫急于礼；礼有五经，莫重于祭。"在古代家国一体的血缘社会，以祭祀祖先和神明为中心的礼具有神圣性、权威性，礼也是治理国家的根本规则。礼可以分为礼制和礼义两个方面。礼制产生于人们长期生活中自发形成的风俗习惯。儒家经典《仪礼》和《周礼》是对夏商周三代礼制的总结。《汉书·礼乐志》说："人性有男女之情，妒忌之别，为制婚姻之礼；有交接长幼之序，为制乡饮之礼；有哀死思远之情，为制丧祭之礼；有尊尊敬上之心，为制朝觐之礼。"可见，礼的作用在于节制性情，引导人们进行各种人际行为。从法律的角度，礼制在初期具有习惯法的性质，是社会自发秩序的内生规则。"夏商西周之后，在保留习惯法性质的同时，礼制的许多内容转化为成文法中的条款。除国家制定颁行的律外，中国传统法中关于诉讼、婚姻、家庭、宗族、继承、身份等方面的制度都可以在礼制中找到相应的规定。"[1]可以说，礼制是具体的行为规范或标准，礼义则是礼制的原理或精神价值，是礼制得以正当化的根由。《礼记》是阐述礼义的经典著作，朱熹说："《仪礼》皆载其事，《礼记》只发明其理。"[2]《礼记·丧服四制》："凡礼之大体，体天地、法四时、则阴阳、顺人情，故谓之礼。"礼的精神是天地、四时、阴阳、人情的体现，是"人道"的基础。所以，孔子说："不学礼，无以立。"《礼记·礼运》还说："故礼义也者，人之大端也，所以讲信修睦而固人之肌肤之会，筋骸之束也。所以养生送死事鬼神之大端也。所以达天道顺人情之大窦也。"因此，礼不仅是礼仪制度，更是礼仪制度的精神所在。礼包含的价值和精神是人们行为和社会制度获得正当性的依据，在此意义上孔子才说："非礼勿视，非礼勿听，非礼勿言，非礼勿动。"[3]

儒家推崇礼治，但也不轻视法的作用。孔子说："名不正，则言不顺；言不顺，则事不成；事不成，则礼乐不兴；礼乐不兴，则刑罚不中；刑罚不中，则民无所措手足。"[4]名正、言顺、礼乐兴三者

---

[1] 曾宪义、马小红：《中国传统法的结构与基本概念辨正——兼论古代礼与法的关系》，载《中国社会科学》2003年第5期，第69页。

[2] 《朱子语类·八七》。

[3] 《论语·颜渊》。

[4] 《论语·子路》。

是刑罚得当的条件,没有这三者,刑罚就不能发挥好的社会作用,民众则会无所适从。孔子没有否定法,只是认为刑罚要符合礼的要求。孟子所说的"徒善不足以为政,徒法不足以自行"表明了礼和法都存在局限,单独依靠其中之一都不能治理好国家。荀子主张性恶论,认为不是每个人都能通过礼仪教化而从善,对于不能从善的人便要施加刑罚。荀子说:"以善至者待之以礼,以不善至者待之以刑。"[1]他还说:"不教而诛,则刑繁而邪不胜;教而不诛,则奸民不惩。"[2]通过礼乐教化可以减少犯罪,只用教化而不用刑罚则无法惩治奸民,应教化在先,以法治顽。汉代萧何作《九章律》,到汉武帝时,法典已经完备,《汉书·刑法志》记载:"律令凡三百五十九章,大辟四百九条,千八百八十二事,死罪决事比万三千四百七十二事。"这时,封建统治秩序也日趋巩固,法律从春秋战国时期的治乱工具转变为国家常态下的治理手段。董仲舒以阴阳五行理论解释德、礼和法的不可偏废。"庆赏罚刑与春夏秋冬,以类相应也,如合符。故曰王者配天,谓其道。天有四,王有四政,四政若四时,通类也,天人所同有也。庆为春,赏为夏,罚为秋,刑为冬,庆赏刑罚之不可不具也,如春夏秋冬之不可不备也。"[3]他认为天道任阳不任阴,强调礼和法的主从关系,主张德主刑辅。至此,儒家以礼率法的思想开始完备。以礼为主,以礼率法的思想是汉代儒家的共识。《汉书·礼乐志》说:"教化,所恃以为治也,刑法所以助治也。"为实现儒法结合、以礼率法,从董仲舒开始,实行《春秋》决狱制度,把儒家经典《春秋》的词句或意义直接作为解释法律、定罪量刑的依据。董仲舒举例说,庆父和阖闾都犯了杀害君主的罪名,

---

[1]《荀子·王制》。
[2]《荀子·富国》。
[3]《春秋繁露·四时之副第五十五》。

但庆父的目的是篡位，阖闾的目的是为了维护正常的承继，因此，前者受到了追究，而后者得到了宽容。《后汉书·应邵传》记载："故胶东相董仲舒老病致仕，朝廷每有政议，数遣廷尉张汤亲至陋巷，问其得失，于是作《春秋折狱》二百三十二事，动以《经》对，言之详矣。"董仲舒之外，两汉时期的孙宣、郭令卿、马融、郑玄等人以儒家经典解释法律，成为法律诠释家。《晋书·刑法志》记载，这类书有"十有余家，家数十万言。凡断罪所当由用者，合二万六千二百七十二条，七百七十三万二千二百余言。"北魏太平真君六年，皇帝以诏书的形式要求以儒家的经义决断狱讼。此后，以礼率法的思想被社会普遍接受。唐高宗时制定的《唐律疏议》明确把礼和法的关系概括为："德礼为政教之本，刑罚为政教之用，犹昏晓阳秋相须而成也。"在唐律中，许多原来属于礼的规范，具有了法的性质。自此，从汉初时开始的"经义决狱"，由于唐律的礼和法的结合而被废止了。"正是因为用'礼'来主导'刑'，以'刑'来补充'礼'，把立法和执法看作是一项体现儒家伦理思想的系统工程，使汉以后的法律比秦律更为合情合理，收到了稳定社会的功效。"[1]

法家对以礼作为法的正当性依据也有一定的认识。子产也说："夫礼，天之经也，地之义也，民之行也。"[2]《管子·枢言》说："法出于礼。"《韩非子·忠孝》说："臣事君，子事父，妻事夫，三者顺则天下治；三者逆则天下乱。"这和儒家把君臣、父子、夫妇之间的伦理作为礼治思想的核心具有相似的理解。商鞅"徙木立信"，强调"信赏必罚"，也重视道德信誉。只是他们认为处于乱世，法不能依据传统的正当化理由制定和执行，而要"随时而变，因俗而

---

[1] 龚杰：《论儒家的礼法观》，载《河北学刊》1992年第2期，第29页。
[2] 《左传·昭公二十五年》。

动"。他们实行"有敢偶语诗书者弃市""议国法令者诛"等做法，本身说明他们自己也认为他们法家的法不符合传统的正当性标准，认识到不可能通过说理论证的方式把自己的立法、执法理由作为法的正当性标准被普遍接受，所做的只能是通过严酷的惩罚实施法律。秦采用法家理论，通过法家的"法治"实现了吞并六国的壮举，可以说适应了当时的时代需要，而在"利维坦"建立之后的常态社会，没有了战争条件下对贵族或官僚集团的特权进行限制或剥夺以让利于民，让民"效死"的紧迫需要，也没有用战争掠夺来的财富进行奖励，继续刻薄寡恩、严刑峻法势必引起普遍的不满和社会矛盾的激化。法家行法需要赏和罚的协调配置，常态社会下由于秦代统治者的贪婪、自私，他们所做的只能是对民众的剥夺和惩罚罢了，因此，秦的统治者所犯的正是没有"随时而变"的错误。汉代之后，先是通过"经义决狱"后又实行"引礼入法"完成了法的儒家化，在礼和法的关系上，礼作为价值标准成为法的精神内涵，这就摆脱了单纯通过法家的"理"对法的依据进行的论证，作为具有伦理道德性的礼再次成为法律合法性的标准。如果说礼是古代社会的"善"，那么以礼率法让法成为"良法"。法家的"理"没有道德内容，可以使法"正"，但不能让法具有道德上的"良"，这是法家之"理"不能让法成为良法的原因。由此，法家的法的普遍之治，加上礼让法的正当化，在一定程度上可以和亚里士多德所说的法治是良法的普遍遵守这一论断相对照，这或许是有人认为我国古代存在儒家法治的原因所在。但貌似而神不似，神不似的核心便在于民主和专制的区别。

（三）君权相对

在儒家的思想传统中存在君权相对的内容，虽然在发展中受到扼制，但一直绵延不绝。孔子持有王道一统，建立集权君主政体的主张。孟子曾说,"孔子曰:'天无二日,民无二王'"[1]。《礼记》的《曾子问》和《坊记》也有类似的转述。《论语·尧曰》要求君主"四方之政行焉"和"天下之民归心焉",主张统一于一个君主之下。这可以说是当时思想家们的普遍主张。但与法家的极端君主专制主张不同,孔子及后世的儒家持有的是相对的君主集权立场,君主对于臣民负有"仁政"的义务。

孔子宣讲的"君君、臣臣、父父、子子"和后来专制社会中出现的"君为臣纲""父为子纲"并不相同。对孔子来说,合理的君臣关系应当是"君使臣以礼,臣事君以忠"。这兼顾了君和臣之间的双向义务,臣并没有绝对服从君主的单方面义务。臣的忠和君的礼应同时存在,这很容易解读为前者以后者为条件。如果君违反了君道,不以礼事臣,那么臣可以采取的对策有两种:一种是"勿欺也,而犯之",另一种是"去之",即要么规谏要么远离。孔子是这样说的,也是这样做的。当他感到在鲁国得不到礼遇时,就离开了鲁国。"所谓大臣者,以道事君,不可则止。"[2]管仲和召忽曾共同辅助公子纠,在与公子小白(齐桓公)争夺王位中公子纠被杀。召忽殉节,而管仲出任了齐桓公的相。对此孔子的一些学生认为管仲违反了君臣大义,孔子却持有不同看法,认为管仲没有必要遵守小信小节。"岂若匹夫匹妇之为谅也,自经于沟渎,而莫之知也?"[3]可见,对于孔子,"君臣关系是相对的,不是绝对的,不是'君要臣死,臣不得不死',也不是'皇恩浩荡,臣罪当诛',相比之下,是当时比较进步的政治法律学说"[4]。

---

[1] 《孟子·万章上》。
[2] 《论语·先进》。
[3] 《论语·宪问》。
[4] 俞荣根:《儒家法思想通论》,商务印书馆2018年版,第260~261页。

孟子比孔子更进一步提出，对于不贤之君，臣子不仅可以"谏"和"去"，还可以"易位""放逐"和"逐伐"。"君有大过则谏，反覆之而不听，则易位。"[1]当齐宣王问孟子"汤放桀，武王伐纣"是否是弑君时，孟子的回答是："贼仁者谓之贼，贼义者谓之残，残贼之人谓之一夫。闻诛一夫纣矣，未闻弑君也。"[2]孟子在君主专制的萌发时期就提出了"暴君放伐论"，体现出了深刻的忧患意识，在我国政治法律思想史上有着重要的理论价值，同样的主张直到十六七世纪才在欧洲出现。

比起孔子、孟子被尊为"至圣"和"亚圣"，历代封建统治者对荀子很为贬抑，《荀子》一书被称为"杂家者流"，以至于"编简烂脱"，直到唐中期才有杨倞作注。这种境遇和荀子对君主及君权的认识有极大关系。荀子虽然主张"隆君"，但他对君权相对的主张更为彻底和明确。他的主张可以分为三点来说明：首先，"天人相分"。荀子认为，"天"就是自然界，并不神秘。"天行有常，不为尧存，不为桀亡。"[3]从人性上讲，君主也毫无特殊之处。"尧、舜之与桀、跖，其性一也；君子之与小人，其性一也。"[4]这就否定了君主及其权力来源的"天命"思想，君主及其权力不再神圣化和神秘化。其次，贤人治国论。荀子认为，君主必须是"贤者"，需要具有"至强""至辨"和"至明"的才能，这只有圣人才能具备，因此"非圣人莫之能王"。对于暴虐无道的君主，诛伐他们则是天经地义，汤武诛伐桀纣被他称为"功参天地，泽被生民"。最后，在君臣关系上，荀子主张"从道不从君"。臣下对君主不应阿顺苟同，而应是"谏、

---

[1]《孟子·万章下》。
[2]《孟子·梁惠王下》。
[3]《荀子·天论》。
[4]《荀子·性恶》。

争、辅、拂之人"。在荀子看来，存在高于君主意志的"道"，这样的"道"即是实在法之上的应然法，对它的遵循体现了作为臣的至上的道义担当。

孔、孟、荀为代表的先秦儒家对君主及其权力的认识建立在"天下为公"的认识之上，《礼记·礼运》对"大同"社会的描述有着集中的表现："大道之行也，天下为公，选贤与能，讲信修睦……矜寡孤独废疾者皆有所养。"虽然这一记述的盛世只存在于传说中的唐虞时代，所有文献记录者所经历的都是天下为家为私的现实，但是这也表达了"天下非一人之天下"的执着信念。当君主恣意滥用权力，横征暴敛，严重背离这一信念时，他也就成为独夫民贼，臣民对之的"易位"和"放伐"也有了符合天道的合理性。在儒家的观念里，君主的行为并没有天然的正当性，其权力的行使应符合天下为公，"皆以为民"的要求，这已经隐含了君权有限的观念。这一观念在明末思想家那里有了进一步的发展。

对于君主，黄宗羲说："古者以天下为主，君为客，凡君之所毕世而经营者，为天下也。"[1]他把孟子的"君轻"论进一步发展为"君客"论。天下有君，为的是兴天下之公利，除天下之公害。如果君利用君位谋一己私利，则已经失去君道，无异于独夫了。对于臣，同样如此，"为天下，非为君也；为万民，非为一姓也"。[2]这种主张下，君臣共职位，只是名位不同。由于君位传子，宰相不传子，而君之子不皆贤，就需要宰相传贤来补救。由此黄宗羲得出需要设置宰相来分君主之权。他总结历史教训说："有明之无善治，自高皇帝罢宰相始也。"[3]顾炎武把"国"和"天下"作了区分。"易性改

---

[1]《明夷待访录·原君》。
[2]《明夷待访录·原臣》。
[3]《明夷待访录·置相》。

号,谓之亡国。仁义充塞,而至于率兽食人,人将相食,谓之亡天下。"[1]在他看来,君主的亡"国"与民众并没有大的关系,民众的责任是"保天下"而不是"保国"。他进而提出,保天下者,匹夫之贱,与有责焉。后来的梁启超将这一观点概括为"天下兴亡,匹夫有责"。王夫子也说:"一姓之兴亡,私也;而生民之生死,公也。"[2]这些主张,承继了先秦儒家的君权相对思想,是对"小儒""腐儒"主张的"君为臣纲""至桀、纣之暴,犹谓汤武不当诛之"等观点的否定。虽然因为时代的局限,这些思想家没有提出君主立宪或权力制衡的主张,但他们对君权绝对的否定仍然弥足珍贵。

---

[1]《日知录·正始》。
[2]《读通鉴论》(卷十七)。

第十二章
近代中国的国家治理现代化探索

近代中国堪称中国历史上的多事之秋,不仅完成了一般意义上的朝代更迭,而且经历了社会性质的巨变。在这一时期,中国开启并汇入具有世界历史意义的现代化进程。随着现代化探索的深入,国家治理现代化越来越显示出至关重要的地位和作用。在这一过程中,"中西体用"论可说是特定历史条件下富有中国特色的国家治理现代化的理论想象和实践尝试。"中西体用"论是借用中国哲学的体用范畴,对现代化进程中如何安放、处理中国和西方思想学术的关系,提出的四种理论主张、实践模式:中体中用、中体西用、西体中用、西体西用。它们虽未在中国近代史上获得均等的展现机会,但在逻辑上的完整构

第十二章　近代中国的国家治理现代化探索

造和分析有助于揭橥历史演变的深层逻辑。在近代以来中西文化碰撞交融中,"中西体用"论事关现代化这一重大主题,其四种模式具有综合的多重面相:①不同程度地充任过处理中西思想文化关系的主导性原则;②标记着中国现代化探索早期的变革路径和治道之选;③是中西文化冲撞交会条件下富有中国特色的国家治理现代化探索的四种治理模式;④也是后发型现代化国家在发展过程中难以避免的文化态度、思维方式、思想范式。近世中国面对"三千年未有之大变局",前辈思想家和政治家的现代化探索,从技艺器物层面逐步延展到政教法度、思想文化(价值观念)层面,不管探索的层面、重心或切入点有怎样的不同,其实质都是国家治理现代化的探索,本书即从这一角度理解"中西体用"论。[1]

具有多重面相的"中西体用"论在中国现代化进程中大显身手,是特定的历史条件决定的,"百年来国势陵夷,饱尝列强瓜分豆剖之祸,民情愤激,有主张中体西用者,有主张全盘西化者,争论纷纭,莫衷一是。迄五四运动'打倒孔家店'激烈之论起,而臻于极峰。时至今日,大家不再谈论此一问题了,但这一问题并未获得解决。"[2]

---

[1]　"中西体用"论发生在国家"统治"的框架下,可以被广义的"国家治理"所涵盖。广义的国家治理是国家对社会事务的治理,"涵盖了与统治过程相关的所有制度与关系领域";狭义的国家治理是治理理论在国家对社会事务管理中的应用,是有别于"统治"的区别性术语。治理理论的特征在于把治理与自治性、协商性、合作性、治理主体的多元性、治理手段的多样性、治理范围的广泛性等联系在一起。参见麻宝斌等:《公共治理理论与实践》,社会科学文献出版社2013年版,第114页;[澳]H. K. 科尔巴齐:《治理的意义》,见王浦劬、臧雷振编译:《治理理论与实践:经典议题研究新解》,中央编译出版社2017年版,第3~14页;[瑞典]乔恩·皮埃尔、[美]B. 盖伊·彼得斯:《治理、政治与国家》,唐贤兴、马婷译,格致出版社、上海人民出版社2019年版,第1页。

[2]　蔡麟笔:《儒家哲学与近代行政理论——从近代行政理论谈儒家哲学的价值》,见姜义华等编:《港台及海外学者论传统文化与现代化》,重庆出版社1998年版,第462~463页。

"中西体用"论发生作用的历史现场已经过去,但中西文化碰撞交融的场景并未消失,现代化建设的时代主题更远未终结,而体现于"中西体用"论中一个民族的思维方式也常常是代代相因,以至于近代探讨过的诸多问题,在后来的历史进程中常以不同的形式再现。百多年历史中的"变"与"不变",对"中西体用"论究竟产生怎样的影响?"中西体用"论是早已成为过眼烟云还是以各种变化的形式若隐若现?在全面建成小康社会,社会主义现代化建设即将迈入新阶段的今天,"中西体用"论是否仍然具有解释或规范的效能?它的局限性是什么,又如何超越?阐明这些问题,不仅有历史意义,也有现实意义。

一、"中西体用"论的概念解析与逻辑构建

"中西体用"论的概念解析和逻辑构建,旨在为阐释实际的历史行程、分析四种模式的利弊得失,打造概念工具、构建理论框架。

(一)"中西体用"论的四种模式

"中西体用"是中、西、体、用四个概念的集合。按通常的理解,"中西"指"中学""西学",即中国和西方的思想文化、理论学术,大概只有在中西文化交会的背景中才会产生这样的词汇;"体"和"用"是中国哲学特有的一对范畴,其源头,学者们看法不一。熊十力认为,体用概念创发于《易经》,[1]而以"道器"概

---

[1] "体用之义,创发于《变经》。晚周群儒及诸子,无不继承《大易》,深究体用。大概儒家未甚离孔子本旨。诸子百家著作当甚宏富,其于体用问题有无专论,今无从考。惟道家有老庄残篇可寻。"见熊十力:《体用论》,上海书店出版社2009年版,第5页。

念表达；方克立则认为，先秦诸子的典籍中已有体用观念的萌芽，但直到魏晋时期，体用才成为一对重要的哲学范畴。[1]综合考察体用概念，本书以下表12.1归纳其含义如下：

表12.1 体用的含义

含义分类	含义的语境归属	具体含义
本义	唯物论的体用	本体与功用（作用、用处）
		实体与属性（性质、数量、关系、状况等）
		共相（一般、普遍）与殊相（个别、特殊）
	唯心论的体用	本体与现象
		原则与应用
引申义	日常意义的体用	主辅（本末）

在体用的六种含义中，前五种为其本义，后一种为其引申义。二者的区别至关重要，混淆"体用"的本义与引申义是导致诸多无谓争论、不当评价和理论混乱的根源。

在"中西体用"论的四种治理模式中，①"中体中用"即指中国古代门户封闭条件下的体用皆为自产的治理思想和治理模式，这一说法实际上未见被使用过，只是出于治理模式的逻辑组合完整性的考虑，本书将其列举于此；②"中体西用"即以中国传统的思想文化及其制度表现为主导原则，以西方的器物文明为辅助应用的治理模式，这是中国近代史上的一个著名口号，迄今余音不绝；③"西体中用"即以西方的思想文化、价值观念为主导原则，以中

---

[1] 方克立等著、谢青松编：《马魂 中体 西用：当代中国文化的理论自觉》，人民出版社2019年版，第6页、22页。

国传统文化为辅助应用,其实际意义较为有限,因为"体"已西化,"用"何足虑;④"西体西用"即通常所说的全盘西化,意为不论科技、制度、思想文化均无保留地借鉴、采用西方模式。

"中西体用"论的四种模式,形成于特定的历史时期,关联着特定的历史事件,有当时特定的含义。它们同时又已积淀为某种相对固定的思维方式或文化态度,因而可以随着时代的发展变化作为形式框架不断添加新的内容。由此,"中西体用"论在中西文化碰撞的近现代中国史上影响绵延不绝,远超出清末民初那个特定的时代。

(二) 四种模式之利弊得失

四种模式中实际影响力最大者,集中于"中体西用"和"西体西用",尤其是"中体西用"模式更为根深蒂固且影响深远。何以如此?本书尝试提出如下指标,作为分析评判"中西体用"论四种模式利弊得失的标准:①基于理论与实践、逻辑与经验的二分,可提出两个指标:一是四模式在理论或逻辑上的自洽性,这主要体现为治理模式与"体用不二"原则的契合度;[1]二是实践或经验上的可行性,这主要体现为治理模式与折中主义或中庸之道的契合度。经验法则表明,调和、折中、妥协具有广泛的大众心理基础、符合传统社会的处世之道,往往意味着可行性的增强。然而,这里的可行性仍然是个单薄的概念,仅是比较简单的理论设想。②进一步考虑"可行性"指标的复杂性,根据主体的不同作如下细化:对民众而言四模式的可行性,即民众的心理接受度,此为第三个指标;对国家(政府)而言四模式的可行性,即国家(政府)的采纳度或对政府行为的影响力,此为第四个指标。在可行性指标上区分民众与国家

---

[1] 鉴于在体用的"主辅"义上不存在自洽性问题,这里"体用不二"原则仅对体用之本义有意义。

（政府）主体，意义在于，二者地位、处境不同，会有不同的考量理由和行为选择：民众心理总体上趋向于滞后、保守，如蒋廷黻所言"无论在那一国，群众是守旧的。创造是少数人的事业"[1]，因此民众容易选择传统的"中体"模式；政府虽然会受到民众的影响甚至从理论上认同"民为邦本"，但在危机情势下，政府往往不得不直面现实，一般倾向于选择更为明智、进取的治理模式。在以上四个指标之下，四种治理模式的利弊长短和胜出情况如下表12.2所示。

表12.2 四种治理模式利弊得失分析

治理模式\评价标准	自洽性	可行性	接受度（民众）	影响力（政府）	胜出次数
中体中用	√		√		2
中体西用		√	√	√	3
西体中用		√			1
西体西用	√			√	2

综合上表，可大致得出关于四种治理模式的如下结论：

（1）"中体中用"模式因符合"体用不二"原则，在逻辑或理论的自洽性上占优；因民众总体上趋向于传统和保守，在民众接受度上占优；因封闭、守旧，在现代社会已不具备实践上的可行性；因保守、封闭、落后，对国家治理模式的选择影响甚微。

（2）"中体西用"模式因符合折中、妥协、调和的原则，特别是在中国文化传统语境下符合中庸之道，而具有实践上的可行性；因民众总体上趋向于传统和保守，在可接受性上占优；因在保守的基础上兼顾中西、不乏开放的态度，在国家治理方面的影响力巨大；

---

[1] 蒋廷黻：《中国近代史》，中华书局2016年版，第130页。

在本体—功能、原则—应用的意义上,"中体西用"模式违背"体用不二"原则,不具备逻辑或理论上的自洽性(在体用的"主辅"意义上,并无此弊)。

(3)"西体中用"模式因符合折中、妥协、调和的原则,具有一定的可行性;因在本体—功能、原则—应用的意义上,违背"体用不二"原则,不具备逻辑或理论上的自洽性;因民众总体上趋向于传统和保守而缺乏可接受性;因背离"中体"而在国家治理模式选择上竞争力较弱。

(4)"西体西用"模式因符合"体用不二"原则,在逻辑或理论的自洽性上占优;因积极、开放、进取,对国家治理模式的选择有影响力;因极端、激进、简单化,在实践上的可行性阻力巨大;因民众总体上趋向于传统和保守而缺乏可接受性。

上述四种治理模式在四项指标中胜出的次数依次为:二次、三次、一次、二次,这与如下历史事实相印证:近代中国的治道和理念之争主要发生在"中体西用"和"西体西用"之间,而顽固派的"中体中用"也是早期洋务派的重要阻碍力量和竞争对手,"西体中用"只在一项指标上有一定优势,又受到在中国本位立场的挤压,其存在空间十分有限。实践上的曲折沉浮,总是可以在理论逻辑上找到隐秘的根源,上述四种模式在理论逻辑上的利弊得失,可用以解释其在实际历史行程中的利钝成败。

(三)两个"正反合"关系

四种治理模式中,"中体中用"和"中体西用"在根本立场上具有一致性,而区分是相对的,故可统归为"中体论"或称"中本论"阵营;"西体中用"和"西体西用"在根本立场上具有一致性,而区分是相对的,故可统归为"西体论"或称"西化论"阵营。

四种治理模式在"中西体用"框架内是逻辑周延的,但不能保证穷尽了全部治理模式。为超越这一局限,须超越"中西体用"框架,笔者提出学无中西、体用不二及主辅有别的原则主张(详论见本章第五部分),可算作"中本论""西化论"之后的第三大阵营。

完整、合理的理论框架是历史发展的深层逻辑和透视历史的概念工具。因为"历史的变化,在这里和在许多别的地方一样,是合乎逻辑的;而逻辑,可以帮助我们舍去遮挡视线的偶然因素,直扑历史迷宫的中心殿堂"。[1]就此来说,仅仅区分三大阵营、四种模式是不够的,还须在其内部构建更深层的联系。按照黑格尔逻辑学,在三大阵营(中本论—西化论—学无中西体用不二)之间存在一个正—反—合的关系;在四种治理模式之间,经如下处理:聚焦于中国现代化进程开启以后的近现代,剔除表征中国古代治理模式的"中体中用",并拉开西体中用与西体西用的距离,可得三种治理模式之间的正—反—合的关系:中体西用—西体中用—西体西用(全盘西化)。这一正反合关系式步步递进,与近代中国的实际历史行程存在大体清晰的对应关系,因而具有更明显的讨论意义。

四种模式之外,尚有其他治理模式理论,如:①"会通以求超胜论";②"西学中源说";③"中西各有体用论";④"中西互补论""中西调和论""不中不西,即中即西论";⑤"中国本位文化论";⑥"中西互为体用论";⑦"中外为体,中外为用论";

---

[1] 庞朴:《稂莠集——中国文化与哲学论集》,上海人民出版社1988年版,第5~6页。

⑧"综合创造论";⑨"马魂中体西用"论。[1]这些理论模式,或是三阵营、四模式中某个类型的变形,或是从属于它们而被吸收,或有明显的缺陷而讨论的意义不大,或论题超出本书范围,本书的讨论将集中于两个正反合关系式所涉及的治理模式。

二、"中西体用"论:作为历史的深层逻辑

中国的现代化进程始于风云激荡的清末民初。在这一特定时期,中西方文化碰撞、交锋、冲突、整合,都表现得鲜明、充分而有典

---

[1] ①"会通以求超胜"论,参见《明史·徐光启传》。②"西学中源说",参见刘岳云:《格物中法》(1870年),王仁俊:《格致古微》(1896年),见任继愈主编、林文照卷主编:《中国科学技术典籍通汇-六》(综合卷),河南教育出版社1995年版,第789页以下;全汉昇《清末的"西学源出中国说"》(1935年),载《岭南学报》第4卷第2期。③"中西各有体用论",参见严复:《与〈外交报〉主人书》,见胡伟希选注:《论世变之亟——严复集》,辽宁人民出版社1994年版,第169页。④"中西互补论"("中西调和论""不中不西,即中即西论"),参见梁启超:《莅广东同乡茶话会演说辞》,见汤志钧、汤仁泽《梁启超全集》(第十五集),中国人民大学出版社2018年版,第43~44页;梁启超:《欧游心影录》,见汤志钧、汤仁泽:《梁启超全集》(第十集),中国人民大学出版社2018年版,第83~85页;梁启超:《清代学术概论》,见汤志钧、汤仁泽编:《梁启超全集》(第十集),中国人民大学出版社2018年版,第287~288页。⑤"中国本位文化论",参见王新命等:《中国本位的文化建设宣言》,见罗荣渠主编:《从"西化"到现代化——五四以来有关中国的文化趋向和发展道路论争文选》,北京大学出版社1990年版,第391~395页。⑥"中西互为体用论",参见傅伟勋:《从西方哲学到禅佛教》,生活·读书·新知三联书店1989年版,第429~430页、471~475页。⑦"中外为体,中外为用"论,参见周策纵:《周策纵文集》(上册),商务印书馆(香港)有限公司2010年版,第359~373页。⑧"综合创造论",参见张岱年、程宜山:《中国文化与文化论争》,中国人民大学出版社1990年版,第十二章。⑨"马魂中体西用"论,参见方克立等著、谢青松编:《马魂 中体 西用:当代中国文化的理论自觉》,人民出版社2019年版;方克立等著、谢青松编:《马魂 中体 西用:中国文化发展的现实道路》,人民出版社2015年版。

第十二章　近代中国的国家治理现代化探索

型意义，因而形成的两种文化交会的风口和锋面，具有重要的研究标本意义。以下按三种治理模式"正反合"的顺序，展现作为历史的深层逻辑的"中西体用"论。

（一）撬开封闭帝国一角的中体西用

与世界上其他主要文明体基本上是在多点、开放的状态下发展不同，古代中国是在相对封闭、孤立、统一的状态下自我演变和发展的。之所以如此，最显而易见的原因是西阻高山、东绝大海的地理环境；但自然条件并非决定性因素，殷海光将其归因于中国文化意识，并以"价值之幕"描画其封闭与坚固："中国文化意识是崇古，拒变，轻外而又自足。""价值观念可以布成一个幕。我把由此而构成的幕叫作价值之幕（value curtain）……中国人是长期被封闭在这个自足的'价值之幕'里。"[1]

中体西用是撬开封闭帝国一角、探寻现代化的第一个反应。"体用"的分化乃脱危求变之法。中体西用是"中学为体，西学为用"的简称，其最早出现于1896年沈寿康在《万国公报》上发表的《匡时策》："夫中西学问，本自互有得失，为华人计，宜以中学为体，西学为用。"1898年张之洞在《劝学篇》中集中阐发了中体西用理论，提出"新旧兼学。四书、五经、中国史事、政书、地图为旧学；西政、西艺、西史为新学。旧学为体，新学为用，不使偏废。"[2] 梁启超在同年所拟《京师大学堂章程》中也有中体西用之说："中国学人之大蔽，治中学者则绝口不言西学，治西学者亦绝口不言中学。此两学所以终不能合，徒互相诟病，若水火不相入也。夫中学，体

---

[1] 殷海光：《中国文化的展望》，商务印书馆2011年版，第413页、429～430页。

[2] 张之洞：《劝学篇》，华夏出版社2002年版，第94页。

也，西学，用也，二者相需，缺一不可。"〔1〕实际上中体西用论是整个19世纪后半期中国各派知识分子普遍赞同或受其影响的观点。梁启超深明这一点，并将首倡之功归于张之洞，"其流行语，则有所谓'中学为体西学为用'者；张之洞最乐道之，而举国以为至言"〔2〕。

中体西用在实践层面对应着晚清洋务运动。从时间上看，中体西用论的正式提出已届戊戌年，是洋务运动退出历史舞台三年之后的事。这说明中体西用论是对洋务运动为代表的现代化努力的事后总结和概括。但是，应把一种理论的系统化、成熟化与它的思想、观念区分开。作为中体西用论的先声，魏源在1842年写就的《海国图志》中便提出"师夷之长技以制夷"；冯桂芬在1861年撰写的《校邠庐抗议》中提出"以中国之伦常名教为原本，辅以诸国富强之术"〔3〕。虽然冯桂芬的观点与早期洋务派同中有异，但以之为中体西用思想的早期体现，并无不妥。也就是说，中体西用论的思想观念对历史的实际影响要远超前于这一理论的系统总结。陈旭麓的结论即是："'中体西用'主张是经早期改良派阐发而成为洋务运动的指导思想的。"〔4〕

中体西用论作为洋务运动的深层逻辑，其利顿成败可从洋务运动的沉浮得到体现和印证。洋务派否定了顽固派视西方坚船利炮为"奇技淫巧"的观念，致力于技艺器物层面的富国强兵之术，建树颇丰。以洋务派代表人物之一李鸿章为例，中国近代早期的四大军工

---

〔1〕 梁启超：《筹议京师大学堂章程》，见汤志钧、汤仁泽编：《梁启超全集》（第一集），中国人民大学出版社2018年版，第452页。

〔2〕 梁启超：《清代学术概论》，见汤志钧、汤仁泽编：《梁启超全集》（第十集），中国人民大学出版社2018年版，第287页。

〔3〕 冯桂芬：《校邠庐抗议》，上海书店出版社2002年版，第57页。

〔4〕 陈旭麓：《陈旭麓文集·近代史思辨录》（上），上海教育出版社2018年版，第265页。

企业中,他一人就创办了三个,一如其所言:"练兵以制器为先。"但它终于没有抵挡住甲午战争的"坚甲利兵"。这意味着真正的较量不仅在兵器技艺上,一定有其他方面的软肋,导致了洋务运动的失败。政教法度,越来越成为这个软肋的焦点。练兵制器固然不错,但倘若没有制度,即一套现代的管理机制的支撑,先进的机器也可能成为废铜烂铁。从理论层面说,中体西用打破了"中体中用"的自我封闭状态,在保持"中体"的前提下,开放了学习西方的门径,其态度、观念兼顾稳妥和积极,其以体用调和中西,体现了妥协、折中的精神,也适合于当时的社会需要。但中体西用论在缺少限定条件下的调和、折中、妥协,极有可能违背"体用不二"原则,造成不应有的思维分裂和逻辑混乱,特别是它把"体"定位于传统思想文化或"祖宗之法",而"用"定位于现代化的技艺器物时。对此,一方面我们应看到这种分裂和混乱是危急的历史境遇的逼迫使然,实在不能单从思维逻辑上解释;另一方面也可预见中体西用论在实践上注定行之不远。梁启超在评价李鸿章时说:"知有洋务,而不知有国务","知有朝廷而不知有国民……殊不知今日世界之竞争,不在国家而在国民。"[1]这种评价其实也是对"中体西用"论的评价。"国务""国民"之说无不指向制度变革、观念更新,归根到底是国家治理体系和治理能力的现代化。

(二)犹抱琵琶半遮面的西体中用

从字面意义上说,"西体中用"是对"中体西用"的反叛。作为理论主张的"西体中用"并没有像"中体西用"那样大的影响,甚至提出这一主张的要求和动力都不足。直到20世纪30年代熊梦

---

[1] 梁启超:《中国四十年来大事记》,见汤志钧、汤仁泽编:《梁启超全集》(第二集),中国人民大学出版社2018年版,第414页、419页。

飞才明确概括"西学为体,中学为用"的四大原则:①全盘的汲取西洋文化之根本精神,②局部的汲取西洋文化之枝叶装饰,③运用西洋文化根本精神,调整中国固有之优美文化,剔除中国固有之毒性文化,④中西文化动向一致之条件下,保留中国民族特征,加以中国民族创化,成为一种新文化。[1]

理论模式与历史事件的对应关系是复杂甚至是隐晦的,因而也常有争议。如果说"中体西用"论与洋务运动的对应关系是基本明确的,那么"西体中用"论对应的历史事件是什么则不甚明了。一种意见认为,戊戌变法、辛亥革命背后的思想基础都是"西体中用"。因为,变法与改制已经突破了只注重技艺器物层面改革的"中体西用"的限制,是在发展经济之外考求西法,寻求政治变革。差别仅在政改的目标有异,成败有别。另一种意见认为,戊戌变法是"中体西用"的表现。变法是出于克服洋务运动的缺陷,从制度改革入手实现富国强兵的初衷。"曾李的洋务运动只知道'坚甲利兵'和'声光化电'的重要,完全是技艺的模仿。康梁的维新运动在于变法自强,不过是政治的抄袭。这都可说是'中学为体西学为用'的见解。"[2]

这种意见分歧恐怕有两个原因:第一,历史实际是复杂的、综合的,简单贴一个理论标签往往并不适用。致力于维新变法的改良派内部未必整齐划一地持有同样的理论主张,较为一致的观点是,从洋务运动分化出的一些早期改良派如王韬、马建忠、薛福成、郑

---

[1] 熊梦飞:《谈"中国本位文化建设"之闲天》,见罗荣渠主编:《从"西化"到现代化——五四以来有关中国的文化趋向和发展道路论争文选》,北京大学出版社1990年版,第516页。

[2] 王新命、何炳松等:《中国本位的文化建设宣言》,见罗荣渠主编:《从"西化"到现代化——五四以来有关中国的文化趋向和发展道路论争文选》,北京大学出版社1990年版,第392页。

观应等是中体西用论者[1]；第二，改良派的主力人物康有为、梁启超，公开倡导的主要是"中西调和论""中西互补论"这样一些"不中不西即中即西"的主张，特别注重从中国古籍中发掘出有利于改革的思想资源，如"公羊三世"说，《诗经》中的"周虽旧邦，其命维新"，《周易》中"穷则变、变则通、通则久"等思想，这给人的印象是"从公车上书到戊戌变法期间，梁启超并没有对中国人的文化特质有什么怀疑"[2]。在辛亥革命中孙中山主"三民主义"也是中西合璧之作，诚如金耀基的中肯评价："中山先生是极能平衡看中西文化的，他对中国传统政治、社会伦理精神方面予以真切之肯定，他且以中国的道统自任，此表示他重视中国之'认同'。另外，则我们可说他之主张革命，他之'三民主义'主要皆导源于西方之刺激。"[3]变法改制过程中重视利用中国本土资源，这种折中、混合的做法，模糊了人们的视线，以至于看不清楚"西体"的本质。

笔者认为，改制变法的推动者、参与者本身属于中体西用论者，不足为怪，概念边界的模糊足以让他们在认同、接受变法改制的同时并不危害他们自我定义的"中体"；但中西调和互补掩饰不了变法改制的"西体"本质。即便在戊戌变法期间康梁等人对中西文化持论较为中立，因其变法的核心内容及思想文化基础都是取自西方，所谓"托古改制"等中国传统文化资源的运用是辅助性的，只要视"制度"及相应的"价值观念"为"体"，将其纳入"西体中用"的实践并无不妥。之所以鲜见"西体中用"的概括，大概是由于传统思想顽固而强大，在这样的环境里西体中用显然是"政治不正确"

---

[1] 张岱年、程宜山：《中国文化精神》，北京大学出版社2015年版，第249~250页。

[2] 秦晖：《传统十论》，复旦大学出版社2008年版，第231页。

[3] 金耀基：《从传统到现代》，法律出版社2017年版，第197页。

的主张。名不正则言不顺,也行不通。在"名教"传统深厚的中国文化传统里,非为危急的历史境遇所迫,是走不到这一步的。戊戌变法与辛亥革命,"二者同为对当前政治要求一种全部彻底之改革。惟前者尚容许清王室之存在。"[1]本书更愿意将改良派的中西调和互补之论视为策略,而除旧布新的"变法""改制"实质上是西体中用的实践。

二十世纪八九十年代,李泽厚先后撰写《漫说"西体中用"》(1987年)和《再说"西体中用"》(1995年)二文,赋予"西体中用"以新的含义。李泽厚以马克思主义唯物史观为指导,首先明确了"体"的含义:"我用的'体'一词与别人不同,它包括了物质生产和精神生产,我一再强调社会存在是社会本体。把'体'说成是社会存在,这就不只包括了意识形态,不只是'学'。社会存在是社会生产方式和日常生活。这是从唯物史观来看的真正的本体,是人存在的本身。在这个变化中,科学技术扮演了非常重要的角色,科学技术是社会本体存在的基石。"[2]同时李泽厚又说:"如果承认根本的'体'是社会存在、生产方式、现实生活……那么,生长在这个'体'上的自我意识或'本体意识'(或'心理本体')的理论形态,即产生、维系、推动这个'体'的存在的'学',它就应该为'主',为'本',为'体'。这当然是近代的'西学',而非传统的'中学'。所以,在这个意义上,又仍然可说是'西学为体,中学为用'。"[3]在这里,李泽厚把社会存在层面的生产方式、科学技

---

[1] 钱穆:《国史大纲》(下册),商务印书馆2010年版,第900页。

[2] 李泽厚:《中国现代思想史论》,生活·读书·新知三联书店2008年版,第355页。

[3] 李泽厚:《中国现代思想史论》,生活·读书·新知三联书店2008年版,第359~360页。

术和社会意识层面的"学",都视为"体",与其设定的唯物史观前提似有违逆。李泽厚的"西体中用"实质是以现代化为体而使之为中国所用。既是现代化为体,为何要称之为"西体"呢?李泽厚的回答是:因为西方在现代化的道路上是领先一步的,"为什么要害怕'西化'这个词汇呢?"[1] 但如果考虑到"西化"一词在传统观念主导的社会里的敏感性,我们同样可以说:为什么一定要执着于这个徒生变革阻力的词汇呢?其本质不过是现代化。

(三)矫枉过正的西体西用

当中体西用模式不足以解开中国近代的困局,西体中用论在自洽性、可行性、接受度和影响力四方面都乏善可陈(如前述),更彻底、激进的西体西用(全盘西化)便有了用武之地。戊戌变法时期的谭嗣同,五四运动时期的陈独秀可说是"全盘西化"的著名代表,二十世纪三十年代陈序经在理论上对全盘西化作了集中阐述。相对于中体西用,全盘西化的主张更容易受到批判,如欲成立也需要更强的理由支持。陈序经提出了"全盘西化"的三个理由:①"欧洲近代文化的确比我们进步得多";②"西洋的现代文化,无论我们喜欢不喜欢,它是现世的趋势"[2];(3)"文化的各方面有了连带与密切的关系而分不开的理论,纵使文化的各部分是可以分得开的,全盘西化论,仍可成立"[3]。其中前两个理由较为浅白,也不独是支持"全盘西化"的理由(完全可用来支持"西体中用"),第三个

---

[1] 李泽厚:《中国现代思想史论》,生活·读书·新知三联书店2008年版,第371页。

[2] 陈序经:《中国文化的出路》,中国人民大学出版社2004年版,第102~103页。

[3] 陈序经:《从西化问题的讨论里求得一个共同信仰》,见罗荣渠主编:《从"西化"到现代化——五四以来有关中国的文化趋向和发展道路论争文选》,北京大学出版社1990年版,第453页。

理由则仍然值得重视。

在主张西化的阵营中，胡适为全盘西化提供了一种被称为"文化惰性论"的论证，迄今仍值得认真对待，即"文化自有一种'惰性'，全盘西化的结果自然会有一种折中的倾向……全盘接受了，旧文化的'惰性'自然会使他成为一个折中调和的中国本位新文化……古人说：'取法乎上，仅得其中；取法乎中，风斯下矣。'这是最可玩味的真理。我们不妨拼命走极端，文化的惰性自然会把我们拖向折中调和上去的。"[1] 文化惰性论是从知与行的差异性的角度，或者说是从实践效果的角度，对全盘西化合理性的论证，可称之为"取上得中原理"。这一原理其实质是借用一条基本的经验法则：矫枉必须过正，不过正不能矫枉，因此也可称之为"矫枉过正原理"。矫枉过正原理和文化不可分原理一起构成了对全盘西化说的有力辩护。需注意的是，矫枉过正原理可能被用来证成了两个相反的结论：以实践效果的标准和理由支持全盘西化；以理论说辞本身不现实为标准和理由否定全盘西化。这里实际上是采取了"双标"，其深层关联的哲学思辨是：知行合一与知行有别两个命题究竟孰是孰非、如何评判取舍。

与中体西用、西体中用有所不同，全盘西化除了在实质内容上区别于其他治理模式，似乎格外强调在实现方式、手段上的特性。就内容方面说，全盘西化论主张全面否定中国传统文化和传统政治，全面学习和接受西方的器物文明、思想文化和政治制度；就形式方面说，全盘西化强调以激进甚至暴烈的手段革旧布新、采纳西方的制度和思想，如同李泽厚所言：如果说"西体中用"与"中体西用"的主

---

[1] 胡适：《编辑后记》（1935年），见《胡适文集-11》，北京大学出版社1998年版，第671页。

要分歧在于前者要求政治改革而后者反对，那么"西体中用"与"全盘西化"的主要分歧则在于前者主张慢慢来而后者反对。[1]

内容上的"全盘"，形式上的"激进"，都是全盘西化论饱受批评和攻击的所在。从另一方面说，全盘西化论意味着本国传统、本土经验失去合理的存在空间，更为一般论者所不容。近代以来其说倡导有力，遭遇的拒斥和抵抗同样有力。在缺少分析方法、长于直觉思维、中庸之道盛行的文化传统中，"全盘西化"论仅在字面上透露的偏激、绝对和极端就会面临口诛笔伐，因而是难以被广泛接受的。全盘西化论是在中体西用之类的主张屡屡受挫、救国保种的危急形势逼迫下产生，也在民众的非理性的"集体无意识"中被反感和拒斥。

与全盘西化主张相对应的历史实践集中体现在五四新文化运动。经历了洋务运动、戊戌变法的失败和辛亥革命后的复辟，五四前后知识界和政治家们越来越认识到传统思想文化才是制约现代化的根本所在。对待传统文化的保守主义和对待外来文化的功利主义，"一方面能够救中国急之所急，同时也留下了难以消除的文化后遗症"。[2]这似乎也是特定历史境遇下实难避免的局面。

三、"中西体用"论的效能

"中西体用"论的效能，既体现在它作为有特定历史内容的治理

---

[1] 李泽厚：《中国现代思想史论》，生活·读书·新知三联书店2008年版，第384页。

[2] 王人博：《寻求富强——中国近代的思想范式》，商务印书馆2020年版，第452页。

模式,可对近代中国的国家治理现代化的历史行程作出清晰的解释;也体现为它作为一种文化态度、思维方式和思想范式,在后来的现代化进程中持续产生影响。

(一) 跨界的中西之"学"

理论层面的中体西用—西体中用—西体西用,实践层面的洋务运动—戊戌变法、辛亥革命—五四新文化运动,对应着国家治理的三个层面:技艺器物—政教法度—思想文化,学者们也称之为"外层""中层""内层","大体而言,历史事态,要不出此三者之外"[1]。凡此三者,由表及里、层层深化、相互渗透。

从概念的用法看,"中西体用"论中的中西之"学"是广义的,也是模糊的概念。它不限于字面上的思想学术或思想文化之义,而是可以容纳技艺器物、政教法度的概念,如"中体西用"之"西(学)"专指西方的器物文明,实际上已突破了"学"的范畴。这种模糊概念的使用,大概有两方面的理由,①狭义的"学"固然有其独立的内容(如文学、历史、哲学),但更多的是技艺器物之学或政教法度之学,"中学""西学"所及内容实际上已经深入到"技""政"的领地。张之洞曾云:"世运之明晦,人才之盛衰,其表在政,其里在学。"[2]可见"学"与"技""政"并非相互独立,而是

---

[1] 类似于此的三个层面的划分,在近代以来一般学人中是一个比较普遍的现象,只是称呼略有出入:"夷变之议,始于言技,继以言政,益之以言教"(见曾廉《瓮庵集》卷十三《上杜先生书》),下层(社会经济)、中层(学术思想)、上层(政治制度)(见钱穆:《国史大纲》(上册),商务印书馆2010年版,"引论"第9页),外层、中层、内层(见殷海光:《中国文化的展望》,商务印书馆2011年版,第432页),"物质层""制度层""思想及行为层"(张玉法:《中国现代化的动向》,见姜义华等编:《港台及海外学者论传统文化与现代化》,重庆出版社1998年版,第347页)。余英时则有文化变迁四层次说,即物质、制度、风俗习惯、思想与价值(余英时:《中国思想传统的现代诠释》,江苏人民出版社2003年版,第32页)。

[2] 张之洞:《劝学篇》,华夏出版社2002年版,第2页。

第十二章　近代中国的国家治理现代化探索

互为表里。只有采用广义的"学"才能容纳"学"的跨界特点。②广义的"学"近于文化概念，这种几乎无所不包的宽泛概念，非常适合中国人长于综合性、直觉性思维的特点和要求。广义的文化包含制度、器物和观念文化，任何变革只有贯通这三个层面，才有可能真正实现；狭义的文化仅指观念文化，此种意义的文化与制度是相互依存、相互影响而不能互相代替的。文化的广义狭义并存，尤其容易发生以狭义文化偷换广义文化，进而以文化之名虚饰、褫夺制度变革的倾向，这是应当注意的问题。回避制度的"文化"易沦为无益的清谈，最终损害文化的建设。

跨界的"学"使"中学"与"西学"的争论内部变得复杂。关注和争论的焦点有时在"技"，有时在"政"，有时在"教"。以历史的实情来看，"中体西用"重在"言技"，以洋务运动为代表；"西体中用"重在"言政"，以戊戌变法和辛亥革命为代表；"西体西用"重在"言教"，以五四新文化运动为代表。而所有这些又常常是混合在同一个概念里。例如，梁启超就承认技艺器物的革新也属于"变法"："今之言变法者，其荦荦大端，必曰练兵也，开矿也，通商也。"[1]"技""政""教"涵盖了国家治理的全部领域，在实践中任何治理现代化的探索或改革尝试，都只是在三个领域之间重心不断转换挪移、循环往复。

实际的历史行程是中西之间、技政教之间两个循环的复合体。当中体西用被西体中用或西体西用取代的时候，改换的不仅是中西之学的体用地位，而且也以政治制度或思想文化替代了技艺器物。晚清一代未曾拘泥地理解和使用概念，其概念未必精确，却有灵活

---

[1] 梁启超：《变法通义·论变法不知本原之害》，见汤志钧、汤仁泽编：《梁启超全集》（第一集），中国人民大学出版社2018年版，第29页。

的解释空间，在满足实践需要方面颇有可取之处。这也从一个侧面说明缺少分析性的中式思维并非一无是处。技艺器物—政教法度—思想文化的层层递进的发展轨迹，只是大体描画了近代中国的国家治理现代化探索的实际步骤，强调的仅是重心所在。单从思想上说，洋务派也是积极主张"西政""西艺"[1]都要学习借鉴；改良派和革命党更不是不知道"技艺器物"的重要。在这一分析过程中，不宜把技艺器物、政教法度和思想文化理解为"历史事态"的三个领域，而是三个深度不同的层次。领域之分夸大了三者的独立性而忽视了三者的内在联系。

（二）模糊域择机重划："体用"划界的妙用

"体用"的划界不是一成不变的，已如前述。体用划界的变化，为治理技艺的提高提供空间和可能，而这种变化的根由，一是制度领域本来就存在体用的模糊地带，二是不同的哲学立场会导致体用的地位颠倒。

首先，制度作为一个大词存在体用定位的模糊空间。（广义的）法律作为制度的总称，既包含政治的、意识形态性的内容，主要体现在公法领域，尤其是关于国家权力安排的宪法行政法部分；也包含非政治性的、技术性的内容，主要体现在私法领域，以民商法最为典型。在作为指导原则的思想文化、制度普遍被视为"体"的情况下，制度中的技术性内容便可能成为"出体入用"的模糊域。所谓"法者，天下之公器也；变者，天下之公理也"[2]。借助模糊域体

---

[1] 张之洞："学校、地理、度支、赋税、武备、律例、劝工、通商，西政也。算、绘、矿、医、声、光、化、电，西艺也。"见张之洞：《劝学篇》，华夏出版社2002年版，第94页。

[2] 梁启超：《变法通义·论不变法之害》，见汤志钧、汤仁泽编《梁启超全集》（第一集），中国人民大学出版社2018年版，第28页。

第十二章 近代中国的国家治理现代化探索

用划界的游移,中体西用派张之洞就区分了"伦纪"与"法制"等,称"不可变者,伦纪也,非法制也;圣道也,非器械也;心术也,非工艺也"。并引曾巩说:"法者,所以适变也,不可尽同;道者,所以立本也,不可不一。"[1]在张之洞的划分中,"法制"因其模糊性被划归到"用"的范畴。实际上,清末以降,伴随着中华法系的衰落,大陆法系已成为现代中国法律的学习和借鉴的模板,总体而言"西法"已在一定程度上融入当代中国人的生活,以至于人们对此习焉不察了。在法律制度中的模糊域,变体为用,学习借鉴,私法领域改革开放以来可谓突飞猛进,2021年1月1日施行的《中华人民共和国民法典》堪称这一进展的最新的集大成之作。

其次,基于不同的哲学立场,"体用"的位置可以发生转换。站在唯心论立场上,内层之"学"(思想文化)为体,外层之技艺器物为用;站在唯物论立场上,外层之技艺器物为体,因其代表社会存在层面的生产力,内层之"学"(思想文化)为用。中间层之"政教法度"则体用兼备。值得注意的是,在社会历史领域,社会存在与社会意识总是相互渗透、相互贯通的,马克思的辩证唯物主义和历史唯物主义正是在这一点上超越了唯理论与唯物论的僵硬对立。具体到国家治理问题上,无论就治理的主体还是客体而言,都是由不同程度的思想"武装"或理论支配的产物,作为思想文化的"学"是渗透于"社会存在"中的,因而在某种意义上便有了社会本体的意义;同时作为社会存在的技艺器物本身就是作为人的理性的最高表现形式科学技术的产物。简言之,人的实践性存在为体用地位的转换提供了合理性的说明,因为实践作为"主观见之于客观的活动",其中主体与客体、内层与外层的紧密联系和频繁互动是最

---

[1] 张之洞:《劝学篇》,华夏出版社2002年版,第109页、111页。

重要的性质。

"体用"划界的游移，会产生不同的治理效果，这既可能是客观形势使然，也可能是治理者主动追求的结果。近代中国史上体用的游移变化，当属客观形势所致。在当代中国改革进程中，关于市场经济的定性、定位，堪称主动调控体用划界的典范。按照传统社会主义理论，市场经济是资本主义独有的经济体制，社会主义则以计划经济为根本标志。我国从1978年开始经济体制改革，先后提出了"计划经济为主，市场调节为辅"（1982年十二大）、"有计划的商品经济"（1984年十二届三中全会）、"计划与市场内在统一的体制""国家调节市场，市场引导企业"（1987年十三大）等对我国基本经济体制进行定性、定位的概括，到1990年初，假如继续沿用这样的概括，将无法满足改革发展的需要。正式提出并确认市场经济在我国的基本经济制度地位迫在眉睫。邓小平作为中国改革开放的总设计师在1992年南方谈话中指出："计划多一点还是市场多一点，不是社会主义与资本主义的本质区别。计划经济不等于社会主义，资本主义也有计划；市场经济不等于资本主义，社会主义也有市场。计划和市场都是经济手段。社会主义的本质，是解放生产力，发展生产力，消灭剥削，消灭两极分化，最终达到共同富裕。"[1]这一论断在改革开放的关键时刻起到了巨大的思想解放作用，随后召开的中共十四大将"社会主义市场经济体制"确立为我国基本经济制度。在这一思想变革中，原来作为"本质特征"的计划和市场都被看作经济手段，实际上是"出体入用"，这体现了因应改革发展需要、择机灵活处理"体用"关系的政治智慧，极大地推动了改革开放的进程。这种政治智慧，集中体现在深刻理解和把握"制度"变革中的

---

〔1〕 邓小平：《邓小平文选》（第3卷），人民出版社1993年版，第373页。

第十二章　近代中国的国家治理现代化探索

"体用"模糊域,当器物技艺层面的变革积累到一定程度,政治家应当抓住机遇,及时"化体为用",在制度层面推动深层次改革、化解深层次矛盾,在量变的基础上促进改革迈上新台阶。反之,当改革积累不足时,应暂缓激进的改革举措,不搞"大跃进",不盲动冒险,而应在原定的体用范围内,夯实基础,为深层次、高水平改革准备条件。可以把这一政治智慧称为"模糊域体用择机重划原理"。在实践上,这种重划多半体现为"用"的扩张和"体"的收缩。体用划界的调控可以为社会改革或转型提供灵活的空间,也体现了特定条件下政治家、思想家对改革的尺度、分寸的把握和拿捏,是展现治理能力和治理技艺的一个重要环节和工具。

体用划界的灵活运用,无论是形势使然,还是领袖人物有意追求,都推动了实际的历史进程,最终也都汇入不以任何个人意志为转移的历史长河。"中西体用"论的四种治理模式的尝试也不例外,正如金耀基的评论:"张之洞之主张师西方之技或西方之用,但结果中国之'体'亦渐次被突破。"[1]

(三)"变革"的内容与形式:改良、改革与革命的关系

中体西用、西体中用、西体西用的争论,既是现代化变革中的争论,就必然涉及保守与改良、改革、革命的含义及其关系。这些概念在历史上曾被赋予多重不同含义,彼此之间的界分经常是不清晰甚至混淆的。为尽可能清晰地使用这些概念,从规范的层面界定、区分这些概念是有意义的。本书从变革内容(含目标)、变革层次(深度)、变革的形式(方式、手段、策略)三个方面,对比三个概念的异同,列表12.3如下。

---

[1] 金耀基:《从传统到现代》,法律出版社2017年版,第202页。

表 12.3 改良、改革、革命概念的比较

对比项	内容（含目标）	层次（深度）	形式（方式、手段、策略）
改良/改革	制度变革	政教法度	保守、和缓、渐变、妥协、折中
革命	制度变革	思想价值	激进、暴力、急进、决裂、极端

第一，改良与改革是时常混用的近义词，晚清多称"改良"或"变法"，当代称"改革"，用词上的差异是习惯所致，二者本质上都是以渐进、温和的方式推动制度变革。

第二，从变革的内容（含目标）上说，改良/改革、革命具有本质上的一致性，都是制度的彻底除旧布新，但在细节上可能存在差异。以晚清而言，①改良派主张君主立宪，革命派主张民主共和；②改良派主张采用和平手段，革命派则认为暴力不可避免；③改良派容满，拒绝外力干涉，革命派排满，争取列强的同情和支持。当然，这些差异相对于变革内容、目标而言，是非本质性的。

第三，在实现的方式、手段、策略上，改良/改革与革命存在原则性区分。所谓方式、手段、策略性区别，即保守还是激进、和缓还是暴力、渐变还是急进、妥协还是决裂、折中还是极端的区别。改良/改革主张前者，革命采用后者。这种区别虽然是方式、手段性的，但也是极其重要的，因为它事关终极目标能否实现。

第四，从变革的层次或深度上说，改良/改革与革命存在重要区别。改良/改革的重心在变法改制，而革命则深入到思想价值观念的层次。变革的层次或深度，似乎兼有内容和方式两方面的性质，政教法度和思想价值无疑是变革的内容，但这两项内容之间还有层次之分，而变革层次的深化，同时也意味着变革方式的变化。也就是说，激进与保守、急进与渐变，不但是一个标志变革速度的概念，

还跟变革的层次或深度有关。我们从来不说洋务运动是激进的,虽然洋务派最急于"鸟枪换炮";"激进"一词总是和五四运动(特别是它的反传统文化)挂钩,虽然文化的变革最需要时间和渐进。这说明,变革的层次或深度,也是决定改良/改革与革命区分的一个重要因素。思想文化上的变革大概比技艺器物、政教法度上的变革更"触及灵魂",故称"激进","文化"与"革命"搭配由此也顺理成章。

第五,有必要把改良/改革、革命与制度的自我发展、自我完善区分开。一种耳熟能详的观点认为,改革(或改良)是在现有框架内制度的自我完善,因而是部分的、局部的变革。这种观点低估了改革的艰巨性,是站不住脚的,理由有三个:①从概念策略上说,没有必要以改良/改革、革命等词语来表述制度的自我发展、自我完善。一种制度正常的自我更新、自我完善本是其题中应有之义,是一种常态的发展变化,冠之以"改良"或"改革"之名,是概念资源的浪费。②从实际效果上说,以"改革"之名表述制度的自我更新、自我完善,也是以制度的自我完善偷换了"改革"的概念,这可能导致真正的改革被规避。倘若既有制度存在难以克服的缺陷进而无以释放充分有效的自我完善空间,那么以发展偷换改革的结果就可能是作茧自缚,丧失真正的改革契机。③从系统论角度说,任何具体的、局部的、细节的改革,归根到底都牵动并依赖于整体性的改革,所谓"牵一发而动全身"。因此,把改良/改革理解为局部的、部分的变革是不能自圆其说的。

综上,不应让改良/改革与革命在形式、手段上的差异性,误导我们认为三者在变革的内容、目标也存在什么差异。这一点,在中国近代改良派的实践中看得很清楚:改良派所追求的君主立宪制显然不是旧制度的自我完善。我国改革开放的总设计师邓小平在改革之初即提出"改革是中国的第二次革命"的思想。[1]从变革的广度和深度上说,改革是一种革命。

四、"中西体用"论的局限性

"中西体用"论,由于时代条件和内容的变迁,作为思维方式在逻辑和实践上的缺陷以及欠缺分析性而具有明显的局限性。

(一) 中西之"学":时代条件与内容的变迁

"中西体用"论与中国近代史如影随形,既是当时应对危机的理论设想和实践尝试,也是分析、反思这段历史有力的概念框架,但其效能能否延续到当下乃至未来,则存有争议。以李泽厚为代表的乐观派认为,中体西用仍可用来解释当代中国,比如新儒家倡导的"内圣开出新外王"本质上并没有离开中体西用的思路。[2]但事实上,"中西体用"论在今天的理论效能已经大打折扣,理由在于如下几点。

首先,"中西体用"论凸显并成型于近代中西文化发生前所未有的碰撞、冲突、交融的历史环境,其效能在很大程度上依赖于中西文化能被泾渭分明地区分或存在鲜明冲突的"锋面"。在当今全球化时代,中西文化鲜明对垒、激烈交锋的情形已经被更多的相互交融、会通所取代。有人曾试图从我们的现实中剥离开源于西方的东西,结果发现,已经有太多源自西方的创造发明深深地嵌入到生活的方方面面,以至于未经考察都很难意识到它们是本土自有还是来自西

---

[1] 邓小平:《邓小平文选》(第3卷),人民出版社1993年版,第113页。
[2] 李泽厚:《中国现代思想史论》,生活·读书·新知三联书店2008年版,第376页。

第十二章　近代中国的国家治理现代化探索

方。不光是科技和社会生活领域如此，即便是人文学术领域，"我们现在使用的所有概念所有理论几乎全部都来自西方"。[1]反过来说也一样，中国几十年来的发展几乎成为世界的加工厂，西方国家对中国商品的依赖，也到了难舍难分的程度。世界已经深嵌为一体。以互联网为核心的信息技术的迅猛发展，极大地改变了传统的"空间"概念，人类广漠的家园已变成"地球村"，世界各国各地区的科学技术、思想文化互联互通、互依互存，中西交融互嵌、共同发展已经成为全球化时代的生活常态。当今社会已经极大地改变了"中西体用"论发挥效能所需的条件。

其次，时代的变迁使中西之"学"的内容发生深刻变化。晚清时代，所谓"西学"主要是指那个时代的西方科学技术，后来逐渐涵盖西方政治法律以及古希腊以来的哲学；所谓"中学"即传承两千年的以儒家学说为主体的"国学"。当然，如何理解和概括中国传统文化的核心内容，是存在争议的。有的学者认为是儒学一家独步天下，这与汉代以后"罢黜百家，独尊儒术"相一致，现代新儒家的熊十力即谓："前辈无有舍经而言学者，百家之说，必折中于经。后儒之论，必根据于经。经之为言，常道也。南皮谓中学为体者，其中学一词，即谓经学"[2]；有的学者认为"儒道互补"构成中国传统文化的主干；有的学者则认为，"就总体文化而言是儒道法三者互补的情况构成了过去两千年间、至少是在近代西学传入前的常态"。[3]无论按哪种观点，时至今日，除了在"积淀"为"社会文化心理结构"的意义上仍有一定遗存外，传统的"中学"早已从正式的学校教育、社会生活、政治实践等主要领域隐退。其实早在十

---

[1]　甘阳：《古今中西之争》，生活·读书·新知三联书店2006年版，第21页。
[2]　熊十力：《读经示要》，中国人民大学出版社2006年版，第4页。
[3]　秦晖：《传统十论》，复旦大学出版社2008年版，第183页、186页。

九世纪三十年代，钱穆在撰写《国史大纲》时即称："惜乎当时已届学绝道丧之际，根本就拿不出所谓'中学'来。"[1]转瞬之间又过去将近一百年，一波又一波的反传统浪潮，已经在相当程度上涤荡了传统文化在中国人心中的地位和影响。在事实意义上，"中学"已不复是儒道法等中国传统文化；在规范意义上，固守或复兴此一意义上的"中学"如同刻舟求剑，已经不合时宜或意义十分有限。

（二）体用二分：妥协与分裂的思维方式

"中体西用"论之巨大而持久的影响力，很大程度上源于它还是一种文化态度、思维方式、思想范式。百多年来，诸如"自由为体，民主为用"（严复）、"富强为体，宪制为用"（王人博）等体用分立之论不绝如缕。此种意义上的"中体西用"表现为一系列二元分离和对立，在张之洞那里就有明显的体现："中学为内学，西学为外学，中学治身心，西学应世事。"[2]体用分立也常常表现为"既要又要"的思维模式。自中国近代开启现代化进程以来，体现这种思维的口号、纲领、原则时有出现。周宪文在十九世纪四十年代曾批评这种思维方式："如果我们认为旧道德是好的，那就只好提倡复古，希望回复到'唐虞盛世'；如果我们认为新国家是好的，那只有拿出勇气来建立并接受新道德。我们一方面要建设现代的国家，另一方面要恢复古代的道德，这还不是中学为体西学为用的化身吗？"[3]

中体西用论是否构成一种妥协、分裂的思维方式，既要看在什么意义上理解"体用"概念，也要看针对什么对象而言。作为对象

---

[1] 钱穆：《国史大纲》（下册），商务印书馆2010年版，第900页。

[2] 张之洞：《劝学篇》，华夏出版社2002年版，第147页。

[3] 周宪文：《"中国传统思想"与"现代化"》，见罗荣渠主编：《从"西化"到现代化——五四以来有关中国的文化趋向和发展道路论争文选》，北京大学出版社1990年版，第336页。

的中西方思想文化或价值观念，内部有复杂的构成和多样的关系，一概而论难免大而无当、错漏百出。为此，前辈学者曾提出"文化单位"概念，来描画、说明文化之不可分的部分，张佛泉论述道："我们第一认为文化可以分成单位或 traits，其次便又以为采纳另一文化时须以单位为本，而这些单位是不容妥协的。你若采取了某一单位，你便须全盘采取它，而不容只采取它的一部分、一阶段，但采取了这一单位之后，却不见得必须采取其他任何单位。换言之，我以为同一单位不能妥协，但不同单位却有许多可以同时并存。所以我主张的，不是同一单位前后段的妥协，而是不同单位的调和；不是纵的折中论，而是横的并存论。"[1]由此，"文化单位"概念解决了文化构成成分的可分与不可分的问题。可分的文化成分属于不同的文化单位，彼此之间是可以融通组合的；不可分的文化成分构成了同一文化单位，彼此之间是不可拆分、不容妥协的。根据"文化单位"的概念，结合"体用"的两层含义，我们可以对"中体西用"论作更为精细的分析评价，如下表 12.4 所列。

表 12.4 "文化单位"视域下"中体西用"论成立条件分析

"体用"含义	同一"文化单位"	不同"文化单位"
本义：本体与功用，原则与应用	中体西用：矛盾、分裂	中体西用：可成立
引申义：主辅（本末）	中体西用：可成立	中体西用：可成立

从表 12.4 中可以看出，当且仅当针对同一"文化单位"而言、

---

[1] 张佛泉：《自由与权利：宪政的中国言说》，清华大学出版社 2010 年版，第 138 页。"文化单位"概念在另外两部著作中也有论及，参见张奚若：《张奚若文集》，清华大学出版社 1989 年版，第 241 页；吴景超：《第四种国家的出路——吴景超文集》，商务印书馆 2008 年版，第 141 页。

在体用本义的意义上使用,"中体西用"论才是一种分裂、矛盾的理论和思维方式;在其他三种情况下,即针对同一文化单位、在体用引申义的意义上,对不同文化单位、在体用的任何一种意义上,"中体西用"论都不但是可以成立的,而且可以成为主次分明地处理文化冲突问题的合理工具。"文化单位"的概念提示我们,"中西体用"论若要成为一种有效的理论工具,就必须化小思考单元,笼统地说"体用不二"或"体用二分"孰是孰非是无意义的;"体用不二"和"体用二分"在不同的条件下都可能是对的。①对同一文化单位、体用本义而言,"体用不二"是理所当然的原则,正如严复所论:"体用者,即一物而言之也。有牛之体,则有负重之用;有马之体,则有致远之用。未闻以牛为体,以马之用者也……中学有中学之体用,西学有西学之体用。分之则并立,合之则两亡。"[1]②对不同文化单位或同一文化单位但体用采引申义而言,文化的可分的部分之间,调和、折中、妥协不仅是可能的,而且是必要的。不能错置命题与其成立的条件。在严格的限定条件下,陷入妥协和分裂的思维状态的中体西用原则,在理论上不能成立,在实践上行不通;在限定条件以外,中体西用或西体中用原则的运用恰恰是开放、进取、借鉴、吸收的恰当形式,其含义只是分清主次,主辅有别,而不意味着思维上的折中、妥协或分裂。混淆不同条件下的"中体西用",可能导致对中体西用论的不恰当批评。

基于人作为"类"的存在,不同文化体总是差异性与共同性的统一。在中西方文化内部和中西文化之间,都既有可分的不同的"文化单位",也有不可分的相同的"文化单位"。需要强调的是,

---

[1] 胡伟希选注:《论世变之亟——严复集》,辽宁人民出版社1994年版,第169页。

"文化单位"概念不宜被理解为"文化领域"或"文化层次",而更近于"文化主题"。对同一文化单位而言,其器物、制度、价值三个层面是不可分的;对不同的文化单位而言,则意味着不同主题下的文化成分可以相互融通,共存共赢,如一些后发的现代化国家既实现了主要制度的现代化,又在某些领域保留了本国传统文化。就中国的现代化而言,京剧、书法、旗袍、围棋、象棋、方块字和中餐,这些传统文化一般来说与现代化的其他领域不存在什么冲突,完全可以并存。

当然,如何判断何为同一"文化单位",并非一件简单容易的事。在历史上曾有过简单地、孤立地对待"坚船利炮"这种器物文明的误判和误区,这个教训应当吸取。现在,关于同一主题的器物、制度、价值观念三层面大概已经没有人会误认为是风马牛不相及的三个事物了。但是组成文化体的各个部分的复杂性在于,它不是简单地要么是不可分的同一单位,要么是可分的不同单位,文化不同部分之间的关系的紧密程度多半是相对而言的,往往取决于我们如何理解不同文化成分、领域、主题之间的关系,因此需要具体地分析判断。

需要强调的是,在"中体西用"论的倡导者那里,"体用"的两层含义是未曾自觉区分的。因此,仅从概念或逻辑角度分析"中体西用"论是不够的,还需从历史实际出发去看待。"体""用"分离的出现,反映了中西文化交锋的剧烈和治理问题的复杂,也反映了现代化与传统矛盾的尖锐,非以体用分离的方法处理这些问题不足以找到出路。①从消极方面说,体用分离是一种妥协之策、无奈之举,"中体西用"论是一种可能走向分裂和自我矛盾的思维方式,其在历史上遭受的诸多挫败已经验证了这一点,正如余英时所说:"'中体西用'的观念曾在一个很长的时期内支配着一般中国人,尤其是知识分子的头脑。然而这种割裂文化整体性的想法,尽管曾经一度满足过我们的主观愿望,却不曾解决过近代中国的实际问题。清末洋务运动便是此一理论破产的证明。"[1]②从积极方面说,它也为制度变革和思想观念的现代化提供了一条缓和、渐进的路径。我们无法否认"中体西用"思维方式在特定历史条件下的作用。所谓特定历史条件,往往是原有的治理模式陷入困境,例如,长期闭关锁国或实行计划经济导致经济社会陷入困境,因而需要变革,但过度剧烈的转折又是当时社会条件、社会心理所难以承受,因此只能有所保留、有所创新,妥协、折中、调和的"中体西用"式思维便有了用武之地。至于这条路能否走得通、走到底,并不影响它作为权宜之计的实际作用。历史也从来不是一条道跑到黑。

(三)局限性的根源:分析性的欠缺

中国传统的思维方式及语言文字长于综合、弱于分析,"中西体用"论也不例外。分析方法的欠缺,表现在中、西、体、用四个概念都存在较大模糊空间,遑论把它们组合起来。

关于中西之"学",分析性欠缺的体现是:①"中学""西学",是来源意义上的还是目标意义上的?一般都理解成来源意义上的,即源于中国的思想学术为"中学",取自西方的思想学术为"西学";但在目标的意义上理解中西之"学"也自有道理:凡为我所用者不论来自何处皆为"中学"。历史上许多源自外来文化的内容经过吸收、消化已被视为"中学"的有机组成部分,这样的例子不胜枚举。周策纵即按这种方式理解:"张之洞等人所说的体或用,本是指

---

[1] 余英时:《五四文化精神的反思》,见王跃、高力克编:《五四:文化的阐释与评价——西方学者论五四》,山西人民出版社1989年版,第34页。

第十二章 近代中国的国家治理现代化探索

采纳后作为中国的体或用，不是指那事物或观念本身的体或用。"[1]问题在于，如果在目标意义上理解中西之"学"，则实际上无所谓中西之别了，也完全脱离了"中西体用"论的历史语境，从而无助于解决它所面对的问题。②"中学""西学"都是大词，每个词的内涵、外延都存在诸多不确定性。思想文化、价值观念，因不同的流派、时代、地域、阶层、职业的差异，皆有不同。在中国或西方"文化"所有的"能指"中究竟哪个是它的"所指"，会导致非常不同的判断。

关于"体""用"概念，分析性欠缺的体现是："体用"概念的本义和引申义混为一谈。这种混淆似乎也确有其因：一方面，本体与功用、实体与属性等本义之间，也存在某种主辅关系；另一方面，主辅关系不限于体用本义内部的、属于同一文化单位的本体与功用、实体与属性之间，而完全可能发生在不同的"文化单位"之间，这些文化的不同组成部分可能是非常不同的事物、理论或观点。方克立清晰地阐明了体用概念的两种含义："'中学为体，西学为用'之说，实际上不是讲一个事物的两方面，而是在两个相对独立的事物之间讲体用关系。那么，很明显，它们既不是本体（实体）及其作用、功能、属性的关系，也不是本体（本质）和现象的关系……他们所谓体用实际上是一种本末或主辅的关系……如果把体用训为本末、主辅的含义，不管这种理论（中体西用论）是否正确，它在逻辑上至少还是说得通的。"[2]在本体—功用的意义上，"体用不二"

---

[1] 周策纵：《周策纵文集》（上册），商务印书馆（香港）有限公司2010年版，第364页。

[2] 方克立等著、谢青松编：《马魂 中体 西用：当代中国文化的理论自觉》，人民出版社2019年版，第14页。

"体用一源""体用合一"无疑是唯一正解,体用的折中调和则于理不通,实际上也不可行;在主辅、本末的意义上,"体用不二"则不是恰当的命题,体用的折中、调和、妥协才是脱危解困的事物发展之理,体用分立方能彰显轻重缓急有别的筹划。

关于"中西体用"论的四种模式,分析性的欠缺还体现在:对作为具有特定历史内容的"中西体用"与作为思维方式的"中西体用"缺少自觉的区分。正是作为思维方式的"中西体用"论才能不再囿于固定的历史内容,而随着时代的变迁不断赋予新的含义,中、西、体、用的具体内容才一直是处在变化发展中,因而也才适应了历史发展,有长久的解释力。

分析性欠缺可以说"中西体用"论的总缺陷,由此带来的混乱比比皆是。例如,由于"学"既可能是来源意义上的也可能是目的意义上的,改良派的所作所为究竟是中体西用还是西体中用,始终存在模糊认识,除了早期改良派多为中体西用论者,后来的改良派是否就是西体中用,也鲜有肯定的说法。因为如果以"采纳之后作为中国的体或用"来说,即使改良派采纳了西方的政法制度,那也是"中体",从而在西方以外就不会存在"西体"了。不仅中体西用和西体中用容易分不清楚,有时它们与西体西用(全盘西化)也容易混淆。因为,假如把西体西用理解为"充分"或"尽量"西化,那么"赞成或趋于全盘西化的人,固可以主张'尽量'西化,喜谈或趋于复古的人也可以主张'尽量'西化。"[1]忽视分析方法的运用,就把许多概念搅成了难分彼此的一锅粥。

---

[1] 陈序经:《全盘西化的辩护》,见罗荣渠主编:《从"西化"到现代化——五四以来有关中国的文化趋向和发展道路论争文选》,北京大学出版社1990年版,第550页。

五、现代诠释学视域下"中西体用"论的超越

任何理论都是有局限的,"中西体用"论也不例外。但倘若像中体西用与西体中用甚至西体西用这样基本的概念都容易混淆不清,则可能令人怀疑这套理论模式或概念框架起码的合理性。20世纪以后欧陆发展起来的现象学—诠释学[1],扬弃了固定、僵化的客体概念,理解和解释成为存在之本体,为打破中、西、体、用的固定含义和僵化理解提供了可能,进而为超越"中西体用"框架的局限提供了新思路。

(一)中西—古今问题:还原的限度与突破

中西之争始终与古今之辨始终交织在一起,以至于中西、古今问题相互还原的观点不绝如缕。其根由恐怕至少有以下三点:①无论是把中西问题还原为古今问题,还是把古今问题还原为中西问题,都有在认识上化繁为简的功能,也都有一定的启发意义;②在客观上,中、西、古、今本不是判然有别的事物,而是异中有同,所谓"古今事大抵相似,中外理其实皆同"(霍存福语),因此中西—古今的还原思维是存在某种合理性的;③中西、古今是看待包括治理模式在内的中西文化差异的两种视角,而它们所看的对象是同一的,这为还原论的思维方式提供了基础。中体西用论等文化保守主义倾

---

[1] 本书的"现象学—诠释学",即传统或古典诠释学相对的现代诠释学。《劳特利奇哲学史》以"现象学的诠释学"与"传统诠释学"对称,与本书的"现象学—诠释学"同义。两种诠释学的本质区别在于,"现象学—诠释学"实现了诠释学从认识论、方法论到本体论的转变。参见[爱尔兰]理查德·柯内尔主编:《20世纪大陆哲学》,鲍建竹、李婉莉、成官泯等译,中国人民大学出版社2017年版,第314页。

向于把古今问题还原为中西问题,主张文化多元论,把中西文化理解为平行轨道上的共存体,此种立场有助于维护民族文化的自信,却可能夸大国情等特殊理由而产生掩饰落后现实、拒斥现代化的后果。"我们必须反对那种借中西之异来抵抗古今之变的原教旨主义。人类教化的本质就是舍弃特殊性和同化陌生性,从而达到普遍性。正如我们到外间世界去游历而最后返回自己家园一样,陌生而不熟悉的世界不仅是新家,而且也是我们自己真实的家。"[1]西体西用论等文化激进主义倾向于把中西问题还原为古今问题,背后是文化趋同论,把中西文化理解为同一轨道上先后不同的发展阶段,由此有助于保持对落后现状的清醒认识,却可能不恰当地处理传统文化、本土资源等国情因素在现代化进程中的作用,造成对现代化的简单化、直线化、封闭化理解,最终也会阻碍现代化的实现。这种观点实际上是把一种文明体落后的原因归结为"风水轮流转",把发展的先后迟速视为一种偶然事件,而最终不同文明体的发展将殊途同归。如此简单地把中西问题还原为古今问题,无助于检讨发展中的问题,反倒容易导致不负责任的态度。文化保守主义有深厚的本土思想土壤,文化激进主义也有深刻的理论理据。特别是由于近代以后中国总体上落后于西方,把中西之别还原为古今之变的文化激进主义更成为推动进步的一种力量。实际上,在中国的现代化进程中,中西问题和古今问题是同时存在的,二者的关系也是复杂的。在某些问题上二者并列平行,中西各有古今问题,而古今也各有中西之分,因而不宜相互还原;在另一些问题上二者交叉重叠,因而可以作还原论的解释,比如在科学技术的发展上,与先进经验相比,落后一

---

[1] 洪汉鼎:《诠释学的中国化:一种普遍性的经典诠释学构想》,载《中国社会科学》2020年第1期,第33页。

第十二章　近代中国的国家治理现代化探索

方的差距同时也是"古今"问题。因此，中西问题与古今问题上的"还原"是有条件的，不能简单地以古今问题代替中西问题，也不能以中西问题掩饰古今问题。

现象学的诠释学，以胡塞尔、海德格尔的现象学为背景，由伽达默尔发展为一种"理解"的本体论。它解构了传统的"客观性"概念，从根本上动摇了传统哲学以"主客二分"为前提预设的"静观"式的认识论，以现象学—存在论基础阐发了"理解""解释"的本体论地位。这一哲学上的深度变革发生在本体论层面，因而其影响极为深刻而广泛。有研究者认为，"伽达默尔思想根本可概括成'理解他者'的努力，即使伽达默尔自己未直接论及'跨文化理解的问题'"。[1]毋庸置疑，身处传统社会、远离现象学—诠释学土壤的中国学者和政治家对中、西、古、今这些概念的理解方式，也是从属于传统哲学的，即中西古今概念作为表征现实世界的某个方面或局部事实的概念，都是外在的、静态的、现成的、给定的客观性概念，因而其含义倾向于凝固而僵化。现象学—诠释学认为，不存在这样彼此外在的主体和客体。海德格尔在《存在与时间》中已经阐明，主体与世界的关系首先不是在"认识"或"知识"的水平上建立的。在对它有任何明确认识之前，人类主体（此在）已经在世界之中。[2]这对本书的主题意味着，我们"总是已经"处于中西文化碰撞交融的活生生的现实世界里，文化碰撞交融的过程不是一个静态凝视或对峙的认识过程，而是一个融合、改进、创生的存在过程。因此中西、古今文化始终处于相互融合、创生的关系中，这种源自

---

[1] 张鼎国：《诠释与实践》，商务印书馆2016年版，第328页。
[2] 参见［爱尔兰］理查德·柯内尔主编：《20世纪大陆哲学》，鲍建竹、李婉莉、成官泯等译，中国人民大学出版社2017年版，第319页。

现象学—诠释学的观点比"还原论"更有合理性和说服力的理论框架。

现象学—诠释学的"视域融合"的观点,对灵活、变化、发展地理解中西、古今概念提供了很好的说明。利科指出,"视域融合是一个辨证概念,它产生于对两种选择的抵制:一种是客观主义,他者的对象化通过忽略自我而实现;另一种是绝对知识,通过它,普遍历史能够在单一视域中被描述出来。我们既非存在于封闭的视域中,也非存在于唯一的视域中。没有哪个视域是封闭的,因为将自己置于另一个观点和另一种文化中是可能的……视域也不是唯一的,因为他者和自我之间的张力是无法超越的。"[1]伽达默尔则指明"视域融合"的必然性:"理解一种传统无疑需要一种历史视域。但这并不是说,我们是靠着把自身置入一种历史处境中而获得这种视域的。情况正相反,我们为了能这样把自身置入一种处境里,我们总是必须已经具有一种视域。"[2]在现代诠释学观点下,特定历史条件下形成的文化,从逻辑上说并非专属于中国或西方,文化是在不断的解释中被创生着的活的东西。为此需要跳出特定的历史情境,站在长时段历史的高度,将各文明体、各民族文化的发展理解为一个相互碰撞冲突、交流融合、此消彼长、各领风骚的历史过程。在这一过程中,领先和落后都是暂时的、历史的常态现象。中西方文化在历史上都不乏与外来文化交融发展的实例。秦汉以后,中国文化先后在一定程度上同化、融合了印度佛教文化、西方基督教文化和伊斯兰教文化,所谓传统文化有多少是本国自古以来所固有,实在不易

---

[1] 参见[法]保罗·利科:《诠释学与人文科学:语言、行为、解释文集》,中国人民大学出版社2012年版,第35页。

[2] [德]伽达默尔:《诠释学Ⅰ:真理与方法》,洪汉鼎译,商务印书馆2010年版,第431页。

第十二章　近代中国的国家治理现代化探索

说得清楚。"视域融合"下的中西方文化，呈现为交融、流动、变化、创造的气象，追本溯源，"人类此在的历史运动在于：它不具有任何绝对的立足点限制，因而它也从不会具有一种真正封闭的视域。视域其实就是我们活动于其中并与我们一起活动的东西。"[1]

实际上，前辈学者的许多论述包含着与现象学—诠释学暗合的思想。如熊梦飞说，即便是皇宫的琉璃瓦，其"制法始于埃及、传于西亚，再传于回教国，再由回教徒传给中国，也并非'国粹'……西洋各国，文字是埃及腓尼基亚人创造的，宗教是希伯来人创造的，阳历是埃及发明的，计数字是阿拉伯人发明的，罗盘针、火药、印刷、造纸，是西洋启蒙时代的四样法宝，可全为中国人之发明。"[2]"西洋各国并不以采用中国之指南针为中国化，吾国采用西洋之火车轮船亦并非西化。"[3]"文化是变化的，我们祖宗曾经结绳以纪事，我们用了文字，已是变化，我们若一定要保存祖宗的创业，吾们何不再结绳以纪事？"[4]不同文化之间的交流、冲突、融合可以说伴随文化发展始终，什么算本土、固有的文化呢？实际上它一直在变动中，或者说在交融、创造中生生不息。过往的历史表明，中华民族自古就不乏海纳百川的胸襟和气度，现在也仍然需要发扬这样的精神，以开放的态度拥抱世界，追寻国家治理的现代化。这些暗合于现象学—诠释学的论述本身就说明中、今、中、外的某种一致性，只是

---

[1] [德] 伽达默尔：《诠释学Ⅰ：真理与方法》，洪汉鼎译，商务印书馆2010年版，第430页。

[2] 参见熊梦飞：《谈"中国本位文化建设"之闲天》，见罗荣渠主编：《从"西化"到现代化——五四以来有关中国的文化趋向和发展道路论争文选》，北京大学出版社1990年版，第514~515页。

[3] 卢于道：《科学的文化建设》，见罗荣渠主编：《从"西化"到现代化——五四以来有关中国的文化趋向和发展道路论争文选》，北京大学出版社1990年版，第481页。

[4] 陈序经：《中国文化的出路》，中国人民大学出版社2004年版，第108页。

当时现象学、诠释学也正处于发展过程中，尚未传入中国成为一般学人的理论武器。

（二）古今问题的价值化：传统与现代化

中西古今之争不是单纯的事实判断，而是深受价值立场的影响。如果说中西之争由于充斥意识形态因素而难有定论，那么古今之变则以传统与现代为标签而成为一种强大的"政治正确"的思想范式。从传统到现代化的演变不仅是历史的必然，而且"传统"代表落后、过时、陈腐，"现代"意味着先进、时尚、鲜活，总之"现代"比"传统"进步、优越。这种近代以来渐成主流的观点也被称为"进化论"，受到过一些学者的批评。在本书看来，简单化、直线式的"进化论"固不足取的，但将古今之变价值化为传统与现代的关系是有积极意义的。现代化以及作为其特定形式的全球化乃是当今世界发展的主潮、主流和主干。

现代化既是古今之变的表征，必然关联到如何理解和处理传统的大问题。通常人们把传统等同于过去已经定型的东西，因而是绝对、静止的东西。现象学—诠释学的"时间距离"和"效果历史"概念，为我们转变这一"过去"的、静止的传统观提供了可能。一般认为，传统由于与现在的"时间距离"，或成为现实发展的积极、有益的本土资源，或变成阻碍现实发展的历史负担。现象学—诠释学则对"时间距离"提出了积极的看法："后来的理解相对于原来的作品具有一种基本的优越性，因而可以说成是一种更好理解——这完全不是由于后来的意识把自身置于与原作者同样的位置上所造成的，而是相反，它描述了解释者和原作者之间的一种不可消除的差异，而这种差异是由他们之间的历史距离所造成的……文本的意义超越它的作者，这并不只是暂时的，而是永远如此的。因此，理解

第十二章 近代中国的国家治理现代化探索

就不只是一种复制的行为,而始终是一种创造性的行为。"[1]"时间距离并不是某种必须被克服的东西……重要的问题在于把时间距离看成是理解的一种积极的创造性的可能性。"[2]从这些现象学—诠释学观点可以看出,把传统当作目标、归宿、指南和把它当作落后、陈腐的负担,同样是不恰当的,其背后都是历史客观主义在作祟。现代诠释学超越了这种非此即彼的思考方式。正是传统与现代的"时间距离",使二者之间构成一种理解的循环和视域融合,新的创造和筹划才能由此产生。

"效果历史"概念,更为深刻地表明了"理解"的历史性、有限性。历史传统既是理解的前提,也是理解的产物,人并不是站在历史之外客观、中立地观察历史、对待传统。任何历史都是被理解的历史,或者说相对于理解而言的"效果历史"。[3]与现代诠释学的基本立场相一致,效果历史也是伽达默尔对"历史客观主义"的回应。"效果历史意识具有对传统的开放性。"[4]据此,真正有效的传统,是被理解了的传统,正如加达默尔所说:"真正的历史对象根本就不是对象,而是自己和他者的统一体,或一种关系,在这种关系中同时存在着历史的实在以及历史理解的实在。"[5]一种文化传统的理解、解释之所以可能,正因为传统的创造者、解释者和倾听者都

---

[1] [德] 伽达默尔:《诠释学Ⅰ:真理与方法》,洪汉鼎译,商务印书馆2010年版,第419页。

[2] [德] 伽达默尔:《诠释学Ⅰ:真理与方法》,洪汉鼎译,商务印书馆2010年版,第421页。

[3] 赵敦华:《现代西方哲学新编》(第2版),北京大学出版社2001年版,第287页。

[4] [德] 伽达默尔:《诠释学Ⅰ:真理与方法》,洪汉鼎译,商务印书馆2010年版,第510页。

[5] [德] 伽达默尔:《诠释学Ⅰ:真理与方法》,洪汉鼎译,商务印书馆2010年版,第424页。

处在效果历史之中。它们各自的局限不是理解的障碍，反而是理解的必要条件。因为历史性同时是界域的开放性，对传统的解释就是在解释者与被解释者之间不断打破各自的界域而实现视域融合。因此，对传统的解释本身是一个开放的、创造的过程。海德格尔在《存在与时间》认为，理解是"此在"在把握过去、应付现在的基础上对未来的筹划。"在传统属于我们之前，我们已经属于传统；解释过去意味着理解现在和把握未来。"[1]

在现代诠释学视野下，传统不是躺在那里静止的死的过去，而是活动的、变化的、创造的概念。因此，面对"传统"，我们所能做的不是简单的"复兴""弘扬""再现"，而是理解、诠释、创造、筹划，如同伽达默尔所说："一切人类生命由之生存的以及以传统形式而存在于那里的过去视域，总是已经处于运动之中……当我们的历史意识置身于各种历史视域中，这并不意味着走进了一个与我们自身世界毫无关系的异己世界，而是说这些视域共同地形成了一个自内而运动的大视域，这个大视域超出了现在的界限而包容着我们自我意识的历史深度。"[2]传统是历史的视域与当下我们的视域融合的结果。

现代化不但要处理好纵向的"传统"问题，也要处理好横向的"开放"问题。现代化本身就是一个全球化、科技化的运动，本质上要求警惕和反对一切与之不协调的闭关自守主义。马克思主义哲学家艾思奇指出，思想上的闭关自守主义的表现形式就是"国情论"："国情论的思想，也在屡次被历史事实所粉碎之后，而仍能在新的面

---

[1] 赵敦华：《现代西方哲学新编》（第2版），北京大学出版社2001年版，第285页、289~290页。

[2] [德]伽达默尔：《诠释学Ⅰ：真理与方法》，洪汉鼎译，商务印书馆2010年版，第430~431页。

貌之下借尸还魂。在镇压了太平天国运动以后，它就以'中学为体，西学为用'的面貌出现……马克思主义者所反对的，只是思想上的闭关自守主义，只是借'把握特殊性'为名来拒绝科学的规律，拒绝中国社会的科学的合理研究，也就是拒绝进步思想的学习应用。"[1]这里对"国情论"的批评，仅仅是在把它当作闭关自守的借口意义上进行的。国情是一个事实，怎样对待和运用国情才会产生差异和分歧。在现代诠释学看来，国情非但不是闭关自守的理由，反而是塑造我们当下视域的最重要资源，只有在与异己文化的沟通、交流中才能实现视域融合。

"现代化"一方面与"传统"相连，另一方面与"西化"相关。中西古今之争常以现代化与西化的争论表现出来。"现代化"与"西化"的辨析遂成为我们现代化进程中值得讨论的话题。一方面，对近代中国来说，西化往往代表着现代化；另一方面，现代化与西化又是有区别的。"'现代化'与'西化'的同时出现是一'历史的偶合'。'西方型模'在历史的意义上说是'西方的'，但在社会学的意义上说则是'全球性'的……'现代化'不必等于'西化'。"[2]区分现代化与西化的意义在于，充分认识到"不存在定于一尊的现代化模式，也不存在防止四海而皆准的现代化标准"[3]。追求现代化而警觉西化始终是民意的主流，与这一主流保持一致是一种必要而明智的概念策略。

（三）学无中西，体用不二，主辅有别

走出"中西体用"论的困境，需要解放思想，打破束缚。学无

---

[1] 艾思奇：《论中国特殊性及其他》，大众书局1946年版，第60页、第66~68页。

[2] 金耀基：《从传统到现代》，法律出版社2017年版，第184页。

[3] 方军：《理论是问题之树盛开的花朵——〈中国社会科学〉2021年重点选题构想》，载《中国社会科学》2021年版第1期，第7页。

中西、体用不二、主辅有别，可作为处理现代化进程中处理中西思想文化关系的基本原则，一如蔡麟笔所言："其实，学无分乎东西，凡是具有崇高价值的真知识都是'学'，'学'的范畴甚广，而且愈分愈细，未可笼统地以一字概括之。为'体'为'用'，亦视其价值与环境的需要而定，中西之学，断难有泾渭判然的分野，从人类的历史来研讨，各种迥然不同的文化，一经接触，即相互揉合影响。"[1]

学无中西，从表面上看是与中学、西学判然有别的事实相矛盾的。这一方面是未经"分析"的结果，中西之学从来源上说确实有别，但就功能和目的而言并无固定的所属，能为我所用者即为"中学"；就内容、性质而言，更没有固定不变的"中学""西学"之分。另一方面也是缺少现代诠释学方法所致。按照诠释学，中西之"学"都不是纯客观的、已固定的东西，而是处在一定的历史传统的发展中，"真正的历史思考必须同时想到它自己的历史性。只有这样，它才不会去追逐某个历史对象的幽灵，而是学会在对象中认出自身的他在性并因而认识自己和他者。"[2]诠释学不把中西文化在过去的经验事实上的差异视为绝对的、固定的、不相容的类型。毋宁说它们的差异可以理解为是由于某种偶然性而产生的，而文化总是在发展中交流、在交流中发展，来源不同的文化完全可以互容互通。"重要的问题在于把时间距离看成是理解的一种积极的创造性的可能性。"[3]诠释学的眼光就是不仅看到过去已经发生的、固定的事实

---

[1] 蔡麟笔：《儒家哲学与近代行政理论——从近代行政理论谈儒家哲学的价值》，见姜义华等编：《港台及海外学者论传统文化与现代化》，重庆出版社1998年版，第463页。

[2] [德]伽达默尔：《诠释学Ⅰ：真理与方法》，洪汉鼎译，商务印书馆2010年版，第424页。

[3] [德]伽达默尔：《诠释学Ⅰ：真理与方法》，洪汉鼎译，商务印书馆2010年版，第421页。

第十二章 近代中国的国家治理现代化探索

性,更看到尚未发生、有待未来创造的可能性。

在诠释学进入中国以前,知识界对中西文化的类型或关系,就有不同观点的争论。梁漱溟的观点较有代表性。一方面,梁漱溟认为中国、印度、西方三种文化分别代表三种不同的发展"路向",各自有不同的价值观念和伦理哲学,而否认东西文化属于人类文化发展不同阶段。因此,中国人无论走多远也走不到西方人可达到的地点,这就从根本上否定了西化论的理论根据。[1]按照梁漱溟的观点,中西文化是不同的,而且在根本上是不相容的,也就是从根源处中西文化就是两种不同的类型,是两条不能相交的平行线。与梁同时代的熊梦飞则提出不同的观点:"世界人类文化之进展,固然因历史背景,自然环境,而有其各地方各民族的特殊色彩,然就大体观察,实有一般的必然的法则支配着……人类文化在一般的法则下进展,有的快,有的慢,有的裹足不前,有的进一步退两步,所以同一时间,甚至同一时空,具备各种形形色色的生活……中西文化在历史上原非根本异趣,自衣食住行诸日常生活,以致政教学术,都大同小异……中西文化,由时间而生异态,更由时代的前进,而趋于'大同小异'[2]。"比较梁熊二位先生的观点,我认为后者较为合理。因为梁漱溟的观点由于夸大了不同文化类型的区别,以至于与他自己的"穿行说"(西、印、中三种文化依次成为世界文化的主流)不相协调;而熊梦飞的观点比较能与诠释学的观点相融合。三星堆考古发掘,给中华民族原初历史带来的巨大想象力,似乎也在打破

---

[1] 罗荣渠:《现代化新论——世界与中国的现代化进程》(增订本),商务印书馆2009年版,第372~373页。

[2] 熊梦飞:《谈"中国本位文化建设"之闲天》,见罗荣渠主编:《从"西化"到现代化——五四以来有关中国的文化趋向和发展道路论争文选》,北京大学出版社1990年版,第512~513页。

着许多过去画地为牢的僵化、固定观念。

"体用不二"的思想在中国哲学中发源于《易经》,现代新儒家熊十力"以体用不二立宗"[1],他在《体用论·赘语》中说:"宇宙实体,简称体。实体变动遂成宇宙万象,是为实体之功用,简称用……实体变动而成功用,只有就功用上领会实体之性质……实体是功用的自身故……汝若离开功用而别求实体的性质,将无所得。"[2]这里的体用兼有本体、现象和本体、功用的含义。"体用"概念虽为中国古代哲学所发明,但"体用不二"作为哲学原理,非中国哲学所独有。以翻译黑格尔著称的哲学家贺麟在德国古典哲学基础上阐发了他的体用观。他首先区分了常识意义上的体用与哲学意义上的体用,常识意义上的体用即前文所讲的"主辅"之义。然后专门阐述了绝对的柏拉图式的体用观和相对的亚里士多德式的体用观。前者所谓体用即形上本体与形下现象;后者在本体、现象之间增加了若干层级,以事物表现本体之多寡、距离本体之远近作标准,判定其体用。[3]采用这样的体用概念,必然认同"体用不二"的思想,"凡用必包含其体,凡体必包含其用,无用即无体,无体即无用。没有无用之体,亦没有无体之用……所以无论事实上,理论上,体用都是不可分离的。"[4]以此为基础,贺麟批评了"中体西用"和重"用"轻"体"的态度,也不赞成全盘西化,而提出"化西","所谓'化西',即是自动地自觉地吸收融化,超越扬弃西洋现在已有的文化。但须知这种'化西'的工作,是建筑在深刻彻底了解西洋各

---

[1] 熊十力:《体用论》,上海书店出版社2009年版,第6页、27页。
[2] 熊十力:《体用论》,上海书店出版社2009年版,第5~6页。
[3] 贺麟:《哲学与哲学史文集》,商务印书馆1990年版,第344~345页。
[4] 贺麟:《哲学与哲学史文集》,商务印书馆1990年版,第349~350页。

第十二章　近代中国的国家治理现代化探索

文化部门的整套的体用之全上面。"[1]从熊、贺二位先生的"体用论"可推知，体用的本义即本体及其功用或实体及其属性、本质及其现象，在此意义上，"体用不二"是当然之理。但体用的引申义，即主辅、本末、主次，则并不要求"体用不二"的原则，而是依循主辅有别原则。熊十力说，"今日文化上最大问题，即在中西之辨"，"中西学术，合之两美，离则两伤"。[2]体用的本义和引申义，都可推助中西学术的交融会通。体用不二，意味着在学习借鉴同一"文化单位"时，不可孤立片面、顾此失彼、生硬嫁接；主辅有别，意味着在吸收补充非属同一"文化单位"的外来文化时，完全可以兼收并蓄，并根据需要给予轻重缓急的安排。

"中西体用"论是在中西文化碰撞交融的历史条件下对国家治理现代化的上下求索。不难想象，对所有现代化后发型国家，如何处理本国传统与外来文化之间的关系都是伴随始终的问题，"中西体用"论的四种模式完全可以进一步抽象化为处理一国本土文化与外来文化关系的四种原则、模式，在此意义上中西体用之辨具有长久的启发借鉴意义。而突破其局限，倡导和采纳学无中西、体用不二、主辅有别的原则，为中西交融会通敞开了空间，也是国家治理现代化探索的"大通之道"。

---

[1]　贺麟：《文化的体与用》，见罗荣渠主编：《从"西化"到现代化——五四以来有关中国的文化趋向和发展道路论争文选》，北京大学出版社1990年版，第665页。
[2]　熊十力：《十力语要》，上海书店出版社2007年版，第303页；熊十力：《十力语要初续》，上海书店出版社2007年版，第53页。

后　记

这部书稿以我主持的国家社科基金项目"法治哲学探源"（10BFX009）的结项成果为主体，但实际构成亦有一些"出入"。一是结项成果中有一些在今天看来并没有完全搞清楚且尚需较大精力才能"整明白"的问题，在成书时舍弃了，比如关于法律原则的研究。二是对当下中国法治进程的概括，由于它仍处在进行时，学术观察的必要间距尚未拉开，因此也将原已部分写就的文字撤除。三是结项成果中有些内容在结项后获得以论文形式发表的机会，因而挂靠了其他有一定关联的在研项目，这对部分成果的归属造成一定限制，我尽可能根据实际内容确定其归属，确有冲突的，以作适当修改的方式变通处理。四是立项前、结项后发表的内容上可归属于本项研究且无其他项目挂靠的少量成果，经适当修改，纳入本书。以上情况综合起来使书稿较之结项稿有一定篇幅的减少。

这项研究涉及法学、哲学中的诸多基础性难题,因此研究过程不仅困难重重,而且进展缓慢。除了研究主题本身的艰难外,还应坦白,由于对法治充满理想主义的期待,当现实的法治进程陷于曲折或不尽如人意的处境时,我对这一课题的热情和投入曾几度陷入冷却。这一选题的灵感或原初的问题意识,来自中西方哲学的"天人合一""主客二分"两个根本命题的分野。原本希望借此解释说明中西方法治大为不同的内在逻辑以及与此相一致的历史境遇,但就完成情况看,这一宏愿实难做到一以贯之,书稿中很多章节已经游离于这一初衷。至此我愈发体会到写好一部专著是何其不易。以我的浅见,专著之不同于文集,正在于它有严谨的内在逻辑,是经由"环节的必然性"而达成的"全体的自由性"。这个黑格尔式的理想太高难了。不是所有环节都能打通,也实难做到每个章节下的功夫都一样。时间、精力、能力均有所限。

理想做不到,退而求其次,希望组成书稿的主要部分能达到相当于核心期刊论文的水平。在研究写作过程中,书稿的一些内容曾投稿期刊作为论文发表。这本身也是对研究的促进和检验,至少可保证发表过的部分是实实在在研究过的。发表的具体情况是:导论"研究方法论"部分曾以《逻辑学方法与法理学研究》为题发表于《法学研究》2012年第4期;第一章主要内容曾以同名论文发表于《法学研究》2012年第6期,其改进版以《两种法治概念:再论法治的概念策略》为题发表于《中国法理》第1辑;第四章主要内容是发表于《法学研究》2010年第2期的《道德、法律、守法义务之间的系统性理论——自然法学说与法律实证主义关系透视》一文;第五章主要内容曾以《法律规范的逻辑结构新论》为题发表于《法制与社会发展》2007年第1期；第六章、七章核心内容是发表于《中国社会科学》2018年第9期的《基本法律概念的构建与诠释——以权利与权力的关系为重心》一文，纳入本书时做了结构调整和文字增补；第八章主要内容曾以《法律与道德：社会公平正义的标准及其实现方式》为题发表于《北京联合大学学报（哲学社会科学版）》2014年第3期；第十章主要内容来自《辽宁公安司法管理干部学院学报》2013年第1期的《"能动司法"之反思》一文。在此，对发表上述成果的期刊和编辑深表感谢！由于期刊发表时的字数限制较严，因此成书时增补居多，较之发表版可能各有长短，提供一个有差别的版本是本次成书的主要考量。当然，也对发表时的个别缺陷错漏进行了调整和修改，总体上是优化了先前的成果。

这一研究经历了数年，人事难料，原本的课题组成员进进出出，变化不小。好在后来有刘建刚、冯雷、赵睿男三位博士生参与其中，刘建刚承担了第九章、十一章的写作，冯雷搜集、整理了第三章部分内容的资料和初稿。全书由本人统稿改定。在此对课题组成员的辛苦劳动表示衷心感谢！

书稿修改的中途，我从辽宁大学调到暨南大学工作。感谢这两位东家。在辽大我得以开始从事自己喜爱的法理学并以之为志业；暨大对我的爽快接纳，让我绕过京沪两大学术中心，继续溜边搞学术。这一变动使我时常往返于穗沈两地，由于还不习惯使用"云"储存，一次优盘插拔让本已完成修改的书稿瞬间蒸发，各种恢复措施均未成功，崩溃沮丧之状难以言表。无奈之下，只好暑假从头再来，惜乎初改时的状态一直未能找回。我觉得周旋于这一课题的时间太久了，自由自在的研究思考更令人渴望。应当"回到事物本身"，尽快转向一些全新的视野和景观，就像从我熟悉的东北转向全

后 记

新的华南。回想来时路，其实皆是"林中路"。我已经十年未出一书，但还是磨不出一剑。姑且把这些程度不一的篇什汇集成册，悉列一个"数目字管理"的记录吧。本书出版得到"辽宁省特聘教授支持计划"的资助，在出版过程中，凌艳怡编辑付出了极大的辛苦和耐心，在此一并深表感谢！对于书中存在的粗糙、肤浅、错漏之处，敬祈学界同人批评。

刘 杨

2020 年 9 月 25 日于广州